魏晋之变

门阀政治与中古中国社会秩序的重塑

李亮 著

中国出版集团有限公司
China Publishing Group Co., Ltd.
现代出版社

目　录

涅变：世族、门阀与社会演化

秦代开始，中国进入了皇权化社会，皇权既是至高无上的象征，又是孤立无援的存在，它总是成为社会上各种势力和集团觊觎甚至争夺的对象。因此，要想保证皇权实现有效运转并牢牢地掌握住它，君主必须找到一个最信任的势力或集团，作为他行使权力的代理人。君主依赖这股力量，不仅将权力委托给他们，而且也把富贵、荣华、名誉和地位赐给他们。这股力量在皇权的庇护下，不断繁殖壮大，最终演化成最有权势的特权集团。与此同时，在特权集团的拱卫下，皇权也得以巩固和壮大。但这却带来了一个严重问题，就是皇权一旦失去这个集团的支持，或者集团的权势人物开始染指皇权，皇帝就会变成孤家寡人，皇权也处于危险或崩溃的境地，从而引发政治动荡，甚至爆发社会危机。王弼《周易注》中说："处上独立，近远无助，危莫甚焉。"正是这种状况的写照。

涅变一：皇权、皇帝与豪族

秦始皇统一六国后，建立起第一个中央集权的君主制国家，亦成为第一个"孤家寡人"。《汉书・刑法志》记始皇帝"昼断狱，夜理书"，集大权于一身，独断而专行。到了晚年，他更是对什么人也不信任了，包括亲戚子弟，从而失去了拱卫他的特权集团的支持。结果，一遇天下大变，秦帝国就变得孤立无援、众叛亲离，呼啦啦似大厦倾，二世而亡。

西汉建国后，高皇帝吸取秦亡的教训，实行分封制。刘氏子弟分据要津，割地为王，形成犬牙交错、盘根错节的关系网，共同拱卫中央，可见这时皇权所依赖的是"宗室集团"。但不久，却再次出现割据的倾向，经过文景至武帝的努力，这种分裂倾向终于被遏制，汉帝国开始推行君主统治下的"官僚封建制"政体，由异姓官僚与诸侯共同拱卫皇权，可见这时皇权所倚重的是

"官僚集团"。

汉武帝临终时，"画周公辅成王图"，效法周公将政权托付给几个外姓大臣，虽然霍光不负托孤之望，保证了政权的整体稳定，但霍氏家族却乘机攫取权力，建立起又一个盘根错节的政治势力，终于上演了毒杀皇后、危害太子的惨剧。皇帝又一次成为"孤家寡人"，陷入任人宰割的局面。

汉宣帝继位后，开始扶持宦官势力。《全后汉文》记仲长统说：

孝宣之世，则以弘恭为中书令，石显为仆射。中宗（宣帝）严明，二竖不敢容错其奸心也。后暨孝元，常抱病而留好于音乐，悉以枢机委之石显，则昏迷雾乱之政起，而仇忠害正之祸成矣。

可见，汉宣帝至汉元帝时期，皇权所信赖的是"宦官集团"。至成帝时期，皇帝又开始依赖"外戚集团"，终酿王莽篡汉。因此，西汉政权是在外戚（吕后为代表）、宗室（诸侯）、官僚、宦官再到外戚（王氏）这个势力集团的循环执政中走向灭亡的。

东汉的建国，豪族起了决定性的作用，因此豪族及其代表（包含儒士等知识分子）在东汉初期，受到了空前的礼遇。名士不仅被称为"三老""五更"，而且皇帝本人还以充当经学大师的门生为荣。还有一个重要现象，就是东汉时期知识分子地位提升，这和东汉王朝开国将帅的出身大有关系。因为他们不但出身豪族，还具有相当的文化修养。赵翼在《廿二史札记·东汉功臣多近儒》中说：

西汉开国功臣，多出于亡命无赖，至东汉中兴，则诸将帅皆有儒者气象，亦一时风会不同也。光武（刘秀）少时往长安，受尚书，通大义。及为帝，每朝能数引公卿郎将讲论经理。故樊准谓帝（光武帝）虽东征西战，犹投戈讲艺，息马论道。是帝本好学问，非同汉高（刘邦）之儒冠置溺也。

《后汉书·仲长统传》说："光武帝愠数世之失权，忿强臣之窃命，矫枉过直，政不任下，虽置三公，事归台阁。”虽然光武帝将权力牢牢地把控在自己手中，但就皇权和豪族以及士族的关系而论，汉光武帝、汉明帝是一直防范外戚而依靠以豪族为代表的“士族官僚集团”的。士族与君主在相互联姻、合作中结成了荣损共生的关系，都实现了各自的最大利益，从而保证了东汉前期社会政治的稳定与繁荣。

皇权排斥外戚，使士族的力量不断壮大，“豪族”与“士”逐渐合流，出现了所谓“四世五公”“四世太尉”的强宗大族，即所谓“世族”。其中一些世族，由于以经学立家，又演化出“大姓名士”家族，成为世族的重要组成部分。可见，世族不仅与“豪族”有着天然的关系，而且与经学之士及知识分子也有着千丝万缕的联系。他们一起成为东汉帝国正常运转的主要动力。

涅变二：门阀社会的孕育及演化

魏晋南北朝是世族专权的时代，但实际上世族在汉代已经对当时的政治、经济和社会产生了影响，到了汉魏之际，世族更是凭借军阀战争扩张了自己的势力。而那时兴起的高门很多出自汉代的寒门，比如，颍川陈氏、庾氏，以及阳翟褚氏。就是东晋以来渡江的侨姓大族，也有很多是晋代才上升为顶级士族的，例如陈郡谢氏就是在西晋才演变为与琅邪王氏并列的一流大族。因此，魏晋成为门阀社会的形成期，一部分“新出门户”和一部分“汉代高门”（如袁、杨）构成了当时大族中的最高等级。

我们在史籍上经常见到大姓、高门、著姓、冠族、甲族、望族、望士、豪强、豪右、强宗以及豪强大族、豪族、士族等称谓，这些都是世家大族的别称。其中大族的官僚化被称为士族，而世族的学术化则被称为大姓名士；与之相对称的是所谓的单家、寒贱、微族、寒人，以及寒族、寒门、寒素、微贱、庶族等。其中寒族的官僚化被称为寒士。

三国的创立者无一不与世族发生联系，即使是身世微贱和法家思想浓厚的曹操，其政权也是靠着大族才得以建立的。至于刘备，虽不是高门子弟，

▲明　张翸　诸葛亮像

其祖、父也“世仕州郡”，属于次等大族。刘备的妻兄糜竺也是“资产巨亿”的大族出身；诸葛亮则出身于地位较低的次等小族，后来由于诸葛三兄弟分事三国，皆掌重权，其中的一支才上升为大族。而西蜀政权也是在益州大族的支持下建立起来的。

孙吴则更为显著，孙氏出身吴郡次等大族，因为门第较弱，只能依靠江东大族维持政权。《晋书·陈敏传》记华谭给顾荣的信说：“昔吴之武烈……有诸葛、步、顾、张、朱、陆、全之族，故能鞭笞百越、称制南州。”这与东汉、袁绍以及西晋政权的治理模式有相似之处。

《抱朴子·外篇》之《吴失篇》描述了孙吴晚期江东大族专横时的社会状况。其“纪纲弛紊，吞舟多漏，贡举以厚货者在前，官人以党强者为右”，这显然与西晋的施政之道相似；至于大族“金玉满堂，妓妾溢房”的奢侈之风，又可与西晋豪族“广收八方园田水碓，周遍天下”的奢靡潮流一决高下。

可以看出，魏晋时代，北方和江南大族的势力最为强大，西南一隅次之，加之各政权阶层属性的差异，导致他们在处理与大族关系时表现出不同的特点。详见表 1。

表 1　魏晋政权的阶层属性

政权	出身	治国理念	与大族的关系
曹氏	非儒家的寒族	以法为治	斗争
司马氏	儒家大族	崇尚名教	相互合作
孙氏	次等大族	无信仰	相互合作
西蜀	次等大族	刘备偏儒家 诸葛亮偏法家	既合作又斗争

最终，以司马氏父子为首的儒家大族先是打败了以曹氏为首的寒族势力，继而又联合北方大族先后消灭了西南豪族和江东大族。自此以后，大族的力量又盈溢于社会和政治之中，继而形成了晋以后大族专横的局面。

西晋灭亡后，南北分立，世族借助雄厚的经济实力和强大的文化影响力，岿然不动，依然是权力舞台上的主角。在北方，他们成为十六国政权坚强的支撑者；在南方，他们创建了一个既有延续性又有独特性的王朝。可以说，南北政权的相继建立，说明士庶的界限已趋于固化，之后除了个别家族由于掌握皇权而晋升为顶级大族外，很少再出现寒门上升为大族的情况。于是，大族成为各个政权的主人，他们垄断了中古时期所有的政治和经济资源。这些都喻示着大族在南北统治地位的确立，也标志着门阀社会的最终确立。详见图 1。

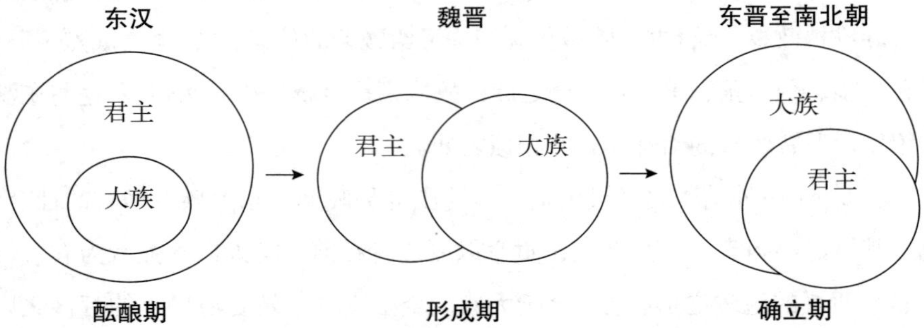

图 1　魏晋南北朝门阀社会的演化

在门阀社会的模式下，大族不仅轻视单家，排挤寒人，就是在同类群体中，也要分出个尊卑高下。《晋书·刘颂传》记载：

> （刘颂）世为名族，同郡有雷、蒋、谷、鲁四姓，皆出其下。时人为之语曰："雷、蒋、谷、鲁，刘最为祖。"

可见，刘氏是当地公认的最高等级的大族。《新唐书·柳冲传》记柳芳描述当时大族分布情况时说：

> 过江则为侨姓，王、谢、袁、萧为大。东南则为吴姓，朱、张、顾、陆为大。山东则为郡姓，王、崔、卢、李、郑为大。关中亦号郡姓，韦、裴、柳、薛、杨、杜首之。代北则为虏姓，元、长孙、宇文、于、陆、源、窦首之。

柳芳所谓的"为大""首之"，是指当地的顶级大族。更有意思的是，就是在这些顶级大族当中，也有尊卑高下之分。比如，《南史·侯景传》记载：

（侯景）请娶于王、谢，（梁武）帝曰："王、谢门高非偶，可于朱、张以下访之。"

可以看出，江东的顶级大族，又以侨姓的王、谢为最，土著的朱、张只能屈居其次。不仅如此，就是同姓大族，也因宗脉的远近有高下之分。《魏书·高阳王雍传》记载：

元妃卢氏薨后，（皇帝）更纳博陵崔显妹，甚有色宠，欲以为妃，世宗（北魏宣武帝元恪）初以崔氏世号东崔，地寒望劣，难之。

所谓"东崔"即博陵崔氏，而在当时，博陵崔氏的地位明显比清河崔氏低。还有王氏家族的乌衣一支，其地位又不如琅邪王氏尊贵。因为世族内部也有尊卑之分，所以大族或自矜自吹，或相互贬低，其目的无非是凸显自身的尊贵，这种情况在史书中可谓比比皆是。

实际上，顶级大族的数量是有限的。比如，对东晋大族家谱系统进行分析后发现，这些大族不超过68个，而专权的家族也就4个，即琅邪王氏、太原王氏、阳夏谢氏、鄢陵庾氏，他们在整个大族群体中所占的比例是很小的。那么，他们如何影响国家权力的运转呢？显而易见，他们要联合次一等的大族共同完成这个重任。因为既然有顶级大族，就有较小的或次等的世族了。比如孙坚、刘备、诸葛亮、刘裕等，即出身门第不高的次等大族或卑微的小族。这样，我们就能勾勒出门阀社会的阶层等级了（详见图2）。

但是，大族群体也仅占帝国内各级官员的一小部分。为了实现对政权的有效控制，他们必须将一部分权力让渡出来，利用寒族中有文化、有野心但相对贫穷的知识分子来维护门阀社会的稳定。这样，大姓士族群体与寒族中的知识分子一起构成了国家的官僚系统，即士大夫群体（详见图3）。

可以看出，这个群体不仅等级森严，而且界限分明。数量不占优势的士族凭借着所掌握的政治和经济资源，以及自身的广泛影响力，处于士大夫群体的最高等级，他们不仅享有特权，还操纵着上层权力的运作、掌握着社会

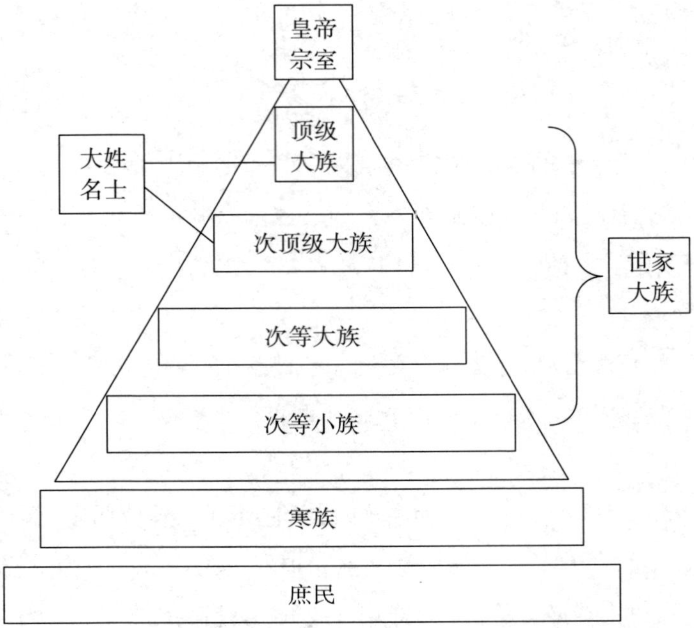

图 2　门阀社会的阶层等级

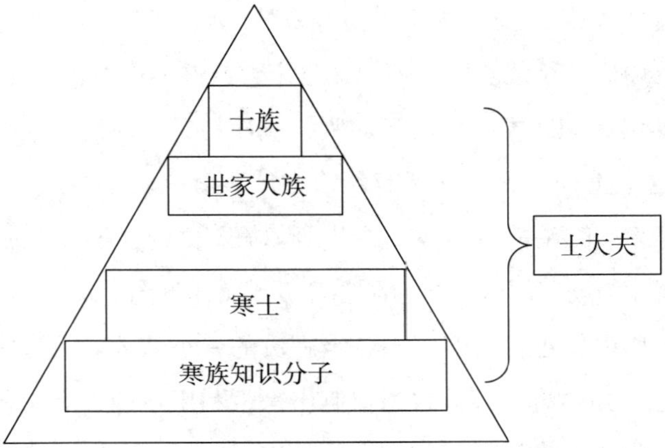

图 3　士大夫群体的构成

最优质的经济资源，这些都成为门阀社会运转的保障。而数量虽多但缺乏资源优势的寒士只能充任地方上较低的职位，只有极少数的精英能跻身新贵行业，但仅此而已。

总之，魏晋南北朝是政治和经济发生巨变的时代，加之汉代豪族势力的催化，从而孕育出统治中国四百余年的、大族专权的门阀社会。门阀社会不仅填补了两汉“君主封建制”崩溃后留下的社会形态的真空，还缓解了旧的社会形态向新社会形态过渡时产生的激烈碰撞，从而为君主官僚制社会的形成打下了坚实的基础（详见图 4）。

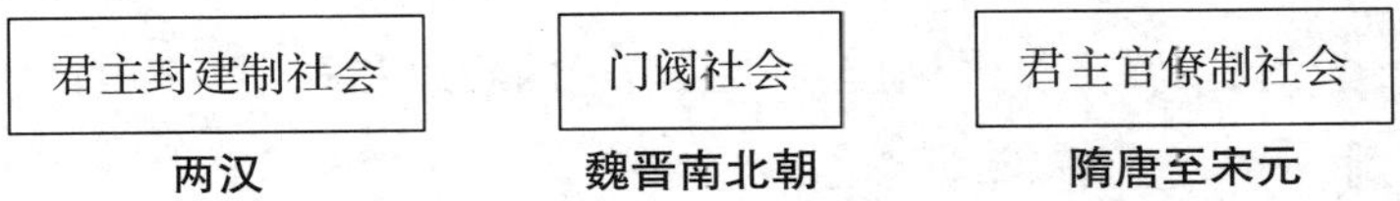

图 4　门阀社会的阶段特征

门阀社会虽然退出了历史舞台，但它的势能却一直释放到唐代。因为唐代也相当重视门第，但此时的门第与之前的已有本质的区别。简而言之，唐代的门第已不由门荫而是由官阶决定了，而官阶可以由科举与军功取得，且随时都可更易。这样，门第就与血缘世袭相分离了，可以说等级虽存，但内涵已变。

涅变三：思想巨变与社会变迁

发生在公元 2 世纪末、3 世纪初的社会和政治巨大变革不是孤立存在的，而是伴随着思想领域的剧烈运动，一起成为魏晋之交整体社会变迁的前奏。

在汉帝国统治的时间内，一种包藏着法家思想的儒家学说成为帝国社会和政治运转的动力。它为政府提供了一整套调整人们行为的方法，也为消解政府和人民之间的对抗情绪提供了可能，这套方法的外部形态就是道德礼仪规范。正如在都城由国家任命的太学“博士”所表述的那样，它要求未来的官僚在行使使命时必须遵守“孝敬、正直、忠君”的道德标准，从而使儒家经典成为由超凡的圣人讲述的、万世不变的圣典。同时，在皇帝主持下举行的经学会议总是努力对圣典做出权威、正统和完美的诠释。这种诠释被阴阳五行的宇宙观所支配，导致了数量惊人的庞大解释性文章的出现，即一种彻头彻尾的烦琐哲学。

在公元纪年之初，今文经学衰落，促使更为理性的古文经学向诸多传统注解的可靠性提出了挑战。古文经学的学者们自称他们的理论是建立在原初的、未经篡改的古本基础之上最为本真的思想。他们的确在很多方面超越了今文经学，并取得了很大的成就。但是，无论是古文经学家还是今文经学者，他们都采纳儒家规范作为政府唯一的行为准则，即：复兴黄金时代的制度，严格遵守社会礼仪及义务，强调作为国家治理的政府和社会细胞的家庭，依靠德而不是刑、术、法来从事社会活动。

公元 2 世纪下半叶，汉帝国的中央集权开始崩溃，以儒家学说为核心的名教逐渐失去了先前的崇高威望，它显然没能力挽狂澜，改变国家走向分崩离析的命运，也没能维持那些与中央政府共命运的群体的地位。失望沮丧的士大夫开始寻求其他方式和途径，希望恢复社会秩序的良性运转。经学的衰落使整个帝国出现了思想真空，也使各种思想学派摆脱了经学的压制，得以迅速恢复，如同公元前 4 世纪至公元前 3 世纪一样，这些学派都期望用自己的学说矫正业已失衡的社会秩序。

法家学说，这里说的是主张政府应“行赏论罚”“因事而备”的纯法家。它在两汉经学的压制下，成为经学思想的附庸。但在社会秩序出现紊乱的时代背景下，它的重建成为可能，因为法家能用最短的时间恢复失序的社会，构建起形式意义上的“和平”。这为曹操的专权以及实现局部统一铺平了道路。

公元 3 世纪中叶，情况再次发生变化。曹操试图用法家思想改造社会的实验宣告破产，而以司马氏为核心的儒家大族重新掌握政权。这意味着司马氏在意识形态上的胜利，即以传统的社会道德和礼仪规范为内涵的儒家学说，和以它为基础的名教仍然是至高无上的存在。当然，这种胜利是暂时的，因为随着政治变革的进行，时代已不能给儒家独大的机会了。于是，在整个公元 3 世纪，名教所留下的真空被一系列思想和观点占据，不过这些思想和观点从未发展成儒家之外的或反儒家的“学派”。

首先，士大夫对道家哲学开始重新产生兴趣。道家主张回到没有法律或限制性伦理的朴素的原始社会中去，强调通过放任天性以及与自然的冥合，来达到个人的逍遥。这为玄学的形成创造了条件。

玄学起源于何晏（？—249 年）和王弼（公元 226—249 年）。它基本上依据的是老庄思想（原始道家）以及《易经》哲学。三部最具权威的玄学著作，其中《周易注》和《老子注》是王弼所作，《庄子注》则为郭象（公元 252—312 年）所著。因而，从正始年间（公元 240—249 年）玄学诞生那天起，一直到南北朝，它一直是士大夫群体的主导思想。

玄学本质上是有闲的士大夫阶层即大族群体的一种精致哲学。他们衣食无忧，可以将兴趣从日常事务转到形而上学和高度思辨性的话题上来，这恰恰与佛教思想有不谋而合之处。于是，从公元 3 世纪中叶至 4 世纪初，有教养的僧人通过将佛教教义与中国传统学术相结合，发展出了一种特定形态的佛教，并在上层群体中传播，从而使士大夫成为早期中国佛教发展的重要推动力量，士大夫佛教形成，而“谈虚无”又成为早期士大夫佛教的重要主题。这样，玄学与佛教奇妙地交织在一起，构成了当时的思想潮流。这种趋势被称为社会思想的“玄学化”。

玄学和佛教虽然兴起，但名教（儒学）并未消失，因为名教不仅合于老庄的“自然”，亦合于佛教的“济俗”。于是，通过名教的链接功能以及制度层面的推动力量，佛教、玄学，以及名教构成了紧密的逻辑关系，而士大夫亦成为贯通三大思想的群体（详见图 5）。

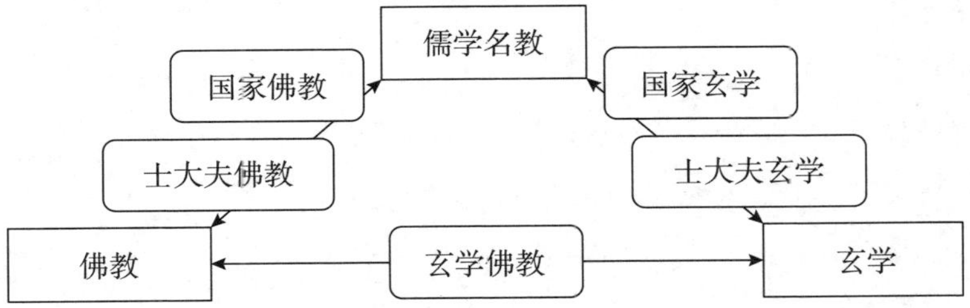

图 5　释道儒三位一体的雏形

可见，中国释、道、儒三位一体的雏形形成于魏晋时期。之后，通过几次结构性的演化，至唐宋之际，中国“内用黄老，外施儒术”的社会和国家治理形态建立起来，而以“禅（禅宗）净（净土宗）”学为核心的佛教在“黄老”

和“儒术”中起到了导化、缓冲的作用，释、道、儒三位一体的模式形成。

与此同时，思想的巨变和大族生活方式的独特性，又引发了世族精神风貌的突变，两者结合在一起，便构成了一幅饱满、多元而独特的社会变迁图画，使整个中古社会呈现出与众不同的景象！

第一部分

世族支配下的政治变革

第一章

两汉世家大族的演变

魏晋南北朝是世族门阀的时代，但世家大族并不是到魏晋才产生的。因为一种新型社会形态的确立，需要经过一个漫长的孵化过程。持续四百余年，且支配政治、垄断经济、影响社会风尚的六朝门阀集团，也非一朝一夕可成，只有将其还原到整体的历史洪流中，才能发现其中的奥秘，而这个洪流的起点在东汉，甚至可上溯到西汉。

一 西汉：新兴贵族势力的崛起

西汉刘邦本身是一名“游侠之士”，他建立的政治集团也是游侠的集合体。赵翼的《廿二史札记》说：

> 汉初诸臣，惟张良出身最贵，韩相之子也。其次则张苍，秦御史；叔孙通，秦待诏博士。次则萧何，沛主吏掾；曹参，狱掾；任敖，狱吏；周苛，泗水卒史；傅宽，魏骑将；申屠嘉，材官。其余陈平、王陵、陆贾、郦商、郦食其、夏侯婴等，皆白徒。樊哙则屠狗者，周勃则织薄曲、吹箫给丧事者，灌婴则贩缯者，娄敬则挽车者。一时人才皆出其中，致身将相，前此所未有也。

以上这些西汉的建国者，赵翼总结为“汉初布衣将相之局”，最后，他振聋发聩地评价说：

> 尽秦、汉间为天地一大变局……其君既起自布衣，其臣亦自多亡命无赖之徒，立功以取将相，此气运为之也。天之变局，至是始也。

此外，不止皇帝和开国将相，西汉的皇后也多出身微贱，汉武帝的皇后卫子夫，成帝的皇后赵飞燕，都是歌伎出身，皇室成员却不以为耻辱，可见西汉社会是不大讲究门第的。但是，毋庸置疑，旧的贵族虽然消亡，但新的贵族又继之而起了。随着时移事易，以血统相承的诸侯、卿相、士大夫，被新的富商大贾、地主土豪、世官之家的新贵族取代了。

《汉书·货殖传》所列举的财富数百万、数千万的工商家族不计其数，比如："蜀卓氏……用铁冶富……至童八百人……成都罗裒，訾至巨万……雒阳张长叔、薛子仲，訾亦十千万。"《史记·货殖列传》说："千金之家，比一都之君，巨万者乃与王者同乐。"因此，《汉书·食货志上》记晁错评价这些人：

甚至因其富厚，交通王侯，力过吏势，以利相倾，千里游遨，冠盖相望，乘坚策肥，履丝曳缟。

这些"冠盖相望"之徒不但拥有物质财富，而且凭借理财之术一跃跻身统治阶层，成为高官。《汉书·食货志下》说：

于是（朝廷）以东郭咸阳、孔仅为大农丞，领盐铁事，而桑弘羊贵幸。（东郭）咸阳，齐之大鬻盐；孔仅，南阳大冶；皆致产累千金。故郑当时进言之。弘羊，洛阳贾人之子，以心计，年十三侍中，故三人（上述三人）言利事析秋毫矣。

东郭咸阳、孔仅、桑弘羊等都是工商界人士或其子弟，尤其是桑弘羊，后来成为汉武帝的心腹大臣，武帝死后被汉昭帝任命为御史大夫，跻身三公。

大商人群体崛起的同时，新兴土地所有者也开始兴起了。马端临在《文献通考·田赋考二》中说：

自秦汉开阡陌以后，田即为庶人所擅，然亦惟富贵者可得之；富贵有訾可以买田，贵者有力可以占田。

买占的结果自然是富者愈富，穷者愈穷。《汉书·食货志上》董仲舒将这种现象总结为“富者田连阡陌”；《汉书·王莽传》王莽描述为“强者规田以千数”。比如，《汉书·酷吏传》记载甯成“贳贷陂田千余顷，假贫民，役使数千家……致产数千万”；《西京杂记》记载陈广汉存米千四百余石；《汉书·货殖传》记载桥桃“粟以万钟计”。

这些新兴地主的壮大引发了贫富差距，对政府的有效统治也是威胁。所以《汉书·食货志上》记载董仲舒主张：“宜少近古，限民名田，以赡不足，塞并兼之路。”汉哀帝时师丹也说：“今累世承平，富豪吏民，赀数巨万，而贫弱俞（愈加）困……宜略为限。”但当时朝臣虽然奉命拟定名田的顷亩，但阻力太大，始终不能推行。

那么，限制土地兼并的命令难以贯彻的原因是什么呢？《汉书·食货志上》点出了其中的奥秘，志曰：

> 天子下其（师丹）议，丞相孔光、大司空何武奏请诸侯王、列侯，皆得名田国中，列侯在长安，公主名田县道，及关内侯、吏民名田皆毋过三十顷。诸侯王奴婢二百人，列侯、公主百人，关内侯、吏民三十人，期尽三年，犯者没入官。时田宅奴婢贾为减贱。丁、傅用事，董贤隆贵，皆不便也。

显然，在这样强大的阻力下，朝廷只得下诏书说“且须后”，此事“遂寝不行”。恐怕除丁、傅、董贤的关系外，还有地方豪富的势力已经雄厚，朝廷不敢贸然开罪他们，这应该是“且须后”的一个原因吧！

无论是大商人还是大地主，都属于经济上的贵族，至于政治上的贵族呢？虽然周代的“世卿制度”完全消灭了，但新的世官制度又取而代之了，这就是西汉的“外戚之家”与“任子制度”。

《汉仪注》说：“吏二千石以上视事满三岁，得任同产若子一人为郎”，这就是“任子制度”，即朝廷为二千石以上的高级官吏开通的特权。《文献通考·选举七》进一步解释说，这些达官子弟，有些“八九岁即备宿卫”，与天子朝夕相见，“自郎选为县令，自大夫选为守（太守）相（国相），或持节四方，天子时课其功而召之人"，因为具有特权，这些子弟官运亨通、青云直上，比一般"寒门"子弟有更多的机会。根据《汉书》的记载，汲黯、霍光、刘向、董贤等，都是任子出身，这些人都是由"任子制度"而成为世官的。

外戚之家更是不胜枚举。《汉书·外戚传下》记载孝元王氏一族"十侯五大司马"。《汉书·元后传》记载曲阳侯王根竟至"三世据权，五将秉政"。《外戚传下》记载孝元傅昭一族"侯者凡六人，大司马二人，九卿二千石六人，侍中诸曹十余人"。这些外戚凭借着特权，也都成为世官之家了。

无论是官僚还是外戚，这种世代相承为达官显宦的家族，自然又是新兴贵族的一个组成部分了。

西汉时期，这些新贵族阶层既然已经出现，而他们的势力又持续发展和不断壮大，从而使社会经济各个方面产生了一种不平衡的现象。而伴随着社会层面的不平衡，思想方面也产生了对现存状况的不满。于是，急剧变革的诉求，遂无法避免了。这一变革的代表人物，就是那位"动欲慕古，不度时宜"，志大才疏、急于求成的王莽。

《汉书·王莽传》记载了王莽变法的举措，比如：规定土田奴婢不能自由买卖；盐铁等业收归国营；立五均；改币制；等等。这些政策直接指向了富商地主，主要目的无非是打击新兴贵族。但是，由于王莽的方式过急，不讲策略，结果打草惊蛇，搞得满城风雨，整个社会动荡不安。又加以时运不佳，天灾频发，一般民众将一切祸乱都归罪于改革。于是，这些新贵族又乘机再起，支持割据势力，东汉政权就是在豪族的支持下建立的。

东汉政权不仅是旧有贵族政权（西汉）的延续，而且变本加厉，在它的支持和保育下，世家大族群体不断发展壮大。换句话说，东汉政权就是大族势力的集合体。

二　东汉：豪强大族建立的政权

为何说东汉政权是在豪强支持下建立起来的？只要简略检视这些新兴皇

族和开国功臣的家世与社会地位就明白了。

《后汉书·光武纪上》说："地节三年（公元前67年），南阳荒饥……光武避吏新野，因卖谷于宛。"同书注引《东观汉记》说："时南阳旱饥，而上田独牧。"同在南阳，别人田荒而唯独光武的田有收成，别人缺粮而唯独刘秀有余谷出售。说明刘秀的田是不怕水旱的"上田"，他家里有食用不尽的积粮，显然，刘秀是一位大地主。

《后汉书·董宣传》记湖阳公主责备光武不能制裁董宣时说："文叔为白衣时，藏亡匿死，吏不敢到门；今为天子，威不能行一令（指董宣）乎？"这是刘秀做皇帝后，他的胞妹对其当年非法行为的揭露。既然能"藏亡匿死，吏不敢到门"，刘秀显然是当地一位土豪了。

以上两条史料，从有关光武本人的记载来证明他是豪富阶层。而豪富阶层的婚姻，也是要门当户对的。《后汉书·樊宏传》记载光武的外祖父樊宏说：

> （樊姓）为乡里著姓，父（樊）重，字君云，世善农稼，好货殖。……其营理产业，物无所弃，课役童隶，各得其宜，故能上下勠力，财利岁倍，乃至开广田土三百余顷。其所起庐舍，皆有重堂高阁，陂渠灌注……赀至巨万，……其素所假（借）贷人间数百万。

所谓"著姓"，即指当时的豪强大族，说明樊宏出身世家，是当地的大地主，属于豪富阶层。

《后汉书·邓晨传》记光武的妹夫邓晨：

> 世吏二千石……及汉兵起，晨将宾客会棘阳。汉兵败，……新野宰乃污晨宅，焚其冢墓，宗族皆恚怒曰："家自富足，何故随妇家人入汤镬中？"

显而易见，邓晨也出身于世家，是当地的豪强。《后汉书·皇后纪上·郭皇后》记光武的岳父郭昌，为真定著姓，"有田宅财产数百万"。《后汉书·阴兴传》记光武的另一位岳父阴氏，其先世也是"巨富，田有七百余顷，舆马仆隶，比于邦君”。这些光武的姻亲都是世家，不仅富厚而且具有较高社会地位，是光武开国的功勋人物。

不仅光武本人和他的姻亲是豪富阶层，他所领导以夺取政权的武力集团，也多是豪富阶层中人，这与西汉创立者刘邦所领导的无赖游侠集团恰好形成了鲜明的对比。

《后汉书》记载，光武集团中，有“世以货殖著姓”的李通；有“世为著姓”的寇恂；有“家富给”的祭遵；有“家累千金”的王丹；有“为郡族姓……余财数百万”的张堪；有役属数百家宾客的马援；有“率宗族宾客聚兵数千人”的刘植；有“率宗族宾客二千余人”的耿纯；有“率子弟宗族宾客千余人”的阴识；有“聚宾客招豪杰作营堑以待所归”的冯鲂。这一大批为光武争城夺地、聚众助资的大小将士，或者是世姓见尊，或者是富厚称雄，或者是宗强族大，或者是宾客盈门，他们都是当时社会的富豪阶层，操握着政治经济大权。

由于东汉政权是在豪族支持下建立的，所以东汉皇后也大多出身贵族之家。比如，汉明帝的马皇后，就是伏波将军马援的女儿；汉章帝的窦皇后是大司空窦融曾孙女；汉和帝的阴皇后是执金吾阴识曾孙女，另一位邓皇后是太傅邓禹孙女；汉安帝的阎皇后是尚书阎章孙女；汉顺帝的梁皇后是大将军梁商的女儿。说明，东汉诸家外戚，多出身豪势权门之家。《后汉书·皇后纪下》说的“春秋之义，娶先大国”，已成为东汉皇室纳后的标准，实际上反映了“族姓”“门第”等观念的日益强化，这些都是东汉政权孕育而生的结果。

总之，东汉政权无论在名义上、实质上、皇室血统上，还是在政权属性上，都是西汉末年旧政权的复活与延续。它是王莽大刀阔斧急剧变革的产物，又是改头换面后的西汉末年贵族政权。说明，秦汉之际一度出现的“平民化”趋势，超出了当时社会发展的一般状态，还不能克服当时社会的早期特征，比如宗族纽带和宗族观念的强韧性，超越宗族的经济、政治、法律和文化关系，还极不成熟。所以，在某种意义上说，东汉政权的建立，是对当时社会发展的一种适应性纠正，因为“贵族政治”符合两汉至南北朝社会和历史的发展规律。

与此同时，从东汉中期开始，作为社会精英的知识分子，即名士，开始

▲元　王振鹏　贤后事迹手卷之邓皇后

逐渐与豪强融合，大姓名士群体形成了。因为在当时，一些纯粹的豪族或官僚，如果其家族没有名士则没有多大影响。日本学者东晋次对士大夫豪族和非士大夫豪族加以区分，他认为前者拥有众多修习儒学的儒生（士大夫），又继续不断地产生出员数非寡的中央官僚和地方州郡吏；后者虽然也拥有士大夫，但为官范围大致限于县廷。

这些名士家族负海内盛誉，公府州郡礼命不决。这反映出，汉末名士与大姓豪族开始合流，名士固然不一定从大姓豪族中产生，但出于大姓豪族的一定占多数。当名士成为豪族家庭的核心成员后，这些单纯的豪族自然会演化为大姓名士。可以说，大姓名士群体是聚合政治、经济、思想影响力为一体的社会势力集团。

“士”与“族”的结合，最终将形成一种在发展中最少受阻，并在选官中受到最大优遇的势力。于是，世家大族和其中的精英分子大姓名士最终成为魏晋士族的基础。

三　东汉大族繁殖的三种力量

上文提到，东汉是在豪强支持下建立起来的。因此，在他们构建的权力网络下，这个群体自然会得到发展与壮大。那么，东汉时期豪强大族的成长途径有哪些呢？简单来说，主要有三种：凭借经济实力、借助政治力量、仰仗累世学术之家的传承。

首先是经济要素，而经济力量的发展，要以物质条件做基础。西汉的富豪多商贾，而东汉的富豪是地主与商贾并驾，甚至地主的富厚更是凌驾于商贾之上，这是当时客观条件改变导致的结果。《汉书·食货志上》记载了战国时代李悝所作的农民收支预算，得出的结论是：农耕之家，除开疾病死亡等不能避免的非常开支，以及水旱之灾不时赋敛等特殊损失不计外，每年必需负欠四百五十，这还是按亩收一石半来计算的。倘若用晁错所说的“百亩之收，不过百石”来计算，则不足之数还须增加三倍半。再加上疾病死亡水旱之灾等耗费，不足之数又将加倍。在这种情况下，土地兼并是没有多大利益的，即使下令将地主所用的劳动力全部由佃户改为奴隶（或雇工），所能剥削的价值也是有限的。这是战国时代农业发展的情况。

但是经过两汉数百年的改进，孕育大土地所有者的客观条件逐渐改善了，主要是以下几个原因造成的：

一是耕种工具的改良。工具改良带来的直接结果是，不仅使农业生产变得省时省力，而且新工具与旧工具工作效能的比率差不多达到了十二比一，这是农业技术的一个巨大迈进。

二是“代田法”的施行。根据《汉书·食货志》的记载，代田法是一种可以抵抗风旱之灾的耕作方法，这也是农业生产的一次巨变。

三是“区种法”的运用。这种方法使灌溉变得极为方便，这也是汉代农耕方法上的一大进步。

四是政府对灌溉事业的提倡。其实早在西汉时代，灌溉已经引起政府的注意，到了东汉，则更加提倡。根据《后汉书》的记载，马援、杜诗、邓晨、任延、张纯、王梁、鲍昱、马棱、何敞、张禹、鲁丕这一大批人，或以穿引沟渠，或以兴理陂池，遂能造福于当时，功垂于青史。汉明帝永平十二年（公元69年），以及汉安帝元初二年及三年（公元115—116年），政府还曾三次大规模修渠筑堤。这是以政府力量与水旱斗争，以求增加粮食的产量。因为有中央政府与地方官吏的努力，必然有大量土地得到了抵御水旱的保障。这也是农耕环境的一项进步。

五是“水碓”的发明。根据桓谭《新论》说：“伏羲制杵舂之利，后世加巧，因借身以践碓，而利十倍。复设机关，用驴、骡、马及役水而舂，其利百倍。”水碓虽然无关农业生产本身，但也与农村生活有关，掌握这种工具的人，可以大量增加收入。这是在农业经济上能节省人力物力，而且可以增加财富集中率的一种工具。

农业技术改良、农耕方法变革、耕作环境改善，使东汉时期的农业得到了巨大的发展。同时，也为豪强大族的快速繁殖创造了客观条件，最终使国赋与私租差率不断扩大。

从西汉初年到东汉初年，虽然历代政府都想增加国家赋税，但收效并不显著，好的田地逐渐被豪强兼并，贫民被迫雇种。到了东汉时期，国赋与私租的差额更加巨大，这自然利于豪强势力的壮大。而且这些富豪之家都不是孤立的，他们是以一家一族为中心，凭借他们的经济优势，促使若干家族、若干个人，借了种种途径依附于他们，逐渐成为一个庞大的势力集团。

《后汉书·仲长统传》载《昌言·损益篇》中所说的千群的奴婢、万计的徒附和为之投命的刺客死士，都是这个集团的一员。还有崔寔《政论》中所说的父子低首，奴事富人，躬率妻子为之服役的下户，也被迫依附这个集团。这样一来，这些富豪之家就成为支配千家万户的地方势力集团了。他们的力量，自然不能随意侵犯。这些地方豪强借着这种力量而挟制选举，取得了政治上的支配地位。

王符《潜夫论·考绩》中说："群僚举士者……名实不相副（符），求贡不相称，富者乘其财力，贵者阻其势要，以钱多为贤，以刚强为上。"《后汉书·黄琬传》说："时权富子弟多以人事得举，而贫约守志者，以穷退见遗。"《后汉书·李固传》也说："今之进者，唯财与力。"于是，这些富豪就由经济上的支配者兼为政治上的支配者了。

豪强繁衍成长的第二个途径，是借助政治力量。一个新王朝建立以后，必然会衍生出一大批宗室姻戚，这些人盘踞要津，封爵邑，受赏赐，做高官，握权柄。而且借权力胡作非为，强占土地，封闭山泽，经营商贾，广蓄僮役，又变成了富豪。而且，这批人，生命力顽强，总是与王朝共终始，形成"一荣俱荣，一损俱损"的关系。

东汉是世族发展的关键时期，而且的确有两种制度，可以培植一批与皇朝绝缘而独立发展的世族，这就是教育制度和任子制度。

任子制度，西汉已经有了，东汉予以继承。《后汉书·安帝纪》记载汉安帝建光元年（公元 121 年）曾下诏，重申西汉的任子令："以公、卿、校尉、尚书子弟一人为郎、舍人。"这些人全凭父兄的资荫，取得了与选举拔擢而出任官吏的人们同等的地位。据《后汉书》记载，桓郁、桓焉、黄琼、黄琬、马廖、耿秉、宋均、袁敞等，都是由任子出身而日趋显达的高官。

东汉的教育制度，相关史料也有记载。《后汉书·儒林传·序》说："明帝即位……复为功臣子孙、四姓末属别立校舍，搜选高能以受（授）其业。"汉质帝本初元年（公元146年），梁太后又下诏说："大将军下至六百石，悉遣子就学。"于是"游学增盛，至三万余生，然章句渐疏而多以浮华相尚，儒者之风盖衰矣"。说明，东汉太学名义上是治学的地方，实质上是走向仕途的必经阶段，而仕宦之家的子弟都能获得入学的特权。

在教育制度和任子制度的保育下，类似春秋时代世卿制度的一种现象产生了。《后汉书·邓禹传》中描述了邓氏一族的兴盛：

> 邓氏自中兴后，累世宠贵，凡侯者二十九人，公二人，大将军以下十三人，中二千石十四人，列校二十二人，州牧、郡守四十八人，其余侍中、将、大夫、郎、谒者，不可胜数。

《后汉书·耿弇传》提到耿氏：

> 自中兴已后，迄建安之末，大将军二人，将军九人，卿十三人，尚（配）公主三人，列侯十九人，中郎将、护羌校尉及刺史、二千石数十百人。

《后汉书·窦融传》叙述窦氏："一公、两侯、三公主、四二千石，皆相与并时。"《后汉书·梁冀传》说梁氏："前后七封侯……二大将军……其余卿、相、尹、校五十七人。"这些世族几乎包揽了国家的要职，可谓风光无限。

还有一种取得世官的途径，就是仰仗累世学术之家的传承。《艺文类聚·廷尉》中说："（东汉）河间吴雄，以明法律，桓帝时自廷尉致位司徒，雄子䜣、孙恭，三世为廷尉，以法为名家。"又说："郭躬为廷尉正，迁廷尉；家世掌法，凡郭氏为廷尉者七人。"这是两个法律世家方面的例子。此外如专门负责天文、历法等的家族，应该也是同样的结果。

同样，这些世官家族的周围，也聚集了若干家族或个人，可以充当他们的羽翼，增长他们的声势，如同富豪之家的周围聚集了一批刺客、下户、奴婢、徒附之属一样，这些依附者，就是所谓的“故吏”或“门生”。这些达官的周围除了围绕着一批故吏、门生外，还有一群被察举的人才。有这三种人依附则一门一族之中，世官的人数也就愈多，依附的人也愈众，而这一家族的声威势力也愈大，哪能不演进成权倾一代的世族呢？

这些世官之家，又借助手中的权势，进行权力寻租，扩大他们的经济实力。《后汉书·窦融传》记载窦融一家：“一公、二侯、三公主、四二千石”，在拥有政治权势的同时，窦家开始“官府邸第，相望京邑，奴婢以千数”，又成为一方的富豪了；《后汉书·马防传》记载马防因为“兄弟贵盛……奴婢各千万以上，资产巨亿，皆买京师膏腴美田，又大起第观，连阁临道，弥亘街路”；《后汉书·梁冀传》记载梁冀一门：“前后七封侯……二大将军……卿、相、尹、校五十七人”，可谓权势熏天，结果梁冀死后，官府没收了他的财货，“县官斥卖合三十余万万，以充王府用，减天下租税之半”。说明梁冀的私产，相当于当时全国赋钱的收入额了，这是何等惊人的经济实力。

总之，世官之家凭借着政治权力，不断扩充财富，逐渐由政治上的支配者，兼为经济上的支配者了，这是豪族发育成长的政治条件。

大族繁衍成长的第三个途径，是“累世经学”之家。因为术业世传，弟子猬集，逐渐形成一大势力。更为重要的是，这些累世经学之家，依仗家传学术，不断扩充势力，逐渐由思想上的支配者，兼为经济上和政治上的支配者，而演化为世族。只不过它的起源，比起经济和政治途径，似乎高尚罢了。

两汉学术集中于经学，经学大家累世传业，如同其他靠工艺技巧成为世业之家一样。而治学的人，也兼治家法，恪遵师说，口口传授，难度可想而知。这样一来，往往一代大经师的后裔，总能世守祖业，相传数十百年不坠。而前来学习的门人弟子，也常常成百上千，大都虚心请教。这成为当时社会上的一个普遍现象。

这些经师，不仅在学术界自成一派，在社会上也形成了一股不可忽视的势力。赵翼在《廿二史札记·累世经学》中，历述孔、伏、桓三家传业的系统，及其杰出的人才。即孔氏至孔昱，历战国秦汉约六百年；伏氏自伏胜至伏无忌，历两汉约四百年；桓氏荣、郁、焉三代，历教五帝，闻名于东汉一朝。这些都是有明文、确凿可证的实例。其他经学大师传业，往往也是如此。

这些人的门徒也蔚然可观，动辄上千。据《后汉书》记载，刘淑、魏应、薛汉、周泽、甄宇、李育、马融、郑玄等人，教授的门徒多达数百人。杨伦、杜抚、张玄、颍容、唐扶等人，弟子更是达到了千余人。姜肱“远来就学者三千余人”。丁鸿“为少府，门下由是益盛，远方至者数千人”。宋登“少传欧阳《尚书》，教授数千人”。但这些还不是门徒数量的最高纪录。

《后汉书·楼望传》说：“教授不倦，世称儒宗，诸生著录九千余人。”《后汉书·张兴传》记载张兴：“弟子自远至者，著录且万人。”《后汉书·牟长传》说：“（牟长）在河内，诸生讲学者常有千余人，著录前后万人。”《后汉书·蔡玄传》记载蔡玄：“学通五经，门徒常千人，其著录者万六千人。”可见，这些经师的影响力有多么巨大。

那么经师和门徒的关系如何呢？自然是相当密切了。楼望“卒于官，门生会葬者数千人”。桓荣“少学长安……事博士朱普。……朱普卒，（桓）荣奔丧九江，负土成坟”，这已经不同于普通奔丧了。巨鹿人侯芭“常从（杨）雄居，受其《太玄》《法言》焉。……（雄）卒，侯芭为起坟，丧之三年”。经学大师李郃死后“门人上党冯胄，独制服，心丧三年”。在父母三年之丧未成为定制的汉代，而有门徒为老师服丧三年，可见门人尊师的程度，与故吏尊旧君、门生尊势主，如出一辙。

《后汉书》中记载了一则故事，更能说明师生关系的密切。《欧阳歙传》说：

> 自欧阳生传伏生《尚书》，至歙八世，皆为博士。……建武五年（公元 29 年）……迁汝南太守……歙在郡，教授数百人，视事九岁，征为大司徒。（歙）坐在汝南臧罪千余万发觉下狱。诸生守阙为歙求哀者千余人，至有自髡剔者。平原礼震，年十七，闻狱当断，驰之京师，行到河内获嘉县，自系，上书求代歙死。

可见，欧阳歙的弟子们甚至髡剔求哀，愿代师死。如果说老师含冤，还可以说是迫于义愤；但老师的确犯了罪，应该按国法处置，这些弟子依然求哀代死，可见双方捆绑得有多么紧密了。

虽说师生感情是出于自然，双方并无丝毫隶属关系的牵制，但是从表面看，的确与故吏对故主、门生对势主的关系，无法分别。术业既局于世传，门徒又遍布于州郡，而师生关系又如此亲密，结果是，由此自由结合发育滋长而成为世族，也就显得顺其自然了。这些“累世经学”之家势力煊赫、力量宏富，不仅支配了当时的思想，左右了一方的风尚，而且也具有相当的经济实力和政治势力，逐渐成为豪强大族群体中的一股不容忽视的力量。

累世经学还产生了一个非常重要的硕果，即“名士”群体的产生。其中，这些著名的大经师，逐渐演化为大名士；而他们的众多门徒，也成为名士。最终，这些大经师及其门徒成为名士群体的重要来源之一。

这样，通过对东汉豪强大族繁衍途径的分析，我们可以勾勒出汉代世家大族群体的内部构成（详见图 1–1）。

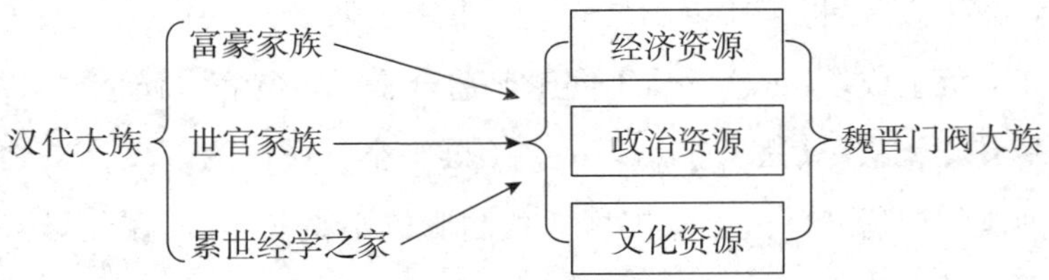

图 1–1　东汉豪族群体构成简表

汉代的大族掌握着经济、政治、文化资源，再以这三种资源为依托，控制了整个社会的各个层面。可以说，东汉是建立在“豪族共同体”基础上的王朝，这一点是毋庸置疑的。

四　士与族的合流：东汉末的大姓名士

东汉时期大小地方豪族势力具有发育滋长的倾向，这种地方势力是在宗族、乡里基础上培育成长起来的，因而具有古老的农村结构根源。大约在东汉时，南北各州郡正在逐渐形成较固定的、被普遍认承的地方当权豪族。尤其到了东汉末期，豪族发育得更为成熟了，地方政权基本控制在豪族手中。

《三国志·魏书·王朗传》注引《魏略·薛夏传》记载天水有姜、阎、任、赵四姓；《三国志·魏书·裴潜传》注引《魏略·严干李义传》记载冯翊有桓、田、吉、郭四姓；《晋书·刘颂传》记载广陵有雷、蒋、谷、鲁四姓。吴郡有顾、陆、朱、张四族，会稽有虞、魏、孔、贺四姓；《华阳国志》记载巴、蜀、汉中、南中诸郡所属的豪族更为详细。这些都是明文记载的各地豪族，实际上当时的大姓应该比这要多。

而且当时各级地方政府通常是由当地豪族中的代表人物组成的。根据汉代的习制，刺史、太守、县令是由朝廷直接任命的，而他们的僚属必须由当地人充当，而豪族子弟有优先任用的特权。由于州郡僚佐，比如“大吏”“右职”，基本由豪族充当，“单家”要想挤入这个行列是相当困难的。

《三国志·魏书·裴潜传》注引《魏略·严干李义传》对豪族在地方的势力有过详细的描述：

> 冯翊东县旧无冠族，故二人（严干、李义）并单家，其器性皆重厚……逮建安初，关中始开。诏分冯翊西数县为左内史郡（西郡），治高陵；以东数县为本郡（东郡），治临晋。（李）义于县分当西属（西郡）。

李义对严干说：“西县儿曹不可与争坐席，今当共作方床耳。”于是，二人“相附结，皆仕东郡为右职”。当时冯翊的西部，豪族势力强大，李义、严干本来是“单家”，为了避开豪族的势力，他们在分郡时采取了“避重就轻”的策略，一起到东部落籍。果然，他们在无冠族的东部脱颖而出，当上了东郡“右职”，成功蜕变为冯翊东部的豪族。可见，豪族在地方的影响力有多么巨大。

既然州郡“大吏”按惯例由大姓充任，而大姓冠族每郡有限，因而州郡大吏就带有明显的世袭性。《后汉书·王允传》说：“（王允）太原祁人也，世仕州郡为冠盖（冠族）。”王允的祖先名位不详，只因世代充当州郡僚佐，久而久之，也就成为冠族了。《后汉书》《三国志》中累世出身州郡僚佐的地方冠族大有人在，虽然升迁官位不止于此，但论出身也可以归为“世仕州郡”。

吴、蜀政权的创立者孙坚、刘备虽然门第不太高，但孙氏“家世仕吴”，刘备的祖父也是“世仕州郡”，孙、刘至少是县一级的豪族。

地方各级长官有任期，而地方僚佐却多世袭，可以说，东汉时期的地方政权在一定程度上是由当地豪族控制的。而且，这些大姓豪族又累世通过察举和辟举跨出地方，为朝廷登用，成为势力更为强悍的世家大族。东汉察举孝廉，史籍有明文记载由州郡吏得举的有四十人，茂才有六人，没有明文记载的肯定超过此数。既然州郡大吏一般由大姓豪族充任，自然，出自州郡吏的孝廉、茂才也应该是豪族。其实，可以进一步推测，不是举自州郡吏的多半也是豪族，因为主管选举的功曹也是这一阶层的代表人物。

更为重要的是，这些地方豪族还有一个重要身份，就是“名士”，尤其到了东汉末年，名士与豪族融合的趋势愈加明显，很多豪族就是当时的大名士，同样，名士也兼有豪族的政治地位。到了东汉末年，大姓名士这一群体发展得更加成熟了。

东汉时期的选官制度有一个特别重要的现象，即选举和乡里清议有着密切的关系，而主持乡里清议的人物，就是所谓的“名士”。

名士是习见于东汉的一种称谓。《后汉书·方术传》中范晔曾对东汉名士作了概括性的评论，他说这些名士大都“刻情修容，依倚道艺，以就其声价”。所谓“刻情修容”，是指言行带有矫揉造作的味道，这一点在应邵的《风俗通义》中也有记载；“依倚道艺”，是指依托经术。这两个也就是东汉士人博取功名必须具备的条件，即所谓“经明行修”。“以就其声价”，是指凭借上述两个条件，而博取名誉，高抬身价。

范晔的评论虽然不能概括所有名士，因为也有一些名士并非这样虚伪，但却真实刻画了当时的社会风尚。当时，一些人由于在某一道德方面有超人表现而出了名，被认定为名士，拥有了“光环”，他们的好运便开始了。察举秀、孝有他，公府州郡辟举也有他；当官，朝廷下诏特征；升迁，也是平步青云；辞官后，可以操纵选举，在幕后左右政局。可见，东汉末期，名士的活动对当时政治起了相当大的作用，尤其在选举方面，几乎起了决定性的作用。

《后汉书·符融传》记载：

> 时汉中晋文经、梁国黄子艾，并恃其才智，炫曜上京，卧托养疾，无所通接。洛中士大夫好事者，承其声名，坐门问疾，犹不得见。三公所辟召者，辄以询问之，随所臧否，以为举夺。

这两个高卧京师，表面上清高风雅，却暗通声气的大名士，居然操纵三公辟举的大权。可见，名士在选举方面的影响力有多么巨大。

同样，通过权威人士的品评，也是名士左右选举的重要手段。《后汉书·许劭传》说："故天下言拔士者咸称许、郭。"说明，汉末品评人物的专家并推郭泰和许劭。许劭从兄许靖："具有高名，好共核论乡党人物，每月辄更其品题，故汝南俗有月旦评焉。"看来，许靖也是人物评论方面的权威。

"人伦臧否"本来是当时名士的专业之一，名士清谈的主要内容就是评论当时的热点人物，像汝南那样每月有组织地定期召开"人物升降品题"的会议，虽然其他郡不见得也有，但诸郡通常由名士主持乡里清议和评论人物的工作，应该是没有问题的。

那么这些名士的出身如何呢？前面提到，如果是纯粹的豪族没有名士，这个家族是没有多大影响力的。因此，东汉时代，尤其到了王朝末期，名士大都出身豪族。具体来说，名士固然不一定从豪族中产生，但出于豪族的一定占多数。上述两位人物评论权威，郭泰出身低微，汝南许氏却是累世三公的世家大族。

东汉末年，反对宦官的名士集团被称为党人，这些人，有家世可考的大都出身豪族，比如三君中的窦武，是贵戚出身；陈蕃祖上是河东太守；刘淑祖上是司隶校尉。"八俊"以下的名士基本都出身豪族，李膺祖上是太守，父亲是赵国相；荀翌叔父荀淑是有三公之望的大名士，而且荀家出过好几个太守；杜密先世的官爵虽然没有记载，但杜氏却是颍川名门，前有杜根，三国时有杜袭，无疑都是豪族；王畅的父亲是太尉；刘祐出身宗室；魏朗出身县吏，虽然门第不高，但会稽魏氏却属四姓之一；赵典的祖上是太尉；尹勳的伯父是司徒，从兄是太尉；羊涉“家世冠族”，泰山羊氏曾做过七代二千石的卿校；张俭、岑晊的父亲都做过太守；陈翔祖上是司隶校尉；孔昱一门自西汉后期开始，担任卿相牧守的就有五十三人，七人被封为列侯。

《后汉书·党锢传》中的人物没有记载先世官爵的固然大有人在，但明确记载出身卑微或“单家”的却没有一个。而且这些党人几乎都以察举、孝廉起家，说明他们大多出身豪族。当然也有出身“单家”的名士，但少得可怜。

《后汉书·陈寔传》记载当时的大名士陈寔：“出身单微，少作县吏，常给事厮役，后为都亭刺佐。”《后汉书·郭泰传》说：“（郭泰）家世贫贱，母欲使给事县廷。”像这类出身贫贱，因为受到名人赏识和提拔而时来运转，成为名士，从而跻身豪族序列的人毕竟是少数。因为当时门阀制度还未形成，“士庶之间，实自天隔”的思想还不成熟，从而给了少数“单家”成为名士的可能，郭、陈二家就是特列。

名士兼具豪族的身份，自然是大姓名士了。实际上，名士通过功曹职位和主持乡里清议来操纵选举，其实就是当地豪族在操纵选举。东汉末期的政论家对这种现象都有论述，比如崔寔、王符、仲长统在分析选择的弊端时，主要有两项：一是重视家世族姓；二是提到了朋党交结。二者的结合也就是豪族和名士的合流。即使是出身“单家”的名士，也是通过名士这条道路，成为冠族。最终的结果是，大姓名士遂成为名士群体中的核心力量。

于是，通过不断的权力繁殖，独立于豪族集团之外的“名士集团”壮大成熟了，他们成为汉末政治舞台上一股不容忽视的力量。

东汉末年是大姓名士群体发展的关键时期，他们通过跨郡、跨州的交游与讲学（累世经学之间及其门徒），主持乡里清议和操纵选举（地方大姓名士），具有了学者与官僚的双重身份，影响力遍布全国。前面提到的“党锢之祸”，就是这个群体与朝廷发生严重冲突的直接反映：而汉末至三国时代的领主战争，大姓名士集团也起了推波助澜的作用。

五　豪族领主化与汉末争霸战争

东汉末年的领主争霸战争，实际上是在豪强大族主导下进行的军阀混战。那些在第一线建立割据政权的军阀是他们实现目的的依靠力量。同时，这些大小领主多出身豪族，很多豪族又兼具名士身份。可以说，这场旷日持久的战争，就是“豪族领主化”引发的一场社会改造运动，目的是保持家族在当地的势力。

东汉时期，由于政治地位和文化修养的优越性，豪族群体是名士产生的温床；同时，由于宗族、乡里组织所起的作用，以及豪族在当地政治、经济领域方面的影响力，豪族的代表人物又有能力组织武装队伍，从而成为领主。

名士和武装队伍的豪帅有时相兼。比如，资助曹操起兵的陈留孝廉卫兹，他能散家财组织武装，成为太守张邈的部将，而且又成为受到郭泰赞扬的名士。还有鲍信，父亲鲍丹官至少府，“世以儒雅显”，显然是泰山当地的豪族。同时，鲍信也是何进当国后举用的名士之一，何进曾命他以骑都尉名士还泰山募兵。当鲍信率领募兵到洛阳时，何进已死，他又返回泰山，再次募集了步兵二万，骑兵七百，以此为资本，参加了讨伐董卓的战争。王匡，也是泰山人，情况与鲍信相同。可见，鲍信、王匡不仅是豪族名士，同时又能在本乡募集武装队伍，成为豪帅，即割据领主。还有刘表、刘焉等，也属于这类军阀。

当然，也有出自同族，而名士与豪帅却各有其人。《三国志·魏书·王修传》记载：

> 胶东人公沙卢宗强，自为营堑，不肯应发调，修独将数骑径入其门，斩卢兄弟。公沙氏惊愕，莫敢动。修抚慰其余，由是寇少止。

《后汉书·方术传》记载有公沙穆，北海胶东人，孝廉出身，官至弘农令，六子皆知名。同书注引谢承《后汉书》记载公沙穆子（公沙）孚，也是孝廉，官至上谷太守。《后汉书补注》引《北海耆旧传》说："公沙孚字允慈，与（荀）爽共约，出不得事贵势。而爽当董卓时，脱巾夫百日，位至司空。后相见，（公沙孚）以爽违命，割席而坐也。"荀爽是当时声望极高的豪族名士，他能与公沙孚交好，说明公沙孚也是名士。

这些说明，公沙氏是胶东的大姓豪族，这个家族，既能培养出公沙穆父子这样的名士；也能产生公沙卢兄弟那样自立营堑，拒绝调发，而且还兼做抵御寇掠的豪帅。汉末领主战争中，这类豪帅占多数，他们出身豪族，但在同族中，不一定是名士，比如董卓、曹操、袁绍、孙坚父子、刘备等。

但是，无论是相兼还是分离，在出身豪族这一点上，两者是相同的。同时，也反映出，豪族名士化的趋势越来越强，因为在社会上没有声望的豪族，其影响力是非常有限的。而且，豪族名士化，也为汉末豪族与名士的联合创造了条件。

豪族拥有很多宗族成员，分属于各个贫富不等的家庭。族内的显贵成为首领，他们凭借其财富、权势控制宗族，并收纳和庇护了很多外来的逃亡者作为"宾客"，以扩充自己的势力。宗族成员和宾客的身份虽然不同，但与宗族首领都存在着从属关系，他们构成了豪族的武装力量。宗族首领对于族内成员和族外宾客，相当于家长。自然，在乱世，这些宗族首领就成为豪帅了。

宗族在长江中、下游被称为宗部，首领称为宗帅；在北方诸州那种以宗族、宾客组织武装的豪族，如曹操、袁绍、任峻、李乾、李通、吕虔、许褚等，就是豪帅。这些人就是汉末领主战争的主角。

名士群体与豪族势力的联合，也是汉末政治形势发展的必然趋势。因为在汉末党锢事件中，清流派名士遭到了政府的弹压，两者从此分道扬镳，这就好比两个圆进入了不同的运行轨道。被打压的清流派名士，并没有因为部分首脑的流放、处刑而消极颓废，名士集团的声望和力量反而在这场政治斗争中变得愈加强大。

以幸免于难的陈寔一家为中心，新的名士不断涌现，彼此也建立了新的联络。《三国志·魏书·管宁传》说："（管宁）与平原华歆、同县邴原相友，俱游学于异国，并敬善陈仲弓（陈寔）。"《后汉书·郑太传》记载，山东义兵起时，郑太向董卓下说词时，说："东州郑玄学该古今，北海邴原清高直亮，皆儒生所仰，群士楷式（楷模）。"可见，邴原是与郑玄比肩的大名士，为士人敬仰。

这些党人名士为了积攒实力反抗宦官，开始与豪族交结。《三国志·魏书·荀攸传》注引张璠《汉纪》记载何颙：

> 及党事起，颙亦名在其中，乃变名姓亡匿汝南间，所至皆交结其豪杰（豪族）。颙既奇太祖（曹操）而知荀彧，袁绍慕之，与为奔走之友。是时天下士大夫多遇党难，颙常岁再三私入洛阳，从绍计议，为诸穷窘之士解释患祸。

说明党人何颙也是潜行于地下，积极交结豪族，同日后的各个领主首脑建立了联系。

汉末的动乱时期，只有兵力才是可以依赖的力量。然而名士，几乎全都手无寸铁，所以他们从一开始便处境艰难，飘摇不定，在反宦官斗争中处于劣势，他们急需武力的支援。而割据军阀需要稳固自己的地位，维持统治地区的安定，同时还要与其他军阀竞争，因此长于谋略者不可或缺，知识和政治素养较高的名士便成为重要的存在。东汉末期，随着中央朝廷的衰落和各地领主势力的崛起，我们看到，那些享誉全国的大名士顺次归于各个领主旗下。这些领主之间征伐不断，弱肉强食，通过兼并战争，最终形成了三国鼎立的局面。

在领主战争过程中，众多大姓名士都投到了曹魏一方，比如名士集团核心颍川派与北海派，颍川集团以荀氏、钟氏、陈氏为核心，北海集团以大儒郑玄及北海相孔融为核心。

另一部分名士则分别投向了吴、蜀两方，《三国志·吴书·诸葛瑾传》注引《吴书》说："初瑾为大将军，而弟亮为蜀丞相，……族弟（诸葛）诞又显名于魏，一门三方为冠盖，天下荣之。"还有代表性名士许靖、张昭各自在蜀、吴担任了高官。

还有一个特别现象，虽然这些名士分属各国，但彼此之间的感情纽带依然存在，仍然保持着联系。《三国志·蜀书·许靖传》注引《魏略》收录了曹魏王朗写给许靖的三封信，反映出两人在灵魂深处的亲密友情。给许靖写信的不止王朗，《许靖传》说："始靖兄事颍川陈纪，与陈郡袁涣、平原华歆、东海王朗等亲善，歆、朗及纪子群，魏初为公辅大臣，咸与靖书，申陈旧好，情义款至。"

这些都说明，名士群体已经结成了牢不可破的价值纽带，成为一个共同体了。如果把各个领主政权比拟为相互排斥的圆圈的话，那么名士集团在这些政权的根底处，结成了彼此相连接的一个圆圈。

总之，东汉末年，地方豪强大族不满足于控制当地的社会和政治资源，还希望控制权力中枢，进而重新分配帝国的社会和政治资源。于是，在各地豪族和名士的推动下，一个个"民间自治集团"相继产生了，董卓所创建的凉州集团，就是第一个割据性质的武力集团。可以说，它们是汉末混乱的政治局势催生的产物。比如吕布、袁绍、曹操、公孙瓒、孙氏父子、刘备诸葛亮等，都是这种武力集团的首脑，当然，他们也是豪强大族实现资源重组的依靠力量。这些都导致整个社会进一步向"豪族领主化"方向倾斜，为世家大族的重新崛起和不断壮大创造了条件。

第二章

汉魏之变与世族的崛起

东汉帝国在公元 2 世纪中期已经糜烂了。当时不仅私党派系之间互相倾轧，宦官与士大夫之间也爆发了剧烈的冲突，从而使士族的力量受到了严重的打击。公元 184 年爆发的黄巾起义，犹如雪上加霜，使汉帝国几近崩溃，但这只是灾难的开始。

就在镇压黄巾起义的过程中，地方官员纷纷借机独立，形成大大小小的势力集团，这些都削弱了中央政府的权力。而黄巾起义的结束也标志着世族集团顺利渡过危机，开始重新掌握政权。公元 189 年地方军阀为清除宫内阉党而发动了大规模的军事干预行动，标志着割据体制的确立以及政治混乱的开始，而世族就是这场政治和社会变革的幕后推动者。这样，世族在经历了短暂的权力“失序”后再次崛起，又成为社会和政治的支配力量了。毫不夸张地说，东汉末年的领主战争，实际上是一场大族之间的权力角逐。

东汉末年，在地方豪族势力的支持下，曹操迅速挤进了军阀割据的行列。官渡之战后（公元 200 年），权力逐渐转移到大军阀和朝廷庇护者曹操手中。这位杰出的政治家通过一系列改革，比如保证军粮顺利供应的屯田制，减轻赋税的政策，恢复国家对盐铁的垄断，鼓励向边疆移民，以及九品中正制，等等，成功地控制和巩固了整个北方地区。就在曹操要为实现统一全国和建立新王朝的目标而努力前，他却溘然长逝了。

在曹操经营北方的同时，南方也形成了两个独立的政权。一位是在今四川地区称帝的刘备；一位是在武昌，凭借长江天堑，而伺机背弃曹操的“吴侯”孙权。

公元 220 年 12 月 11 日，汉朝的傀儡皇帝将大位禅让给曹丕，后者借此成为帝国的“法定”的继承人和魏国（公元 220—265 年）的开国皇帝。五个月后，刘备在成都宣布自己继承了汉室的正统，成为汉帝。公元 221 年，吴蜀夷陵大战，吴夺取荆州，成为地跨东南、中南和华南，仅次于魏的顶级大国。而蜀因失去荆州，只能龟缩西南一隅，勉强维持。于是，从公元 222 年以后，

▲唐　阎立本　历代帝王图之曹丕

孙权开始与魏国进行战略博弈，并于公元229年5月自立为吴帝，并将都城从武昌迁到建业。与此同时，大族也在长期的军阀混战中得以壮大。

三国政权，除曹魏因身份特殊，以及法家思想浓厚，不是标准意义上的世族外，蜀汉和东吴都与世族关系密切。曹魏虽然与世族较为疏远，但实质上也是在世族支持下建立的政权，因此曹氏与大族的关系较蜀、吴更为复杂，处于既合作又斗争的状态，且斗争大于合作。而司马氏父子遂反其道而行，联合一批守旧派大族，从孤儿寡妇手中窃取了曹氏政权。因此，君主与大族，大族与大族之间的权力博弈，构成了三国政治史的主题，可谓扑朔迷离、精彩纷呈。而在讲这场权力游戏之前，首先要了解东汉末年政治和经济的形势。

一　糜烂的帝国：东汉末年的政治与经济

东汉末年的政治与经济形势，可以用两个词来形容，即政治上的糜烂与经济上的衰退。

东汉末期，整个帝国就像一个患了癌症的病人，经济凋零到了极点。但就是在这样恶劣的环境中，却出现了一个奇怪的现象：一方面，是大族在经历了短暂的失序后，又蓬勃地发展起来。他们繁殖力惊人，在很短的时间内就形成了势力庞大的群体；另一方面，是中原户口的急速耗减。这一增一减，构成了东汉末期政治和经济的特点，这些都为世族时代的到来奠定了基础。

前述提到，自从王莽变法失败后，代表豪族势力的光武帝，在人民厌乱慕汉的颓废心理刺激下，构建了一个全新的政权。可以说，东汉王朝是西汉前贵族政治重新包装与改弦更张后的产物。在这个政权的培育下，若干家族凭借权力寻租、官位世袭，以及土地兼并和学术世传等法门，从东汉中叶以后，形成了支配社会、政治和经济运转的世族群体，六朝门阀大族的政治模式即发端于此。可谓引一时之风尚。

大族通过其影响力，形成了一个个以他们为核心的“势力场域”，在这个场域周围团聚了众多的寄生群体（详见图 2–1 所示）。

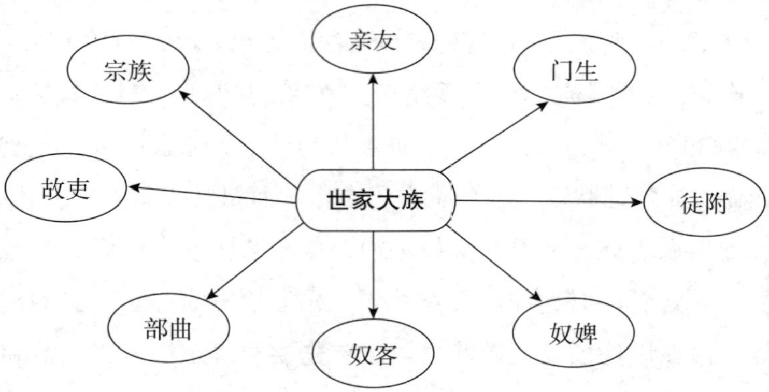

图 2–1　世家大族的“势力场域”

各个大族就是通过盘根错节的关系网把持了中央和地方的权力，并且控制了社会经济。

中枢官吏，或来自任子，或出自选举，任子方便了世宦之家，而选举非大族莫属，所以数世卿相的家族，屈指可数。如南阳邓氏、扶风耿氏、弘农杨氏，以及汝南袁氏；而地方权力，也把持在二三流大族，或作为准大族的地方豪强手中，尤以豪强为甚。如南中雍氏、高密孙氏、吴郡孙坚、管县刘节、剡县斯从、胶东公沙卢、凉州董卓，等等。这些大族仗其实力，或率郡反叛，或恃强违法，而成为一郡的豪强。他们不仅能决定县令的去留，还掌握了地方实权。

东汉末年的公孙瓒虽出身地方豪强，但因母亲身份卑微而受到大族的轻视。当他掌握幽州政权后，便以大族不知感恩为借口，对衣冠子弟进行了疯狂的打击。公孙度出身寒门，以小吏起家，被同郡大族所蔑视。当其掌权后，便找借口对郡中百余家名豪冠姓大开杀戒。李焉任益州刺史，为了树立威信，借事杀了州中王咸、李权等十余个豪强。显然，他们的举动是为了占有大族的资源，却引发了激烈的反抗，最终都归于失败。

至于大族在社会中的号召力，则更让人瞠目。《后汉书·杨震传》记载，因为袁术上僭号，而杨彪与袁术是姻亲，曹操便将杨彪关进监狱，孔融得知后，没穿朝服就跑来见曹操，劝谏说：

杨公四世清德，海内所瞻……今横杀无辜，则海内观听，谁不解体！孔融鲁国男子，明日便当拂衣而去，不复朝矣。

“明日便当拂衣而去”显然是恐吓之词，言外之意就是在杨彪的号召下，会发生意想不到的变故，“操不得已，遂理出彪”。可见，就是枭雄曹操，对大族也惮忌三分，只能妥协退让。从此，与大族的斗争成为曹操一生的事业。

比杨彪还横的是袁绍。当初袁绍反对董卓废立，公然与这位手握重兵的军阀叫板，但因袁氏为“四世三公”的顶级大族，董卓只能忍气而不敢加害。不仅如此，袁绍来到冀州后，刺史韩馥因为是袁氏故吏，又慑于袁绍的声望，竟然让出了冀州。可见世族在当时拥有多么巨大的影响力。

与大族互为表里，助长其力量生长的便是前述提到的名士，特别是其中的大姓名士。于是，大族在支配政治和经济权力之外，又控制了学术资源，成为集权力、财富和思想三者为一体的社会精英。

与大族群体快速繁殖相反的是人口的锐减。东汉末年，由于黄巾起义和军阀混战的接连打击，许多土地在长期的军事摧残下陷于荒芜，从而成为无主之田。于是，豪族，以及由豪强组成的军阀集团，凭借政治与经济上的优势占有了这些田地，同时纷纷招徕失去土地的农民来耕种这些荒地。农业社会的国库收入，几乎全靠田赋，而田地的耕作，则全靠人力。所以人口的增减与国力的强弱成正比，此外，人口的增减也能反映中央权力的升降。那么汉末人口耗减的情况呈现何种特点呢？《后汉书·仲长统传》引《昌言·理乱》篇说：

汉二百年而遭王莽之乱，计其残夷灭亡之数，又复倍乎秦、项矣。以及今日，名都空而不居，百里绝而无民者，不可胜数。此则又甚于亡新之时也。

《全三国文·刘镇南碑》记汉末：

于时诸州，或失土流播，或水潦没害，人民死伤，百遗二三。

从以上两条史料中可以窥测，汉末混乱之际，人口损耗的情况有多严重，而且这种状况一直到魏明帝（公元226—239年在位）时还没有好转。《三国志·魏书·蒋济传》记蒋济说："今虽有十二州，至于民数，不过汉时一大郡。"同时期的陈群、杜恕也有类似的看法。说明，虽然在政治局势比较安定的三国中叶，曹魏诸臣仍常以人口稀少为言。

当然，汉末各地户口消亡的情况并不一致，具有明显的地域差异。具体来说，以长江以北和中央政府四周的州郡为重灾区，而这些区域恰恰是国库收入的主要来源地。而西南和东南由于局势较稳定，又有大量北方人口逃往此地，人口耗减率相较北方稍低。这就造成了三国时期北方稀疏和南方稠密的人口分布状况，所以当魏灭蜀后，朝廷即颁布了鼓励南人北迁的优惠政策。《三国志·魏书·陈留王奂纪》记魏灭蜀后："勤募蜀人能内移者，给廪二年，复除二十岁。"晋平吴后，也下了类似的命令。

那么这些流失的人口除了地域迁徙外，都到哪里去了呢？有一部分人必然因屠杀、饥饿和疾病等原因而死亡，但那些幸存下来的人去了何方？这又回到了前面的话题，即大族的快速增长。

中国历史上所有的人口统计数字，都不是当日实有人口的数字，而仅是向政府机关登记的数字（梁启超《中国历史上人口之统计》）。因为向政府登记的人口，都有缴纳租税的义务。这样，隐匿人口就成为一种社会现象，特别是在政治动荡、灾害频繁、盗贼四起和差徭繁重的时期。于是，若干人口借战乱私行逃亡，为了寻求保障，为了躲避过重的租赋，他们只能隐匿在豪富之家。因为到了乱世，政府实力削弱，唯有地方豪霸才有自卫能力。所以乱世，政府登记的人口会骤然减少。到了由乱返治的时期，政府权力恢复，便会启动人口清查，将隐匿人口释放回政府，这时又会出现人口骤然大增的现象。

显然，这种人口的骤降忽增都不是正常的现象，它实际上反映了社会的病态，而汉末的人口骤减也呈现出这种特点，且豪强大族隐匿人口的现象更为严重，无论魏、蜀还是吴都呈现出这种趋势。

农业社会的国家税收，几乎全靠田租，当人口出现大量的逃亡隐漏，政府的租赋也就变相流入豪强大族之家，从而使国库日益萎缩。于是，隐匿人口与兼并土地，成为大族积聚财富的主要法门，也成为他们控制政治权力的经济基础。

可以看出，大族的权力繁殖与人口的骤然锐减成为汉末两大社会疾病，而且两者紧密地交织在一起，相辅而行。一方面，政治与舆论为大姓名士所包办，而他们又毫无经世致用的才干和责任心，从而导致政治腐化和经济衰退；另一方面，人口逃亡，使政府收入锐减，国家既然无钱，力役也就无从征发，只能依靠地方官员维持政局的稳定，而地方官或出身豪族，或依靠豪强，这就为大族益强、朝廷益弱局面的形成创造了条件。

实际上，这两种社会疾病本质上是一个，病根都是大族。权力繁殖反映了大族的政治势力，隐匿人口反映了他们的经济实力。大族繁殖最快和人口逃亡最严重的地区，都在北方，而这正是曹操的势力范围。于是，在这双重压力之下，要想扶大厦于将倾，平四方之一统，相比于刘备和孙权来说，曹操的困难要大得多。因为曹操面对的是势力强劲的大族群体，且要从政治和经济两个方面进行根本性的改革，稍有不慎就会引发大族的群起而攻之。

曹操没有退缩，而是知其难行而行之，选择了与大族政治观念相反的法家思想作为改革的指导理念，将矛头直接指向了豪强大族。具体来说，曹氏在政治和经济两个战场与大族展开了激烈的角逐。政治上，曹操推行唯才是举和曹丕颁布“九品官人法”，试图从选举制度层面瓦解大族所构建的政治大厦；经济上，推行屯田制，试图从土地制度层面摧毁大族赖以生存的经济基础。这些措施相结合，正是试图根治上面的两种社会疾病，从而达到抑制大族势力和巩固中央集权的目的，进而提升君主的权威（详见图 2–2）。

可以看出，曹操的改革是一种宏大的战略设想，但实现起来却困难重重。因为相对于曹魏与吴蜀的战争，曹操和他的继任者所进行的改革，以及由此引发的曹魏政权与大族之间的权力博弈，是一场没有硝烟但却更为惨烈的社会运动。鹿死谁手，尚未可知！

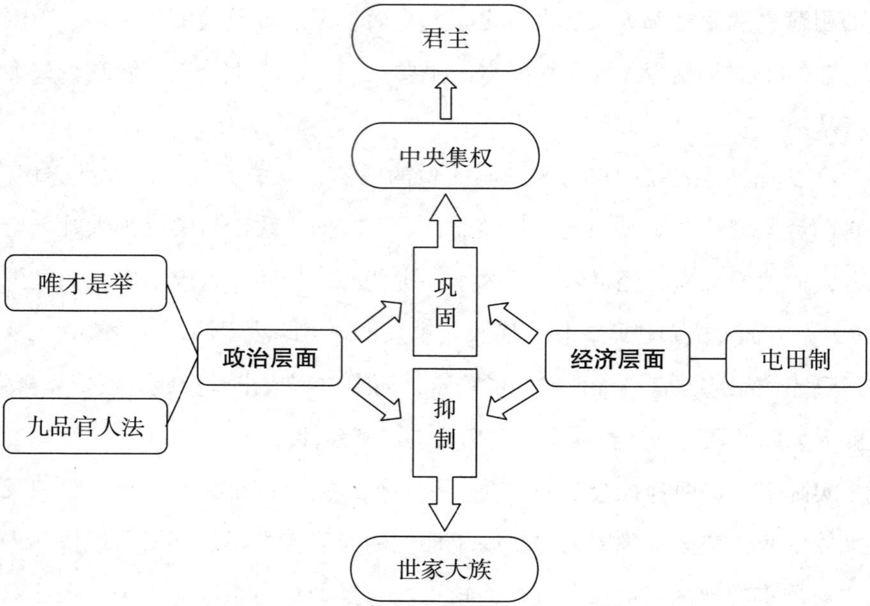

图 2-2　曹氏改革的战略构想

二　阶层属性：曹魏改革的底层逻辑

在谈曹操的改革前，务必要了解其阶层属性，因为它决定了曹魏政权的走向。曹操不像袁绍、司马懿出身正统大族，也不像刘备、孙氏父子出身次等大族，而是出身大宦官之家，虽然富贵但身份卑微。《三国志·魏书·武帝纪》记载：

> 太祖武皇帝，沛国谯人也。姓曹，讳操，字孟德，汉相国参之后。桓帝时，曹腾为中常侍大长秋，封费庭侯。养子（曹）嵩嗣，官至太尉，（曹操）莫能审其生出本末。

曹嵩是夏侯氏之子，夏侯惇的叔父，曹操与夏侯惇为从父兄弟。这段史料说明曹嵩实为夏侯氏血统，名为曹氏养子，来历十分诡异。从中，可以勾勒出曹操的阶级烙印。首先，他的原生家族夏侯氏是寒门；其次，他的第二家庭是阉宦，虽富但不贵，可以说比寒门还卑微。

《武帝纪》接着说：

> 嵩生太祖。太祖少机警，有权数，而任侠放荡，不治行业，故士人未之奇也。

《三国志·魏书·袁绍传》注引《魏氏春秋》载陈琳《为袁绍檄豫州》文中曾讥斥曹嵩是“乞丐携养”，然后大骂曹操说：

> （曹）操赘阉遗丑，本无令德，僄狡锋侠，好乱乐祸。……加其细政苛惨，科防互设，缯缴充蹊，坑穽（阱）塞路，举手挂网罗，动足蹈机陷……

这两段史料不经意间点出了曹操的价值取向。第一，他是一名具有远大抱负的游侠；第二，所谓“不治行业”，表明曹操不以儒学为业，且对名教十分排斥；而“少机警，有权数”，“细政苛惨，科防互设”，以及“举手挂网罗，动足蹈机陷”，说明曹操对刑名法术和经世致用之学的热衷。比如，《三国志·魏书·武帝纪评》说曹操“擥（揽）申、商之法术，该韩、白之奇策”；《晋书·傅玄传》记傅玄评曹操“魏武好法术而天下贵刑名”。

这两点催生出曹操“放荡不羁，不拘小节”的人格特质，当然这也是汉末游侠的共同特征，只是在曹操身上表现得尤为突出。有一则故事性的史料从侧面反映了曹操这个特质。《世说新语·假谲》记载：

> 魏武（曹操）少时，尝与袁绍好为游侠。观人新婚，因潜入主人园中，夜叫呼云：“有偷儿贼！”青庐中人皆出观，魏武乃入，抽刃劫新妇，与（袁）绍还出。失道，坠枳棘中，绍不能得动。（曹操）复大叫云：“偷

儿在此！”绍惶迫自掷出，遂以俱免。

尽管这个故事的真实性值得怀疑，但是从中可以反映出曹操与袁绍之间的关系，也能看出当时游侠放荡的一面，并展现了曹操个人的机警和权变。这种“放荡豁达，成大事者不拘小节”的性格，在曹操的军事生涯中演变成了“通达权变，善于出奇制胜”的能力，与他“运筹演谋，鞭挞宇内，不念旧恶，善于用人”的能力相得益彰，一起发挥功效，使其成为乱世中的枭雄，成就了宏图大业。

这样，将曹操的阶级烙印和价值取向结合在一起，就构成了他的阶层属性，即具有游侠风尚的非儒家寒族。这一阶层属性决定了曹操一生的价值追求和政治走向。具体来说，就是崇尚节俭，反对奢侈；注重经世致用，藐视朋党结交；推崇唯才是举，排斥门第出身；崇尚中央集权，反对地方割据；看重刑名法术，蔑视儒学名教。可见，曹操所崇尚的，恰恰是世家大族所排斥的，这决定了曹操与大族之间具有不可调和的矛盾，双方必有一战。

但在其职业生涯的早期，曹操势单力微，为了积累名望，遂采取了与大族合作的态度。首先，曹操积极投身于反宦官的洪流中。按照常理，曹操应该是宦官集团的代表，但为什么他却得到那些反宦官大族的推重和信任，并参与了诛灭宦官的政治运动呢？原因很清楚，曹操很早便与袁绍建立起盟友的关系。曹操与袁绍都是“豪侠”，以此为基础，为了摆脱出身的弱点，曹操很早便与出身大姓名士的袁绍建立了亲密友谊，利用袁氏的名望与袁绍的号召力抬高自己。

同时，曹操还利用当时的社会舆论为自己打造正面形象。对于才能出众，抱负远大的曹操而言，他十分清楚，在这个社会舆论具有很大支配力的时代，只有广泛地为自己制造正面舆论，才能得到士人的信任和拥护，参与到反对宦官的斗争中去。因此，曹操选择了与袁绍交好。何颙也是在曹操默默无闻时，少数几个看重他的人之一。《后汉书·何颙传》记载：“颙见曹操，叹曰：‘汉家将亡，安天下者必此人也’”。但是，按当时的条件，袁绍与何颙还没有能力普遍地为曹操制造舆论，让士人接纳他。这时，曹操看中了一个极有影响力的人物——太尉桥玄。

桥玄在当时大族名士群体中的威望极高，被称为“知人”的“名臣”，他对人的评价，往往具有广泛的影响力。曹操在祭文中也承认，自己所以能“增荣”，受到士人的重视，都是因为桥玄的“奖助”。

桥玄的赞誉只是让曹操在士人面前崭露头角，要想得到社会层面更广泛的承认，必须得到当时名士的赞赏。在桥玄的推荐下，曹操又获得了许劭的赞誉。许子将即许劭，是与郭泰齐名的善于识别人才的名士，又是所谓“月旦评”的主持者之一，他对人的评论，在当时影响巨大。《后汉书·许劭传》记载许劭评价曹操：“君（曹操）清平之奸贼，乱世之英雄。”许劭的赞誉自然引起士人对曹操普遍的重视，从“君未有名”到“由是知名”，就是许劭为其制造舆论的结果。

再者，曹操除了借助别人为自己制造舆论，还通过实际行动为自己提高知名度。就在得到许劭的赞誉不久，曹操便被朝廷举孝廉为郎，担任洛阳北都尉，迁顿丘令。曹操在洛阳时，“不避豪强”，曾诛杀过大宦官蹇硕的叔父，得到人们的“称荐”。后以“能明古学”，又被朝廷征为议郎。在社会舆论极其有利的条件下，曹操抓住时机，在担任议郎时，开始举起反宦官的旗帜。

汉灵帝建宁二年（公元 169 年）第二次党锢之祸后，清流派大族遭到宦官的残酷镇压，策划者大将军窦武、太傅陈蕃先后被害。曹操却不畏宦官权势，上书灵帝为陈、窦喊冤，并责斥宦官。汉灵帝光和五年（公元 182 年），太尉许馘、司空张济接受宦官贿赂，包庇其子弟。陈耽与议郎曹操上书灵帝，指控许馘和张济。

这些不畏权势的行为，立刻得到了士人的赞誉。这样，在以袁绍为首的政治集团中，曹操逐渐成为仅次于袁绍的核心人物，参加了当时的反宦官斗争。此后，曹操以骑都尉的身份率军镇压过颍川的黄巾军，被朝廷迁为济南相，再后来就是与袁绍分别担任西园八校尉之一，曹操是典军校尉，袁绍是佐军校尉。

从曹操的早年经历看，他虽出身大官僚家庭，但不是崇尚儒学的大族；虽与大族亲近，也只是利用他们为自己的政治抱负铺路。因而，曹操身上体现出的更多的是刑名法术之学，而不是儒学名教之思，他的价值观与大族名士的价值观存在本质的差异。因而，曹操与大族的合作只是暂时的，当他力量强大时，必然会抛弃大族名士，转而用法术治国。这种转变，在曹操的政治和经济改革中体现得淋漓尽致。

三　唯才是举的“表”与“里”

《三国志·魏书·卢毓传》记曹叡模仿曹操的口吻说：“选举莫敢有名，名如画地作饼，不可啖也。”这是曹操死后，其孙曹叡对唯才是举政策的评论。大意是说这个政策如画饼充饥，名不副实。为何曹叡会对祖父引以为荣的用人政策给予如此低的评价呢？这还要从曹操几次变易人才选拔标准的政令说起。

前述提到，曹操的阶层属性决定了他的政治取向，他身上体现的更多的是刑名法术，而不是儒学名教。所以，曹操政治改革的核心是摧折大姓名士，因为他们是名教的拥护者，其中最具特色的，是他变易人才选拔标准的四道政令。

第一次是在汉献帝建安八年（公元 203 年），曹操下令凡郡国选才，不必要大族名士才能充任。第二次是在建安十五年（公元 210 年），曹操颁布“唯才是举”的法令。随后，又在建安十九年（公元 214 年）和建安二十二年（公元 217 年）连续颁布了两道人才政令，都是对前两道政令的强调和补充。尤其是第四道政令，将曹操的用人理念体现得一览无余。《三国志·魏书·武帝纪》注引《魏书》记曹操下令说：

> 昔伊挚、傅说，出于贱人；管仲，桓公贱也，皆用之以兴。萧何、曹参，县吏也；韩信、陈平，负污辱之名，有见笑之耻；卒能成就王业，声著千载。吴起贪将，杀妻自信，散金求官，母死不归；然在魏，秦人不敢东向，在楚，则三晋不敢南谋。
>
> 今天下得无有至德之人放在民间；及果勇不顾，临敌力战；若文俗之吏，高才异质，或堪为将守。负污辱之名，见笑之行；或不仁不孝而有治

国之术；其各举所知，勿有所遗。

这道政令所列举的不是法家之人就是兵家之人，且在名士眼中都是“缺德”的人，如果以他们的标准衡量，这些人都不是贤才。但在曹操眼里，这些“无有至德之人”却皆是安邦治国的人才。简而言之，曹操要向大族宣告新的人才标准，即有德者未必有才，而有才者，未必有德。显然，这是法家实用主义的观点，是对大族名士人才观的彻底否定与摈弃，是在向传统儒家思想发起攻击。同时，也反映了曹操不拘一格、求贤若渴的理想主义精神。

曹操的四道政令在招徕人才和否定大族人才观的同时，对当时维护世族利益的舆论，以及结党连群的风尚，也给予了抨击和否定。《三国志·魏书·陈矫传》记徐宣非议陈矫，曹操遂下令说：

丧乱已来，风教凋薄，谤议之言，难用褒贬。自建安五年已前一切勿论。其以断前诽议者，以其罪罪之。

可见，曹操试图从根本上否认维持大姓名士利益的所谓清议，并企图彻底摧毁造成不正确清议的根源，从而将浮华虚伪之徒清理出官僚队伍。《后汉书·孔融传》记曹操给孔融的信中，即展现了这个目的和曹操为达此目的的决心，他说：

孤为人臣，进不能风化海内，退不能建德和人，然抚养战士，杀身为国，破浮华交会之徒，计有余矣。

所谓“浮华交会之徒”，就是指那些不体政务、不恤黎民，却整天朋党比周、互相标榜，或相互攻击、妄自菲薄之徒。而孔融和郗虑就是这类人的代表。

政令是死的，只有落到实处，才能发挥效力。为此，曹操身体力行，在实际工作中贯彻这些政令。曹操一生似乎与大族有着解不开的缘分，他从年轻到闭眼一直与大族争斗。比如，曹操初入仕，出任洛阳北都尉时，就不畏豪强，提倡严刑峻法。他做议郎时，更是不畏强权，不仅力斥奸佞，还弹劾三公贪污和奏报不实。但曹操这些正义之举却引发了大族的记恨，或是被权贵弹劾迁官，或是为躲避陷害而告病还乡。因为当时曹操力量单薄，还抵挡不住大族的攻击，只能采取隐忍韬光的策略，暂时向他们妥协。

退是为更大的进攻做准备，曹操羽翼丰满之后，他打击大族的行动就变得更为严厉了。比如，曹操在公元 204 年平定冀州后，即痛骂袁绍放纵豪强、亲戚恣意妄为、兼并土地，遂颁布了抑制冀州豪族势力的“九月令”；平定荆州后，遂任命司马芝、郝先等为守长。这些人秉承曹操的政令，对当地豪强刘节予以打击。

为了从根本上削弱大族势力，曹操甚至采取了摧毁式的手段，用屠戮来震慑豪强。比如，曹操刚刚占据兖州，便杀了当地豪强势力的代表王匡和边让，激起了兖州豪族代表人物陈宫的敌视，从而引发了曹操与当地豪族的战争；鲁国孔融，乃孔子三十世孙，属于名望卓著的大姓名士，作为法家信徒的曹操自然容不得他，曹操便以孔融对东吴使者出言不逊为由将其杀害；琅邪伏氏自伏生后，累世传经，是当时声望极高的大族，曹操便以伏皇后在给父亲伏完的信中对其有辱骂之辞为由，将伏皇后杀害。随后对伏氏宗族进行了大屠杀，死者达数百人。

以上是曹操杀害儒学名士的事例，他对其他崇尚名教的大族更是毫不留情。清河崔琰，也出身当时实力强劲的大族。曹操先以他出言不逊为由将其下狱，然后又以崔琰有罪还接待宾客为由，将其赐死；弘农杨氏，自杨震到杨彪“凡四世，皆为三公”，是当时的顶级大族。曹操最初打算以杨氏与袁术通婚为由，将杨彪除掉，但因孔融的警告没有得逞。随后又借莫须有的罪名，将杨彪之子杨修处斩。

汝南袁氏也是当时的顶级大族。袁绍的高祖父袁安，“好学有威重”，担任过东汉王朝的司空，又做过司徒。其子袁敞、袁京都官至司空。京子袁汤也为司空，后拜太尉，封安国亭侯。汤子袁逢也为司空。袁逢的弟弟袁隗比哥哥先做到三公，官至太傅。自袁安到袁逢、袁隗，袁氏“四世五公”，比杨氏多一公。袁绍和袁术在当时有极大的号召力，特别是袁绍，是当时关东豪族的领袖，兄弟俩遂成为曹操的死对头，曹操非除掉他们不可。

除了这些影响力巨大的顶级世族，一般的大族名士，曹操也不放过，比如边让、祢衡等。与此同时，曹操还采取组团剿灭的措施，批量杀害大族。比如，曹操借给父亲报仇之机，在徐州大开杀戒，并借此除掉了当地的一批名士。无怪乎，徐州百姓和三辅士人对曹操痛恨之极，才引发了其数征徐州的壮举。

可以看出，曹操与大族的斗争不是乱打一气，而是有规律可循的。首先，这些大族都是经学名教的信徒，这显然与曹操以法术为治的理念相左。因而，曹操的四道政令展现了他"重才不重德"的政治标准，其真实意图显然是通过选拔人才来摧毁儒家大族的精神堡垒，为曹氏取代刘氏铺路。换句话说，四道政令是曹氏家族的政治宣言，即赞同者，就是曹党；反对者，皆为异党。比如，《三国志·魏书·武帝纪》记曹操发布第三道政令时，还在同日下达了一个关于掌管刑法人选的命令，令曰：

夫刑，百姓之命也，而军中典狱者或非其人，而任以三军死生之事，吾甚惧之。其选明达法理者，使持典刑。

这看似是一条单纯的法令，实质上是曹操"名法之治"思想的具体表现，也是曹操鄙视儒学的一种必然结果。

其次，这些大族在曹操眼中，都是手握实权但无经世致用之才的所谓废人。如果放任这些大族以名教的标准清议朝政，必然会导致政权握于下，而政府形同虚设，这对巩固中央集权显然是不利的。因此，必须瓦解大族的离心力，并将他们挤出政治舞台，这样政权才能集中于中央，为深化改革和建立功业夯实基础。

曹操的政治改革取得了一定的成效，在他执政期间，不仅选拔了一批经世致用的贤才，而且暂时遏制了放达浮诞、崇尚老庄的清议之风。《晋书·傅玄传》记晋初的傅玄说：

昔魏武好法术，而天下贵刑名；魏文慕通达，而天下贱守节。其后纲维不摄，虚无放诞之论，盈于朝野，使天下无复清议。

从傅玄的话中可以看出，后世的毁方败常之俗，实发端于曹丕。而曹操提倡的是法术，法术的要义，是注重名实。因而，在这种实用主义的空气下，玄虚清谈之风难有发展的空间。

总之，曹操为了恢复中央集权，以法家思想为武器，来对抗儒家提倡的伦理道德。他不允许有和法家治国理念，以及和朝廷相对立的政治集团存在，更不允许大姓名士利用所谓乡里清议来干涉朝廷的用人权。并以此为指导思想，针对汉代尚名背实、朋党结交的用人之弊，提出了“唯才是举”，以及“治平用德行，有事赏功能”的人才主张，试图绕开大族，从其他群体中选拔有用之才。

这样一种政治理念和人才策略确如一股春风，在曹操的大力倡导下吹向全国，且取得了一定成效，而且延续了一个相当长的时期。但这只是表象，或者说是曹操的政治理想，现实情况却是异常残酷的。因为从汉末开始，大姓名士处于社会和政治的支配地位，且在文化思想领域几乎处于垄断地位。尤其是东汉王朝瓦解后，豪强大族成为各个割据政权的骨干，并左右着政权的运转，曹操集团也是在大族支持下建立起来的。因而，曹操也只能从大族中选用他所需要的人才，也仍然需要大姓名士推荐他所需要的人才。比如，他所选拔的忠贞之士王凌、文钦、毌丘俭、诸葛诞、李丰、张辑等，都出身名士家庭。这些人虽忠但都是小角色，至于曹操手下的骨干大臣，更是非顶级大族莫属，这种现象从曹操起兵之初起就出现了。

曹操刚刚举起反董的大旗，便依靠名士张邈和陈留豪族卫兹的支持，拉起了一支五千人的队伍。汉献帝初平二年（公元 191 年），曹操被袁绍举荐为东郡太守，但这时的曹操兵微将寡，力量弱小。就在他为缺少人才而烦恼时，荀彧成为第一个投奔他的名士。

公元 192 年，在荀彧以及当地豪族鲍信、陈宫、胡母班等人的拥戴下，曹操代替刘岱成为兖州牧，标志着“规大河之南，以待其变”战略的形成。不久，又是在荀彧的策划下，曹操依靠当地豪族陈珪、陈登父子夺取了徐州。不仅如此，曹操的核心将领，如任峻、田畴、李典、李通、臧霸、吕虔、许褚等，也是具有任侠精神的地方豪强。这样，在大族的支持下，曹操迅速崛起，成为仅次于袁绍的实力派军阀。而在这些人中，荀彧无疑占有极其重要的地位。

荀彧出身颍川高门，是荀淑之孙，荀爽之侄。《后汉书·荀淑传》记载："荀淑字季和，颍川颍阴人，荀卿（荀卿子）十一世孙也。"颍川属豫州，荀氏是当地的豪族，也是当时名望很高的大姓名士。同《传》记载："（淑）有子八人：俭、绲、靖、焘、汪、爽、肃、专，并有名称，时人谓'八龙'。"荀爽"年十二，能通《春秋》《论语》"，被董卓拜为司空。荀俭子悦"年十二，能说《春秋》"，献帝时被任命为侍中。荀绲做过济南相（相当于太守），子荀彧，被曹操任命为侍中光禄大夫。

荀淑哥哥的儿子荀昱做过沛国相，荀云做过广陵太守，"兄弟皆正身疾恶，志除阉宦"。荀彧的族弟荀攸，也被曹操任命为尚书令。早先，荀彧的同乡韩馥为冀州牧，曾派人到颍川邀请包括荀彧在内的诸名士。但当他们带着宗眷到冀州时，袁绍已成为一州之主，辛评、郭图、荀彧、荀谌等大姓名士只能改投袁绍麾下，颍川集团形成。

可见，荀彧和曹操并非旧交，他弃袁归曹、去强归弱的真实想法是什么呢？或许他已看出袁绍终不能成大事，或许他不想介入颍川集团和河北集团的争斗，但这些都不重要了，关键是荀彧得到了曹操的极度信任，成为他创基立业时最得力的谋士之一。更为重要的是，荀彧在曹操网罗人才方面起到了决定性的作用。《三国志·魏书·荀彧传》注引《彧别传》说：

> （荀彧）前后所举者，命世大才，邦邑则荀攸、钟繇、陈群，海内则司马宣王（司马懿）；及引致当世知名郗虑、华歆、王朗、荀悦、杜袭、辛毗、赵俨之俦，终为卿相以十数人。取士不以一揆，戏志才、郭嘉等有负俗之讥，杜畿简傲少文，皆以智策举之，终各显名。荀攸后为魏尚书令，亦推贤进士。太祖（曹操）曰："二荀令之论人，久而益信，吾没世不忘。"

所谓"负俗之讥"即缺少儒家之德，所以二人曾被陈群指责为行为不检；"简傲少文"即缺乏儒学修养。但曹操仍然重用三人，这充分体现了他唯才是举的思想。更为关键是，荀彧所举荐的这些人都是当时的大族名士。荀、陈、钟三家都是颍川的顶级大族，而荀彧、荀攸、荀悦和钟繇、陈群，都是从他们的祖父一辈起就已是世袭名士。

除了这三家，杜袭、辛毗、赵俨、戏志才、郭嘉也是颍川的冠族。杜袭是汉安帝时的大臣杜根之后，祖父杜安也是当时的名士，官至巴郡太守；辛毗先世迁至陇西，属于陇西和颍川两地的冠族；赵俨、戏志才家世不详，但最低也是县级豪族；郭嘉的家世也比较模糊，但袁绍任用的郭图也是颍川名士，两人可能同出一族，说明颍川郭氏至少不是寒族。还有建议在许地屯田的枣祗也是颍川的名士。

荀彧推荐的人才多为颍川人，不单单是因为他熟悉家乡的情况，关键是东汉末期的党人多出自汝南和颍川。因为豫州境内的汝南、颍川和南阳诸郡经济较发达，文化发展水平也较高，自然成为人才集中之地，换句话说，汝颍多“名士”，准确地说是多“大姓名士”。

这些地方的人大致在汉献帝迁许后被大量进用，而曹操就属于用人大户。许是颍川的属县，后又成为“汉王朝”的首都，那些漂流在外的颍川名士自然想返回故土。比如杜袭和赵俨，曾避乱荆州，当得知朝廷迁许后，立刻同归曹操。还有荀攸，当时为蜀郡太守，因道路不通，滞留荆州，也是在献帝迁许后，在曹操的邀请下返回颍川的。可见，曹操大量任用颍川名士，除了荀彧推荐的原因外，朝廷定都颍川似乎更为关键。

除了这些颍川名士，司马懿、郗虑、华歆、王朗，以及杜畿、孙资、仲长统等，也是当时的大姓名士。平原华歆、东海王朗更是名位俱高，而华歆声望尤重。司马懿是河内大姓；杜畿是京兆大姓；郗虑为郑玄弟子，属高平大姓；孙资为汉末太学生，与司徒王允是同乡，属太原大姓；仲长统是汉末社会批判思潮的代表。

上述这些人都是曹操平定河北前录用的，构成了曹魏政权的骨干，后来演化为魏晋世族的组成部分，但这还不能满足曹操的用人需求。前面提到，曹操平定冀州后，先后四次发布召贤法令，但实际情况是，他仍然需要从大族中选拔人才，特别是那些极具号召力的地方豪强。

第一次是在平定邺后，曹操虽然对河北集团进行了严厉的打击，尤其是杀掉了冀州地区的大族首领审配，并下令限制豪强的活动，但还是网罗了一批河北名士。《三国志·魏书·郭嘉传》注引《傅子》说：

> 河北既平，太祖多辟召青、冀、幽、并知名之士，渐臣使之，以为省事、掾属，皆（郭）嘉之谋也。

郭嘉虽然是策划者，但要想招徕四州人士，还得靠当地的名士。比如，新投靠曹操的清河崔琰、北海王修即参与了四州人才的选拔。

第二次是在平定荆州后，曹操封蒯越、韩嵩等十五人为侯，这里除了傅巽外，都是荆州的大姓名士。除了这些人，曹操继续在荆州网罗名士，而参与选拔的人就是韩嵩。

从以上事例中可以看出，尽管曹操用人不拘一格，并试图选拔大姓名士以外的人充任要职，但现实情况是：他所用之人，特别是骨干人员仍以大族名士为主；在选拔人才时，仍要听取当地名士的意见，并重视乡里清议。说明，此时的大族已重新站在政治舞台中央，成为一股能左右政局且难以撼动的力量了，这是谁也改变不了的现实。换句话说，理想终归是理想，纵使是曹操这样卓绝的政治家，也难于扭转乾坤，只能适应这个现实。

更富戏剧性的是，曹操所任用的这些人都是崇尚儒学的大族名士，后来与曹操的法家思想和抑制大族的政策产生了冲突，一部分人被曹操铲除，另一部分人则改投司马氏阵营，成为反曹魏政权的骨干。那么，曹操唯才是举的用人政策是成功还是失败？这个问题只能留给后世去评说了……

四　九品官人法与魏晋选举制的确立

曹操“唯才是举”的用人政策在大族的蚕食下呈现出一种畸形的状态：一方面，乡里清议的威力虽然削弱了，但仍然在起作用；另一方面，曹操反对朋党结交，但大族干扰选举的现象在一个时期内仍在发生。在这样的状态下，要想使唯才是举的理想真正变为现实，必须要用朝廷选举吸收名士评价，用朝官保举吸收乡里清议，用人士流移吸收核之乡间。换句话说，必须建立一套严格的用人制度，才能从制度层面瓦解大族统治的政治根基。于是，九品官人法便应运而生了。

延康元年（公元 220 年）二月，曹丕继承魏王及丞相位，吏部尚书陈群借机上疏，建议制定“九品官人法”，并设置郡中正，品第郡人，中正则由各郡长官推荐在野朝官的同郡人充当。可见，初定制时，只设置了郡中正。这样，就将在野名士对人才的评价转变为官府品第；将核之乡间转变为访之中正。难题似乎得到了圆满的解决，但现实情况可没有这么简单。

在讨论这个问题前，先看看何为九品官人法。此法又称九品中正制，由“中正”和“评定品级”两部分组成。中正的任务是品第人物，作为政府用人的依据，他们所提供的资料有三项：一是家世，二是状，三是品（详见图 2–3）。

首先是家世，即家族资历，这是中正品第人物的基础。家世也分品、状、簿阀三项。簿阀（也称簿世）是一种家族档案，中正根据档案记录答复吏部的询问，即“征其人居，及父祖官名”。

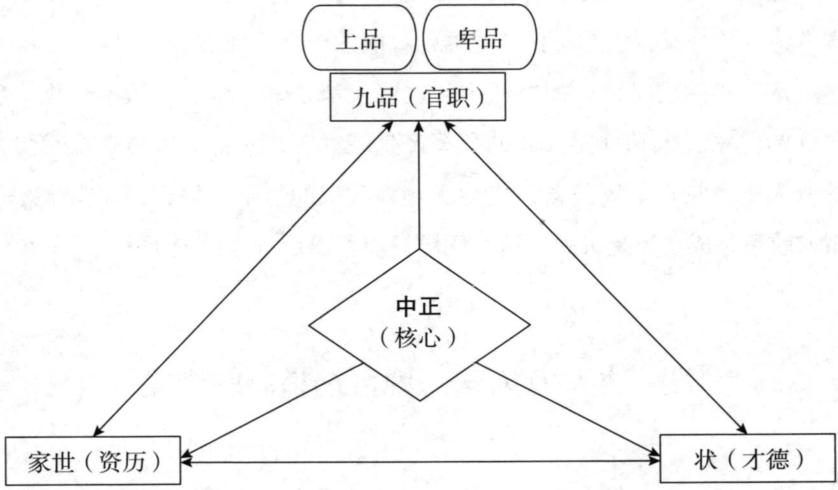

图 2–3　九品官人法（九品中正制）

其次是状，在中正体系中，家世不是唯一的标准，还要辅助以状，状主要考虑才德。其实早在汉代，选举时已经开始参考应选人的行状。比如《潜夫论·实贡》篇记载：

公卿、刺史掾、从事、茂才、孝廉且二百员，历察其状，德侔颜渊、卜、冉，最其行能，多不及中。

汉代的状是举主（推举人）、府主（府的一把手）对于所举人道德才能的具体描述，这种方式到晋代还在使用。《晋书·刘弘传》记载刘弘上表推荐荆州守、宰说："皆功行想参，循名校实，条列行状，公文具上。"

虽然中正的行状借鉴了汉代状的某些要素，但与汉、晋的状相比，还是有区别的。汉和晋的状较具体，而中正之状却是一种总的评语，其渊源是汉末名士的名目或题目。因为汉魏之间，随着社会的演进，人们对具体的道德评价已经感到厌倦，喜欢用简短的概括式批评来品评人物。中正的状虽然言简意赅，但对被品人来说意义重大。

再次是品，就是根据家世和状所形成的人才品级，即从上至下将人才分为"九品"，然后依次对应适合的官职。一品为极致品，几乎形同虚设；二品成为实际上的最高品；三品以下都算"卑品"。这样，九品实际上就变成两类了，即上品和卑品。

可见，"中正"是整个制度运转的枢纽和核心，家世和才德是基础，品是前两项勾兑所形成的结果。从这种运作机制来看，中正的品第并非仅是虚名，而是与官职紧密相连。从卑品升迁官职的虽大有人在，但升官必须升品，这实际上阻塞了寒族的仕途。因为升官对寒门来说已非易事，想升上品更是难上加难的事，首先家世这一关就很难逾越，晋宋之间军功是绝无仅有的填补方法。比如《南齐书·张绪传》记载：

（张绪）复领中正，长沙王晃属选用吴兴闻人邕为州议曹，绪以资籍不当，执不许。晃遣书佐固请之，绪正色谓晃信曰："此是身家州乡，殿下何得见逼？”

一般而言，选用州议曹刺史完全可以做主，但由于闻人邕品第不高，所以必须要经中正升品后才能委任。可见，中正虽然没有委任官职的权力，却掌握着评定品级的大权，而不升品就不能升官，中正实际上间接控制了官职以及官员的升迁（详见图 2–4）。

图 2–4　中正对品级和官职的控制

而且，当选中正的人必须是二品。这两个规定成为九品官人法的致命伤，为大族操纵选举制度留下了隐患。同时，为了与时俱进，中正品第人物一般三年调整一次。《晋书 · 石季龙载记上》记石虎下诏曰：

> 魏始建九品之制，三年一清定之。虽未尽弘美，亦缙绅之清律，人伦之明境，从尔以来，遵用无改。

可见，魏晋至后赵一百三十年间，都以三年为限调整品第，以适应变化的情况。但中正也可根据实际需要随时升降品第，当然这种升降是极其严格的事情，大小中正必须按月会于上东门外，一起听取、讨论并决定临时的升降。

这套由朝廷委任官员负责评定当地士人的办法，在孙吴也以不同的形式得以展现。《三国志 · 潘濬传》注引《襄阳记》说：

> 襄阳习温为荆州大公平。大公平，今之州都。秘（潘濬子）过辞于温，问曰：“先君昔曰君侯当为州里议主，今果如其言，不审州里谁当复相代者？”温曰：“无过于君也。”后秘为尚书仆射，代温为公平，甚得州里之誉。

习温为襄阳冠族，潘濬为武陵名士，两人皆是荆州大族。所谓“议主”，就是评议当地名士的主持人，大约设置于赤乌二年（公元239年），最后发展为“大公平”，而大公平与曹魏的“中正”职能相同。可知，孙吴也实施了同样的选举制度。

南北两个分立的政权先后设立中正和大公平之官负责评定人员的品级，且相差不到二十年，这不是单纯的巧合或效法，而是两个地区有着相似的群体基础和历史渊源，即都是在大族支持下建立的政权，因而演化出了相同的制度。这些都为晋室在江南重建政权创造了条件。

但是，九品官人法实质上是曹操唯才是举措施的另一种表现形式，只是从制度层面强化了这一政策而已。既然唯才是举没能逃脱被大族蚕食的命运，那么九品官人法也同样难逃厄运。而正始元年至嘉平三年之间（公元240—251年）州中正的设置，正是大族借九品官人法扩张权力的表现，从而使此制成为大族快速繁衍的温床，这是历史发展的必然。

五　屯田制：曹氏与大族的人口战争

曹氏政权为了抑制大族繁殖推出了“唯才是举”的政策和九品官人法。为了解决人口减少的问题，尤其是人口逃亡和大族隐匿劳动力的问题，从而快速增加人口，曹操推出了三种措施。

第一种措施，是用严刑禁止人口逃亡，比如颁布“士亡令”。《三国志·魏书·卢毓传》说：“时天下草创，多逋逃，故重士亡法，罪及妻子。”此法通过株连家族来达到禁逃的目的，虽然严厉，但属消极措施。

第二种措施，是奖励和强迫人口内迁。《三国志·魏书·钟繇传》记载：“自天子西迁，洛阳人民单尽，繇徙关中民，又招纳亡叛以充之，数年间，民户稍实。”《三国志·魏书·杜袭传》说：“（杜袭）随太祖到汉中，讨张鲁。……留（杜袭）督汉中军事，绥怀开导，百姓自乐出徙洛邺者八万余口。”这种方法以疏导为主，相对第一种措施较为积极。

可见，第一种以“堵”为目的，第二种以“导”为宗旨，虽然取得了一定的成效，但不具有连续性，一纸法令也不能达到禁逃的目的，都只能治标而不能治本。特别是迁徙人口常常会引发相反的结果。比如，《三国志·魏书·蒋济传》记曹操打算内徙淮南民户，不料引发了社会恐慌，搞得“江淮间十余万众皆惊走吴”。因此，要想真正恢复人口增长，必须从治本方面入手。

第三种措施，是首先排查民户逃亡和隐匿的真实原因，然后用利益去诱导他们自动返乡或复籍。比如，《三国志·魏书·武帝纪》注引《魏书》记曹操在平定袁绍以后，随即颁布了一个减轻田租的法令，令曰“其收田租亩四升，户出绢二匹，绵二斤而已，他不得擅兴发”。

这条法令之轻，在中古经济史上也算空前绝后了，何以见得？古代的租率，已无法详考，但在儒家的理想中，不过什一税。至两汉，租率标准是三十而取一，这已经很低了。曹操的租亩收四升，就是八十而取一，而地方豪族的租率绝不会轻到这种程度。如此宽薄的法令，怎能不吸引逃户自动复籍呢？但这一法令还不足以构成一套完备的制度，曹操增加人口，扩大粮食产量最有效、最具系统化、最根本的措施，还是屯田制。

屯田制不是曹操的首创，早在西汉时代，就已经实施这种制度了，但那时只限于边塞。汉代边境屯田都由田官管理，而田官直属于中央政府的大司农。武帝以后，特别是从昭宣时代开始，君主常常把皇室的土地、苑囿、陂、池等借与百姓，并租赁给他们工具，还发给种子。政府如此善待百姓，当然不是出于善心，而是通过这种方式榨取更多的田租。东汉时期这种收租的办法已成惯例。

前述提到，由于汉末战乱频发，出现了大量无主田地，豪族以及由豪强组成的军阀集团乘机占有了这些土地，并招徕或隐匿流民耕种这些荒田，这必然引发政府劳动力的减少和国库收入的萎缩。而曹操也依靠大族建立了类似的武力集团，但曹操的野心不是做一个小军阀，而是要建立以他为首的政权。这样，他就由占地者和隐匿者变成了反对者和排他者。一方面，他必须在生产力衰退和人口减少的情况下恢复生产，进行原始积累；另一方面，他决不允许土地和劳动力无限制地流到豪强大族手中，因为这样他就不能组织规模更大的军队以实现建立统一政权的理想。于是，制定完备的农业政策就被提上日程，屯田制应运而生了。

建安元年（公元196年），曹操实行屯田制。《三国志·魏书·任峻传》记载：

是时，岁饥旱，军食不足，羽林监颍川枣祗，建置屯田，太祖以峻为典农中郎将……数年中，在所积粟仓廪皆满。……军国之饶，起于枣祗而成于峻。

可见，枣祗和韩浩是屯田制的倡议和策划者，任峻是具体执行者，而且在很短的时间内就取得了巨大的成效。《三国志·魏志·武帝纪》注引《魏书》也说：

公曰：夫定国之术，在于强兵足食。秦人以急农兼天下，孝武以屯田定西域，此先代之良式也。是岁，乃募民屯田许（许都）下，得谷百万斛。

曹操的屯田制有两个主要特点：首先，与汉代的屯田不同，曹操除了少数军屯外，最特别之处是建立了民屯制。具体办法是：政府将掌握的公田授与屯民耕种，从而以土地主人的身份收取租赋。因此，所有屯田户都是带着农奴性质的政府佃农。《三国志·魏书·司马朗传》说：

承大乱之后，民人分散，土业无主，皆为公田。

而这些屯民都是募集而来的，即所谓“募民屯田许下”。但是，问题远没有如此简单，因为虽然能招募到屯民，然而生产资料却成为一大难题，这些资料包括田地、耕牛、农具和水利设施。

秦汉以来耕牛是农业生产的主要动力，但由于汉末天灾和人祸接踵而至，导致牛或成为食物，或成为运输工具，从而造成耕牛数量断崖式锐减。所以在当时，牛的生命与人等同，政府为此制定了严格的护牛法令，比如禁止残杀耕牛，禁止以牛祷神等，违反者，以弃市罪论。但这些法令依然不能增加耕牛的数量。

因为政府不能给屯民提供耕牛，所以在屯民中出现了持官牛与持私牛的区别。《三国志·魏书·武帝纪》记建安七年（公元202年）“军谯令”规定“其举义兵以来将士绝无后者，求其亲戚以后（葬）之。授土田，官给耕牛”。

显然，这是曹操给阵亡将士的一笔抚恤金。本来，屯田制中是没有授田制度的，曹操为何要增加这项额外的开支呢？难道真是体恤将士吗？有这个原因，但只是表象，他还有更深的用意。《三国志·魏书·卫觊传》记卫觊上疏说：

> 归者无以自业，诸将各竞招怀，以为部曲。……宜如旧置使者监卖，以其直益市犁牛。若有归民，以供给之。……则诸将日削，官民日盛。……太祖从之。

卫觊上疏的前半段指出屯田民因无田可耕，大概率会成为豪帅的部曲。如何应对这个局面呢？必须贯彻军谯令中“官给耕牛”并“授土田”的法令。如果没有耕牛呢？补救办法就是用等价的盐抵牛。

总之，无论是授田送牛，还是用盐抵牛，目的都是让农民有田种，从而堵塞他们投靠豪族的道路。政府除了耕牛，也特别注意水利问题。比如夏侯惇所筑的太寿陂；刘馥所建的芍陂、茹陂、七门、吴塘诸堨；郑浑所造的郑陂；贾逵所修的鄢陵汝新陂、小弋阳陂；刘靖所建的戾陵堨、车箱渠；司马懿所修的成国渠、临晋陂、淮南百尺二渠；等等。这些陂、堨大都为屯田而建，可见政府对农田水利问题的重视。

其次，为了经营和管理这些田地，政府又在每个屯田区特置屯田官，屯田户直属农官管理，不属地方官管理。《三国志·魏书》说：

> 曹公置典农中郎将，秩二千石；典农都尉，秩六百石或四百石；典农

> 校尉，秩比二千石。

可见，屯田官的职位不低，其中典农中郎将与太守级别相同。而且这些屯田官很独立，不受郡守县令的统率。他们除了负责此区域的屯田事宜外，还有保护屯民的职责，使其不受郡县的欺虐。

曹操花费如此大的力气，制定如此详细完备的民屯制度，显然不仅仅是为了增加粮食产量，其根本目的是与豪强大族争夺人口，使被隐匿的人口重新变为国家的子民。换句话说，屯田制是曹氏与大族之间的一场人口争夺战。而这场战争的关键是双方采取何种方式吸引人口。简而言之，如果政府对屯民的待遇，不比豪族对隐匿民户的待遇优厚，是很难让这些私户回归国家的。

那么曹操是如何吸引屯民的呢？主要的方法还是在租税率上做文章。曹氏政权向屯民征收的租税没有明确记载，但从晋人的谈话中可以窥探一二。《晋书·傅玄传》记傅玄说：

> 旧兵持官牛者，官得六分，士得四分。自持私牛者，与官中分，施行未久，众心安之。

这样看，魏晋时期的屯民每年要向政府缴纳总收获量的百分之五十至百分之六十的租课，虽然不是特别优厚，但与豪强相比还是很低的。同时，屯民的生活是否优越，除了看租率，还要看他们每年纳租外农产品的剩余总量（详见图 2–5）。

农产品剩余总量 = 总的收获量 − 租赋

图 2–5　农产品剩余总量计算公式

东汉时期，因为耕种方式的改进，农业生产率较之前大为增加。比如，西汉的农田，每亩只能收一石。而至东汉末，则已是之前的三倍了，但这还是平均收获量。如果是良田，收获量大概是十倍至五十倍。曹魏的屯田，都是在无主公田中任意选择良田，收获量自然巨大。西汉和魏百亩之田收获量比较详见图 2–6。

西汉：	年收 100 石	—	1/30 租税	=	97 石
曹魏：	年收 1000 石	—	5/10 租税	=	500 石

图 2–6　西汉 / 曹魏百亩之田收获量比较

可以看出，曹魏时一个屯民的净收获量达到西汉一个农夫五倍之多，生活自然过得滋润。所以后来司马氏和慕容氏想把租税率加到十分之七八，就是看到人民有比较大的承受能力，才敢调高租税。

虽然豪强的私租率难以考察，但私租高于官赋，这是历代的惯例。因为依附豪强的私民，没有任何退路，只能承受豪强加于身上的各种负担。比如，汉代官赋是三十税一，而据《汉书 · 食货志上》记董仲舒说，耕豪族田的农民则是“见税什伍”。东汉末年，虽然粮食产量增加，但私租率也会水涨船高，况且私田不全是良田，佃户的净收获量自然比屯民低。

还有一点，屯户没有徭役和兵役的负担，所以当司马师打算征发徭役时，毌丘俭骂他破坏“旧法”；当魏明帝打算征发屯民修治宫室时，也引发了毌丘俭的强烈抗议。司马昭则顺势而为，废除此项苛税，从而受到了屯民的欢迎。至于豪强之家的私民，只能忍受主人的繁征苛取。

授田给牛，兴修水利，设置屯田官保护屯民；屯民的租税率低，收获量大，又不用承担徭役。这些措施必然会吸走世家大族的私民，在经济层面给他们以沉重的打击。的确，曹操的屯田制在一定时期内取得了成效，这主要体现在两个方面。

首先，是屯田区域的广泛分布。《三国志 · 魏书 · 国渊传》记载：

> 太祖欲广置屯田，使渊典其事。渊屡陈损益，相土处民，计民置吏，明功课之法，五年中，仓廪丰实。

曹操设置的屯田，西至甘肃、东至山东、北至河北、南至安徽，可谓遍地开花，其中可考的地区有：上邽、长安、汉中、弘农、河东、洛阳、河内、许昌、襄城、邺、汲郡、颍川、魏郡、沛、淮南、睢阳、芍陂、皖等处。可见，凡是军事要地和水利方便之处，几乎都有屯田，比如上面所列的许昌、襄城、汉中、上邽四地即是当时的军事要冲；而河东、河内、洛阳、芍陂四地为水利便捷之处。

其次，是全国粮食的大幅增产。《三国志·魏书·武帝纪》注引《魏书》记曹操施行屯田后：

> 州郡例置田官，所在积谷。征伐四方，无运粮之劳，遂兼灭群贼，克平天下。

仓廪丰实加上运输便捷，以此为支撑的军队哪有不克敌制胜的呢？这成为曹操统一北方的物质保障，后来魏灭蜀、晋平吴，也离不开屯田制打下的基础。这样看，在这场人力争夺战中，曹氏政权似乎取得了成功，但这仅仅是暂时的胜利。

六　人亡政息：曹魏改革的反向效果

从各方面看，曹操以及后继者的政策都是倾向于集权的，他们试图回到两汉帝国那种中央集权式的模式下。在这种思路的指导下，曹魏政权改革的核心目标必然是抑制地方豪强势力的过度膨胀，而屯田制、唯才是举以及九品官人法，都是实现这个目标的手段。但是，无论曹操、曹丕抱有怎样的理想，历史发展的趋势站在了大族名士一边，他们形成了“一损俱损，一荣俱荣”的相互依存关系。在这一强大力量的干扰下，曹氏的改革起到了反向效果，由原先巩固中央集权和抑制世家大族的助推器，突变为巩固大族势力和抑制君主权力的加速器。

政治上，门阀统治是当时社会发展的主流形态，九品官人法只能在大族构建的场域中活动。因而，曹魏政权将选举权收归中央的企图，事实上强化了大族在地方的权威，而且使大族统治有了制度上的保障；经济上，充其量只是暂时妨碍了大族的发展，曹操死后不久，屯田制就戛然而止了（详见图2–7）。

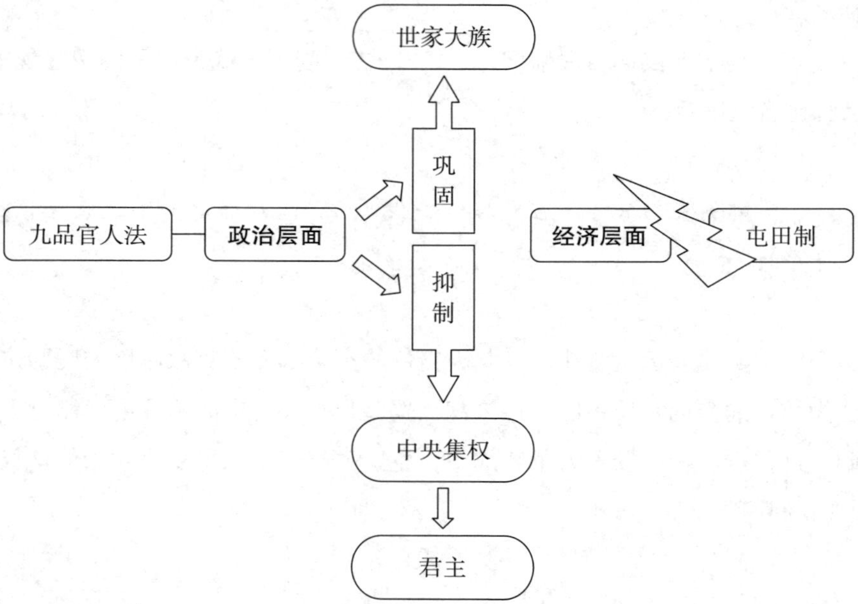

图 2–7　曹氏改革的反向效果

首先来看政治改革的失败。前述提到，曹操唯才是举的政策本来是想绕过大族，从非大族中选拔人才，从而将大族势力挤出权力舞台，但在执行过程中效果却大打折扣。因为，此时大族已然掌握了政治话语权，曹操不敢彻底与大族翻脸，只能从大族名士中选拔人才。

曹操曾三番五次地鄙薄清议，痛斥浮华，又假借罪名屠杀了一批当时颇有名望的大族名士，但其效果，不过是隔靴搔痒，稍抑其锋芒而已，他不仅要起用名士，而且还要用名士推荐的名士。换句话说，大族名士依然坚挺。不仅如此，曹操还要违背自己“无有至德之人”的用人方针，而屈服于大族名士的权势。《三国志·魏书·毛玠传》说：

太祖为司空丞相，玠尝为东曹掾，与崔琰并典选举，其所举用，皆清正之士。虽于时有盛名而行不由本者，终莫得进。

试想，有这两位大族名士掌管选举，曹操怎能随意选用那些在他们眼中“缺德少仁”和负有污名的人呢？

上文提到，曹操在杀戮名士时，也提心吊胆，畏首畏尾。比如，他因孔融的恐吓而释放了杨彪；在杀害孔融后，因惧怕天下人非议，不得不特颁明令，并捏造了许多事实，无非是掩人耳目、以安众心；曹操数次受到祢衡的侮辱，还是不敢明目张胆地报仇，只能借他人之手将其杀害。诸如此类，足以说明当时大族名士的力量是多么强大，大有动一人而触犯众怒之势。在这样的环境下，大族如何能遭摧折？因此，才有了曹叡对唯才是举“选举莫敢有名，名如画地作饼，不可啖也”的负面评价。

唯才是举政策已沦为“画地作饼”的形式。与此同时，从东汉末起大族势力控制了社会经济资源，因此，现实的政权必须要与大族支配的经济结构相适应。在这样的政治和经济模式下，唯才是举政策的制度体现九品官人法必然沦为大族统治的工具。换句话说，九品官人法并非创举，只是传统的大族名士品评人物、主持乡议，以及被大族架空了的唯才是举政策的另一种展现形式。

其实，当时无论是支持的人还是反对的人，都不得不承认，九品中正制实质上已沦为了门阀大族保护特权和扩充力量的工具。前述提到，中正是九品官人法的枢纽和核心，因而中正成为此制产生异变的关键。主要体现在三个方面：第一，当选中正的人自己首先必须是二品，而二品又有参与推举中正之权，而获得二品者几乎全是世家大族。比如傅畅，他是秦州北地泥阳人，属当地望族，其祖父、父亲、兄弟都充任过本州中正，这等同于世袭。这样的例子还有很多。第二，中正通过掌握评定品级的大权，间接控制了官员的升迁。第三，中正还操纵了调整品第的大权（详见图 2–8）。

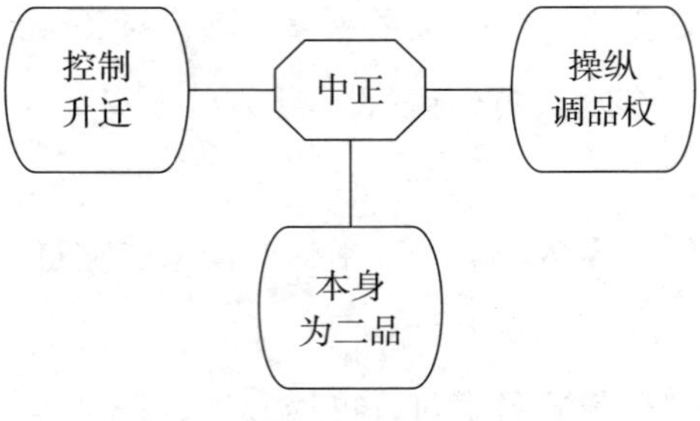

图 2-8　中正的异变

这样看，中正成为整个选举机构的实际掌控者，而中正又被大族所垄断，加之“家世”和“才”两项的增强作用，九品官人法所品定的人物自然要以门阀大族为先。简而言之，这只是将汉末乡闾评定的习惯制度化而已，最终演化为只在上品之中对候选人做排序。这样绕来绕去，还是不出大族所构建的门阀场域。

西晋时期，世家大族在司马氏政权的支持和放纵下，完全控制了选举制，九品官人法最终沦为大族统治的工具。至南北朝时，门阀大族统治秩序业已在南北确立，九品官人法所起的巩固作用也发挥到了顶点。同时，士庶之别也成为根深蒂固、无可置疑的原则了。

曹氏政权以“唯才是举”和“九品官人法”为核心的政治改革，在执行过程中出现了反向效果，最终沦为大族巩固权力的工具。换句话说，九品中正制保证了士族在政治上的世袭特权，实质上就是保证了当朝显贵的世袭特权，这就为门阀制度的确立打下了坚实的基础。

九品中正制失败了，屯田制的命运更是凄惨。虽然曹操的屯田取得了一定的成效，也只体现在充实国库方面，至于想借此禁绝豪强大族隐匿人口的现象，从而瓦解他们赖以生长的经济基础，可以说完全失败了。特别是在曹操死后不久，屯田制就被大族一脚踢进了坟墓。

屯田制的破坏大概在曹叡时期就已经开始了，至曹芳时，可谓愈演愈烈。《三国志·魏书·曹爽传》记载：“（何）晏等专政，共分割洛阳、野王典农部田数百顷。”后来司马懿击败了曹爽，为了打击曹爽余党，遂将此事作为罪状扣在他们头上。但是，司马氏当权期间，却加紧了对屯田制的破坏。

在说司马氏如何破坏屯田制之前，有必要分析一下司马氏家族的阶层属性。司马氏是河内儒学大族。据《晋书·宣帝纪》记载，河内司马氏发迹于东汉时的司马钧，由于战功，他被封为征西将军。至司马钧以后，司马氏家族世代为将军、守、尹。

前述提到，东汉时期，关东大族除了出身豪门，世代为官，还有一个非常重要的现象，就是以“经术传世”，忠烈成风，虽然家族世居高官，海内名士却认为是官得其人。《三国志·魏书·二袁传》注引《魏书》说：“自（袁）安以下，皆博爱容众，无所拣择；宾客入其门，无贤愚皆所欲，为天下所归。”

汝南袁氏、弘农杨氏等所以能成为关东的世家大族，就是在发展过程中，以“经学传家”，并得到了“士林，学门”的认可。换句话说，大族与儒门逐渐合流，其家族已经演化成大姓名士家族了。

司马钧是武将，而到了司马懿的祖父司马儁一代，已经“博学好古”，成为士大夫阶层的一员了。可见，司马氏同样沿着这个轨迹，逐渐演化为信仰名教的儒学大族了。司马懿是司马防的第二个儿子，其子司马昭，其孙晋武帝司马炎同样是名教的信徒。

崇尚儒学即遵行名教，而名教的核心无非是孝友、礼法和德操，等等。比如，西晋时有三大孝，即王祥、何曾、荀觊，这三人同样出身儒家大族，并同日拜为三公，位望之隆，仅次于晋王司马昭。他们是司马氏树立的榜样，不仅是司马党的核心成员，也成为西晋政权的开国元勋。

可见，司马氏集团与曹氏政权的阶层属性截然相反，一个崇尚名教，一个推崇法术，两个集团具有不可调和的矛盾，这成为双方争夺权力的根本原因。如将其比作儒家大族与非儒家寒门之间的理念之争也不为过。

这样看，司马氏建立政权的基础除了西边的军队，主要是大族名士的支持。如果说何晏等人主要是图经济利益，无分割田地的目的，那么司马氏就是有破坏屯田的目的，以此维护大族的利益。就如曹操一样，这是司马氏的阶层属性所导致的必然结果。

司马氏控制曹魏政权后，开始实施一系列为大族利益服务的经济措施，其中一项就是把政府所掌握的土地和劳动力进行重新分配。比如，司马氏将政府的“租牛客户”赏赐给公卿以下。所谓“租牛客户”，就是向政府租借耕牛的屯田户，因此他们的身份是政府的佃农，而“公卿以下”显然是指大族官员。现在政府既然将这些劳动力赐给了官吏，他们就变为私家的田客了。由于屯田户不服徭役，他们变成私客后仍保留着这项权利，这就进一步扩展了私家所拥有的劳动力。这一措施引发了一个严重后果，就是害怕服役的其他小民大量投入豪强门下，充当田客以求免徭役。

不仅如此，司马师还违反屯田户不服兵役的规定，招募他们当兵。这样，经过司马氏的一连串操作，大量屯田户与屯田机构脱离，而这恰恰是屯田制运转的基础。既然屯田制遭到了如此严重的破坏，就失去了存在的必要，终于在司马炎称帝的前一年（公元 264 年）被明令废止了。但由于司马炎忙着为篡魏做准备，废止法令没有完全落实，因而在晋武帝泰始二年（公元 266 年），又重申前令，敦促尽快将屯田区改为郡县，典农官改任郡县官。

司马氏为了大族的利益可谓操碎了心，但没有白费，他的新政策很快受到了世家大族的欢迎，他们通过政府公开的赏赐和暗中的侵占，将曹操苦心经营的屯田和劳动力瓜分得所剩无几。剩余的少量土地和屯田户自然就改属郡县了。这样，屯田制在以司马氏为代表的大族摧残下终于走入了坟墓。

曹氏的改革，本质上是非儒家寒族与儒家大族之间的权力博弈，而司马氏的上台标志着大族势力的胜利。这一结局，有它内在的合理性，那就是当时的社会结构非常适合大族的繁殖。因为这种社会结构从东汉初就开始孕育，至汉末已呈固化的状态，而支撑这一社会结构运转的力量就是前述提到的两个维度，即大族群体的快速繁殖和人口大量成为豪强的私客。换句话说，它正处于旭日东升的时刻，因此要想打破这种坚固的社会模式，非经过长期的努力和惨烈的博弈不可。之后的庾亮、桓温、刘裕、萧衍、陈霸先等人，都与曹操抱着同样的政治理想，试图将社会发展的轨迹重新扭转到中央集权的状态。这也是历史发展的趋势，但要经历一个漫长的势能积聚过程。

总之，曹氏政权试图强化中央集权的理想，在大族的打击下灰飞烟灭，不仅没有抑制豪强的快速繁殖和土地兼并的蔓延，反而起到了反向效果，使他们以此为契机，形成支撑其统治的优势，而这种优势正是曹氏想摧毁而始终难以撼动的力量，并逐渐演化为魏晋南北朝世族统治的基础（详见图 2-9）。

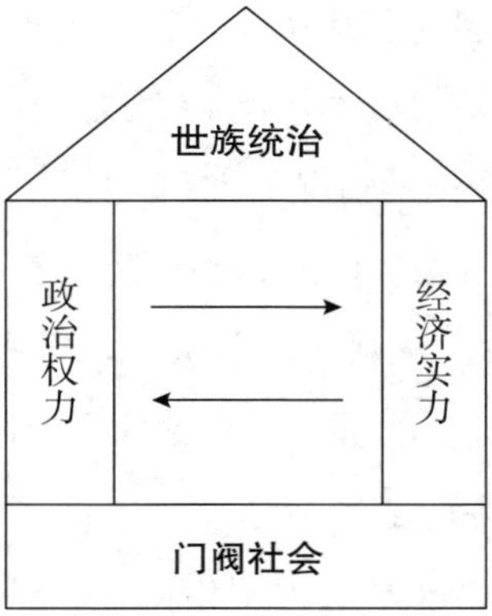

图 2–9　魏晋南北朝世族统治的基础

那么大族是如何进行权力繁殖和财富聚集的呢？我们将在第三章的第十四和十五节两节详细讨论。

可以看出，曹氏政治与世家大族之间有不可调和的矛盾。曹操创业伊始，在重用部分有才能的士大夫之外，还得到了众多有才能的寒族人士的支持，当时双方都以实现统一、光复汉室为目标，所以能暂时压制价值观的不同造成的矛盾，合作得比较愉快。而当时大族的领袖是袁绍。官渡一战，曹氏胜、袁氏败，曹操的力量得以壮大，而世家大族暂时受挫，他们不得不采取韬光养晦的策略，寻找新的领袖，等待时机，再图翻盘。至此，双方之间的深层次矛盾开始成为主流。

曹操死后，虽然曹丕、曹叡试图将改革进行到底，却遇到了以司马氏为首的大族的猛烈反扑，而最后的一颗钉子，就是以曹爽为首的政治集团。于是，司马氏暗中联合了一批保守派大族，并勾结贾充、陈骞、石苞等政治投机分子，与曹氏政权展开了最后的对决。最终，世家大族借助司马氏之手，用暴力的方式击败了曹氏集团，重新控制了政权。

七　孙吴政权与大族的甜蜜岁月

曹操出身非儒家寒族，以法术治国，曹氏与信奉儒学的世家大族存在价值观方面的根本性差异。因此，从曹操政治生涯的开始，便展开了与大族的博弈，而双方的矛盾与曹操力量的不断壮大成正比，最终引发了曹操大规模抑制豪族势力的改革。而吴国的情况却大不相同。

《史记·货殖列传》记载，在西汉时代楚越是“地广人稀”的落后地带，人民耕种的方式也是原始的“火耕水耨”。这里“不待贾而足”，即交换不频繁。同时，江淮以南“无冻饿之人，亦无千金之家”，说明江南的生产状况是比较落后的，贫富差距也不是特别显著。

虽然江南地区从东汉以来发展程度相比中原稍显逊色，但在经济和文化方面还是有了长足的发展，主要表现在人口的增长与县邑的分置方面，也就是劳动力的增加与耕地面积的扩大。这就为豪强群体的快速繁殖创造了条件。因而，同中原一样，各郡都有大姓强宗。东汉末年，这些豪强为了自保，不仅组织武装、建立营垒，还拒绝朝廷的征调。这些独立于朝廷之外的江南势力被称为宗部或宗伍，他们的首领被称为“宗帅”。

《文选》卷二十八引陆机《吴趋行》中说：“八族未足侈，四姓实名家。”这“四姓”“八族”仅指吴郡。《文选》卷五引左思《吴都赋》也说：“虞、魏之昆，顾、陆之裔，岐嶷继体，老成奕世。”虞、魏、孔、贺是会稽四姓，朱、张、顾、陆是吴郡四姓。以此推断，其他各郡也各有著称的大姓冠族，比如丹阳朱、纪，阳羡周氏，等等。这些大姓豪族固然是在孙吴统治时期培养壮大的，但他们的形成应该是在东汉初期。

这些江南大族在发展过程中形成了自己的特点：他们没有像其他北方大族那样，整体演化为大姓名士。但在社会经济较发达的地区，也产生了数量可观的名士。比如，会稽卢氏自零陵太守卢光至玄孙卢翻，五世传易；会稽贺氏则世传礼学；汉末被列为“八俊”之一的魏郎也是会稽人；吴郡陆氏，自东汉初陆闳至于汉末陆康，出了好几个名士与显官；吴郡颜氏，颜奉在汉顺帝时官至颍川太守，是当时的大名士；还有吴郡的朱、张，钱塘的全氏，阳羡的周氏，丹阳的朱氏，等等，都是江南的名士。

这样，从东汉末开始，江南大族因文化差异被分为两类：一类遵循经学名教，他们大都以文立足，可称为“名士大族”，如以上提到的诸姓氏；另一类崇尚武力，此类群体以武立足，可称为“武力强宗”，如义兴周氏、吴郡孙氏（孙坚）等。第一类主要分布于吴、会等经济发达地区，第二类诸郡皆有。至东晋初年，这种分类基本固化。但无论是名士还是强宗，都与北方大族一样，在地方享有优先选拔的权力。《三国志·吴书·朱治传》记载：

> 然公族子弟及吴四姓多出仕郡，郡吏常以千数，治率数年一遣诣王府，所遣数百人。

可见，汉代衣冠子弟世袭及垄断州郡掾属的惯例，在江南地区同样存在。因而，从孙坚开始，孙氏便与江东大族结成了唇齿相依的关系。那么，孙吴政权的阶层属性是什么？孙氏又是如何创业的？其政权的运转机制又是什么？《三国志·吴书·孙坚传》说：“孙坚字文台，吴郡富春（杭州西南）人，盖孙武之后也，少为县吏。”同《传》注引《吴书》说：“（孙）坚世仕吴，家于富春。”

东汉时的县吏已不像西汉时期那样受人尊敬了，高门子弟自然不屑一顾，就连非高门的名士也不肯屈就。可是县中的土豪对“县吏”依然看重，而且多据其职，例如《三国志·吴书·贺齐传》中的县吏斯从就是剡县的豪族。从孙坚的早年经历来看，他担任过“假尉”，后来虽然立过功，但数年之间孙坚也不过辗转于盐渎、盱眙、下邳三县做“丞”（县佐），连一名小小的县令都没当上。所谓“世仕吴”，不过是出于《吴书》作者韦昭含糊其词的虚美之言而已。

但不能否认，孙坚虽然门第不高，出身卑微，但从他当县吏这点看，孙氏在本郡至少不是“单家”，充其量属于江东地区不以文化见称的武力强宗，即所谓县一级的“土豪”。《三国志·吴书·孙静传》记载他的弟弟孙静曾“纠合乡曲及宗室五六百人”保障乡里。说明孙氏在当地具有一定的号召力，已发展到小宗部的程度，倘若孙坚不是一直漂泊在外，很可能组织起更大的宗部，自己则成为一名势力颇大的宗帅了。到了南朝，富春孙氏依然保持着宗族力量。

汉灵帝熹平元年（公元 172 年）至汉献帝初平三年（公元 192 年），孙坚开始了南征北战的军旅生涯。孙氏虽不以文化见称，但有武力，而孙坚也不是一个有勇无谋的匹夫，而是一名具有“任侠精神”的人物。孙坚最初就是以镇压起义而得到了提升。他先是凭借在徐州盐渎县、盱眙以及下邳三县做县丞（县武装力量的指挥）的机会，纠集了江淮之间大约千名同样具有任侠精神的“无赖少年”，组成了一支胜利军，然后带领这支军队平定黄巾之乱。

之后，孙坚又在荆州的长沙、零陵、桂阳三郡平定“山贼”，即前述提到的隐匿人口霸占山地的豪强大族。然后又放弃荆州占领豫州，进而参与关东集团讨伐董卓的战争。其间还两次与以袁绍、曹操为首的关东集团发生摩擦。可见，孙坚军事生涯最为辉煌的九年主要活动于长江以北。这样，经过二十年的苦心经营，孙坚的实力越滚越大，最终在豫州豪族的支持下，建立起了民间武装集团，成为当时颇具实力的一方领主。而这支军事力量的核心成员就是孙坚在江淮招募的“无赖少年”。

孙坚死后，孙策与徐州当地豪族张纮一起制定了“为朝廷外藩”的战略，具体由“索兵、据丹阳、夺吴会、讨黄祖、建政权”五步组成，最终目标是占据扬州六郡（九江、丹阳、吴、会稽、庐江、豫章）。随后，年仅十七岁的孙策，依靠自己在江北寿春、舒县的人脉关系，以及时任丹阳郡长官舅父吴景和郡都尉堂兄孙贲的帮助，招募了数百兵士，之后又从袁术处索回了孙坚的数千余“部曲”，重新组建了孙氏武力集团。而这支军队的核心成员同样是江淮的“任侠少年”。

公元 195 年，孙策羽翼已成，在当地豪强周尚、周瑜叔侄，朱治，张昭，张纮，秦松，陈端，以及宗亲吴景、孙贲等人的支持下，决计脱离袁术，开始了割据江东之战。此时，具有战略意义的丹阳虽然名义上属袁术，但实质上掌握在周瑜手中；同时，孙策击败刘繇后，部队已发展到数万人。这都为孙策顺利实施既定战略奠定了基础。

《三国志·吴书·孙坚传》注引《江表传》记孙策在开始发动平定战争前，发出了“一无所犯”的军规。同时，向各县发布公告宣称“来降首者，一无所问；乐从军者，一身行，复除门户；不乐者，勿强也”。这是孙策为了收拢江南民心，而采取的政治攻势，起到了意想不到的效果，“旬月之间，四面云集，得见兵二万余人，马千余匹，威震江东，形势转盛”。

收揽民心只是辅助手段，更为关键的是，必须得到江东大族的全力支持。于是，孙策开始更加积极地拉拢吴、会等地的实力派豪族加入他的阵营。对于江南土著大族而言，江南地区长期被一些弱小的政权控制，这种分裂局面显然对他们不利，他们更希望建立一个将整个江南聚拢在一起的强大政权。因为当时的江南正处于开发期，而建立一个能强力推进开发的政权，是他们共同的愿望。比如，如何打击侵犯平原豪族利益的“山越”势力，就是一个相当棘手的问题。

公元196年，在江南豪族的支持下，孙策占据吴、会，随后正式断绝了自孙坚以来与袁术“同盟结好”的关系，走向独立发展的道路。不久，又占据了丹阳。公元198年，孙策拜周瑜为建威中郎将。

《三国志·吴书·周瑜传》说：“周瑜字公瑾，庐江舒人也。从祖父景，景子忠，皆为汉太尉。父异，洛阳令。”《后汉书·周荣传》记载，周景之前，尚有周荣、周兴两代，周忠之子周晖，“兄弟好宾客，雄江淮间，出入从车常百余乘”。说明庐江周氏是扬州一带的世家大族，周瑜就出生在这样一个高门冠族的家庭里。在周瑜的辅佐下，孙策先后平定庐江和豫章，基本控制了扬州，实现了“为朝廷外藩”的战略。

可以看出，孙坚、孙策父子从创业伊始，就紧紧与江南豪族捆绑在一起，最终在大族支持下建立起雄踞江南的孙吴政权。这样，孙氏就不能独自享有社会、经济和政治资源。更为重要的是，孙氏和江南大族还要面对两个敌人：一个是外部的曹魏，一个是内部的“山越”。

江南地区有一部分地方豪族，不仅枝叶繁茂，更重要的是由于在经济上能获得特殊利益，即占有广大土地与劳动力，从而成为一股政治上的势力。逐渐，这些豪族对土地的占有从平地发展到山区，对劳动力的占有也就包括这些“山民”，而控制这些山民的大族，就是我们前面提到的“山越”，这些地方武力集团，也可以称为“宗部”。

这些分散的宗族组织阻碍了孙策统一的步伐，因此孙吴建国首先要对付的就是这些宗部。孙吴创业时，由于夺取了原来由若干大族控制的劳动力而取得军事和经济上的优势，从而建立起长江南部的吴国。就是孙吴建国后，内部的首要敌人依然是这些“山越集团”。

可以说，孙吴的历史就是以孙氏为代表的江南地方豪族，不断击破与他们竞争的其他宗族组织的历史。当然，在解决内部矛盾的同时，这个豪族联盟，也要抗击以曹操为首的北方军事集团。为了保卫胜利果实，在孙吴政权的培育下，长江以南地区，逐渐形成了众多的“开发领主”，即在孙吴宗室及联合者之间建立起一套利益分配机制。在这种制度下，他们共同瓜分了劳动力和土地。

因此，孙吴是典型的“开发领主制”政权，支撑这一政权运转的要素就是“世兵制”和“田邑制”，而链接开发领主制的枢轴就是君主与领主之间的信任关系。详见图 2–10。

“世兵制”是孙吴政权赖以存在的一种特殊制度，即吴国的宗室、将领，及其父子兄弟可以世袭继承麾下的军队。据《三国志 · 吴书 · 宗室传》记载，孙吴的宗室，比如孙瑜，孙皎、孙胤父子，孙奂、孙承父子，孙贲、孙邻父子，孙韶等皆被封为世袭领主。他们不仅有可以世袭的领兵，还有能世袭的奉邑，且奉邑的长官由封君自己设置，有时连太守之职都可以世袭。

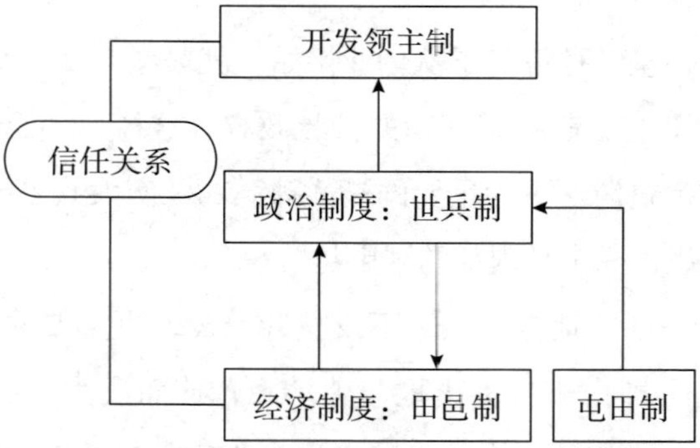

图 2–10　孙吴的“开发领主制”

吴国分封的宗室毕竟是少数，世兵制主要分封的对象是异姓将领。《三国志 · 吴书 · 吕蒙传》记吕蒙的封地与成当、宋定、徐顾的封地离得很近，三将去世时，子弟尚幼小孱弱，孙权打算将三家的兵士交吕蒙掌管。但是，吕蒙三次上疏朝廷，强调此制“不可废也”，孙权最终采纳了他的建议。

吕蒙为何要固执己见呢？原来，按世兵制规定，君主有权将某人所领的兵改属他人。但按原则，除了领主有罪或无子以外，应该由其子弟继承。可见，军队是世袭制运转的核心，没了领兵，世兵制就失去了存在的意义，等于变相夺兵以废黜封地。因而，吕蒙上疏保留三家兵权，其实也是在为自己打算，目的是维护世兵制的合法性。

世兵制表面看只限于将领，但由于大族与将领往往重合，因而江南大族几乎都拥有领兵。比如朱然、朱治、陆逊、全琮、贺齐、虞翻等。《晋书·陈敏传》记华谭给顾荣的信中曾说：

> 昔吴之武烈，称美一代……有诸葛、步、顾、张、朱、陆、全之族，故能鞭笞百越、称制南州。

可见，孙吴政权所以能称雄南方，全赖这些手握重兵的大族领主支撑。在东吴，这种制度持续了半个世纪以上。如果将领们可以世袭自己所率领的军队，显而易见，这支部队就有明显的私兵性质，具有较强的独立性。世兵制能作为一项制度被孙吴政权承认，也就意味着以武力作为基础的孙氏集团除了具有游侠和豪族的性质，也具有私兵集团联盟性质。

当时的华北地区，只在某个特殊时期存在这种制度上的世袭性军团，比如乘县豪族李氏，李乾、李整、李典之间相继世袭的私兵部队。在曹操统一华北之前，这种世袭部队应该是大量存在的，从而使华北地区开始出现“豪族领主化”的倾向。不过，当曹操即将平定华北之时，李典放弃了自己的世袭优势，从而开启了曹操打击地方豪族的政治斗争，华北地区抵制“豪族领主化”的力量起了推波助澜的巨大作用。可是在江南，世袭军队作为一项政治制度得到了承认，从而使孙吴政权成为推动“豪族领主化”的助推器，导致江南地区抵制豪族领主化的力量远没有华北强大。

世兵制是一种政治制度，而支撑世袭军团的经济基础，主要是田邑制。田邑制即孙氏给予主要将领一县或数县，以保证麾下军队能得到足够的给养，这些将领可以自由支配从奉邑上收取的租赋。而且，还可以自由任命奉邑的长吏，即令、长、尉等。这些得到奉邑的将领，可以视作该地的领主。

但是，根据《史记·吴书传》的记载，能获得奉邑的将领，在吴国众多将领中，仅仅只是一部分。这些人除了孙氏一族外，几乎全是江北出身的将领，江南出身的只有巴郡临江（四川省忠县）的甘宁与丹阳故鄣的朱治两人而已。这说明，在赏赐奉邑作为世袭军团给养方面，优先考虑的是安抚从江北流入的侨寓大姓豪族。而江南土著，如吴郡四姓和会稽四姓豪族等，已经拥有了充足的资本，可以供给自己的私兵部队，无须等待赏赐的奉邑。

其实，孙吴政权，特别是在孙权时期，为制衡南方大族的权势，也曾扶植、培养了若干非南方将领，给予他们种种特权，但是这些侨寓将领在江南却生不了根，因为土著宗族的结合对这些外来侨民是排斥的，使宗族势力难以在短期内发育成长。比如北来的豪族张昭、诸葛瑾的后代都倒了霉，不是获重罪，就是被流放。而鲁肃、吕蒙的后人也无著名人物。到了孙皓时代，三公之位几乎全被南方大族把持。可以说，江南地区的“土著豪族领主化”倾向明显超过华北。

孙吴田邑制主要分布在三个地区：首都建业东部一带；荆州一带（今武汉以西的长江与汉水沿线）以及武汉以东长江中游沿岸；丹阳郡，即进入今安徽省南部山地附近。

这样看，孙吴通过田邑制给养世袭军团，主要目的有三个：护卫首都及环视东部；防卫魏、蜀；镇压江南内地的山越。但是，孙吴建国后不久，即撤废了田邑制，而以“屯田制”代替，即世袭军团自身的屯田，这是孙吴世袭军团长期使用的给养方式，目的就是自给自足，只是各个军团的自给程度有所差异而已。

孙吴世袭军团屯田的分布大致与田邑制一样，如果各个世袭军团基本上是以屯田来自给的话，那么就可以认为当时南方存在着广阔的荒地。《三国志·吴书·濮阳兴传》记载，在首都丹阳等地，已经通过挖凿沟渠而排水造“湖田”了。虽然今苏州一带及绍兴附近很早便得到开发，但当时江南还有众多未开垦的土地等待开发。而配置于各地的屯田军在土地开发方面发挥了重要作用，可以说是开发的尖兵。

世袭军团的兵士并非单管打仗，还要肩负农耕任务，即带有极强的从事开发的劳动力性质，可是，这些劳动力从何而来呢？答案很简单，就是山越。因此，这些世袭军团讨伐山越的战争，并非是直接获得土地，而是具有“猎人战争”的性质，即获得奴隶。而且，这些被征服或者降服的“山民”，会分给征讨将军及其部将们，其中强壮者被派作士兵，成为屯田军。

《三国志·吴书·诸葛恪传》记载，诸葛讨山越，将老幼相携而出的“山民”，自己留万人，其余封给诸将，即“强者为兵，羸者补户”。《三国志·吴书·陆逊传》记载，吴郡陆逊讨伐丹阳山越，就曾获精兵数万，此外，他还被会稽太守告发“枉取民人”。看来，不仅来自江北的侨寓将领，就连江南土著豪族对“猎人战争”也情有独钟。

屯田制的终极目的与田邑制一样，都有护卫首都、防御外敌、镇压山越的作用，只是多了“屯田”一项。有一个问题需要说明，作为土著豪族的开发领主化，只是在吴郡以及会稽郡等先进开发地区可以寻其端倪；而在广阔的未开发地区，采取的是一种自上而下、自外而内的“君临形式”，这才是南方豪族领主化的主要形式。

无论如何，世兵制和田邑制使豪门大族进一步确立了经济上、政治上和军事上的优势，这些都成为他们专横南方的资本。而这些地方领主由三部分构成：第一部分，即上文提到的南方土著大族，如吴郡四姓和会稽四姓等，这是支撑孙吴政权运转的主要力量；第二部分，即南渡的北方大族，如张昭、诸葛瑾、鲁肃等；第三部分，即经过孙氏培养而成为新兴大族的诸将领，如韩当、蒋钦、甘宁、凌统等。

前述提到，链接开发领主制的枢轴是君主与领主之间的信任关系，而这种关系只存在于孙坚、孙策、孙权与诸领主之间。因而，父子三人，尤其是孙权为了维护与众将领之间的信任关系，可谓煞费苦心。因为这种关系的基础是双方的默契合作，特别是在创业期和危机期，显得非常牢固。但是，一旦进入安定期，这种关系就会出现微妙的变化。因而，在孙权执政期间，虽然孙氏与诸领主也出现过关系紧张的情况，但总的趋势是稳定的，双方的信任关系没有出现裂痕。但在孙权晚年，这种关系开始出现了松动。

公元241年，太子孙登病故，第二年，孙和被立为太子，遂引发了他与弟弟鲁王孙霸之间的冲突。于是，朝廷中形成了鲁王党与太子党。公元244年，鲁王党已对太子构成了极大的威胁，不仅与太子亲近的顾谭等人被处流刑，而且太子太傅吾粲也死在狱中，拥护太子并向孙权进谏的陆逊也因意见不被采纳于第二年病逝。这样，两党之间的斗争拖拖拉拉持续了近十年，代表大族势力的官员、将军纷纷站队，导致国家被一分为二。公元250年，太子被废，鲁王被赐死，党争以两败俱伤的结局收场。随后，年仅九岁的末子孙亮被重新立为太子。

两党之争虽然结束，但给孙吴政权，尤其是给作为开发领主制枢轴的君主与领主之间的信任关系造成了难以弥合的裂痕。公元252年孙权去世，孙亮即位，屯驻各地的世袭领主开始有了独立的倾向。与此同时，辅佐孙亮的顾命大臣依然分属两党。其中，太子党成员为大将军诸葛恪，太常滕胤；鲁王党成员为将军吕据，中书令孙弘，侍中孙峻。而根据孙权的遗命，诸葛恪成为首席顾命大臣。至此，孙吴内部开始了中央掌权者与诸领主之间的争斗，实际上这依然是世家大族之间的权力斗争，这给尚未愈合的信任关系增加了断裂的风险。

公元253年，诸葛恪不顾和自己有姻亲关系的滕胤等人反对，强行北伐，结果惨败而归。为了挽回颜面，诸葛恪开始采取强硬态度，处处打击鲁王党成员。同年10月孙峻乘机起事，诛杀了诸葛恪，掌控了政权。《三国志・吴书・诸葛恪传》记诸葛恪被杀的经过是“民之多怨，众之所嫌”。所谓“民”与“众”，显然是孙吴国内反对诸葛恪的强宗大族。

公元256年，孙峻去世，从弟孙綝接替他掌握了朝廷大权。随后，孙綝先是诛杀了滕胤、吕据等顾命大臣，然后开始了打击豪族势力的行动，不久又废了孙亮。可见，无论是诸葛恪，还是孙氏兄弟都没有孙权的能力，除了毫无意义的揽权外，对弥合君主与领主间的裂痕没有一点贡献，反而使双方的裂痕愈加扩大。

公元258年，孙休在大族的支持下诛杀了昏聩的孙綝，但他却是一位对政治异常冷淡的君主，一心想着读书和做学问。公元264年孙皓继位，此人更是一位残暴的君主。就在孙休和孙皓执政期间，各大族领主乘机扩充权力，成为真正意义上的割据军阀，孙吴政权呈现出分崩离析的状态。

可以看出，东吴的开发领主制在失去了孙权这个枢轴后，信任关系呈现出断崖式的破裂。而导致这种关系破裂的原因来自两方面：一方面是从诸葛恪一直到孙皓，执政者对这种破裂的关系反应迟钝，没能及时遏制裂痕的扩大；另一方面是掌权者无意识地触发了开发领主制内部本来就有的分裂倾向，又在阻止这种分裂时，采取了种种不合理的措施。这些都加剧了信任关系的断裂。而给这一信任关系致命一击的是以司马氏为代表的北方大族。

通过上述分析，我们可以看出，孙吴的开发领主制具有开发与领主化的双重属性。其中世兵制和田邑制是领主化的根基；屯田制是开发的基础；而君主与领主间的信任关系是链接开发领主制的枢轴。

通过开发领主制，孙吴政权与江南豪门大族建立了牢固的联盟，他们共同抵御了北方军事集团的侵入，开垦了广阔的土地，促进了南方经济的发展。同时，这个联盟还一起打击了江南以及荆州的各个宗部组织（主要指山越和山贼），从他们的手上夺取了大量的劳动力，从而创造起军事和经济上的优势。

公元280年西晋军队征服孙吴政权，但开发领主制并没有解体，反而以另一种形式得到延续。换句话说，开发领主制在一定程度上加剧了南方“豪族领主化”的倾向，这成为后来晋室南渡后急需解决的主要问题。但随着门阀制度在南方的确立，这种倾向不但没有削弱，反而愈演愈烈，并一直持续到南朝结束，可谓影响深远。

总之，孙吴就是在大族拥戴下形成的为其利益服务的豪族政权。因而，孙吴的社会、政治和经济完全操控在江东豪强之手，这与东汉、袁绍，以及西晋政权的治理模式有相似之处，这就为北方大族在江东建立新政权打下了坚实的基础。

八　西蜀两大势力集团的形成

由于孙氏与江南豪族具有阶层属性上的一致性，从而建立起了君主与大族共生的治理模式，这与两晋，特别是东晋有类似之处。但西蜀政权则比较复杂，因为创始人刘备与诸葛亮存在阶层属性和治国理念的差异，导致两大势力集团具有难以调和的矛盾，这与曹氏政权内部的斗争颇具相似之处。

《三国志·蜀书·刘备传》说：

> 先主姓刘，讳备，字玄德，涿郡涿县人，汉景帝子中山靖王胜之后也。胜子贞，元狩六年封涿县陆城亭侯，坐酎金失侯，因家焉。先主祖雄，父弘，世仕州郡。

刘备是涿郡涿县人，当时涿郡属于河北地区的幽州管辖。《三国志·魏书·曹彰传》注引《魏略》说刘备："少孤，与母贩履织席为业。"这个经历曾经被曹操称为"卖履舍儿"。据《史记·李将军列传》索隐说："如淳云：（良家子）非医巫、商贾、百工也。"如淳的话来自汉律。显然，贩履属于"商贾"，织席属于"百工"，从这个方面看，刘备一家不是"良家"，刘备也不是"良家子"。

刘备自称是"汉景帝子中山靖王（刘）胜之后"，可是渊源既远，也难以考证。但他虽不属于皇室宗亲，极有可能是刘胜的旁支子孙。《三国志·蜀书·刘备传》注引《典略》："备本临邑侯枝属也。"况且他能拜在经学大师卢植门下，也说明刘备不是毫无背景，虽然不属于高门冠族，但也绝不是曹操所说的"卖履舍儿"。至少在本郡，刘备不是单家寒族。这与孙坚"家世仕吴"的出身相同。

将"世仕州郡"、非良家子与刘胜的旁支子孙相加，可证刘氏家族是涿郡已经破落的次等大族，起码属于县级"土豪"。同时，刘备"好交结豪侠"，说明他也是一位"游侠"。而且他是卢植的学生，对儒学名教有着一定的好感。

这就构成了刘备的阶层属性。

在这个风云突变、群雄逐鹿的时代，尽管刘备与曹操、袁绍等人类似，但是，由于缺乏较高的社会地位和政治资本，刘备早期的军事生涯，甚至一直到占领荆州之前，不得不采取依附强者的策略，从而使刘备集团具有相当强的“寄生”性质，他与公孙瓒、曹操、袁绍、陶谦、刘表的关系，就是这种寄生性的直接表现。说明刘备的崛起之路是异常艰辛的。

就在刘备“北漂”的时候，整个中原地区已经被大大小小的领主瓜分殆尽，留给刘备的势力范围所剩无几。不仅是中原，就是刘备活动的河北地区，也处于袁绍和公孙瓒的控制之下。迫不得已，刘备又去投靠公孙瓒。不久又投靠了陶谦。陶谦死后，刘备在以糜竺、陈登为代表的徐州豪族支持下，任徐州牧，从而形成了“争盟淮隅”的战略。但好景不长，公元196年，刘备在吕布和徐州丹阳派将领的联合夹攻下丢掉了徐州。这一打击，不仅宣告了刘备“争盟淮隅”战略的夭折，也预示着刘备在北方政治生涯的结束。公元201年，刘备来到荆州依附于刘表，此时诸葛亮也在荆州，两人的命运便戏剧性地交织在了一起。

《三国志·蜀书·诸葛亮传》记载，诸葛亮乃西汉诸葛丰之后，汉元帝时，被任为司隶校尉。其父诸葛珪不过是一名俸禄六百石的太山郡丞；从父诸葛玄稍微好一些，担任豫章太守，但非朝廷任命，而是袁术或刘表这类割据军阀所任。可见，从诸葛丰到诸葛玄，诸葛氏担任显官的人物屈指可数，说明至少在诸葛亮之前，琅邪诸葛氏并非世代为官的大族或著姓，但也绝非“单家”，可能是比单家地位稍高且有一定文化修养的次等小族，比刘备的出身稍低。比如，诸葛亮的好友徐庶就是一名“单家子”。

至三国时代，诸葛氏开始崛起，除了诸葛亮，诸葛瑾仕吴，诸葛诞仕魏，三人在当时“并有盛名”。尤其是魏国的诸葛诞一系，发展甚猛，成为名副其实的“盛族”。

为何诸葛亮身在荆州却一直得不到刘表的重用呢？《后汉书·刘表传》记刘表为鲁恭王之后，在党锢之祸中，被世人称为“八顾”，是当时的大姓名士。他来到荆州后，所依靠的是当地的豪强大族，即南郡的蒯越、襄阳的蔡瑁。

因而，出身大族且是汉室宗亲的刘表，是不会将这个在南阳“躬耕”的次等小族放在眼里的。

当然，诸葛亮也看不上刘表。《三国志·魏书·刘表传》记陈寿评价刘表说：“外宽内忌，好谋无决，有才而不能用，闻善而不能纳。”《后汉书·刘表传》记范晔评价刘表说：“刘表道不相越，而欲卧收天运，拟纵三分，其犹木禺之于人也。”可见，对于自比管仲、乐毅的诸葛亮来说，他是万万看不上这个“有才而不能用”的木偶之徒的。这就为他与刘备的结合创造了条件。

那么，诸葛亮为何会选择当时破落至极的刘备呢？这还要从诸葛亮的阶层属性，以及刘备的人格特质上分析。

《三国志·蜀书·先主传》注引《诸葛亮集》中提到诸葛亮“闻丞相为写申、韩、管子、六韬一通已毕”。这是丞相为皇帝刘禅所设置的学习科目。《三国志·蜀书·诸葛亮传》注引《蜀书》记载了诸葛亮的五件小事，其中一件说“亮刑法峻急，刻剥百姓，自君子、小人咸怀怨叹”。可知诸葛亮也是好刑名法术之徒。这与上文所引曹操“揽申、商之法术，该韩、白之奇策”何其相似。

除了崇尚刑名法术，诸葛亮还有更大的抱负。《三国志·蜀书·庞统传》注引《九州春秋》记庞统对刘备说：“权变之时，固非一道所能定也，兼弱攻昧，五伯之事。”庞统的话说得很直白，就是想成大业者，应该通晓“时务”，而不能墨守成规。换句话说，就是为了达到目的，可以不择手段。这与诸葛亮在《隆中对》中提出的“兼弱攻昧”之策如出一辙，只是更为具体，即兼刘表之弱而攻刘焉之昧。而“王伯之事”就是诸葛亮的“霸业可成”。显然，诸葛亮和庞统的话体现的是王霸思想。

出身次等小族，崇尚法家思想和王霸之术，这些成为诸葛亮阶层属性的构成要素，以此为出发点，便形成诸葛亮的政治抱负。他在《出师表》中说自己“苟全性命于乱世，不求闻达于诸侯”，这显然言不由衷。《三国志·蜀书·诸葛亮传》记诸葛亮：“身长八尺，每自比管仲、乐毅，时人莫之许也。”管仲和乐毅，一个帮齐桓公称霸诸侯，一个帮燕昭王伐齐破城。这样的抱负如何能“不求闻达于诸侯”呢？诸葛亮只是在等待他心目中的桓公和昭王。

剖析了诸葛亮再来看刘备。上面提到，刘备出身次等且没落的大族，没有可以炫耀的资本，因而他早期的职业生涯具有很强的寄生性。《三国志·吴书·周瑜传》记周瑜上疏说“刘备以‘枭雄’之姿，而有关羽、张飞熊虎之将，必非久屈为人用者”。《三国志·鲁肃传》记鲁肃说：“刘备天下‘枭雄’，与（曹）操有隙，寄寓于（刘）表，表恶其能而不能用也。”周瑜、鲁肃都是当时的杰出人物，当他们为孙权出谋划策时，不约而同地认为刘备是一名“枭雄”，不会久屈人下。《三国志·蜀书·黄权传》记黄权劝刘璋说“左将军（刘备）有骁名”。黄权的言外之意，与周瑜、鲁肃的看法相同。

《后汉书·刘焉传》有“枭名”一词。李贤注说：“枭，即骁也。”可见“骁名”与“枭名”是可以画等号的，都具有勇健的含义，并非贬义词。但是，如果用在刘备身上，“枭雄”这个词便有了特殊的含义。《三国志·蜀书·刘备传》注引《魏书》记诸将劝吕布说：“（刘）备反覆难养，宜家早图之。”

这样，“枭雄”加“反覆难养”，构成了刘备的人格特质，而寄生性是这一人格的具体写照。《文选》五臣注所说的，“枭”是“恶鸟”，“枭雄”就是“恶鸟之强”的解释。而恶鸟难于驯养，如不早除，必遭反噬之祸，曹操、吕布、刘璋、孙权都是受害者。再说得直接些，刘备是一个彻头彻尾的野心家。

可以看出，诸葛亮的抱负是“闻达于诸侯”，刘备则是一个野心极大的“枭雄”。而在这个巨变的时代，反复无常的“枭雄”显然比暗弱无能的“木偶”成功的机会要大，而刘备正是能让诸葛亮建立功业的“诸侯”。这样，相同的政治抱负将两人黏合在一起，而双方合作的战略宣言就是《隆中对》。

诸葛亮与刘备虽然走到了一起，但因双方阶层属性的差异，导致两人在治国理念、用人方略，以及对待豪族等方面存在根本性的矛盾。这种矛盾在取得荆州部分土地后就爆发了，且愈演愈烈，从而形成了两大势力集团。一方是以刘备为首的豪强大族集团，代表人物为法正、糜竺、李严、李邈等；一方是以诸葛亮为核心的寒门势力，代表人物有郭攸之、蒋琬、费祎、董允、魏延、姜维等。两大集团的斗争至夺得益州后达到顶点。

▲隋　董展　三顾草庐图

九　诸葛亮与豪族的明争与暗斗

首先对诸葛亮不满的是法正。《三国志·蜀书·法正传》记“法正字孝直，扶风郿人也”，他的祖父法真就是一位“清洁高名”的名士，父亲法衍曾做过司徒掾、廷尉左监。显然，扶风法氏是当地的豪强大族。建安初年，法正与同郡人孟达入蜀，成为刘璋的谋士，却一直不受重用，不久又被同僚诽谤，意志更为消沉。后来在好友张松的游说下投靠刘备。

法正是刘备夺得益州的主要策划者之一，因而得到了刘备的特别信任。“(刘备)以正为蜀郡太守，杨威将军，外统都畿，内为谋主”。这是刘备对法正绝对信任的具体表现。后来，又是在法正的策划下，刘备占据了与蜀唇齿相依的汉中，这更增加了法正在刘备心中的分量。因而，法正死后，刘备曾“为之涕泪者累日”。

那么法正为何会与诸葛亮产生矛盾呢？据《法正传》说：“(法正)一餐之德，睚眦之怨，无不报复，擅杀毁伤己者数人。”可见，占据益州后，法正自以为已凌驾于诸葛亮之上，不再将诸葛亮放在眼里。而对法正的嚣张跋扈，诸葛亮自然也不满意。于是，诸葛亮借推荐杨洪兴办发兵之事，以杨洪取代了法正蜀郡太守的职位。至此，法正失去了“外统都畿”的重任，势力受挫。

仅以上述史料推测，似乎法正与诸葛亮的矛盾很单纯，只是骄横与反骄横的问题。《法正传》也说“诸葛亮与法正虽好尚不同，以公义相取”。但是，事实却远没有这样简单。《三国志·蜀书·诸葛亮传》注引《蜀记》记载了诸葛亮的一件事，其曰：

> 亮刑法峻急，刻剥百姓，自君子、小人咸怀怨叹。法正谏曰：“……愿缓刑弛禁，以慰其望。”
>
> 亮答曰：“……刘璋暗弱，自(刘)焉已来，有累世之恩，文法羁縻，互相承奉，德政不举，威刑不肃。蜀土人士，专权自恣，君臣之道，渐以陵替。宠之以位，位极则贱；顺之以恩，恩竭则慢。所以致弊，实由于

此。吾今威之以法，法行则知恩，限之以爵，爵加则知荣；荣恩并济，上下有节。为治之要，于斯而著。”

所谓的“君子”，显然是指豪强大族，而他们的代言人就是刘焉父子，以及他们的继承人刘备。刘焉出身宗室，是当时的颇具声望的大姓名士，他与儿子刘璋都是儒学名教的信徒。因而，他们治理益州，类似于袁绍对冀州、孙氏对东吴、司马氏对西晋的统治。在刘氏的扶植下，益州豪族得到快速繁殖，且掌握了政权，从而出现诸葛亮所说的官吏“德政不举，威刑不肃”，以及“专权自恣”的情况。法正就是这些大族中的一员。

刘备入益后，在法正的策划下，迎娶了吴懿之妹吴氏（穆皇后），从而加强了与益州大族的联系，这才站稳了脚跟。吴氏为陈留大族，因吴懿之父与刘焉有旧交，便举家随刘焉入蜀，不久吴氏与刘焉之子刘瑁成婚，在刘氏的扶植下，吴氏迅速成为益州的顶级大族。可见，刘备与吴氏结亲，意义可谓非同一般。

前述提到，刘备虽出身县级土豪，但受教于经学大师卢植，因而与崇尚名教的大族具有相同的群体属性。当他占据益州，特别是取得当地豪族拥戴后，自然要为自己的阶层属性服务，成为大族的代言人。换句话说，以刘备为代言人的豪族集团实际上是刘氏父子治益州政策的继承者。

再看诸葛亮集团。首先，他所说的“蜀土人士”，显然是指“专权自恣”的益州地方豪族。更为重要的是，诸葛亮崇尚刑名法术，他认为只有“威之以法”“限之以爵”，才能改变豪强专横的局面。这样看，诸葛亮的措施与曹操“以法为治”的政策具有内在的一致性，目的同样是巩固中央集权。而实现这个目标的手段无非是抑制豪强大族，并限制他们肆意兼并土地和隐匿人口，进而从政治和经济层面瓦解大族的统治。所以，在他治下，才会出现“刑法峻急”的情况，这自然会触犯大族的利益，进而危及刘备的统治。

刘备是在大族拥戴下夺取益州的，又是在大族支持下在益州站稳脚跟的，因此他十分清楚大族在益州的地位。于是，刘备为了巩固在益州的统治，一方面积极扶植豪族，另一方面借助各种力量来抑制诸葛亮势力的生长。这样看，法正与诸葛亮的冲突实际反映的是刘备集团与诸葛亮集团的矛盾，反映了儒学豪强大族与非儒家寒族之间的权力博弈，这与曹魏政权内部的权力博弈类似。之后的李严、李邈与诸葛亮的冲突，也是这种矛盾的体现。

前述提到，诸葛亮集团与刘备集团的矛盾，和曹氏集团与大族的矛盾具有内在的一致性。所不同的是，两类矛盾的表现形式具有明显的差异。由于北方大族的力量十分强劲，曹氏不能不采取激进的方式，即通过全面改革来抑制大族的生长，因而双方的冲突表现得比较直接与激烈；而西蜀境内大族的力量较北方略显薄弱，且比较分散，没有特别突出的强宗大族，因而双方矛盾的表现形式比较复杂。具体来说，除了“豪庶”之争外，还有“守伐”之争，而且两者往往交织在一起，形成了扑朔迷离的局面。当然，无论是哪种形式，本质上都是双方深层次矛盾的具体反映。

关于自守益州还是对外进攻的争论，是从庞统开始的。益州是当时安定富庶的地区，号称“天府”。除了“殷富”外，更为重要的是，益州具有地理上的特殊条件，即所谓“险塞”“险阻”，其四周群山环绕，外敌不易攻入。对此，刘备当然心知肚明，其实不止刘备，孙权和周瑜、甘宁同样看重益州。特别是庞统对益州更是情有独钟。

《三国志·蜀书·庞统传》注引《九州春秋》记庞统对刘备说：“今益州国富民强，户口百万，四部兵马，所出必具，宝货无求于外。”对此，刘备也有相同的看法。《三国志·蜀书·刘备传》注引《献帝春秋》记孙权想联合刘备共取蜀，但刘备企图独占蜀地，便对使者说：“益州民富强，土地险阻，刘璋虽弱，足以自守。”这虽是刘备拒绝联合的托词，但不经意间流露出了刘备对益州的战略定位，即“足以自守”。可见，对于益州，刘备与庞统具有相同的定位，体现的都是以守为主的观点。

为了提高益州的战略地位，庞统不惜贬低荆州。他在游说刘备时指出：“荆州荒残，人物殚尽，东有孙吴，北有曹操，鼎足之计，难以得志。”庞统是刘备入蜀的主要谋士之一，刘备对他的观点自然是赞同的。既然荆州难以完成“鼎足之计”，那么“足以自守”的益州就成为安身立命的关键，因而在刘备的天平上，益州的地位明显超过荆州。这样看，刘备就是要以益州为根据地，步刘焉父子后尘，在这里称王，甚至称帝，进而建立自己的割据政权。不仅刘备和庞统，法正也是苟安益州的坚决拥护者，因为他的根基在益州。

但是，刘备集团自守益州的战略显然是对诸葛亮“跨有荆益”战略的挑战。《隆中对》是建安十二年（公元207年）诸葛亮给刘备制定的战略蓝图，更是诸葛亮“自比管仲、乐毅”，“闻达于诸侯”的人生追求。诸葛亮分析了当时的政治局势，认为曹操已占据关东，拥有百万之众，不可与之硬碰；孙氏割据江东，只能引以为援，决不能与之为敌。因而战略的第一步就是先夺取荆州，并联合孙权抗拒曹操。然后占据益州。当完成了“跨有荆益”的目标后，再选取有利时机，从荆、益两地发兵中原，从而完成“霸业可成，汉室可兴”的战略宏图。因而，“跨有荆益”就成为整体战略的关键。

可以看出，两种战略具有根本性的分歧，执行“自守”益州的战略，就要放弃“跨有荆益”的设想，反之亦然。更为重要的是，如果将其与“豪庶”之争结合在一起，就会产生奇特的化学反应。

一方面，刘备、庞统固守益州的设想显然对当地的豪族有利，因为益州的战略地位提高了，益州大族的地位自然水涨船高，相应地，刘备对他们的依赖程度也就越强。换句话说，自守战略实际上就是保护益州大族的战略。另一方面，诸葛亮“跨有荆益”的北伐战略，显然是为了弱化当地豪族的影响力，从而恢复西汉大一统的中央集权模式。这样，无论从哪个方面看，刘备集团与诸葛亮集团的矛盾都是难以调和的，只能存一而不能兼有。

刘备去世前，与诸葛亮虽有矛盾，但双方尚能克制，两大集团可以说势均力敌，但这种平衡是极其脆弱的，不仅诸葛亮明白，刘备更是洞若观火。《三国志·蜀书·诸葛亮传》记载：

> 章武三年春（公元223年），先主于永安病笃，召亮于成都，属以后事，谓亮曰：“君才十倍曹丕，必能安国，终定大事。若嗣子可辅，辅之，如其不才，君可自取。”……先主又为诏敕后主曰：“汝与丞相从事，事之如父。”

同书注引孙盛评价刘备托孤说“诡伪之辞，非托孤之谓”。孙盛的话一语道破天机，真实地反映了当时刘备的心情，他对诸葛亮是不完全信任的。一是担心诸葛亮“刑法峻急”，通过损害大族的利益而控制政权，进而危及刘氏对益州的统治；二是担心诸葛亮发动对中原的战争，从而影响益州的安全。因此，除了说几句“诡伪之辞”外，必须物色一个能制衡诸葛亮的人，而后者才是关键。

原先，刘备想用与自己一同入蜀的庞统和法正来制衡诸葛亮，因为他们与刘备扶植大族和苟安益州的主张一拍即合。事实上，从当时的情势来看，刘备对法正的信任远超诸葛亮，如果庞统不早逝也应该如此。但此时，法正和庞统已死，从而使李严被提到与诸葛亮同等的地位，那么李严是何许人也？

《三国志·蜀书·李严传》记李严为荆州南阳人，年轻时为郡县吏，以“才干”著称。可见，李严出身并不显赫，但从其能担任“县吏”看，也非“单家子”，应该属于县一级的“土豪”，即南阳当地的次等大族。曹操发兵荆州时，李严即潜入蜀地投奔刘璋，被任命为成都令。后又受命，在绵竹与刘备作战，遂即投降，被刘备任命为兴业将军、辅汉将军。从这两个职位看，刘备是十分看重李严的，李严遂成为刘备集团的骨干成员。

《李严传》记章武二年（公元222年），刘备拜李严为尚书令：

> 三年（公元223年），先主疾病，严与诸葛亮并受遗诏辅少主，以严为中都护，统内外军事，留镇永安。

刘备将李严扶持为与诸葛亮并驾齐驱的人物，这样的人事布局颇有深意，不但使他有了与诸葛亮相抗衡的政治资本，而且还为其进一步取代诸葛亮创造了条件，这当然会使诸葛亮感到不满。

刘备死后，李严成为益州豪族集团的领袖，遂与诸葛亮展开了殊死角逐，这从《三国志》诸葛亮上刘禅的《表》中可窥探一二。诸葛亮在表中列举了李严的大量罪状，但都可归结为一点，即阻挠北伐，且趁北伐之机进行要挟。其中“开府辟召”，是企图取得与诸葛亮完全同等的地位；而“穷难纵横，无有来意”，明显是反对北伐。

李严的行为在诸葛亮眼里是大罪，但仔细分析，并无不妥。由于当初李严与诸葛亮“并受遗诏辅少主”，所以李严认为自己应该“开府辟召”，与诸葛亮共同处理政务。至于破坏北伐，这是在执行刘备自守益州的既定战略，也无可厚非。诸葛亮所以罗列此罪状，无非是要置李严于死地，从而瓦解豪族集团的影响力，为以法而治和北伐扫除障碍。

除了诸葛亮所罗列的罪状，李严还采取其他手段阻挠和破坏北伐。比如李严曾写信给孟达，强调他与诸葛亮“并受遗诏辅少主”，具有同等地位；污蔑诸葛亮要走曹操的老路，受“九锡”、称大王，进而代汉，取代刘禅，等等。这当然会引起诸葛亮的极大愤怒。于是，诸葛亮动了杀李严之心，但需要等待时机，找个合适的理由。

《三国志·蜀书·李严传》记载：

> （建兴）九年（公元231年）春，亮军祁山，（李）平催督运事。秋夏之际，值天霖雨，军粮不继，平遣参军狐忠、督军成藩喻指，呼亮来还，亮承以退军。平闻军退，乃更阳（假装）惊，说：“军粮饶足，何以便归？”欲以解己不办之责，显亮不进之愆也。又表后主，说：“军伪退，欲以诱敌与战”。亮具出其前后手笔书疏本末，平违错章灼。平辞穷情竭，首谢罪负。

李平即李严，这是他后来改的名。此段文字详细记录了诸葛亮和李严争斗的经过。李严先是以督办军粮之机阻挠北伐，然后又诬陷诸葛亮有不进军之罪。当官司打到刘禅面前时，李严又说诸葛亮是假意退兵，目的是“诱敌与战”。面对李严的攻势，诸葛亮随即拿出了李严前后所写的“书疏”对质，可见诸葛亮也是早有准备。在铁证面前，李严只得认罪。

但事情却并没有这么简单。这场官司实际反映了蜀国两大集团的深层次矛盾，而且刘禅显然是倾向豪族集团的。其实仔细分析，李严阻挠北伐的伎俩是比较拙劣的，如果是一般人，刘禅早就将其治罪了。但现在，他却仅凭李严的几句话而迟迟不肯表态，即使官司打到他面前，刘禅也有包庇李严的意思。如果不是诸葛亮出示大量证据，刘禅很有可能将板子打到诸葛亮身上。“辞穷情竭，首谢罪负”这八个字就是线索，说明在刘禅面前，诸葛亮与李严曾往复辩论，在大量证据面前，诸葛亮才得以迫使李严承认过错，从而取得了这场官司的胜利，这在诸葛亮的职业生涯还是第一次，也是仅有的一次。

李严所犯的是贻误军机的大罪，无论从哪方面说，都应该处以死刑，诸葛亮也是抱着这样目的，欲借机扫除这个障碍。但剧情却大出诸葛亮所料，刘禅只是将李严免职，并夺其爵位，贬为庶民而已。说明，即使在这样的局面下，刘禅依然包庇李严，实际上是在保护豪族的利益。对此，诸葛亮也是无可奈何。

这样看，真正阻挠北伐的其实是以刘禅为代言人的豪族势力。诸葛亮针对的也不仅仅是李严，而是那些反对北伐的益州豪族。他在《出师表》中劝谏刘禅要“亲贤臣，远小人”。所谓的“贤臣”，显然是指诸葛亮党，比如“志虑忠纯”的郭攸之、费祎、董允等；而“小人”，自然指反对北伐的豪族集团。

无论如何，将豪族势力的领袖李严挤出核心权力层，标志着诸葛亮集团暂时取得胜利。之后，诸葛亮开始大量任用同党成员担任各级官吏，在国内推行以法为治的政策，而将主要精力转向外部，继续推进北伐大业。而豪族势力虽然暂时受挫，但在刘禅等人的扶植下，依然坚挺，且从没有放松对诸葛亮集团的打击。

建兴十二年（公元234年）诸葛亮病逝，豪族势力乘势发起了攻击，这次的主角是李邈。《华阳国志》卷十《先贤士女总赞·广汉士女》记载：

> 李邈字汉南，邵兄也。牧璋时，为牛鞞长。先主（刘备）领牧，为从事。……久之，为犍为太守、丞相参军、安汉将军。

李邈是李邵的兄长，李邵是蜀国颇有才德的名士，可推测，汉南李氏是当地的豪族，李邈又是刘备一手扶植的大臣。通过李邈的阶层属性和成长经历，可知他必然是豪族集团的骨干成员。

建兴十二年，诸葛亮一去世，李邈就上疏朝廷，指责诸葛亮“身仗强兵，狼顾虎视”。何为“狼顾”？《晋书·宣帝纪》说：

魏武（曹操）察帝（司马懿）有雄豪志，闻有狼顾相。……因谓太子丕曰：“司马懿非人臣也，必预汝家事”。

可以看出，“狼顾”就是具有“非人臣”之相，是有异志的比喻。在李邈眼中，诸葛亮就是具有“狼顾”之相的人。不但如此，李邈还直接将诸葛亮比作欲危及汉室的吕禄、霍禹。这其实是在暗示刘禅，诸葛亮有反叛之心。

何为“虎视”？《后汉书·班固传》所收《西都赋》有“周以龙兴，秦以虎视”。班固这两句话的意思是，尽管周、秦都很强盛，但周以德取天下，谓之“龙兴”；秦却是以霸扫六国，谓之“虎视”。显然，李邈将诸葛亮的对外用兵比作暴秦统一六国，这其实是对北伐的全面否定。

可以看出，李邈与李严一样，是刘备、庞统、法正自守益州战略的积极拥护者，他们制造诸葛亮有异志的舆论，目的就是抵制以法为治和阻挠北伐，从而维护益州豪族的利益。诸葛亮数次北伐而终归于失败，除了其他主客观因素，益州豪族的强烈反对是其中比较重要的原因。换句话说，从刘备进入益州后，蜀地即存在两种势力的激烈角逐，而且双方力量均衡，这在一定程度上削弱了蜀军的兵威，从而使西蜀只能偏安一隅，苟且度日，最终免不了被以司马氏为代表的北方大族所吞灭的结局。

第三章

魏晋之变与世族的壮大

世族在国破人亡的内战中，凭借强大的经济、社会和文化韧性存活下来了，他们一直依靠在私人武装保护之下的不动产过活，甚至通过武力侵占了大片土地。同时，大族在乱世中还收留了众多无家可归的小农和流民，这些人为了生存，都希望成为大族的家丁或佃户。大族正是通过这种方式扩张了他们的领地，重新掌握了经济资源，壮大起来。与此同时，十六国政权与东晋王朝正是在大族的支持下得以建立的。而且，南北两大政治体系的重建，也标志着世族在短暂的“恢复休整”后重新回归政治舞台，而且发展得比之前更为壮大，呈现出生气勃勃的状态。这些都为世族门阀制度积累了势能，创造了条件。

一　世族的胜利：司马氏与曹氏的权力博弈

前述提到，面对世族力量的不断壮大，曹操采取了一系列抑制豪强的经济与政治措施，目的显然是巩固中央集权。《三国志 · 魏书 · 武帝纪》记建安九年（公元204年）曹操颁布“九月令曰”：

> 河北罹袁氏之难，其令无出今年租赋！重豪强兼并之法，百姓喜悦。

同书注引《魏书》对颁布此令的目的说得更为清晰：

> 公令曰：“有国有家者，不患寡而患不均，不患贫而患不安。袁氏之治也，使豪强擅恣，亲戚兼并，下民贫弱，代出租赋，衒鬻家财，不足应命。审配宗族，至乃藏匿罪人，为逋逃主。欲望百姓亲附，甲兵强盛，岂可得邪！其收田租亩四升，户出绢二匹、绵二斤而已，他不得擅兴发。

郡国守相明检察之，无令强民有所隐藏，而弱民兼赋也。”

袁绍是河北集团和颍川集团扶植起来的割据军阀，换句话说，袁绍集团是在地方豪族支持下发展壮大的。因此，曹操在平定河北之后，立刻发布法令，目的在于抑制豪族，扶植寒族，安定弱民。随着袁绍的覆灭，以及曹操的打击，这些地方豪族势力也归于失败。但是，失败只是暂时的。

在曹操抑制豪族的政治措施中，非常重要的一项是“唯才是举”的选拔政策。这项政策试图建立起新的官僚机制，以挤压大族在国家权力中的生存空间。曹丕代汉后，继续坚定不移地执行打击大族的政策。但富有戏剧性的是，曹氏父子的做法事与愿违，大族的权力反而因曹氏父子所建立的官僚遴选机制而不断加强。因为这个机制的核心是要从各级政府监管下的当地士大夫中补充官员。

如前所述，公众对候选人德才情况的意见，必须由候选人当地的一位被称为“中正”的地方官搜集。这位地方官根据所搜集到的材料，对候选人的能力做一简短的“品状”。然后，根据“品状”，候选人会被定为“九品”中的某一品，这份评语将会决定他一生的“仕命”。这项政策的初衷是正确的，但却不合时宜，因为当时的社会结构已经发生了激烈的变革，世族已经登上历史舞台，成为难以撼动的力量，以至于所有欲重新建立理想中的君主集权制的企图注定要失败。更何况秦汉统治者也没有建立起理想中的君主制权力模式。为了填补制度“失范”而造成的权力真空，世族制度应运而生了。

于是，一个新的国家运转模式形成了，它并不是由一个家族来统治，而是由皇帝和相互独立的世袭贵族共同组成的“合议政府”来治理。这些大家族成员占据着国家最高文职和武职，并垄断了全部国家权力。同时，他们的触角还伸向了社会各个层面，影响了社会风气的走向。正如上文所分析的，曹氏和司马氏正好代表了两种社会力量，前者成为“寒族”和“单家”的代言人；后者则是世家大族的代理人。在这种背景下，反对世族权力无限扩张的曹氏家族必然无法长期保有他们的权力。

不出所料，被曹氏父子寄予厚望的官员选拔制度成为大族弄权的有力工具，他们借此控制了整个王朝从中央到地方的官僚机器，这使曹氏和世族之间的矛盾愈加扩大。于是，受曹氏威胁的世族很快转而支持掌握大权的司马懿（公元179—251年），一场司马氏与曹氏之间惨烈的权力博弈拉开了序幕。

魏齐王曹芳正始十年（公元249年）必定是一个多事之秋，此年正值曹操官渡之战胜利五十周年，当时支持曹操的豪族人物多已云世，能独当一面的只有曹爽，而曹党包括夏侯玄、何晏、丁谧、邓飏、毕轨、桓范等大族。而此时的司马懿也近垂暮之年。于是，司马懿乘曹氏子孙孱弱昏庸之际，在司马师和司马昭的协助下，联合蒋济、高柔、陈泰、王昶、王沈、裴秀、羊祜、荀觊、荀勖等大族，以垂老之躯体，奋起一击，用暴力手段从曹爽手中夺得了权力，成为国家的实际掌权者。

司马氏夺权轻而易举，没有遇到明显的障碍，夺取权力后也没有引发明显的政局动荡。何以如此？关键在于司马氏父子得到了世家大族的支持，这些大族乘势反水，将枪口对准了曹氏政权。《三国志·吴书·孙皓传》注引《襄阳记》中张悌对曹氏与司马氏的优劣之势有过精辟的论述，其曰：

魏伐蜀。吴人问悌（吴丞相张悌）曰："司马氏得政以来，大难屡作，智力虽丰，而百姓未服也！今又竭其资力，远征巴蜀，兵劳民疲而不知恤，败于不暇，何以能济？"

……

悌曰："不然，曹操虽功盖中夏，威震四海，崇诈仗术，征伐无已，民畏其威，而不怀其德也。丕、叡承之，系以惨虐，内兴宫室，外惧雄豪，东西驰驱，无岁获安。彼之失民，为日久矣。司马懿父子自握其柄，累有大功，除其烦苛而布其平惠，为之谋主而救其疾，民心归之，亦已久矣。故淮南三叛而腹心不扰，曹髦之死，四方不动，摧坚敌如折枯，荡异同如反掌，任贤使能，各尽其心，非智勇兼人，孰能如之？其威武张矣，本根固矣，群情服矣，奸计立矣。……彼强弱不同，智算亦胜，因危而伐，殆其克乎！"

张悌所说的“民”，显然不是庶民，而是指大族豪民；所谓司马懿父子“除其烦苛”，是指废除曹操颁布的抑制“豪强兼并之法”；所谓“布其平惠”，是指司马氏恢复了袁绍“以宽济宽”的政策，即放任豪族势力扩张。所以，大族只是畏惧曹操的武力，而没有真心诚服，因此曹氏失去了豪强的支持；反之，司马氏则“民心归之”，获得了大族的拥戴。之后，司马氏诛杀了曹爽、夏侯玄及其党羽，洛阳的曹氏势力已荡然无存了，既然曹氏在中央朝廷大势已去，那么“淮南三叛（王凌、毌丘俭、诸葛诞）”便不足为虑了。当淮南三叛先后被司马氏父子平定后，曹氏在地方的势力也灰飞烟灭了。因此，当司马昭诛杀高贵乡公曹髦时，方能“四方不动”。

获得大族的支持是司马氏顺利夺权的关键，而那些出身寒族，或者出身破落大族，本是曹氏政权坚定支持者的官吏突然变节，也对司马氏夺权起到了一定的“助化”作用。

前述提到，司马氏是崇尚名教的儒学大族。因此，晋室的开国元勋，比如荀觊、荀勖、钟毓、钟会、裴秀等，也都是崇尚名教的大姓名士，他们构成了司马氏党。同时，这些人反对曹氏推崇的“名法之治”。当司马昭计划铲除曹髦时，一个棘手的问题摆在了他的面前，即如何面对那些服膺儒教，标榜君臣名分的豪族同党。一旦处理失当，可能引发这些大族与司马氏分道扬镳，荀彧与曹操的反目就是前车之鉴。于是，司马昭将目光放到了非儒家出身的贾充身上。

贾充出身平阳贾氏，原本属于大族，但到贾逵一代不知何故陷入破落。贾逵是贾充之父，推崇“名法之治”，是曹氏政权的铁杆支持者。《三国志·魏书·贾逵传》记贾逵：

为豫州刺史，是时天下初复，州郡多不摄。逵曰：“州本以御史出监诸郡，以六条诏书察长吏二千石已下，故其状皆言严能鹰扬有督察之才，不言安静宽仁有恺悌之德也。今长吏慢法，盗贼公行，州知而不纠，天下复何取正乎？”

兵曹从事受前刺史假，逵到官数月，乃还；考竟其二千石以下阿纵不如法者，皆举奏免之。帝（魏文帝曹丕）曰："逵真刺史矣。"布告天下，当以豫州为法。……薨，……子充嗣，……咸熙中为中护军。

可见，贾逵为刺史时，主张刺史考察长吏二千石以下，应具"严能鹰扬有督察之才"，而不主张刺史用"安静宽仁有恺悌之德"。显然，这与曹操的"名法之治"是一致的，即用法术治国。因此，贾逵成为曹氏政权的核心成员，受到曹操、曹丕两代君主的赏识与重用。而其子贾充也好刑名法术，是曹党成员之一。

《三国志·魏书·王凌传》注引干宝《晋纪》说：

（王）凌到项，见贾逵祠在水侧。凌呼曰："贾梁道！王凌固忠于魏之社稷者，唯尔有神，知之。"其年（嘉平二年）八月，太傅（司马懿）有疾。梦凌、逵为疠，甚恶之，遂薨。

王凌是淮南三叛之一，从他对贾逵的感情可以看出，两人始终是忠于曹氏的。可他们何曾想到，曹魏江山就断送在自己的后人手中。

关于贾充，《晋书·庾纯传》有详细的记载，文曰：

初，（庾）纯以贾充奸佞，与任恺共举充西镇关中，充由是不平。充尝宴朝士，而纯后至。充谓曰："君行常居人前，今何以在后？"

纯曰："且有小市井事不了，是以来后。"

世言纯之先（祖）尝有伍伯者（役卒），充之先有市魁者，充、纯以此相讥焉。充自以位隆望重，意殊不平。

可见，贾充虽出身冠族，但已破落，祖先有做"市魁"的，即管理市场的役吏，庾纯常拿此事来讥讽贾充，两人的矛盾随之扩大。后来，贾充激怒庾纯，庾纯愤恨地指责贾充说：

"贾充！天下凶凶，由尔一人。"

充曰："充辅佐二世，荡平巴蜀，有何罪而天下为之凶凶？"

纯曰："高贵乡公何在？"

众坐因罢。充左右欲执纯，中护军羊琇、侍中王济佑（保护）之，因得出。

庾纯实在厉害，一句"高贵乡公何在"，直戳贾充的痛处，曹髦正是由贾充代表司马昭，指使成济杀害的。贾充的行动，不仅为司马氏夺权扫除了最后一个障碍，还保全了司马氏儒家信徒的美名，可谓一举两得。因此，《三国志·魏书·贾逵传》注引《晋诸公赞》称赞贾充说："高贵乡公之难，司马文王赖充及免，为晋室元功之臣。"于是乎，贾充摇身一变，由曹氏的叛徒，一跃成为晋室的开国元勋。

投靠司马氏的非儒家出身的寒族不止贾充一人，还有陈骞、石苞等，他们在司马氏的夺权大业中也起到了重要作用。陈骞的父亲陈矫是曹氏政权的坚定支持者，而他与贾充一样也中途变节，在司马炎代魏的过程中，有佐命之功；石苞同样出身寒族，也是晋室的元勋之臣。

贾充、陈骞、石苞的政治投机是成功的，不仅换来了荣华富贵，而且在司马氏的扶植下，摇身一变，跻身大族行列。比如，贾充的长女贾南风成为晋惠帝司马衷的皇后，正是此女引发了"八王之乱"，成为西晋由盛至衰的转折。

可见，曹氏政权是在以司马氏为核心的世家大族，以及部分变节寒族的联合打击下瓦解的。换句话说，得世族者得天下。公元 265 年，司马懿之孙司马炎依靠世族的支持，亡魏建晋。公元 280 年，在西部和北部晋军的联合夹击下，吴国灭亡。至此，分裂的华夏重归一统，世家大族取得了最后的胜利，重新回归政治舞台，开启了长达三百余年世族门阀专权的时代。

二　统一到分裂：魏晋时代的疆域变迁

魏晋是社会、政治、经济发生巨变的时代，与此相适应，魏晋时代的疆域也发生了大幅度的调整，总体上呈现北强南弱的趋势。

东汉末，州郡割据，中国又成分裂的局面。曹操起于东方，挟天子以令诸侯，南征北伐，据有大河南北；孙权继承父兄的遗产，东守西拓，割据江东和荆州、交州，基本统御了南方；刘备和诸葛亮奔走荆、益，割据蜀地一隅，惨淡经营。三分之势（魏蜀吴）和南北对峙的局面（魏吴）遂成。

首先是魏国。曹魏废汉，建都洛阳，疆域辽阔。东抵大海（黄海、渤海），兼有辽东；北据塞外；西达玉门；南并秦岭，逾淮水。以广陵、寿春、合肥、沔口（今夏口）、襄阳、陇西、祁山诸镇为战略渡口，防控吴、蜀。

魏国的势力范围大致包括今冀、鲁、晋、豫、甘五省全部，及陕（中部）、鄂（北部）、苏皖（均北部）、辽东和内蒙古（均为南部一小隅）六省之一部。其中与吴接壤最多。

当时的朝鲜，名义上虽然归属中国，但实际上曹魏政权已没有力量统御了；同时，羌、“胡”扰乱西北边疆，曹魏也无力悬控，今内蒙古及晋、陕北部的地域已逐渐脱离中国的统治，形成诸多少数民族建立的领主政权，为西晋末年的少数民族南下埋下了伏笔。

其次是吴国。孙吴定都建业（今南京），后期建立了行都，都武昌。疆域所达，东抵东海；南并南海兼有交趾（今越南东北部），北自江东与魏接壤，西自三峡及湘、桂边界与蜀为邻。

吴国的势力范围大致包括今浙、闽、赣、湘、粤、桂六省全部，及苏、皖、鄂南部三省之一部，并占有安南东北之地。基本覆盖今东南、中南、华南，成为南方最大的割据势力。

吴的疆域需要注意四点：其一，孙吴未失安南领土。其二，魏、吴在江北一带时有战争，所以北部边境的疆域伸缩靡定，但对吴的势力范围没有实质的影响。其三，吴的广阔地域发展落后，很多都属于未开发的处女地，因此孙吴政权属于开发领主制。吴采取繁殖式的生长模式，通过平定杂居在东南方的山越，使东南最终成为汉族的领地。其四，整个南方的开发，以孙吴的功劳最大。通过孙吴政权，中国第二中心再次勃发，使吴越文化成为南方的主导，开启绵延四百余年的六朝风尚，上承楚国，下启南宋。虽然蜀国也属于开发领主制，但影响力只达西南一隅，而且开发力度远远不及吴。

最后是蜀国。蜀汉都成都。疆域所达，北到武都、汉中；东抵巫峡；南据云、贵；西至西康。势力范围大致包括今川、贵二省，陕、甘（南部一隅）和云（东北部）三省之一部。蜀本来据有荆州，自关羽败亡后，其地失于吴、魏。蜀国疆域局促，且大部分为荒蛮之地，北有曹魏、东有孙吴，生存空间狭小，拓展不易，苦苦支撑，实属不易。

蜀平定“南蛮”后，不置县治，而采用“以夷人治夷事”的方略，成为唐朝羁縻州县以及元、明、清土司制度的雏形。同时四川一省自蜀建都后，发展很快，文明渐进。至此，汉族对西南的成体系的开发，始于蜀汉。

纵观东汉末至三国时中国的疆域，与两汉比，西南、西北均有失地，东北方也渐渐失去了对朝鲜的统御权。同时，对西域属国的统御也失控。由此可知，中国分裂，疆域渐削；华夏一统，疆土大张。

西晋统一后，仍都洛阳，疆域大致是三国势力的简单拼加，但国力衰颓，并重新实施封建制，而且承认诸多少数民族领主的合法地位，没有力量恢复两汉的版图。到了八王之乱，少数民族南下，中原云扰，晋室被迫南渡，群狄领主占据了主导地位，西晋亡后，形成了大大小小十余个领主，北方再次进入长达百年的分裂时代。

十六国的疆域混乱不堪，大致可分为五个时期：前赵与后赵对立期、后赵独盛时期、前燕与前秦对立期、前秦独盛时期和后秦与后燕对立期。

东晋都建康（建业），继承了吴、蜀，主要是吴的大部疆域，局部地区变动频繁，但整体上趋于稳定。大致包含今浙、闽、赣、湘、粤、桂、川、贵八省全部，及苏、皖、鄂南部和云东北部。依然拥有安南东北部。东晋末期，刘裕北伐，曾夺回中原部分土地，到了刘氏篡晋后这些领地大部分又被北方领主所夺。

东晋及十六国之外，还有一些其他小领主，但都是大国的附庸。十六国的领地以后赵、前秦最广，尤其是前秦，曾短暂统一北方，几乎与东晋成南北对峙的局面。

公元 386 年，元魏（北魏，鲜卑族属）建立了鲜卑帝国，公元 439 年统一了北方。公元 420 年，刘宋代晋。至此，南北对峙的局面形成。

东晋末年，刘裕北伐，北平广固，西定巴、蜀，又克长安后，江东颇有统一中原之势。不久，刘宋承袭晋业，仍都建康。刘宋代晋没几年，北伐之志遂消，长安被大夏占领，河南州郡又被北魏攻陷，最后又失去淮北及淮西。这样，刘宋疆域较晋所增者，唯襄、宛、许、汝、汉中等地而已。

萧齐篡宋后，又丢失了沔北（今豫南一带地）及淮南，疆域更显局促，北强南弱的局势形成。至萧梁篡齐后，为了拓展生存空间，才重启征伐。南梁最鼎盛时，北抵淮水、汝水，西开牂牁，南平俚洞，颇有复兴之势。但因侯景之乱，致使建康沦陷，萧绎（梁元帝）只能苟安江陵，残喘度日。北齐乘南梁国势日衰之际，占领了江北之地；汉中、川蜀也尽收西魏囊中，魏人乘势南下攻陷了江陵。经过屡次打击，南朝疆域日削，北强南弱之势愈加明显。

陈氏乘北方分裂之机，代梁而起，但因北强南弱之势已难撼动，致使西不能得蜀、汉、云、贵，北不能得淮、肥、荆、襄，只能以长江为界，苟安度日，成为南四朝中疆域最小的王朝。

元魏兴起于北荒，初期定都云中（今内蒙古中部），后迁都平城（今山西大同附近），及孝文帝迁都洛阳后，国势日强。至此，元魏北抵大碛，西至流沙，东接高丽，南临江、汉。疆域大致包括今华北全部，南抵华中，北至内蒙古，与朝鲜接壤。可谓幅员辽阔。

北魏晚期，权臣专权，政局不稳，导致国势日衰，遂一分为二，东魏亡于北齐，西魏灭于北周。北齐定都邺，北周定都长安。

可以看出，魏晋至南北朝的疆域变迁，呈现出二元化的结构模式。政治方面，渐成北强南弱之势；经济方面，则是北方经济和文化中心的渐次南移。具体来说，东汉末年，为躲避军阀混战，中原人口大量迁至南方，经过孙吴政权的稀释，这些人口成为开发南方的有生力量，使南方州郡逐渐充实起来；西晋末年，少数民族南下，随着司马氏渡江南迁，大量士人迁徙到南方，江东遂成为中国的文化中心。这些疆域上的变化，为华夏中国整体社会变迁创造了条件。

三　由盛至衰：魏晋时代州制的嬗变

西汉确立州制，一直到隋朝，都以州作为地方最高治理单位，基本上没有实质的变化。唯有三国到西晋，由于南北对峙和暂时的统一，州制在短短的八十年间，发生了不少变动。

首先是魏国。曹操在汉献帝时期改十三州为九州，但没有实施几年，到了魏文帝时恢复为十二州，但是各州的地域范围与东汉比变化极大。

据《通典》记载："魏据中原，有州十二：司隶、荆、豫、兖、青、徐、凉、秦、冀、幽、并、扬、雍。有郡国六十八"。扬、荆二州魏、吴共有，吴国占据大部分，魏国扬州的治所在寿春，荆州的治所在襄阳。

《通典》说是十二州，但在列举时却多出了秦州。其实，魏国的十二州是最后的定制，中间有多次调整。据王应麟的《通鉴地理通释·历代州域总叙中》记载："魏以司隶之三河、弘农，冀之平阳为司州，分雍州河西为凉州、陇右为秦州，分辽东昌黎、玄菟、带方、乐浪为平州，后合为幽州。"秦州、司州、平州都是根据战略或战术的需要设置的，一旦完成既定目标，或撤或并，存在的时间都很短，所以不应该列入十二州。

《晋志》记载了魏国郡国的设置变化："魏武置十二，所省七。文帝置七，明及少帝增二，得汉郡者五十四焉。"魏国保留了东汉五十四个郡国，新增了十四个，尤其是魏武帝时新增的襄阳，明帝时新增上庸，具有极其重要的战略地位。曹魏州制详见表 3–1 所示。

表 3–1　曹魏州制

州名	范　围
司隶	今河南中部、北部和西部，山西西南部
冀州	今河北大部，山东、河南北端地区
幽州	今河北北部，辽宁大部，朝鲜北端
并州	今山西大部
青州	今山东北部和东部
兖州	今山东西部，河北南端，河南东端
徐州	今江苏北部和中部，山东极南部，安徽西北端地区
豫州	今河南东南部，安徽北部
凉州	今甘肃西半部，宁夏西部，青海、西宁一带
雍州	由汉时司隶校尉西部与凉州刺史部东部合并形成，包括今甘肃东半部，陕西中部
扬州	仅占有今安徽中部，大部为吴国占据
荆州	仅占有今湖北北部，河南西南部，兼管陕西东南一隅，大部为吴国占据

其次是吴国。据《通典》记载："吴北据江，南尽海，置交（治所龙编）、广（治所番禺）、荆（治所南郡）、郢（治所江夏）、扬（治所建业）五州，有郡四十三。"

据王应麟的《通鉴地理通释》记载："吴国分南海、苍梧、郁林为广州，交趾、日南、九真、合浦为交州。"郢州设置时间很短，范围不过一郡，不应视为一州，吴国实际占据南部四州。

《晋志》记载了吴国郡的设置变化："吴大帝置郡五，少帝、景帝各四，归命侯置十二，得汉郡者十有八焉。"吴国保留了东汉十八个郡，新增了二十五个。吴国新增郡大部分集中在南方比较落后的地区，这对于南方的开发起到了巨大的作用。如果说南方的开发兴起于楚国，那么真正意义上的大规模开发则始于吴国。孙吴州制详见表 3–2 所示。

表 3–2　孙吴州制

州名	范　围
扬州	今江苏南部，安徽南部，浙江、江西、福建三省，略涉湖北东端
荆州	今湖南全境，湖北南半部，广东北端，广西及贵州东北一隅
交州	今广东西南隅，越南东北部
广州	吴国的广州、交州就是东汉的交州刺史部。包括今广东、广西大部地区

最后是蜀国。蜀国仅有二州和一个统郡都督。虽然设置了凉州，但占地极少，南中诸郡基本自治，其实只占据益州之地。蜀国曾经让建宁太守隔空遥领交州，不是实际占领。

《晋志》记载了蜀国郡的设置变化：“蜀先主置郡九，后主增二，得汉郡者十有一焉。”蜀国保留了东汉十一个郡，新增了十一个。蜀国州制详见表 3–3 所示。

表 3–3　蜀国州制

州名	范　围
益州	今四川、贵州二省，陕西南部汉中一带，云南东北半省，广西西端
凉州	仅占据今天甘肃东南端一隅，不能构成一州，实际是一郡
统郡都督	统管南中诸郡

三国时代，魏国郡及郡王国以下再设县王国及县公国，实际上与侯国没有什么区别，县与侯国仍然沿用汉制。但不再设置邑、道。吴、蜀州以下仅设置郡，郡下仅设置县与侯国。三国时代，王国基本与郡没有区别，郡县制得到强化，开始走向成熟。西晋与曹魏略同。如表 3–4 所示。

表 3–4　三国西晋地方治理简表

中央—州 { 郡 / 郡王国 } → { 县 / 县王国，县公国（以上两级吴、蜀没有） / 侯国等 }

可以看出，魏国基本控制了北方，南方大部分土地都由吴国占据，蜀国大部分领土集中在益州。后主刘禅时代，蜀国所以能以一州之地抵御魏国，主要原因就是吴、魏两国全面接壤，尤其是吴国占据了荆、扬二州大部，又有长江作为护卫，建立起了对魏国全线的防御系统，牵制了魏军，使魏国不得不将主力放在东线。

可以说，三国后期的战争，名为魏蜀之争，其实是蜀国采取消极的进攻策略，虚攻实守。魏国对蜀国采取的是积极的防御策略，打消耗战，虚守实攻，双方的较量属于战术层面的博弈。而魏吴之间，是从政治、经济到外交、军事全方位的较量，属于战略层面的博弈，与魏蜀之争不是同一量级。所以，三国鼎立实际上是魏吴之间的对峙，也是中国至东周时代楚与中原诸国南北对峙的延续。西晋的统一是北方暂时取胜；东晋的建立是南方优势的体现。

还有一点非常重要，吴国的疆域与东晋和南朝基本相同；北魏基本继承了曹魏的势力范围。可以说，北魏是曹魏政权的延续；东晋和南朝是孙吴政权的延续；南北朝实际上是魏吴对峙的继续。

西晋统一后，基本上延续了三国时代的州制，只是为了政治和军事的需要，化整为零，对部分州进行了拆分，在帝国境内新设置了梁州、秦州、平州、宁州，晋惠帝割荆、扬二州一部设立了江州，晋怀帝割荆、广二州一部设立了湘州。共置二十一州。西晋州制详见表 3–5 所示。

表 3–5　西晋州制

州名	范　围
司州	即司隶校尉部，地域略同曹魏
冀州	地域略同曹魏
青州	地域略同曹魏
兖州	地域略同曹魏
徐州	地域略同曹魏
豫州	地域略同曹魏
雍州	今陕西中部及甘肃东北端（较三国时略小）

续表

州名	范　围
荆州	略同吴、魏各占荆州地之合并
扬州	略同吴、魏各占扬州地之合并
益州	晋分汉益州为梁、益、宁三州。新益州包括今四川西部及贵州省地区
梁州	晋新设。今陕西西南部及四川中部与东部之地，即汉益州之东北部
宁州	晋新设。今云南东北大部
凉州	地域略同曹魏
交州	地域略同孙吴
广州	地域略同孙吴
秦州	晋新设。今甘肃东南部，即曹魏时雍州之西南部
平州	晋新设。今辽宁大部及朝鲜北境，即汉魏幽州之东部
幽州	今河北北部、内蒙古南部，即汉魏幽州之西部
并州	地域略同曹魏
江州	晋惠帝时割荆、扬二州各一部而设
湘州	晋怀帝时割荆、广二州各一部而设

西晋时代，中国州名基本齐整，既涵盖了中国上古时代理想的州制（东周前期），也囊括了中古中国的实际州制（汉至三国），成为最完备的州制。至此州制的发展走向顶峰，开始衰落，中国地方治理制度出现周期性紊乱（东晋至南北朝），开始进入新的演化阶段（隋唐）。

少数民族南下，兵戈扰攘，晋元帝（东晋）带着北方若干世族南渡，在东吴故地建立东晋，南方遂成为中国文化、政治的中心。南迁的侨姓大族思念故土且要维持尊严，因此视侨寓为权宜之计，梦想有朝一日光复中原。东晋政府为了安抚这些大族遗民，仍以他们旧居之地的名称为侨寓之郡县名。侨地为虚，本地为实，侨实相错，“侨州郡县制度”得以确立。这一制度导致地方治理结构异常复杂与混乱，或者一名数地，或者一地数名，甚至出现了“散居无实土”的黑户人口。

东晋末年，桓温、刘裕开始整顿地方治理制度，推行“土断之法”，使流民与土著的差别逐渐消失，于是诸多游离于实体郡县的侨地郡县被吸收合并，“侨州郡县制度”趋于瓦解。然而，由于晋末刘裕北伐的成功，中原一部分土地又为南人所有，这又激发了侨姓大族光复故土的梦想。于是，新的“侨州郡县制度”出现了，因为旧时的侨置郡县尚未废尽，而比旧制更为复杂。

南朝的州制同样混乱不堪，且越设越多，越设越小。南朝州制详见表 3–6 所示。

表 3–6　南朝州制

朝代	州数	说　明
宋	22	—
齐	23	—
梁	23	梁朝六年开始大肆分州，州数多达 107 个
陈	64	南陈初年开始并州，总数达 64 个

可见，至梁末，江南的州与郡已经没有什么区别了，州制在南方开始退出历史舞台。

北方为少数民族割据，分为若干国，混乱不堪，地方制度也混淆失常。北魏统一北方后，设置了三十八州。北魏虽然设立了刺史，但在战略位置重要的边要建立“镇戎”，州郡反而形同虚设。北魏中期开始，镇戎逐渐增多，形成了制度，镇将逐渐兼理民务，与刺史没有区别了。州制在北方趋于衰落。

北魏东西分立后，与南朝相似，也开始分州，呈现既多又小的态势。北朝州制详见表 3–7 所示。

表 3–7　北朝州制

朝代	州数	说　明
北魏	38	州郡地位不及“镇戎”
东魏	80	—
西魏	33	—
北齐	97	—
北周	121	北周灭北齐后，州数达 211 个

可见，至南北朝末期，北周加南陈的州数已达二百七十五个，这时的州比汉魏时代的郡还小，州制在南北方彻底衰落了。

州制是把双刃剑，在整个帝国良性运转的时期，州制相对稳定，具有促进帝国正向运转的作用。当帝国进入紊乱和社会变革的时期，州制便会失控，成为瓦解帝国的助推器。东汉末年的巨变和争霸战争，以及西晋末年的混乱局面，无不印证了这个道理。

四　罢州郡兵：晋军事力量的失衡

西晋统一后的几十年内，依靠大族的支持，司马氏家族的统治坚如磐石。尤其是晋武帝（公元265—290年在位）时期，整个华夏重新统一于中央集权之下，当时的帝国皇帝似乎很强大，他用手中的权力实施了一系列重要的改革。比如，将包括边地少数民族在内的全国人口纳入了新的税制轨道，而这些措施的背后推手正是世家大族。

大族凭借巨大的影响力，试图消灭那些对立的集团。但是，那些对立集团凭借手中的资源建立起强大的防御屏障，大族只得承认后者的特权并使之制度化，比如限制政府官员可拥有的地产总量，对地方官员可私人雇佣的家丁和佃农约定最大的数目，等等。这些措施无非是想把那些对立的集团限制在一定范围内，以遏制他们的繁殖。因为这些大族非常清楚，他们就是因政府的失控和放任而壮大起来的。

与此同时，在武帝执政期间，帝国的影响力重新波及边疆和海外。公元271、283、285以及287年，来自西域鄯善、于阗、龟兹、焉耆、大宛诸国的使者带着贡物来到洛阳；公元268年，公元284至287年和公元289年，来自林邑和扶南（湄公河下游地区）的使臣抵达晋都，向皇帝表达了结好的诚意。

公元285年，一位中国使臣被派往大宛，代表朝廷册封大宛国主为“王”。大约同时，武帝对鄯善、于阗、龟兹和疏勒等国的友好态度甚为满意，于是派使臣授予他们中国的封号。这些都为后期佛教在中国的传播创造了条件。

于是，在帝国皇帝和大族的努力下，整个华夏呈现出相对有序而繁荣的局面，大有重现汉帝国的繁荣之势。但这只是三国争霸与即将到来的黑暗时期之间的短暂休整。因为在武帝实施的诸多政策中，有些措施将成为祸乱的种子，尤其是武帝一死，这些种子就以极快的速度发芽开花结果，最终使帝国陷入完全分裂的局面。而废州郡兵与分封宗王出镇就属于这类祸乱的种子，不仅影响了晋帝国的政治走向，还引发了整个华夏中国的社会巨变。其中废州郡兵与分封宗王为“因”，八王之乱与少数民族南下是两者的“果”。

首先是废州郡兵，在说废州郡兵之前先看看州郡兵是如何设置的吧。魏晋时期，地方有两种军队：第一种，是由朝廷特派的各种名号的将军以都督名义统率的驻屯军，由于都督不是地方官，所领军队也非地方军；第二种，是由刺史、郡守统率的州郡兵，即地方军。

曹操时，为了战争的需要，驻屯军还没有固定的屯驻地，大都随战事或形势的需要而迁移。随着曹操用兵的节节胜利，形势逐渐趋于稳定，都督的设置也逐渐制度化，不仅屯驻地逐渐固定了，军队也逐渐地方化了。但这种地方化只是形式上的，随着曹操政权的不断巩固，驻屯军成为驻防在地方的中央军，具有了中央军的性质。因此，实际上的地方军是州郡兵，而州郡兵的设置也经历了一个过程。

汉灵帝中平元年（公元184年），为了镇压黄巾起义，朝廷曾下令征发天下州郡兵。至关东州郡联合讨伐董卓时，各地刺史、太守乘机扩充自己的州郡兵。同时，地方豪族也纷纷组织武装，参与到军阀混战中来。《三国志·文帝纪》注引《典论》自序中曹丕说：“山东（关东）大者连郡国，中者婴城邑，小者聚阡陌。”可见，当时从州郡到县乡到处有兵，局势混乱不堪，也就谈不上什么制度了。

曹操在统一北方的过程中，收编了大大小小的领主势力，并逐步整合与吸收，然后根据形势需要屯驻各地。《三国志·魏书·赵俨传》记载：

（赵俨）迁扶风太守，太祖徙出故韩遂、马超等兵五千余人，使平难将军殷署等督领，以俨为关中护军，尽统诸军……时被书差千二百兵往助汉中守，（殷）署督送之。

太守本身并不掌兵，但赵俨因是曹操的亲信，所以有“关中护军”的职衔，能“尽统诸军”。而马超、韩遂的部分军队被收编后，即归曹操的亲信殷署统领，随时待命接受征发。曹操的意图很明显，就是不让原来的关中军队留在本地，所以先以“千二百”兵出戍汉中，遭到反抗后，全部遣往曹操的大本营。曹操就是采取这种“化整为零”的策略，将收编的军队逐步稀释了。

这样看，在曹操统治区域内，似乎没有刺史、太守统率的州郡兵。直到汉献帝建安十三年（公元 208 年）后，曹操才根据丞相主簿司马朗的建议，实施了州郡领兵制，但只在部分州郡实行。至魏明帝太和年间（公元 227—233 年），沿边八州已置兵，已占当时曹魏十二州的百分之六十七。而不置兵的兖、豫、司隶、冀四州也有特例。比如，据《三国志·魏书·裴潜传》记载，公元 219 年曹操征关羽，行至摩陂，当时的兖州刺史裴潜曾率州兵列队迎接。同书《王浚传》记公元 220 年，魏文帝曹丕任命王浚为兖州刺史，率领州兵与张辽至广陵讨伐孙权。同书《贾逵传》记公元 220 年，贾逵被任命豫州刺史，领州兵防备孙吴。以上三例可证，即使不置兵的兖、豫二州，在特殊情况下，刺史也可领兵治军。可见，当时州领兵已相当普遍，但是置兵的郡却不多。

魏末晋初，诸州或以都督领刺史（较少），或刺史加将军号领兵，大概除司州王畿以外，其他诸州皆置州兵了。晋代魏后武帝分封诸王，州郡领兵制失去了依据，只是因为孙吴未平，才暂时保留。

晋武帝太康元年（公元 280 年）晋灭吴统一华夏后，武帝有了废州郡兵的打算。《后汉书·百官志五》“刺史条”刘昭注曰：

晋太康之初，武帝亦疑其然，乃诏曰：“上古及中代，或置州牧，或置刺史，置监御史，皆总纲纪而不赋政。治民之事，任之诸侯、郡守。昔汉末四海分崩，因以吴、蜀自擅。自是刺史内亲民事，外领兵马，此一时之宜尔。今赖宗庙之灵，士大夫之力，江表平定，天下合之为一，当韬戢干戈，与天下休息。诸州无事者罢其兵。刺史分职，皆如汉氏故事，出颁诏条，入奏事京城。二千石专治民之重，监司清峻于上，此经久之体也。其便省州牧。”

可以看出，武帝担心再次出现汉末军阀割据的局面，认为设州郡兵只是权宜之计。在他的设想中，刺史不仅不能领兵，而且也不能治民，还不能兼领兵的校尉官，而是要回归到州制的原初阶段，像西汉时期刺史那样只作为“监司”监察地方官。显然，这是要恢复汉制，形成军、民、监权力分置的地方治理机制，即都督、校尉治军；太守治民；刺史监察。这样方能保证中央权力的稳固。

《北堂书钞》引王隐《晋书》又补充说：“太康三年（公元 282 年），罢刺史将军官。刺史依汉制，三年一入奏事。”又据《南齐书·百官志》州牧刺史条记载：“晋太康中，都督知军事，刺史治民，各用人。惠帝末，乃并任，非要州则单为刺史。”

以上两条史料透露了三点重要信息：第一，政策在最终实施时打了折扣，刺史只是不领兵，但仍治民，施行军民分治；第二，自太康三年以后，刺史不加将军号、不领兵的军民分治制度终武帝之世一直到惠帝末年都继续执行；第三，并非诸州一律罢兵，“诸州无事者罢其兵”，这些可罢兵的最后演化为“轻州”。《华阳国志·大同志》记载：

元康六年（公元 296 年），复以梁、益州为重州，迁益州刺史栗凯为梁州，加材官将军；扬烈将军赵廞为益州刺史，加折冲将军。

可见，自晋惠帝元康六年开始，朝廷将各州划分为轻重，在“重州”重新设州兵，施行军民合治。而轻重的主要差别在于刺史是否加将军号，即是否领兵。与此相适应，“重郡”也多有兵，比如江夏太守弓钦，曾率兵镇压张昌起义。但这只是特例，直至惠帝末年军民分治的模式仍在实施，“轻州”依然居多。

曹氏为了军事需要设州郡兵，而晋武帝为了巩固权力的需要废州郡兵。

可见，无论是“设”还是“废”，都是权力运作的一种模式，本无优劣之分。但武帝废州郡兵的举措，在加强中央集权的同时，却削弱了地方军事力量，这亦成为永宁（公元301年）之后祸乱的原因之一。对此山涛早有预料，因而极力反对。《晋书·山涛传》记载：

吴平之后，帝诏天下罢军役，示海内大安，州郡悉去兵，大郡置武吏百人，小郡五十人。帝尝（常）讲武于宣武场，涛时有疾，诏乘步辇从，因与卢钦论用兵之本，以为不宜去州郡武备，其论甚精……帝称之曰：“天下名言也”，而不能用。及永宁之后，屡有变难，寇贼猋起，郡国皆以无备不能制，天下遂以大乱，如涛言焉。

《世说新语·识鉴类》刘注说：

咸宁中，吴既平，上将为桃林、华山之事，息役弭兵，示天下以大安。于是州郡悉去兵……时京师犹讲武，山涛因论孙、吴用兵本意。涛为人常简默，盖以为国者不可以忘战，故及之……永宁之后，诸王构祸，狡虏欻起，皆如涛言。

仔细分析这两条史料可以看出，山涛是反对罢州郡兵的，而且在平吴前后提醒了两次。第一次大约在晋武帝咸宁四年（公元278年），即平吴前二年，此时山涛为少傅。因见武帝阅军讲武，不忘平吴，故与卢钦言及“以为不宜去州郡武备”，这符合武帝平吴的本意，所以武帝称之为“天下名言也”。第二次是在平吴之后，武帝正式颁布了罢州郡兵的命令，因为当时京师还在讲武，山涛便又提出“为国者不可以忘战”的言论。借以提醒武帝，孙吴虽平，天下初定，如果现在就把州郡兵都罢黜了，一旦发生变故或战乱，就很难应付了。但这次武帝却不听了，因为他已封了许多王国，而王国是有武备的，可以防范变故。

前述提到，晋平吴后，州郡兵不是全罢，也有特例。《晋书·陶璜传》说：

吴既平，普减州郡兵，璜上言曰：“……臣（在交州）所统之卒，本七千余人。南土温湿，多有气毒，加累年征讨，死亡减耗，其见在者二千四百二十人，……未宜约损，以示单虚。”……（武帝）从之。

陶璜为交州牧，可见交州，还有广州及宁州的兴古，这些州是保留武备的，但人数却锐减。比如交州，只及先前兵力的百分之三十五。《晋书·地理志上》记载：“武帝泰始元年，封诸王……邑万户为次国，置上军下军，兵三千。”看来交州的兵力仅及封国中次国的军队人数，实为变相的罢除。这些特例最后演化为“重州”，交州尚且如此，“复以为重州”的梁、益情况也应相似。

不出山涛所料，惠帝永宁以后，八王之乱果然接踵而至。因为州郡由皇帝控制，但无武备，即陶璜担心的“未宜约损，以示单虚”；而封国属诸王，有强大的武力。这就导致晋王朝军事力量的严重失衡，造成头轻脚重之势，为晋末大乱埋下了祸根。

五　宗王督军事：晋地方治理机制的失调

司马氏认为曹氏代汉、司马氏代魏，都是由于汉魏宗室失位造成的权力真空引发的恶果。同时，废除州郡兵后，亦造成了地方军事力量的削弱。于是，司马炎从泰始元年（公元 265 年）开始，对地方治理机制进行改革，具体措施包括“分封宗王”与“诸王出镇”两项。而改革则分四个阶段：公元 264 至 265 年，恢复“五等之制”；公元 265 至 274 年，为“宗王出镇制”；公元 277 至 290 年，为“王国体制”的过渡期；公元 290 年以后，“王国体制”基本确立。

其实早在代魏的前一年，司马氏已经开始为封王做准备了。《三国志·魏书·陈留王奂传》记载：“夏五月庚申，相国晋王（司马炎）奏复五等爵。”《晋书·地理志上》记载了“五等之制”的具体内容，文曰：

晋文帝（司马昭）为晋王，命裴秀等建立五等之制，惟安平郡公（司马）孚邑万户，制度如魏诸王。其余县公邑千八百户，地方七十五里；大国侯邑千六百户，地方七十里；次国侯邑千四百户，地方六十五里；大国伯邑千二百户，地方六十里；次国伯邑千户，地方五十五里；大国子邑八百户，地方五十里；次国子邑六百户，地方四十五里；男邑四百户，地方四十里。

可以看出，这次所建的五等之制，只有司马孚一人邑万户，他的爵位虽是公，但等同于魏诸王，即以安平郡为“国”；其余的公称“县公”，以县为“国”；侯以下称“邑侯”“伯邑”“子邑”“男邑”，他们的领地、户数都在县公以下。

这次复五等爵是在魏元帝咸熙元年实施的，主要目的是为代魏以及封王做准备，具有重要的战略意义，而此项措施的策划者与背后推手是裴秀。《晋书·裴秀传》记载：

裴秀，河东闻喜人也。祖茂，汉尚书令。父潜，魏尚书令。……渡辽将军毌丘俭尝荐秀于大将军曹爽，曰：“（秀）孝友著于乡党，高声闻于远近。”魏咸熙初，厘革宪司，时荀𫖮定礼仪，贾充正法律，而秀改官制焉。秀议立五等之爵，自骑督已上六百余人皆封。武帝（司马炎）既即王位，（裴秀）拜尚书令，右光禄大夫，与御史大夫王沈，卫将军贾充俱开府，加给事中。秀儒学洽闻，且留心政事，当禅代之际，总纳言之要，其所裁当，礼无违者。

可见，在裴秀的策划与主持下，“六百余人皆封”，而这些人必定都是司马氏的党羽，这就为下一步代魏打下了坚实的基础。裴秀因此功飞黄腾达，与王沈、贾充一起成为司马炎的心腹大臣。

裴秀出身河东大族裴氏，他的父亲裴潜曾任魏尚书令，祖父裴茂曾任汉灵帝大臣。《三国志·魏书》注引《魏略》说：

（裴）潜世为著姓，父茂，仕灵帝时，历县令、郡守、尚书。建安初，以奉使率导关中诸将讨李傕有功，封列侯。

《魏略》接着介绍裴潜说：

（裴潜）折节仕进，虽多所更历，清省恪然。……其家教上下相奉，事有似于石奋。其履检校度，自魏兴少能及者。

裴秀出身于这样的世宦大族，且“家教上下相奉”，可见他是儒家名教的信徒，这都为他推行“复五等爵”奠定了思想基础，进而成为晋武帝恢复名教的领军人物之一。

司马炎的三个得力心腹，除了贾充、裴秀，还有王沈。王沈出身太原王氏，太原王氏是东汉时形成的世家大族之一，与琅邪王氏齐名。王沈少时以孝义著称，与裴秀一起在朝为官，受到高贵乡公曹髦的赏识。但是，在政治立场上，王沈与裴秀都站在了司马氏一边。曹髦将诛杀司马昭的计划告诉了王沈与王业后，两人竟立刻将计划泄露给了司马昭。如前所述，西晋创业，杀曹髦是决定性的一步，而贾充与王沈则扮演了关键人物的角色。《晋书·贾充传》说：

泰始中，人为充等谣曰：“贾、裴、王，乱纪纲；王、裴、贾，济天下。”言亡魏而成晋也。

王沈、贾充、裴秀是“亡魏成晋”的关键人物，且三人的功绩并不相同。王沈、贾充的主要功绩是“亡魏”，裴秀的主要功绩则是“复五等爵”。

公元265年，司马炎废曹奂，代魏称帝，改元泰始。同年，晋武帝开始分封诸王。《晋书·地理志上》记载：

武帝泰始元年，封诸王，以郡为国。邑二万户为大国，置上中下三军，兵五千人；邑万户为次国，置上军、下军，兵三千人；五千户为小国，置一军，兵千五百人。王不之国。罢五等之制。公、侯邑万户以上为大国，五千户以上为次国，不满五千户为小国。

可以看出，这次封王，首先是“罢五等之制”，然后建立新的爵位制度。新制度有三个特点：第一，封国只有王、公、侯三等；伯、子、男则在支庶中“以土推恩”的受封中才能见到。第二，旧制不分姓氏，骑督以上皆封。而新制规定同姓方可封王，异姓只能封郡公、郡侯。第三，新制严格规定了大、中、小国的军队限额，郡公等同于小王国。第四，新制是“以郡为国”，也有“县王”，规定同郡侯。

泰始元年，晋武帝在一口气封了宗室二十七人为王的同时，还实施了另一项配套措施，即任用宗王为重要州的都督，而这项措施在王国体制建立前显得尤为重要。因为，武帝虽封王，但在他执政的前期（公元264—277年）并没有建立实质意义上的王国体制，皇帝主要通过宗王出任都督来控制地方，可称为“宗王出镇制”。

《晋书·段灼传》记段灼于泰始年间上疏朝廷说：

臣以为太宰（司马孚）、司徒（司马望）、卫将军（司马攸）三王宜留洛（洛阳）中镇守。其余诸王自州征足任者，年十五以上悉遣之国。为选中郎、傅、相，才兼文武以辅佐之。听于其国缮修兵马，广布恩信。必抚下犹子，爱国如家，君臣分定，百世不迁，连城开地，为晋、鲁、卫，所谓磐石之宗，天下服其强也。

段灼的上疏透露了一个重要信息：当时诸王都没有就国，王国机构也没有建立，国中也缺乏兵力，换句话说，就是王国体制并没有建立起来。后来，段灼请长假回乡休养，临行前，命儿子代他上表朝廷，又指出了“而今诸王有立国之名，而无襟带之实”的危害。他在表中的第五条说：

臣以为可如前表（即上次给朝廷的上疏），诸王宜大其国，增益其兵，悉遣守藩，使形势足以相接，则陛下可高枕而卧耳。

可见，段灼第二次上表时，诸王仍不就国，对于这位忠臣来说这是不能容忍的事。因为在他看来，虽然在制度中规定了诸王的领地和兵力数额，但并没有落实。当时王国太小，兵力明显不足，所以要扩大王国，加强兵力，而最关键的措施就是要诸王代朝廷“守藩”，否则起不了巩固君权的作用，但是段灼的建议并没有被采纳。

晋武帝咸宁三年（公元277年），朝廷正式下令宗王就国，搞得诸王哭哭啼啼地离开都城。诸王不愿就国的原因是什么呢？《晋书·刘颂传》中刘颂于武帝末年上疏朝廷说：

今诸王裂土，皆兼于古之诸侯，而君贱其爵，臣耻其位，莫有安志。其故何也？法同郡县，无成国之制故也……如今之为，适足以亏天府之藏，徒弃縠帛之资，无补镇国卫上之势也。

诸王不愿就国的理由就是“君贱其爵，臣耻其位”。一方面，王国的官员大都出自寒族。《晋书·赵王伦传》记赵王司马伦的王官孙秀“起自琅邪小吏”；《李含传》记秦王司马柬的郎中令李含也出自寒族，曾做过卑微的门庭长。这对看重门户的诸王来说，简直是莫大的耻辱，因而“君贱其爵”，不愿就国。另一方面由于王国官不受重视了，大族也“耻其位”，不愿到王国做官。如此恶性循环，必然导致宗王就国令的夭折。

可见，宗王就国令不能落实的原因有二：一是政令规定得过粗，且缺乏配套的制度措施，导致“无成国之制”，可操作性不强。二是诸王找不到做王的存在感。从而造成晋武帝时期，王国力量孱弱，形同虚设。那么，在王国体制正式建立前，如何加强宗室的权势？如何填补地方军事力量的真空，以防御吴国和各族人民的反抗呢？于是，一套替代性的方案出台了，即宗王以都督职出镇地方的制度。

都督一职，起源于汉献帝建安二十一年（公元216年）夏侯惇督二十六。但都督诸州军事却始于魏文帝黄初二年（公元221年）。《魏公卿上尊号奏》记载了当时加都督衔的四位大臣：

使持节、行都督、督军、镇西将军、东乡侯臣（曹）真。

使持节、行都督、督军、领扬州刺史、征东将军、安阳乡侯臣（曹）休。

使持节、行都督、督军、征南将军、平陵亭侯臣（夏侯）尚。

使持节、行都督、督军、徐州刺史、镇东将军、武安乡侯臣（臧）霸。

可见，至少在黄初二年都督职称已制度化了，而且领都督衔的多是宗室大臣。曹魏都督设置的情况见表3–8，根据洪饴孙《三国职官表》整理。

表3–8　曹魏都督设置表

所督区域	都督人数	备　注
扬州	1	甘露二年（公元257年）分扬州为二都督，又置都督淮北一人
淮北	1	—
青徐	1	青、徐二州或合置都督，或分置都督，无定员
青州	1	—
徐州	1	—
荆扬益州	1	非常设
扬豫	1	非常设
荆豫	1	荆、豫二州或合置都督
荆州	1	甘露四年（公元259年）分荆州为二都督，又置都督江北一人
江北	1	—
豫州	1	也有说都督江南
雍凉	1	甘露二年分雍州为二都督，别置陇右一人，后遂分置关中、陇右都督各一人
陇右	1	—

续表

所督区域	都督人数	备　注
关中	1	—
河北	1	兼辖冀、幽、并三州军事

可以看出，曹魏时期的都督具有相当大的灵活性，根据需要可合置也可分置。这都为西晋宗王出镇提供了制度依据。

公元265至274年，西晋政府借鉴曹魏都督制实行“宗王出镇制”，诸王被任命为都督出镇地方，详见表3–9所示，根据万斯同《晋方镇表》和吴廷燮《晋方镇表》整理。

表3–9　晋武帝泰始年间晋方镇表

年份（泰始）	豫州	邺城	雍凉	徐州	青州	兖州	沔北	扬州
元年	汝阴王司马骏	济南王司马遂	扶风王司马亮	未置	未置	琅邪王司马伷	未置	未置
二年	司马骏	司马遂 梁王司马肜	司马亮	未置	未置	司马伷	未置	未置
三年	司马骏	司马肜	司马亮	未置	未置	司马伷	未置	未置
四年	司马骏 太原王司马辅	高阳王司马珪	司马亮	未置	未置	未置	未置	司马骏
五年	司马骏	司马珪	司马亮	东莞王司马伷	未置	未置	未置	未置
六年	司马骏 汝阴王司马浑	司马珪 彭城王司马权	司马亮 司马骏	司马伷	未置	未置	随王司马整	未置
七年	司马浑	司马权	司马骏	司马伷	未置	未置	下邳王司马晃	未置
八年	司马浑 太原王司马环	司马权	司马骏	司马伷	未置	未置	司马晃	未置

续表

年份（泰始）	豫州	邺城	雍凉	徐州	青州	兖州	沔北	扬州
九年	司马环	司马权	司马骏	司马伷	未置	未置	司马晃 下邳王 司马华 廙	未置
十年	司马环	司马权	司马骏	司马伷	未置	未置	未置	未置

可以看出，晋宗王出镇借鉴了曹魏都督制，也具有很大的灵活性，既保证了地方安全，也有利于对外征伐。更有意思的是泰始元年三位宗王出镇的地方，即豫、邺城、兖三都督，早在魏末即已由司马骏、司马遂和司马伷占据，雍凉可能也控制在司马氏手中。虽然这些地区不处于边防前线，但却是控制边防州、拱卫洛阳的战略枢纽。比如许昌、邺城、长安是通往全国的大兵站，也是武器、粮草等辎重的转运点，战略位置可想而知。说明，早在代魏前，司马氏已派遣子弟出任重要地区的都督，为篡权做铺垫工作。

总之，泰始年间，宗王并没有就国，多数留宫或滞留在洛阳，王国置军也没有落实。因此，巩固司马政权的军事力量，除了洛阳的中军外，只能依靠有能力的宗王出镇以及由亲信大臣出任都督来完成了。而且通过表 3–9 可以看出，公元 265 至 274 年，出镇地方的宗王经常有四至五人，几乎占了全国都督的半数，可见宗王在当时巩固地方权力方面起到了巨大的支撑作用。

晋武帝咸宁三年（公元 277 年），政府开始推行宗王就国，晋地方治理机制第三阶段的改革拉开了序幕，而公元 277 至 290 年属于宗王出镇制向王国体制的过渡期。《晋书·职官志》说：

咸宁三年，卫将军杨珧与中书监荀勖以齐王（司马）攸有时望，惧（担心）惠帝（司马衷）有后难，因追故司空裴秀立五等封建之旨，从容共陈时宜于武帝，以为“古者建侯，所以藩卫王室。今吴寇未殄（灭），方岳任大，而诸王为帅，都督封国，既各不臣其统内，于事重非宜。又异姓诸将居边，宜参以亲戚，而诸王公皆在京都，非扞城之义，万世之固”。

帝初未之察，于是下诏议其制。

可以看出，这时的大臣已不单纯讨论宗王就国的问题了，而是将王国的制度建设提上了日程，目的是将诸王纳入统一管理，使其成为拱卫君权的工具。《职官志》记载，有司将讨论的结果上报武帝：

有司奏，从诸王公更制户邑，皆中尉领兵。其平原、汝南、琅邪、扶风、齐为大国，梁、赵、乐安、燕、安平、义阳为次国，其余为小国，皆制所近县益满万户。又为郡公制度如小国王，亦中尉领兵。郡侯如不满五千户王，置一军一千一百人，亦中尉领之。……自此非皇子不得为王，而诸王之支庶皆皇家之近属至亲，亦各以土推恩受封。……伯、子、男以下各有差而不置军。

显然，这份奏报基本上是对泰始元年分封诸王令的细化、补充和完善，尤其是从制度层面做了详尽的规定，最终形成了五条原则性条款：

第一，督促宗王就国，并“更制户邑”。具体做法是再次界定封国的等级，以大、次、小为标准来配置户邑，封国不满万户的，以邻近县增补。

第二，明确了郡与东汉时的“国”并无区别。

第三，规定郡公、郡侯比照小国王及五千户王，也各置国军。

第四，也是最为重要的一条，规定了王国、公国和侯国的军队限额。即按国的大小和世次，多者可置三军，少者置一军，并且都由中尉统领。详见表 3–10 所示。

表 3–10　王国及公侯国军队限额表

国级	户邑	军队组成	军队限额	备注
大国	二万户	上中下三军	五千	—
次国	万户	上下二军	三千	—
小国	五千户	一军	一千五百	—

续表

国级	户邑	军队组成	军队限额	备注
郡公	—	—	一千五百	万户以上为大国，五千户以上为次国，不满五千户为小国，郡公领兵如小国
郡侯	—	—	一千一百	
县王	—	—	一千一百	领兵如郡侯

第五，规定非皇子不得封王，诸王的子孙除了继承王位的嗣王以外，依世次按公、侯、伯、子男等逐降，且伯、子、男以下不能设立军队。

以上规定只是对泰始元年分封令的细化，创新点不多。为了保证制度的连续性和可操作性，朝廷还颁布了“徙国就镇”的法令，这才是此次改革的重点。《资治通鉴》卷八十“咸宁三年”记载：

诸王为都督者，各徙其国使相近。八月癸亥，徙扶风王亮为汝南王，出为镇南大将军、都督豫州诸军事；琅邪王伦为赵王，督邺城守事；勃海王辅为太原王，监并州诸军事；以东莞王伷在徐州，徙封琅邪王；汝阴王骏在关中，徙封扶风王。又徙太原王颙为河间王；汝南王柬为南阳王；辅，（司马）孚之子；颙，孚之孙也。

其无官者皆遣就国，诸王公恋京师，皆涕泣而去。

可见，“徙国就镇”就是使所封之国和所督之地保持一致。所以王国虽只一郡，所督的地区却很大。显然，这是封国制与宗王出镇制嫁接出的奇特制度。而且这个制度实施起来并不困难，因为诸王有的在洛阳，有的出镇地方，实质上“有国之名而无国之实”。所谓徙国，除了迁移王国机构，只是徙食某郡户而已。

通过“徙国就镇”制度，西晋政府终于找到了落实分封制的方法，从而使王国体制逐步建立起来。按照当时的制度设计，势必形成出任都督的宗王或者终身久任，或者迁镇必迁国，但原则上假定所任都督为终身制，非必要不得迁。这样既能保证王国体制的稳定，也满足了控制地方的需要。自晋武帝咸宁三年至太熙元年（公元277—290年）此制度基本能严格执行。这就为武帝时期政权的稳定和国力的增强创造了条件。

“徙国就镇”是王国体制的重要组成部分，但由于此时王国内部尚未建立起系统的组织和官僚机制，且还需要进行制度磨合，因而王国体制还未真正建立起来。《晋书·刘颂传》记刘颂上疏说：

> （刘颂）除淮南相，颂上疏曰：“……今诸王裂土，皆兼于古之诸侯，而君贱其爵，臣耻其位，莫有安志，其何故也？法同郡县，无成国之制故也……今虽一国周环近将千里，然力实寡，不足以奉国典。……宜令诸王国容少而军容多，然于古典所应有者悉立其制，然非急所须，宜渐而备之，不得顿设也。”

所谓“无成国之制”，即指配套措施不够，尤其是王国的军事力量较弱，“不足以奉国典”。若要使宗王安守其志，固守其国，就要扩充军队，增强王国的军事力量。同时要完善王国的各项制度。刘颂的话反映了西晋世家大族试图逐步恢复古代分封制的思想。同时，刘颂也看到制度的恢复不可能一蹴而就，只能“渐而备之”，逐步落实。

据《资治通鉴》记载，刘颂的上疏是在太康十年（公元 289 年）末，说明直到公元 289 年，王国体制还在建设中，之前的时间属于过渡阶段。直到十四年后，刘颂为淮南相，王国的组织和官僚机制才得以建立，这标志着王国体制基本确立，而此时距段灼上疏已过去二十余年了。

可以看出，晋地方治理机制经过了四次嬗变，直到公元 290 年后才基本定型，符合刘颂“不得顿设”的设想。但是，正如前述，太康元年（公元 280 年）平吴后，武帝开始实施罢州郡兵的举措，与此同时，王国体制却在成长。更为严重的是，在军政分治的模式下，州郡刺史太守治民但不掌军，州郡也只设武吏但不统兵。军队则由都督掌握，而都督多由宗王出任，这些宗王负责镇守要害，逐渐替换了异姓都督。比如，到晋武帝太康十年至太熙元年（公元 289—290 年），出镇都督的宗王已达六人之多，超过全国都督的半数以上。更为重要的是，终西晋一朝，豫州、冀州、雍凉、青徐四大镇基本都由宗王控制。这还不包括只就国而不出镇的藩王。而且当时封国的军队因世袭的规定，不是固定不变的，但都“以一军为常”。

宗王有封国、有户邑、有军队，有些国王又成为掌握一方兵权的都督，从而使王国有了独立的条件。而州郡兵已罢，失去了抵御能力，这势必造成地方治理机制的严重畸形与军事力量的失衡，为八王之乱埋下了祸根，而朝廷内各个利益集团的相互倾轧，又成为内乱的导火索。

武帝在位的最后几年，朝廷各大势力明争暗斗，好不热闹。杨氏集团的几位成员——当然这些人大都是皇后的近亲，乘机开始操纵朝廷政事。公元290年，晋惠帝继位，此时的朝政由太后贾南风执掌，为了对付杨氏集团，贾氏家族与司马氏家族结成联盟。

公元291年，杨氏集团与贾氏联盟爆发了一场冲突，楚王玮代表贾氏集团杀掉了杨峻及其党羽。但政权却落在了汝南王亮和卫瓘手中，楚王玮又杀了二人。而张华又杀了楚王玮，与裴颜、王戎分掌政权。至此，内乱暂告结束，标志着贾氏专权的开始。但是，此次政治事件却引发了一个严重后果，为宗王染指朝政打开了方便之门，成为八王之乱的一次彩排。

晋惠帝元康九年（公元299年），贾南风在金墉城杀害了废太子司马遹。赵王司马伦乘机起事，发兵捕杀了贾南风、贾谧及其党羽，张华、裴颜同时被杀。随着贾氏集团的覆灭，宗王名正言顺地开始干预朝政，王国体制更加混乱不堪，终于导致诸侯之间史无前例的内战。

所谓“八王之乱”，指自晋惠帝永宁元年（公元301年）所谓“三王起义”讨赵王伦开始，到光熙元年（公元306年）东海王越进入洛阳为止，是宗王之间的混战。八王关系见表3–11所示。

表3–11　八王关系表

姓名	封国名	封地
司马颙	河间王	今河北东南
司马伦	赵王	今河北西南
司马冏	齐王	今山东东北部

续表

姓名	封国名	封地
司马越	东海王	今山东南部
司马亮	汝南王	今河南东南
司马玮	楚王	今湖北中部
司马颖	成都王	今四川
司马乂	长沙王	今湖南

六年内战的主角，则是都督豫州的齐王、都督冀州的成都王、都督雍凉的河间王以及都督徐州的东海王。可见，都督为终身制，非必要不得迁的规定至永宁期间已遭到严重破坏。而八王所凭借的，就是他们手中的“国兵”。

《晋书·长沙王乂传》记载：“（楚王）玮既诛，乂以同母，贬为常山王……三王之举义也，乂率国兵应之。”这是率国兵参加叛乱的实例。《晋书·东海王越传》记载：“以东海上军将军何伦为右卫将军，王景为左卫将军，领国兵数百人宿卫。”这是用国兵保卫晋怀帝的事例。可见，这些手握重兵的宗王都督已演化为独立的军事首领，成为左右时局的风云人物，而且他们的军队有一部分是从边疆招募来的非汉族士兵。

宗王之间的混战拖拖拉拉持续了六年，先是成都、河间、长沙、东海四王纷争，而政权又实操在摇摆不定的王衍手中。这样看，八王之乱依然是大族之间的斗争。

这场战争不仅导致人口锐减，王室成员被大量屠戮，而且使整个王朝断崖式衰落。最终出现了分裂的迹象，不仅中央政府难以高效运转，地方军事力量也陷入真空或失控的状态，从而引发了阶级矛盾和民族矛盾，这又进一步加速了晋王朝的崩溃。历史就是这样造化弄人，原来旨在巩固君权和帝国秩序正常运转的机制，反而使国家陷入了“失序”状态。而回光返照、昙花一现的分封制也在公元306年走到了尽头。

八王之乱虽然结束，但更大的灾难还在后面，而这次给奄奄一息的晋王朝最后一击的是分散在帝国境内的各族人民，持续一百三十余年的大分裂时代即将拉开序幕。

六 “五胡”的族源及演化

在讨论西晋末年大分裂之前，首先要了解“五胡”的起源及演化。其实，游牧民族与汉族之间的交往与冲突早在商周时代就开始了。从根本上说反映了灌溉文明与游牧文明之间的交互。

灌溉文明蓬勃发展的时候，蒙新草原、海藏高原、东北地带、云贵高原正在崛起新的力量。尤其是蒙新、海藏的少数民族，成为游牧文明的主体，与中原文明进行着全方位的博弈。

如果说东周时代是灌溉和游牧文明交互的形成期，那么两汉至魏晋便是这两大文明的博弈期。从西汉开始，游牧民族深入中国内地，汉族也更远地深入到游牧民族的腹地。双方的势力在边疆地带此消彼长，任何一方都很难彻底征服另一方。尤其是这些游牧民族，被驱赶到游牧生活的根本地带，压缩成较小却更有力量的核心团体，占据着最容易抗拒汉族势力的土地，这些都给中原帝国的统治造成了极大的困扰。

到了东汉末年，整个帝国内忧外患，尤其是四面的游牧民族，成为威胁帝国安全的隐患。至魏晋期间，由甘肃、青海沿边北达辽宁，南至河南有很多种族杂居。他们所居之地都在汉代以来中国领土的范围内，绝大多数在长城之外。且有些种族比较密集地聚在一起，但多数分布都很分散，因此形成交错的杂居状态。

魏晋时期各族的人口在北方占很大的比例，比如《晋书·江统传》统计说:“关中之人，百余万口，率其少多，戎狄居半。”并州甚至达到“五部之众，人至数万”。其中鲜卑族出入边塞内外，分布最广，《晋书·载记第八·慕容廆》记载汉末鲜卑人口已达“控弦之士二十余万”，魏晋时必然会高于此数。如此看来，就整个中国来说，各族所占的比例并不太大，但单就北方而言，显然不是一个小数字。这势必造成北方民族独立趋向的加剧。

这一民族分布特点，起源于西汉武帝时期，形成于东汉，而发展于魏晋。当时入居内地的各族，一部分是出于自愿，比如南匈奴和一部分羌人；还有一些是出于被迫，比如另外一部分羌人以及乌桓、氐等。无论是自愿还是被迫，从西汉开始，这部分内迁的人首先是被用来加强对北方各族的管理以及防御匈奴的骚扰，特别是从东汉废除郡国兵之后，这个功能就愈加明显了。其次是为了开发北方，作为劳动力使用。

就在各族融入汉文化的同时，他们也受到来自地方官吏和大族的压榨，因此从东汉开始，常常会爆发民族叛乱，比如“羌祸”。《后汉书·西羌传》记东汉初年的班彪说：

羌胡被（披）发左衽而与汉人杂处，习俗既异，言语不通，数为小吏黠人所见侵夺，穷恚无聊，故致反叛。

至东汉中期后，羌人与汉族官吏的矛盾愈加扩大。《西羌传》又说：“诸降羌布在郡县，皆为吏人、豪右所徭役，积以愁怨。”可见，政府“以夷制夷”的政策反而被自己的官僚机制所破坏，起到了相反的效果。

汉末至魏晋之际，北部边境的各族同样需要当兵服役和开发荒地。

只是由于此时政治和经济情况的变化，需要他们更深入地向内地迁移。尤其是汉末至三国，各个军事割据集团相互残杀，而迁徙至边境的各族人民便成了他们军事力量的来源之一。比如，割据幽州的公孙瓒，他的幽州军里便夹杂着数量不少的乌桓和鲜卑人；曹操军队中也包含了各种族。《昭明文选》陈琳的檄文里说曹军中有“匈奴南单于呼完厨及六郡、乌桓、丁令、屠各、湟中、羌、僰”和“武都氐、羌”；蜀汉军队里也夹杂着相当数量各族人民。《后出师表》即提到蜀的精锐部队中有“賨、叟、青羌”。可见，内迁政策在三国时已经相当普遍了。

而且，魏晋政府为了保证兵源和劳动力的持续补给，对内迁的各族实施了极为严厉的控制，虽然大都保留了其部落组织，但地方长官和特置的监督机构对各族有绝对的控制权。有些则更为彻底，解散了其部落，逐渐转化为直属州郡的编户，而在此过程中相当一部分人民沦为豪强的佃客与奴隶了。这就进一步加剧了各族与政府的矛盾，为民族叛乱的大爆发埋下了祸根。

那么，“五胡”是何许人也？他们的族源是什么？又是如何演化的呢？所谓“五胡”，即“胡”（匈奴）、羯、鲜卑、氐、羌。《晋书·刘曜载记》中说：

（刘曜）置单于台于渭城，拜大单于，置左右贤王已下，皆以胡、羯、鲜卑、氐、羌豪杰为之。

刘曜是十六国中汉赵的末代皇帝，公元318至329年在位。但在刘曜时，还无“五胡”的名称，这是初唐房玄龄等人修《晋书》时后加的。“五胡”的名称最早出自苻坚之口，次序也是苻坚说的。《晋书·苻坚下》记载：

（姚）苌求传国玺于坚曰：“苌次膺符历，可以为惠。”坚瞋目叱之曰：“小羌乃敢干逼天子，岂以传国玺授汝羌也！图纬符命，何所依据？五胡次序，无汝羌名。违天不祥，其能久乎？玺已送晋，不可得也。”

苻坚是前秦皇帝，公元357至385年在位。可见在少数民族南下六十余年后，才正式有了“五胡”的名称及排列次序。而十六国政权大部分为“五胡”所建。

（甲）匈奴族

首先是匈奴族，他们揭开了北方少数民族南下的序幕。

匈奴在两周时代居住的范围，据王国维的《鬼方昆夷猃狁考》说：“其族西自汧、陇，环中国而北，东及太行、常山间。”又说：“中国之称之也，随世异名，因地殊号，至于后世，或且以丑名加之。其见于商、周间，曰鬼方，曰昆夷，曰獯鬻；其在宗周（西周）之季，则曰猃狁；入春秋后，则始谓之戎，继号曰狄；战国以后，又称之曰胡，曰匈奴。”钱穆说：“王静安考证鬼方、昆夷、猃狁三者同为狄族，见识甚卓。”（参见方庭《论狄》）

匈奴族与中原最早发生联系，见于《易·既济爻辞》：“（殷）高宗伐鬼方，三年克之。”又《未济爻辞》说：“震用伐鬼方，三年有赏于大国。”说明鬼方在殷商时期是中原王朝的劲敌。

西周开始，周王季征伐鬼戎，文王伐“昆夷”，武王驱逐诸戎于泾、洛以北，西方暂时安定。后来西周王室衰微，戎、狄交相侵扰，暴虐中原。宣王兴师征伐，《诗经·小雅》曾两度赞美宣王的功业，《六月》赞曰：“薄伐猃狁，至于大原”，《出车》又赞曰：“出车彭彭……城彼朔方。”到了西周末期，幽王因宠信褒姒，与申侯发生冲突，申侯遂联合畎戎等攻杀幽王于骊山，西周灭亡。

匈奴在东周时代或称戎，或称狄，以狄族为猃狁的正统苗裔。称戎，是因为戎族中的犬戎、陆浑戎中的允姓一部为匈奴族。狄族在东周开始逐渐分为赤狄、白狄、长狄等部落。赤狄居住在今山西一带，白狄在今陕西一带，长狄在今山东、河南、河北三省交界一带。但狄族决不止这三支，《左传》曾有“众狄”“群狄”的记载。

狄族在鲁闵公、僖公（公元前661—公元前627年）时代，最为兴盛，曾经一度歼灭了邢、卫二国，并侵犯齐、鲁。但是当时只称狄，没有冠以赤、白的称号，说明当时狄族部落较为统一。之后分化为多部落，狄族的整体实力逐渐衰微。长狄在春秋时，曾与齐、鲁、宋、卫四国争战，最终被四国铲灭。白、赤二部也为晋、秦消灭。

匈奴与“胡”的称谓，最早开始于战国，秦、赵兴起后，开疆拓土，将邻近边塞的“胡人”，逐步征服或驱逐。至秦国开始修筑长城抵御“胡人”，中国与匈奴的大规模战争才拉开序幕。秦末天下大乱，匈奴趁机渡过黄河向南拓展，收复了以前被秦人占据的故塞。到了冒顿单于统治时期，匈奴开始强盛起来，占据了漠南漠北的广大土地，匈奴帝国形成。匈奴族源详见表3-12。

表 3-12　匈奴族源表

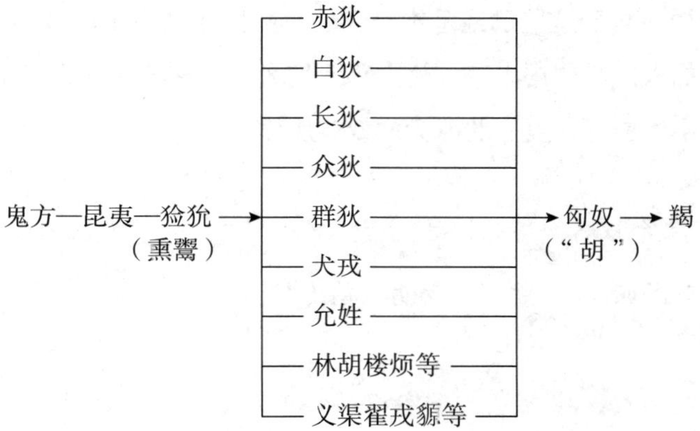

西汉初年，匈奴与汉军对决，将汉高祖刘邦围困在平城，汉朝只得采取和亲的策略维持汉匈的势力平衡，但仍然不能免除匈奴的侵寇和军事威胁。武帝继位后，立志发愤，改和亲为讨伐，先收河南（今河套地区），然后设立河西四郡。不久又启动外交策略，派张骞出使西域，通过西域诸国牵制“胡人”和匈奴，“胡人”的气势受到打击。这时，乌桓、丁令、乌孙诸族趁机攻打匈奴，匈奴在汉“胡”的合击下疲惫不堪。不久，匈奴帝国发生内乱，呼韩邪单于归降汉朝，郅支单于被汉王朝攻杀，匈奴帝国分崩离析，被西汉帝国征服。

需要说明一点，匈奴的统一开始于冒顿单于，因此，在战国时代，匈奴还处于散乱的部落时期。所以，当时中原虽然没有统一，但散居的匈奴没有成为中原的大患。秦始皇派蒙恬驱逐匈奴，收复了河南，将六国的长城重新修治并加以扩展，自临洮直达辽东，来抵御“胡人”，这是中原与匈奴境界分明的开始，也是中原帝国与游牧王朝长期战争的开始。

王莽篡汉后，匈奴趁机叛乱，脱离了汉王朝的管束。到了东汉初年，匈奴开始分为南北二部，南匈奴归降，被汉皇迁移到内地居住，北匈奴仍居住在漠北，与汉人为敌。东汉和帝时，大将军窦宪等连破北匈奴，出塞数千里，北匈奴被迫西迁，西入欧洲。南匈奴依然被安置在内地居住，逐渐汉化。匈奴又被东汉所征服。

三国时，北方人口减少，（南）匈奴的气势渐渐可畏。曹操当国，又将匈奴分为五部，分而治之。到了西晋末年，中原内乱，匈奴又趁机起事，发动叛乱，西晋居然亡于这些已经基本汉化的少数民族领主手里。冉闵篡后赵后，大肆诛杀“胡人”和“羯人”，“胡人”元气大伤，逐渐被汉族同化。

十六国中，前赵、夏、北凉为匈奴族所建。

（乙）羯族

关于羯族的族源，《魏书·羯胡石勒传》说：

羯胡石勒，字世龙，小字匐勒。其先（祖）匈奴别部，分散居于上党武乡羯室，因号羯胡。祖邪弈于，父周曷朱，一字乞翼加，并为部落小帅。

可见，羯族与匈奴同源，为匈奴别部，即虽非单纯的匈奴族，却又属于匈奴部族的一种，故被称为“羯胡”，后演化为独立的种族。那么“羯人”的容貌如何呢？《晋书·石季龙载记上》记载：

太子詹事孙珍问侍中崔约曰：“吾患目疾，何方疗之？”约素狎珍，戏之曰：“溺中则愈。”珍曰：“目何可溺？”约曰：“卿目睕睕，正耐溺中。”珍恨之，以白（石）宣。宣诸子中最胡状，目深，闻之大怒，诛约父子。

石宣为后赵皇帝石虎之子，是石虎诸子中“羯人”特征最明显者，可见“目深”为“羯人”最显著的容貌特征之一。崔约却揭人家的老底，虽为戏言，却给自己和儿子引来了杀身之祸。除了“目深”，“羯人”还有“高鼻”和“多须”两个特征。《石季龙载记下》记载：

（冉闵）班令内外，赵人斩一胡首送凤阳门者，文官进位三等，武职悉拜牙门。（于是）一日之中，斩首数万。闵躬率赵人诛诸胡羯，无贵贱、男女、少长皆斩之，死者二十余万，尸诸城外，悉为野犬豺狼所食。屯据四方者，所在承闵书诛之。于时高鼻多须至有滥死者半。

冉闵原是汉人，为石虎的养孙，此人韬光养晦，深得石虎的宠信，后建立冉魏政权，开始大肆屠杀“胡人”，给羯族带来了一场灭顶之灾。

十六国中，后赵为“羯人”石勒所建。

（丙）鲜卑族

蒙新高原除了匈奴族，还居住着一支少数民族，就是鲜卑和乌桓。

鲜卑、乌桓本为一族，在东周时代被称为山戎，后被称为“东胡”。鲜卑的名号最早见于《国语》《楚辞》，曾为周人守燎。大致自里海一带至西伯利亚及辽水流域等皆有鲜卑族居住，枝叶繁茂，活动空间广阔。乌桓，据《后汉书》说："(乌)桓以山名，乌号为姓。"说明乌桓原本是鲜卑酋长的姓名，鲜卑是大称，乌桓是其中的小部。乌桓山，就是以山为种族名。

总之，在春秋时期，今山东省北部及河北省，有一种族，自称鲜卑，汉族最初称这个种族为山戎，后来称为"东胡"(即屠河)，后来被齐桓公战败后，向北迁居到了后来燕国所设的五郡(上谷、渔阳、右北平、辽东、辽西)之地，后来其中的某位酋长有以乌桓为姓名的，所以其种族的一部别号称为乌桓。

秦汉间，"东胡"(即鲜卑)被匈奴攻破，残余部众便分为鲜卑、乌桓。汉迁乌桓于五郡塞外，让他们监控和制衡匈奴。东汉后匈奴衰落，乌桓与汉军夹击匈奴，于是漠南出现了暂时的权力真空。随后，乌桓逐渐迁徙到塞内，成为东汉王朝新的边患。曹操当国时，大破乌桓于柳城(今内蒙古东)，然后将乌桓部属迁徙到了内地，乌桓逐渐被汉族同化。

鲜卑在乌桓以北，初期依附匈奴，仰仗匈奴的兵威侵扰汉地，后来逐渐归化，反过来与汉军联合夹击匈奴，但仍然不时侵扰汉地，成为不大不小的边患。北匈奴西迁后，便迁居到了匈奴的地盘。汉桓帝时，首领檀石槐，统一鲜卑诸部，鲜卑开始强盛。檀石槐死后不久，鲜卑内乱，国势衰微。三国时首领轲比能奋发图强，鲜卑开始恢复元气，但轲比能被魏人刺杀，国势又开始衰落。因此，三国以前，鲜卑时统时乱，内部极不稳定，所以对汉族政权的危害不大。同时，对于鲜卑来说，劫掠才是他们对中原战略的核心，他们很少侵占汉地，以避免增加不必要的管理成本，这与匈奴的对外战略有明显的差异。

匈奴灭后，鲜卑开始崛起，势力范围极广。从今内蒙古西部至辽东一带都是鲜卑的地盘，逐渐形成了鲜卑帝国，成为第一个统治北方的游牧民族。发展如下：慕容氏占据今辽宁、内蒙古以东一带；内蒙古以西，为拓跋氏所占据。这是鲜卑最为强大的两大部落。

十六国中，有五国为鲜卑所建：前燕、后燕、南燕，为慕容氏所建；秃发氏，建立了南凉；乞伏氏，建立了西秦。慕容氏的支庶在今青海建立了吐谷浑。北朝的元魏(北魏)，为拓跋氏所建。南北朝时，宇文氏建立了北周；北齐高氐虽为汉族，但已经鲜卑化。鲜卑族源详见表 3–13。

表 3–13 鲜卑族源表

- 鲜卑—山戎—东胡
  - 乌桓
  - 鲜卑
    - 秃发氏—南凉
    - 慕容氏—前燕、后燕、南燕，吐谷浑
    - 宇文氏—北周，契丹，奚
    - 拓跋氏—元魏

以上鲜卑诸部族到了隋、唐兴起后，基本被汉族同化。唯有吐谷浑至唐中世时，被吐蕃攻灭。

契丹本来是宇文氏的支裔，居住在今内蒙古东部一带。先是被慕容氏战败，后又被元魏攻败。隋、唐时，先归附汉族，后依附突厥帝国，突厥被唐征服后，又归附了唐王朝。唐曾设置松漠都督府统御，这就是所谓“营州胡”的一支。武后时契丹叛乱，唐王朝竟然无力节制。一直到玄宗时，契丹才又归附唐，不久又叛变了，被安禄山等所战败。唐衰落后，契丹开始强盛起来，到了五代时逐渐成为大国，改国号为辽，趁机南下，侵寇中原。宋朝建立后，成为宋的劲敌，后来被女真（金）攻灭。契丹有一支分部被称为奚，居住在幽州边塞，最初臣服唐，后归附契丹，契丹亡后，也逐渐消失了。

（丁）羌族

羌族与氐族同根同源，同属大羌族族群。傅斯年在《夷夏东西说》提到，汉族和“蛮夷”在初期的分化是东西分裂的，所谓汉族，即由“夷”、羌等族优秀的一支混合而成。居住在四方的“蛮夷”，是各族中文化落后的一支。因此，“夷”“夏”之分不在种族而在文化，“夷狄进于中国，是中国之”就是民族融合的结果。傅斯年的观点是非常有见地的。

海藏高原居住着羌族和藏族，对中原威胁最大的当属羌族。羌族在古籍中，或称羌，或称氐羌。《周书·王会解》说：“氐羌以鸾鸟。”孔晁《注》解释说："氐地羌，羌不同，故谓之氐羌。今谓之氐矣。"即汉代时的氐，就是古时候的氐羌。

根据章太炎的考证，认为"羌族姜姓"，"羌"即是"姜"。西周时代，其生活区域在陇、蜀之间，也就是今天的甘肃与四川一带。氐人也是羌人的一支。到了东周时代，有所谓"九州之戎"，其中一支就是姜戎，姜戎即羌。齐、许、申、吕等国也是姜姓，即羌族中进化比较早的一支，称为华羌。《国语·周语》说：

> 共工之从孙四岳佐之……命以侯伯，赐姓曰"姜"，其氏有"吕"……申、吕虽衰，齐、许犹在。

可见，四岳是共工的从孙，因为辅佐大禹治水，被赐姓氏，姜为姓，吕为氏。申、吕、齐、许都是其后代，被称为四岳。到了西周时代，周王按四岳的故地封其为列国。姜戎虽然没有完全华（华夏）化，与齐、许等国的文化有明显差异，但因为都是四岳的苗裔，又具有天然的联系。所以说，申、吕、齐、许从西周开始逐步东迁，并且不断华化，成为羌族中先进的一支；姜戎，则是停留在戎族原始状态中的一支。由于两支羌人融入中国的时间不同，才有了华、戎的分别。

汉时羌人散居在陕、甘、青一带，有塞内与塞外之分，之后又分为西北、西南、海藏三大支系，其他的余支则散居于域外。其中西北羌居住在塞内，史书所称先零、烧当、东羌都属西北诸羌种，此羌成为中原最大的隐患。

汉武帝时征伐"四夷"，北逐匈奴，西攻诸羌，为了隔绝羌人和"胡人"（匈奴）对边境的侵扰，西汉政府开河西，从汉武帝元鼎六年（公元前 111 年）到汉宣帝元康四年（公元前 62 年）设置了酒泉、张掖、敦煌、武威四郡，打通了玉门关，建立起战略缓冲带，形成了对羌人和"胡人"的战略优势。到了汉宣帝元康三年（公元前 63 年），先零羌与诸羌会盟，要攻打边境，赵充国率兵阻击，大破诸羌。王莽时，天下大乱，羌人趁机侵扰边境，东汉初年被征服，羌人大部被迁徙到塞内。东汉末年，羌人趁乱反叛朝廷，蹂躏边塞，虽然被汉军平息，然而羌人的叛乱却成为东汉灭亡的原因之一，也成为大分裂的根源。羌族源详见表 3-14。

表 3-14　羌族源表

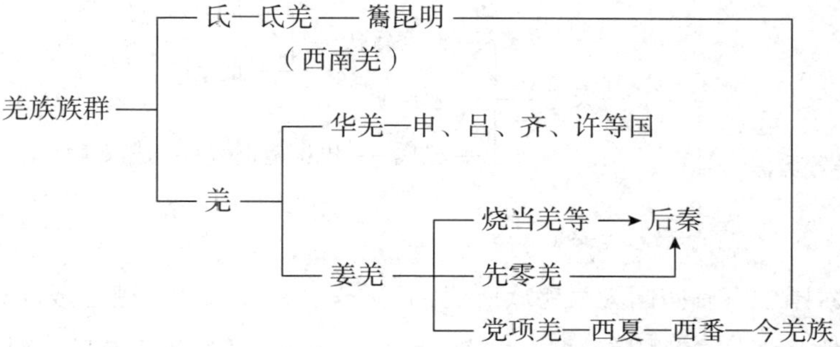

羌人实力最强、文化最先进的是西北羌，海藏羌文化极落后，氐族的一部演化为西南羌。

（戊）氐族

氐族与羌族同属一脉，后自成体系，形成独立的种族。《三国志·魏书·外夷传》注引《魏略·西戎传》说：

> 其（氐）俗语不与中国同，及羌杂胡同，各自有姓，姓如中国之姓矣。其衣服尚青绛。俗能织布、善田种，畜养豕牛马驴骡。其妇人嫁时著衽露，其缘饰之制有似羌，衽露有似中国袍。皆编发。多知中国语，由与中国错居故也。其自还种落间，则自氐语。其嫁娶有似于羌。

可见，氐族自成一系，有自己的语言（氐语），有自己的习俗（编发），还有自己的农业、畜牧业和纺织业。但深受羌、汉影响，特别是汉文化的影响。

氐族主要由三支构成。第一支是“巴氐”。巴即春秋时之巴国，战国时亡于秦，在汉时演化为巴郡、“南郡蛮”及“板楯蛮”等。第二支是西面的越巂、筰都、冉駹、白马等氐，汉武帝时开辟为汉郡。其中与羌族关系比较密切的一部演化为西南羌。第三支在今云南，汉时称为巂昆明，唐时演化为“昆明蛮”。氐族源详见表 3–15。

表 3–15　氐族源表

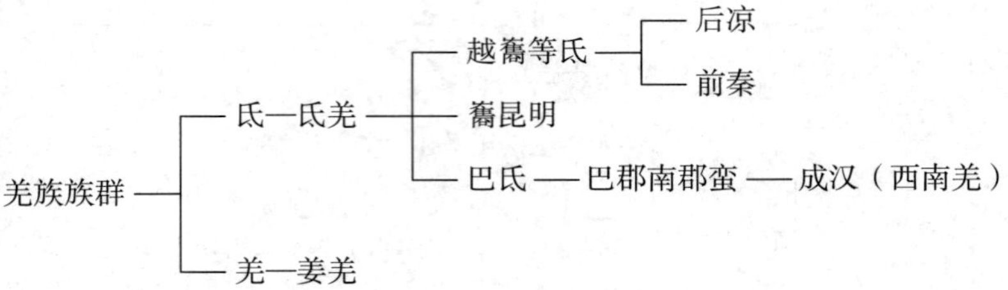

十六国中，有四国为大羌族所建：氐人李特割据成都，建立成汉；苻氏占据陕、甘，建立前秦；吕氏据有甘肃，建立后凉；羌酋姚氏灭苻氏，建立后秦。可见，除了李特为西南羌，其他三支皆为西北羌。

当然，十六国政权并非全为“五胡”所建，北燕、前凉、西凉三国即为汉人所建。且在“五胡”所建的国家中，也并非都列入十六国，如鲜卑人建立的西燕。那么，“五胡”是如何引发晋末的变乱，又是如何与世家大族从对立到融合的呢？这是研究魏晋之变必须要解决的一个问题。

七　晋末之乱：大分裂时代的序幕

八王之乱所导致的政治真空，北部和中部郡县的全面混乱，以及社会深层次的“失序”所引起的阶级矛盾，在某种程度上似乎预示着晋帝国的覆亡。但一场更为猛烈的暴风雨却阻断了“正常”事件的演进，而这次事件的主角就是上文中提到的汉末至魏晋之际已内迁中原的少数民族力量。

这些少数民族当时居于中原北部和西北地区，中国的历代君主都允许甚至鼓励他们融入，经过两个多世纪的融合，至公元 3 世纪初，其人口数量已相当可观，这种情况在今天的山西和西安地区最为普遍。比如，公元 229 年，定居在长安地区的外来人口约有五十万，大约占当时长安总人口的一半，这些人都成为民族运动的有生力量。

西晋末年的民族运动不是突然爆发的，它是一个循序渐进、由量变到质变的过程，早在晋武帝继位以后，从今甘肃、青海北至辽宁就已爆发了各族对晋王朝的反抗运动，其中最著名的是为期十年之久的“凉州之乱”。详见表3–16所示。

表 3–16　晋武帝前期的民族运动

时间		事　件
公元 270 年	泰始六年	河西鲜卑酋长树机能起兵，秦州刺史胡列战败被杀
公元 271 年	泰始七年	匈奴酋长刘猛叛逃出塞。同时，北地胡又杀死了凉州刺史牵弘，凉州之乱爆发
公元 272 年	泰始八年	刘猛被杀。北地胡开始与树机能联合
公元 273 年	泰始九年	东部鲜卑攻打广宁，杀五千人
公元 274 年	泰始十年	树机能进攻金城诸部，此乱牵涉面很广，凉州羌、胡各族都参加了。而且此乱持续时间很长，一直到咸宁四、五（公元 278—279 年）间。最终凉州城被攻破，朝廷震动
公元 279 年	咸宁五年	树机能被马隆战败，为部下所杀
公元 280 年	太康元年	凉州之乱最终被平息，西北地区暂时恢复和平

以上是内迁中国的西部各族人民的民族运动，与此同时，没有内迁的各族也时叛时降，不断出入边塞，骚扰边境，其中威胁最大的是东部的鲜卑族。之前，东部鲜卑拓跋族的首领力微（北魏始祖）不断侵扰州郡，力微死后，鲜卑的另外一支慕容氏崛起，在酋长慕容廆的带领下，从晋武帝太康二年（公元281年）开始攻打昌黎，之后又不断进攻辽东和辽西，直到晋武帝太康十年（公元289年）才归降晋朝。与此同时，从公元277年开始，晋政府为了抵御民族叛乱，开始加强王国体制的建设，从而赋予都督地方的宗王更大的权力。

当然，由于各族与晋朝的关系不同，他们所发起的民族运动的目的和性质也不尽相同。比如，拓跋、慕容诸鲜卑族只是在贵族带领下铤而走险，到富裕的晋王朝去掠夺和打游食，目的单纯，持久性不强，不足为患；而匈奴、氐、羌以及部分鲜卑支部，除了掠夺财富外，还试图恢复昔日的荣耀，与晋王朝平分政治资源，充当了屡次骚乱的骨干，并逐渐将骚乱演变成一场威胁帝国西部安全的叛乱，威胁极大。而匈奴是其中最重要也是最先威胁晋王朝安全的一支。

前面提到，就在各族内迁的同时，他们也受到来自地方官吏和大族的压榨，至魏晋时期，汉族政府对其进行了更为严苛的控制。因而，此时的民族运动也包含对晋政府和大族压迫的反抗。《晋书·阮种传》记凉州之乱时，武帝曾向诸贤良问策，阮种的建议是：

> 自魏氏以来，夷虏内附，鲜有桀悍侵渔之患，由是边守遂怠，障塞不设，而今丑虏内居，与百姓杂处。边吏扰习，人又忘战。受方任者又非其材；或以狙诈，侵略边夷；或干赏啗利，妄加讨戮。夫以微羁而御悍马，又乃操以烦策，其不制者，固其理也。

阮种的对策毫无创造性，无非是强化“讨戮”和“侵辱”，外加实行更为严苛的“烦策”，这显然是魏晋官吏和大族对付内迁民族的伎俩，如此才能恢复“鲜有桀悍侵渔之患”的局面。而且，这种情况肯定不限于秦凉地区，凡是受地方官吏管辖的诸族无一幸免，这是对付各族人民的普遍手段。其中匈奴人也受到这种待遇，这必然进一步激发他们的民族主义情绪。

匈奴人中间，民族主义本来就十分强烈，他们所发动的各种各样的运动，直接导致了冒顿帝国的重建。而且，这种极端的民族主义并没有随东汉帝国的征服而消失，反而愈加强烈，一直影响到后世，刘渊就自称是冒顿的后嗣。至公元3世纪末，晋帝国的内乱为刘渊创造了机会。此时，刘渊开始大肆宣扬恢复汉王朝的功业，并赞颂匈奴王族与汉王室之间的和亲政策，这显然是为恢复匈奴帝国制造舆论。《晋书·刘元海载记》记刘渊起兵前，右贤王刘宣曾露骨地说：

> 自汉亡以来，魏晋代兴，我单于虽有虚号，无复尺土之业，自诸王侯，

降同编户，今司马氏骨肉相残，四海鼎沸，兴邦复业，此其时矣！

可以看出，匈奴贵族对过去有多么怀念，他们做梦都想恢复匈奴帝国。同时，匈奴人也面临着随时变成汉人奴婢和田客的危险，即“奴隶御我”，因而，匈奴人的反抗也包含着解除奴役的愿望。当然，政治目的更为重要。

经过多年策划，已完全汉化了的匈奴王刘渊（？—310 年），于公元 290 年成为“五胡”的“大单于”。同年，晋武帝去世，各族的叛乱又相继爆发。

晋惠帝元康四年（公元 294 年）五月匈奴郝散在上党起事，攻上党，杀官吏，不久自己也被杀。上党人的种族很复杂，因此被称为“上党杂胡”，因为族小民弱，受到晋人的压迫也最严重。时隔两年，郝散之弟度元联合冯翊、北地的马兰羌以及卢水胡攻杀北地太守张损，继而又战败冯翊太守欧阳建与雍州刺史解系。同时，关中的氐、羌都参加了这次叛乱，并推举齐万年为帝。以齐万年为首的雍州氐人和关中羌人同样受到当地豪右大族的压迫。可见，“上党杂胡”、关中氐、羌的起义目的很单纯，就是反抗压迫，摆脱奴役。公元 297 年，晋朝大将周处又战败被杀。公元 299 年齐万年被擒，关中战事才暂告结束。

公元 299 年前的民族运动虽然此起彼伏，但都没有对晋政府造成实质性的打击，且都被镇压。然而，随着晋惠帝永康元年（公元 300 年）政府内部各集团矛盾的不断扩大，朝廷的注意力逐渐转向内部，这就给民族运动带来转机。首先是以巴氐李氏为首的汉、氐流民在四川成功突破了晋王朝的防线。紧接着在山西、河北爆发了匈奴、“杂胡”的乱事。北方少数民族南下与八王之乱就这样奇妙地交织在一起，开始摧枯拉朽地席卷华夏大地了。

晋惠帝永宁元年（公元 301 年），规模愈加扩大的八王之乱爆发，晋政府更加无力应对民族问题。晋惠帝太安二年（公元 303 年），李特被杀。同年，其子李雄占领成都，不久基本攻占了四川全境。晋惠帝永兴元年（公元 304 年），李雄建立了覆盖四川和云南大部分地区的成汉（公元 304—347 年）。

但此时，对晋王朝而言，最大的威胁则是来自北方的匈奴。就在李雄建立政权的同年，刘渊也在并州匈奴贵族的支持下，改称“汉王”，发兵起事。

于是，这位大单于带着麾下的五万之众，开始去征服汉族帝国的领土。刘渊起兵拉开了大分裂的序幕。

刘渊能迅速起事，除了策划已久之外，还有一个重要条件，就是熟悉中原军事。因为，至西晋末年，驻扎在汉地的匈奴军队在诸王混战中已完全掌握了中原地区的军事战略与战术。这些诸侯在互相倾轧中曾毫无顾忌地依赖刘渊的帮助，而且还经常雇佣少数民族兵和奴隶来增强实力。公元 304 年的一场战役，刘渊曾率领军队击败了司马腾，而这支汉军主要由鲜卑和乌桓士兵组成。这不仅增加了匈奴人的实战经验，还使匈奴贵族摸清了晋王朝的实力，为进军中原找到了突破口。当然，这也是其他民族所具备的条件。

还有一点要特别注意，即匈奴人在征服决战阶段非常巧妙地利用了当时席卷全国的农民运动。虽然由于缺少有力的领导和严密的组织，这些不断兴起的革命运动最终昙花一现，对晋王朝只造成了轻微的打击，但却成为匈奴人牵制与消耗晋军的有力武器。比如，公元 306 年，刘渊便利用爆发于山东并迅速蔓延至河北、河南的农民起义，来打击晋军。

随着刘渊势力的不断坐大，加之目标上的一致，受压迫的各族首领及人民立刻聚集在刘渊“反晋”的旗帜下，结成了一支势力庞大的联盟。《晋书·刘元海载记》记载：“上郡四部鲜卑陆逐延、氐酋大单于徵，东莱王弥及石勒等并相次降之。”

所谓石勒降汉，是指公元 307 年，一场由“羯胡”首领石勒及汉人汲桑所领导的“汉夷”混杂的起义。前述提到，“羯胡”的种族很复杂，属于比较弱小的族群，石勒不可能像刘渊一样扯起兴复匈奴大业的旗帜，也不可能单靠本族的力量发动起义。因此，在草创阶段，他只能参加汲桑的牧人叛乱。当然，汲桑的力量也比较有限，他只能联合其他被压迫民族来扩充队伍，石勒集团就成为他吸收的对象。汲桑失败后，石勒也决心依附实力更为强大的刘渊，并借助刘渊“反晋”的大旗招徕“胡人”依附自己，这时他才成长为一名“羯胡”领袖。

经过三年的经营，刘渊的势力越滚越大，开始对晋王朝正式发起大规模的攻势，史称永嘉之乱（公元 307—312 年）。刘渊以山西南部为根据地，在当地土匪头领和叛军的支持下，以风卷残云之势攻克了北方大部分地区。公元 310 年刘渊去世，刘聪杀刘和自立皇帝，继续征战。

公元 311 年匈奴四路大军围攻洛阳，城中的大臣和皇宫侍从“十之八九”出逃，其中大部分逃亡南方。很快，这座大都市被攻克，晋怀帝被俘，匈奴人在城中大肆屠戮，饥荒迅速蔓延中部郡县。京师陷落，彻底动摇了晋王朝抵抗的信心。同年，长安失陷，战争使这座都市沦为废墟，城中仅存几百户人家，而长安地区则呈现一片荒芜之状。

公元 313 年晋怀帝被刘聪毒杀。国都陷落和皇帝被俘的消息传遍整个国家，不仅使华夏为之悲泣，而且在中亚的商业中心引发震动。同年，晋愍帝在大臣的拥戴下在长安继位，但此时的晋王朝气数已尽，呈分崩离析之势。四年后，京师长安再次沦陷，晋愍帝被俘。公元 317 年，西晋灭亡，同年，西北地区的张氏家族割据凉州（今甘肃），建立前凉（公元 317—376 年）。

公元 318 年，刘聪的继承者刘曜将已是釜底游鱼的晋愍帝杀害。第二年，刘曜迁都长安，最终实现了刘渊在汉朝古都建立王朝的梦想。同时，他将王朝由“汉”改为“赵”，史称前赵。然而，后赵迁都长安却给留守东部的石勒创造了积蓄权力的时机。

公元 319 年，石勒羽翼丰满，立刻建立了一个以襄国（今河北南部邢台附近）为都城的王国，随后与刘曜决裂，开启了与前赵长达十年的战争。公元 329 年，石勒灭前赵而称帝，建立后赵（公元 329—350 年）。

当这些内迁的匈奴、“羯胡”、氐、羌在北方纷纷上演反晋大戏时，一向以侵扰边境为能事的鲜卑各部却忽然扯出了拥晋旗帜。这与他们的地缘形势有关。因为鲜卑大体上处于各族的北面，他们在西晋初年企图南下，却遭到晋军的抵制；西晋末年，鲜卑人反应迟钝，没有抓住晋王朝内乱的先机。当他们回过神后，山西、河北已是刘渊、石勒的势力范围，鲜卑的南下之路又受到匈奴和“羯胡”的阻碍。因此，基于战略需要，他们只能先与晋王朝妥协，以抢占匈奴的土地。于是，这些鲜卑首领接受了晋朝的封爵，乘机扩大领地。

慕容廆是前燕的奠基人，在他统治时期，主要问题不是南进，而是如何制服东北鲜卑各部，特别是与慕容部争夺辽西、辽东部族领袖地位的宇文部和段部。但慕容廆时运不济，打败了宇文氏和段氏后，“羯胡”又成了他的劲敌。因此，从慕容廆至慕容儁三代都与晋联合，不仅接受晋朝的官号，还招徕内地流亡的士大夫充任官员。直到冉闵叛乱，后赵政权崩溃，晋朝这面大旗便失去了意义，慕容儁立刻撕下伪装，自称皇帝，并重启南下战略，率兵进攻东晋。

不仅慕容部靠着“尊晋攘夷”起家，还有在今山西与内蒙古间活动的拓跋氏也打起了晋朝这面大旗，他们与并州刺史刘琨联合对抗刘聪和石勒。直到拓跋猗卢时，这位首领因助晋之故，占取了山西北部五县，为北魏政权的建立打下了基础。

总之，西晋的灭亡不是终结，而只是大分裂时代的开始。随后，在世家大族的支持下，诸多民族建立起割据政权，整个北方进入漫长的十六国时期，华夏大地的政治局势显得更加扑朔迷离。鹿死谁手，尚未可知！

八　十六国与北方大族统治地位的重建

十六国之名首倡于崔鸿。《魏书·崔光传》附《崔鸿传》记载：

> （崔）鸿乃撰为《十六国春秋》。……表曰：“……自晋永宁以后，虽所在称兵，竞自尊树，而能建邦命氏，成为战国者，十有六家。善恶兴灭之形，用兵乖会之势，亦足以垂之将来，昭明劝戒。但诸史残缺，体制全亏，编录纷谬，繁略失所，宜审正不同，定为一书。”

崔鸿所谓的十六国，是取其“能建邦命氏，成为战国者”，可见非全是“五胡”所建。按诸国所处的方位，大致可分为四部分：华北二赵（前赵、后赵）；西部三秦（前秦、西秦、后秦）加夏；西北五凉（前凉、西凉、南凉、北凉、后凉）；东部四燕（前燕、南燕、北燕、后燕）；西南成汉。详见表3–17所示。

表 3–17　十六国政权表

区域	国名	创始者	族属	国祚	国运
华北	前赵	刘渊	匈奴	公元 304—329 年	亡于后赵
	后赵	石勒	“羯胡”	公元 329—350 年	亡于前燕
西部	前秦	苻坚	氐	公元 351—394 年	亡于后秦
	后秦	姚苌	羌	公元 384—417 年	亡于东晋
	西秦	乞伏乾归	鲜卑	公元 385—400 年 公元 409—431 年	亡于夏
	夏	赫连勃勃	匈奴	公元 407—431 年	亡于北魏
西北	前凉	张氏	汉	公元 317—376 年	亡于前秦
	后凉	吕光	氐	公元 386—403 年	亡于后秦
	西凉	李嵩	汉	公元 400—421 年	亡于北凉
	南凉	秃发乌孤	鲜卑	公元 397—414 年	亡于西秦
	北凉	沮渠蒙逊	匈奴	公元 397—460 年	亡于北魏
东部	前燕	慕容廆	鲜卑	公元 337—370 年	亡于前秦
	后燕	慕容垂	鲜卑	公元 384—407 年	篡于北燕
	南燕	慕容德	鲜卑	公元 400—410 年	亡于东晋
	北燕	冯跋	汉	公元 407—436 年	亡于北魏
西南	成汉	李雄	氐	公元 304—347 年	亡于东晋

可以看出，十六国政权错综复杂，变幻莫测，各国领土也呈现出变动不居的状态。其疆域变迁详见表 3–18 所示。

表 3–18　十六国政权疆域变迁表

区域	国名	国都	疆域变迁
华北	前赵	离石 长安	刘渊、刘聪据离石（今山西离石），称“汉”；刘曜迁长安，改汉为“赵”。 疆域最盛时，东不过太行，南不越嵩、洛，西不逾陇坻，北不出汾、晋。大致包含今山西、河南、陕西三省各一部
	后赵	襄国 邺	石勒、石虎据襄国（今河北邢台），称“赵”；冉闵据邺（今河南临漳），改赵为“魏”。 疆域最盛时，南临淮、汉，东接东海，西至河西，北尽燕、代。大致包含今华北大部

续表

区域	国名	国都	疆域变迁
西部	前秦	长安	苻坚曾短暂统一北方诸国。 疆域最盛时，南至邛、樊，东抵淮、泗，西达西域，北尽大碛。大致包含今华北全部及西南部分，并宰制西域
	后秦	长安	疆域最盛时，南至汉川，东逾汝、颍，西控西河，北守上郡。大致包含今陕西、甘肃、河南三省各一部
	西秦	苑川	乞伏乾归据苑川（今甘肃靖远）。 疆域最盛时，西逾浩亹（今青海西宁附近），东抵陇坻，北距黄河，南略吐谷浑（今青海一带）。大致包含今甘肃西南部，兼有青海大部分
	夏	统万	赫连勃勃据统万（在今陕西横山）。 疆域最盛时，南阻秦岭，东守蒲津，西占秦、陇，北薄于河。大致包含今陕西、甘肃、内蒙古三省（区）各一部，兼有山西部分
西北	前凉	河西	疆域最盛时，南逾河、湟，东至秦、陇，西囊葱岭，北临居延（今内蒙古境内）。大致包含今陕西、甘肃、青海、新疆四省（区）各一部
	后凉	姑臧	吕光居姑臧（在今甘肃武威）。 建国初期继承了前凉的领土，后国土日削，唯剩数郡
	西凉	敦煌	疆域狭小，大致包含今甘肃西北部地
	南凉	乐都	秃发乌孤据乐都（今青海西宁附近）。 疆域最盛时，东有金城，西至西海，南占河、湟，北有广武（今甘肃古浪附近）。大致包含今甘肃、青海二省各一部
	北凉	张掖	疆域最盛时，西控西域，东尽河、湟。大致包含今甘肃、新疆二省（区）各一部
东部	前燕	辽东	疆域最盛时，南至汝、颍，东尽青、齐，南坻崤山，北守云中。大致包含今河北、山东、山西、河南、辽宁五省各一部
	后燕	中山	慕容垂据中山（在今河北定县）。 疆域最盛时，南至琅邪，东临辽海，西抵河、汾，北接燕、代。较前燕疆域略为缩减
	南燕	广固	慕容德据广固（今山东益都）。 疆域最盛时，东至东海，南临泗上，西有巨鹿，北接于河。大致包含今山东、河南二省各一部
	北燕	和龙	冯跋据和龙（今吉林朝阳附近），沿袭后燕一部分疆域

续表

区域	国名	国都	疆域变迁
西南	成汉	蜀	李雄据蜀（在今成都），称“成”；李寿寻改称“汉”。 疆域最盛时，东守三峡，南兼僰、爨，西尽岷、邛，北据南郑。大致包含今四川全境，兼有今陕西、云南、贵州三省各一部

可以看出，十六国疆域以后赵、前秦较广，而前秦尤盛，几乎与晋室相对而成南北朝之势。

根据以上两表所示，十六国政权大致分为三个时期：前期为二赵对立，直至后赵独大；中期为前燕与前秦对立，直到前秦独盛；后期为后秦与后燕对立。这三个阶段恰恰反映了大族与十六国政权关系的演变，即从对立走向弥合，从弥合走向接纳，再从接纳走向融合。

前赵、后赵、成汉、前凉，属于十六国政权的前期阶段。尤其是前赵和后赵，都遭受了内部的倾轧与冲突，这很容易使他们国家的内部机构呈现不稳定的状态，进而崩溃和瓦解。不稳定的国家结构会导致一种必然性，要求本质上属于匈奴贵族家族内部事务的治理方式，不仅要去适应官僚体制帝国的要求，还要适应匈奴首领及其统治下的其他少数民族首领间持续的竞争，更要本族统治者去适应汉族士大夫的行为模式。而最后一点尤为重要。

北方的士大夫经过若干年的演化，已成为集政治、经济和思想资源为一体的混合体，形成了若干世家大族。因此，这些建立政权的“蛮族”首领要想维持国家的稳定，必须学会处理好与大族间的微妙关系，不仅要在各级行政部门任用他们，同时又要削弱和限制这些士大夫的权力和影响力。可以看到，中国北方最初几个民族政权都很短命，同时也极不稳定，一个重要原因就是缺少和汉人以及大族之间的沟通，而仅仅凭借军事暴力和扩张领土作为维持权力的手段。

前赵在其统治区域不仅通过“胡汉分治”的方式来管理俘虏来的“六夷”和汉人，还建立了“胡汉分治”的军事化制度。不仅如此，在前赵统治初期，为了笼络本族人民，特别是贵族，刘氏大肆屠杀汉族士庶官员。比如，刘曜、王弥进入洛阳，竟一次杀害了三万多士庶官吏。愍帝被俘后，刘曜将尚书辛宾等及诸郡守悉数杀害。

后赵继续沿用“胡汉分治”的模式。不仅如此，这些政权还残留着极深的氏族社会的影子，比如石勒不仅称赵王，还称大单于。而且石勒对大单于职位更为重视，因为当时的军队虽也强迫汉人参加，但其主力却是在“六夷”中征发，而单于有指挥他们的职权。对普通汉人尚且如此，更何况对世家大族了。于是，后赵成为一个以恐怖而被载入历史的王朝，尤其是在石虎（公元333—349年）统治时期，汉人与“胡人”的矛盾达到高潮。比如，石勒大破司马越后，将被俘虏的诸王公卿一律杀害，位居三公的王衍也被排墙压死。

可见在当时，诸如刘氏和石勒这样的民族首领还不想争取与世家大族合作。当然，这些民族军阀因与汉族，尤其是汉族官僚的宿怨较深，处于敌对状态，他们排斥汉人也是情有可原的。但是，当他们完成原始积累，需要巩固政权时，态度随即发生了转变。这种转变没有特别明晰的时间点，因为杀戮往往伴随着“怀柔”，创业期以杀戮为主，守业期以怀柔为先。更何况作为旧势力的大族在社会和政治生活中扮演着非同寻常的角色。

前述提到，从东汉至魏晋最基本的统治群体是世家大族，由大族演化出的两类人物构成了朝廷的权力精英。一类是以强宗豪族为核心的地方武力集团，就是堡坞主，晋末之乱时，这类地方武装在北方普遍建立起来；第二类是具有较高文化水平，熟悉治国理政方略的士大夫。当然，在有些时候，两者常常合二为一，即以士大夫兼任堡坞主。刘渊、石勒起事之初，由于“胡人”及其首领对汉族官员的仇恨，那些堡坞主及士大夫也曾是他们杀戮的对象，这必然激起大族对“胡人”的敌视。他们或者聚集起分散的武装力量来对抗“胡人”；或者为避乱，逃亡至汉族势力比较强大的江南、辽东西、凉州等地，这些地区不仅承认晋政权，也承认政权的维护者世家大族的旧有地位。

可见，新的民族政权在进行完毫无理智的屠杀后，突然意识到，要想统治地域广大的领土和人口众多的民众，特别是汉地和汉族人民，绝不能单靠武力，必须取得固有统治力量，即那些世家大族、堡坞豪帅以及各族部落首领的支持，这样才能完成蜕变，形成先进的国家治理模式。

首先做出转变的是刘曜。虽然他的前任刘渊和刘聪对大族并不友好，但刘曜还是在继位后设立了太学、小学，而且还任命品学兼优者为郎中。这些学生显然以本族贵戚与汉世族子弟为主，比如秦州和雍州的地方大族。

石勒在攻陷幽州之前，对世族也没有特别的优待。但当他占领幽州后，有了夺取刘氏江山的野心，对大族的态度随即发生转变。公元314年石勒将被掳的几个士大夫带到襄国去，并委以官职。称赵王后，更是提拔了一些士大夫担任要职。《晋书·石勒载记》记赵王下令“不得侮易衣冠华族”，这显然是将大族剔出了被侮辱的汉人之列。

石勒的转变还不止于此，更为重要的是他恢复了九品制度。此制的恢复，标志着世族重新取得了免除徭役与选举的特权。之后，政府又颁布了“招贤”令，所谓“贤”，主要指地方大族子弟。此外，石勒又设立了太学、四门学、郡国学，学生依然是“胡汉”将佐以及汉地方大族子弟。显然，石勒是想在新旧势力内部培养和选拔人才。

不仅石勒，就是以残暴著称的石虎，在继位后也立即承认大族的特权，其中最重要的是又一次重申了九品制。不久，对大族的优待又扩大到关中，比如在平刘曜时俘虏的秦、雍大族，此时也与中原大族一样享受特权了。除此之外，石虎又下令诸郡国设五经博士，又在大学、小学的基础上置大小学博士，还增置了国子博士助教。

可见，在刘曜统治时期以及石勒称赵王以后，两个政权基本沿用魏晋时期的旧制，对大族的特权也给予了一定程度的保护。但是，前赵和后赵毕竟处于十六国时代的前期，他们与汉人，尤其是地方大族之间的矛盾并没有消失。比如，胡酋贵族劫掠财富以及残酷的统治方式，便与大族的政治理想发生了严重冲突。《晋书·石季龙载记》记载：

> 三辅豪右多杀其令长，拥三十余壁，有众五万以应勋（东晋梁州刺史司马勋）。

可见，豪右堡坞主与石氏的矛盾依然存在，而且有增无减，才引发了他们组团投奔东晋的情况。公元350年后赵戏剧性地走向灭亡，当时石虎收养的汉族孙子冉闵发动了一场叛乱，从而引发了一场史无前例的种族仇杀，不仅石氏家族，所有“羯胡人”都成为这场暴乱的牺牲品。这是当时民族矛盾达到顶峰的实例。

与两赵同期建国的前凉，其建国者张氏出身地方豪族，在立国后依然遵循魏晋之制，重用门阀大族，从而建立起比较稳定的国家治理机制。西南的成汉政权与大族的关系也比较融洽，但正是外来大族与当地大族之间的权力斗争，导致了成汉的衰亡。

但无论怎样，十六国前期，大族与民族政权之间的创伤开始逐渐弥合，出现从敌到友的转变。而到了前秦与前凉对立时期，双方的关系更加融洽，大族开始重回政治舞台，显示出愈加重要的作用。比如，有些大族舍弃石氏，投奔对汉人比较宽容的鲜卑慕容氏和段氏，就是最好的例证。

前述提到，鲜卑贵族为了打击“羯胡”，不得不采取尊晋的策略，实质上就是善待汉人，遵循汉制。前燕在辽东时期就已经招徕流亡人民，而当时的流民即由地方大族率领，所以这些出身世族的士大夫在燕地很受重用，并逐渐将魏晋之制传播到燕地，成为政权的保障。虽然最后慕容氏扔掉了晋朝这面大旗，但并没有破坏与大族之间的合作。《晋书·慕容廆载记》就记载了慕容廆时期重用的大族，文曰：

> 廆乃立郡以统人流；冀州人为冀阳郡，豫州人为成周郡，青州人为营丘郡，并州人为唐国郡。于是推举贤才，委以庶政：
>
> 以河东裴嶷、代郡鲁昌、北平阳耽为谋主；
>
> 北海逄羡、广平游邃、北平西方虔、渤海封抽、西河宋奭、河东裴开为股肱；
>
> 渤海封奕、平原宋该、安定皇甫岌、兰陵缪恺以文章才俊，任居枢要；
>
> 会稽朱左车、太山胡毋翼、鲁国孔纂以旧德清重，引为宾友。
>
> 平原刘赞儒学该通，引为东庠祭酒，其世子皝率国胄束脩受业焉。

以上这些都是当地的大族，其中有不少是率当地流民一起投奔而来的。

因此，慕容廆才置冀阳郡等四郡来安置他们。逐渐，这些汉族士大夫占据了前燕的政治舞台，官职除皇族以外，基本都由汉人担任，且身居要职，而鲜卑和其他各族的人却很少见。这些大族官僚不仅加强了汉人与鲜卑人的关系，而且完善了前燕的国家治理模式，比如推行“九品官人之法”，沿袭门阀之制等，从而加速了燕政权社会改造的步伐。

可见，前燕尚未立国就形成了与士大夫相互依持、共同治理国家的模式，在这种环境下，大族势力在东部有了长足的发展。

这一时期，与前燕鼎足而立的前秦，与大族的关系也呈现出积极的状态。苻生、苻坚两代都推行抑制氐、羌，彰显皇权的政策。而大族在这一过程中起到了重要作用。

苻坚时期，苻氏宗室及氐族内部的矛盾十分突出，这使苻坚有了进一步争取汉士大夫的决心。他最信任的大臣就是汉人王猛，此人出身北海的地方大族，在王猛的影响下，汉人士大夫被大批任用。而且还在制度层面规定了大族的免役特权，还恢复了魏晋的“九品中正制”。

公元 370 年前秦灭前燕，为了巩固新征服地区，苻坚对“关东望族”悉数录用。因为这些望族虽经历“羯胡”、鲜卑、氐族三个政府，但通过自身强大的免疫力以及慕容氏的扶植，依然保持了他们固有的地位和强大的影响力。而苻坚的政策又进一步增强了大族的固有地位。

苻坚对关东大族尚且能优待，更不用说秦、雍大族了。因为前秦起家于西部，定都于长安，可以说秦、雍是苻坚最为牢固的根据地。因此，在苻坚的庇护下，秦、雍当地大族如鱼得水，力量更为壮大了，他们在关中地区不仅有着巨大的号召力，而且还积累了相当数量的武装势力。所以前秦政权瓦解之后，这些大族也分成两派：一派支持苻氏，一派支持姚氏。

其实在苻坚和姚苌爆发冲突前，即姚苌称万年秦王时，已经开始了规模宏大的人事布局。《晋书 · 姚苌载记》记载：

（姚苌）以天水尹详、南安庞演为左右长史；

南安姚晃、尹纬为左右司马；

天水狄伯支、焦虔、梁希、庞魏、任谦为从事中郎；

姜训、阎遵为掾属；

王据、焦世、蒋秀、尹延年、牛双、张乾为参军；

王钦卢、姚方成、王破虏、杨难、尹嵩、裴骑、赵曜、狄广、党删等为帅。

这些人除了少数为羌族外，其余不是天水的大族，就是南安的望姓，共称“西州豪族”，他们成为姚氏建国的核心人物。

苻、姚战争爆发后，这些大族立刻成为双方的坚强后盾。《晋书·苻坚载记下》记载：

关中堡壁三千余所，推平远将军冯翊赵敖为统主，相率结盟，遣兵粮助（苻）坚。

赵敖是关中地区的大族，可见赵氏是支持苻坚的。而姚氏所倚重的，就是他任命的那些大族。《晋书·姚苌载记》记载：

西州豪族尹详、赵曜、王钦卢、牛双、狄广、张乾等率五万余家，咸推苌为盟主。

显而易见，这些大族支持姚、苻两家，无非是想通过战争攫取更多的权力。换句话说，氐、羌两族战争背后的推手正是大族。

可以看出，十六国中期，通过前秦和前燕的扶植，大族势力已经走出了低谷，在中国东部、西部和华北区域基本占据了主导地位。同时，大族与这些政权之间也建立起了相互依存的盟友关系。

公元384年，后秦与后燕同时建国，标志着大族与诸政权的关系进入了新的时期。后秦建立后，这些大族以“佐命元勋”的身份得到了姚氏家族的信赖，发展得更为兴旺。之后的西秦和夏延续了二秦的作风。而后燕和南北燕也基本延续了前燕的精神，与大族的关系更为紧密。

前凉灭亡后，各族豪酋纷纷独立，但无论风云如何变幻，四凉政权依然延续前凉政权的政策，与大族保持了相当紧密的联系。因此，凉州地区的大族依然坚挺，主导着当地的政治走向。比如，赵氏是天水的大族，田氏是西平的望族，还有敦煌的大族张氏，安定的冠姓梁氏，以及凉州的大族张、宋、段三姓，等等。可谓不胜枚举。

不仅如此，四凉政权中还有很多大族虽非汉人，但已经被汉化，成为汉大族的组成部分。比如，《晋书·秃发乌孤载记》记南凉大族中的“杨、梁、史、金、薛”，以及“阴、郭、张、赵、苏”即是有藩姓嫌疑的秦、雍、凉大族，但已完全汉化。

大族在十六国后期的发展可谓遍地开花，繁殖力惊人。这些都喻示着，大族势力已彻底征服北方，重新成为社会和政治的主导力量。

可以看出，大族在十六国时期，走过了一条艰难而曲折的道路。从前期的被压制、做配角；到中期的不断壮大，重新回归政治舞台；再到后期重新成为北方中国的主导力量。这些充分显示了大族顽强而长久的生命力。正是在这些大族的支持下，诸国建立起比较稳定的国家治理模式，这使各国之间的制度差距不断缩小，从而保持了他们之间制度的连续性，这都为北魏的统一奠定了群体和制度基础。而被“五胡”挤出北方的晋王室，同样在南方中国建立了以大族为基础的国家治理模式，他们的故事同样精彩。

九　晋室南渡：世族缔造的王朝

就在北方混乱不堪之际，南方也出现了动荡。第一拨打击是公元 303 年爆发的“石冰之乱”。此乱的经过是这样的：盘踞于今湖北的张昌纠集了一批亡命士兵和流民发动了叛乱，并迅速蔓延至各地。张昌的部下石冰率领的叛军攻打到长江下游，使江南陷入混乱之中。对此，江南的豪强感到了极大的威胁，于是便拥戴吴郡大族顾秘，同时以阳羡豪强周玘为首领讨伐石冰。著名的玄学家葛洪也率领数百人的队伍，参加了讨伐石冰的行动。公元 304 年 2 月，在江南豪族联军和江北政府军的双重打击下，石冰之乱平息。

叛乱结束后，江南豪强既“不言功赏”，也“不论战功”，立即解散了联军，然后返回各自的乡里。可见，江南大族只关心自己在故乡的根基是否安稳，并无利用战功获得政治权力的企图。可是，一波更大的灾难汹涌而来。公元 305 年，在平息石冰之乱中立下大功的西晋下级官吏陈敏，以其战功从广陵国相升至右将军假节前锋都督。当他看到八王之乱给中原带来的震荡后，便举起了反晋的大旗，企图割据江南。为此，陈敏希望得到江南豪强的支持，可是江南豪强对陈敏并无好感，西晋政府也乘机拉拢顾荣等人。公元 307 年，在江南豪强的打击下，陈敏兵败被杀。

就在陈敏被杀四个月后，琅邪王司马睿被任命为“安东将军”兼都督扬州江南诸军事。公元 307 年 9 月，司马睿在王导的陪同下抵达江南，屯兵于孙吴的旧都建业（今南京附近）。同年，永嘉之乱爆发，长江中下游地区的原吴国故地便成为南渡大族的首选避难地。

北方人口的大批南迁始于公元 310 年，特别是公元 311 年洛阳陷落时，有三万多人南逃，其中许多是士大夫。这些被迫流亡的顶级大族基本被司马睿收拢。由于刘渊忙于巩固新生政权，加之长江巨大的天然屏障恰好弥补了薄弱的南方军事力量，使得这些南渡的大族逐渐成为这片相对和平环境下即将诞生的新政权的核心群体。

公元 310 至 317 年，是北方人口南迁的高峰期，在王导的主持下，他将很多流亡至南方的“贤达”吸收进政府和自己的势力集团，这些南渡的士大夫被称为“侨姓大族”。同时，王导还取得了南方当地头面士大夫的支持。这些人的祖先曾是孙吴政权的高官，他们在当地声名显赫，被称为“土著大族”。

这些本地大族，最初对这些可能威胁到他们特权的新兴势力非常敌视，两者在种族、地域、文化、宗教、社会阶层、观念以及实际利益上有着冲突。换句话说，从东汉时期开始，北方士大夫对扬、荆、益三州的士族就十分轻视，双方遂有了嫌隙。他们的矛盾在东汉末至西晋初以战争的形式爆发了。孙氏起家，第一个被孙坚杀害的北方大族，就是荆州刺史王睿，至此，孙氏成为江东大族的代言人。之后，以袁绍、曹操和刘景升等为代表的北方大族，开始与以孙氏为代言人的江东大族展开长期的博弈。因而，早在孙吴时期，南方大族对北方世族就有一种复杂的感情，既羡慕与钦佩，又嫉妒与仇视。但这些都属非本质的矛盾，可以调和，因为在本质上，孙吴与西晋均为世族专政，具有相同的群体属性。

《晋书·华谭传》记载晋平吴后，晋武帝曾以“吴人趑雎，屡作妖寇”，以及“吴人轻锐，难安易动”问策华谭。武帝所说的“吴人”，显然是指吴地的大族。可见即使平吴后，北方大族对南方士族依然抱有成见，认为他们是狂妄凶暴、很难驯服的群体。华谭则认为“吴始初附，未改其化”，原因非“吴人易动”。针对这种情况，他的对策是：

> 所安之计，当先筹其人士，使云翔闾阖，进其贤才，待以异礼。

这显然是一种怀柔策略。《晋书·刘颂传》记刘颂上疏也主张任用吴人，他认为：“孙氏为国，文武众职，数拟天朝，一旦堙替，同于编户。”因此要采取“用怀不靖”的安抚政策，即派藩王在吴地建国，“随才授任，文武并叙”，这才是因地制宜的良策。

《晋书·贺循传》记吴郡大族陆机到洛阳任著作郎，他曾上疏朝廷举荐贺循、郭讷。陆机说：

> （贺循、郭讷）皆出自新邦，朝无知己……今扬州无郎，而荆州江南乃无一人为京城职者，诚非圣朝待四方之本心。至于才望资品，（贺）循可尚书郎，（郭）讷可太子洗马、舍人。

可以看出，晋平吴后，因为相同的群体属性，吴人对洛阳士族表示出钦慕，而朝廷也有起用吴人之意，两者的隔阂开始逐渐消除。就在双方摒弃前嫌，准备联合之际，八王之乱爆发，起用吴人的政策被迫停顿下来。但这些措施都为两者的妥协和联合创造了条件，下面的工作就留给东晋去做了。

前述提到，在东晋建国江东之前，庐江陈敏乘北方大乱之际，已抢先占据了江东，但基业未定，便宣告破产。为何陈敏没有像孙氏一样垂统江东呢？原因很简单，因为陈敏出身不好。《晋书·陈敏传》记载：

陈敏字令通，庐江人也。少有干能，以郡廉吏补尚书仓部令史。……（晋）惠帝幸（迁都）长安，四方交争，敏遂有割据江东之志。……会吴王常侍甘卓自洛（阳）至，（陈敏）教卓假称黄太弟命，拜敏为扬州刺史，并假江东首望顾荣等四十余人为将军、郡守，荣并伪从之。

所谓“江东首望”，即江东顶级大族。而陈敏出身寒门，既不是名士，也非武力豪族，不过是一个微末小吏而已。此人靠着非法手段，怂恿甘卓假传王旨，窃取了刺史一职。而顾荣身为江东大族的首领，自然不肯屈就陈敏之下，只是慑于陈敏扬州刺史的身份，先假意“从之”。《晋书·华谭传》说：“顾荣先受（陈）敏官，而潜谋图之。”可见，以顾荣为代表的江东大族与陈敏的关系缺乏牢固的群体基础。

很快，东海王司马越及参谋华谭得知陈敏抢先一步占据了江东，更让他们惊慌的是，顾荣等江东大族居然都接受了陈敏的官爵，这对同样窥伺江东的司马越而言是决不能容忍的。于是，华谭致书顾荣说：

陈敏仓部令史，七第顽冗，六品下才，欲蹑桓王（孙策）之高踪，蹈大帝（孙权）之绝轨，远度诸贤，犹当未许也。

这段话充分体现了大族对寒族的鄙视，大族认为寒族不仅门第低下，而且才能拙劣，这样的人还想效仿孙策、孙权的功绩，鼎霸一方，天下贤士是绝不会同意的。而顾荣与他们合作，也会被“诸贤”所耻笑，这恰好击中了顾荣等人的要害。接着，华谭又添一把火，恐吓说：

诸君（顾荣等）垂头不能建翟义之谋，而顾生俛眉，已受羁绊之辱……何颜见中州之士耶！……周玘、顾荣之徒常惧祸败，又得谭书，皆有惭色。……玘、荣又说甘卓，卓遂背敏……敏单骑东奔至江乘，为义兵所斩。

对顾荣等人震慑最大就是“何颜见中州之士”这句话，华谭之所以这样说，就是要提醒顾、周的群体属性，如果他们一意孤行，就将其驱逐出世家大族群体，这对一向羡慕北方大族的江东士族而言，无异于灭顶之灾。于是，顾荣等立刻背弃陈敏，归向晋朝，其实就是投靠北方大族了。

可以看出，陈敏的失败是因为失去了江东大族的支持。而孙氏出身地方豪族，得到了江东豪宗的拥戴，所以能鼎足东南。同样，刘表因得到了蔡瑁等大族的支持，方能在荆州立足；刘备因为豪族法正、张松等人的拥戴，方能夺取益州，鼎立西南。可以说，得豪族者得天下，这是当时的潮流。所以，对于江东豪族来说，他们宁可拥戴有共同群体属性的司马氏立国于孙吴旧境，也不愿与陈敏这样的寒族为伍。

但光有相同的群体属性还不行，这只是客观条件，要想将南北大族黏合在一起，还需要主观努力，而王导很好地完成了这个任务。

在东晋的建立与稳定上，最有功绩的人非王导莫属，他的最大功绩就是笼络吴人，并协调南北各阶层，特别是南北大族在南方的利益分配，从而建立起“门阀专权”的国家治理模式，以坚定地支持东晋对北方民族政权的进攻，进而光复神州。

前述提到，司马睿（公元276—323年）和王导到建业之初，吴人十分敏感，连续几个月，包括吴地大族在内的士庶没一个人来拜访琅邪王。这种形势让王导十分焦虑，因为他明白，得不到这些土著大族的支持，甭想立足江东。但王导又看到，南北大族的隔阂只是表面的，双方有着相互接纳的基础。因为来江东避难的晋王室和士大夫，大多为曹魏末年拥戴司马氏集团的儒学大族的子孙，他们与吴地大族虽各居南北，却有着相似的阶层属性和思想信仰（名教）。顾荣等弃陈敏而归晋朝就是最好的例证。但若没有宏广的政治魄力和高超的政治手腕，南北大族的合作尚不知何日可成。于是，王导开始采

▲唐　阎立本　历代帝王图之刘备

取行动了，他的连环策略分成两步：第一步使“硬”，即震慑；第二步用“软”，即怀柔。《晋书·王导传》记载：

> 会三月上巳，帝亲观禊，乘肩举，具威仪，（王）敦、（王）导及诸名胜皆骑从。吴人纪瞻、顾荣皆江南之望，窃觇之，见其如此，咸惊惧，乃相率拜于道左。

显然，第一步是要在这些土著大族面前显示王室的威仪，从物质层面震慑他们，使其产生畏惧、钦慕之心。但这只能收“行”，而难以收心。于是，王导又给司马睿出了收心之策：

> （王）导因进计曰：“古之王者，莫不宾礼故老，存问风俗，虚己倾心，以招俊乂。况天下丧乱，九州分裂，大业草创，急于得人者乎！顾荣、贺循，此土之望，未若引之以结人心。二子既至，则无不来矣。”帝乃使（王）导躬造循、荣，二人皆应命而至，由是吴会风靡，百姓归心焉。自此以后，渐相崇奉，君臣之礼始定。

可见，收心才是王导的目的，如果没有他亲自去请贺循、顾荣出来做官，以顾、贺二族的身份和傲气，断然不会归附新朝。但是，这还不是王导的终极目标，他要的是收江东士族之心，顾、贺只是他达成目标的其中一步而已。当然，王导的愿望没有落空，经过他的努力，南北大族的关系有了转机，建都江东有了保障。

公元 317 年，新都已更名为建康，同年，在南北大族的拥立下，司马睿称帝（公元 317—323 年在位）。从 311 年被拜为镇东大将军，到 313 年被任命为丞相，再到 317 年升为晋王，最后登基称帝，司马睿的地位可谓节节高升。而东晋的建立，事实上标志着南北分裂时代的开始，也标志着晋室承认了北方民族政权，更喻示着江南政治社会等级秩序的确立。同时，为了应对内外局势，新政府不得不仓促地完成了官僚机器的组建。第二年，政府官员已达二十万之众。而这些士大夫的领袖和朝廷的实际掌权者，除了晋元帝，当属王导（公元 276—339 年），他很快便成为站着的“皇帝”。

新政权建立后，新问题又出现了。虽然江东大族已然归附，但晋元帝和王导依然惴惴不安。实际上，他们代表了侨姓大族，因为两人是这些士大夫的领袖。当然，君主和臣子的忐忑不安是可以理解的，毕竟他们饱尝过颠沛流离的生活，更何况他们现在还处于江东大族的势力范围。因此，侨姓大族急需和土著大族签订一份协议书，这样他们才能安心地在江东居住。《世说新语·言语》记载：

元帝始过江，谓顾（荣）骠骑（将军）曰：“寄人国土，心常怀惭。”荣跪对曰：“臣闻王者以天下为家，是以耿、亳无定处，九鼎迁洛邑，愿陛下勿以迁都为念。”

所谓“国土”，即孙吴故地；所谓“人”，即以顾氏为代表的江东大族。从君臣的对话中，可以看出北人当时的心理状态和南人对此的态度，实际上双方试图达成一种心理契约。晋元帝很婉转地发出了要约，希望能在此长期居住；顾荣则很含蓄地接受了要约，允许北人寄居江东，并同意合作。最后，又形成了勠力王室、共御外敌的原则性条款。这个契约最终奠定了东晋南北朝三百年的政治格局。

显然，这个契约又是在王导的策划下形成的。《世说新语·言语》说：

过江诸人，每至美日，辄相邀新亭，藉卉饮宴。周侯（周颉）中坐而叹曰：“风景不殊，正自有山河之异。”皆相视流泪，唯王丞相（王导）愀然变色曰：“当共勠力王室，克复神州，何至作楚囚相对！”

王导笼络士人的撒手锏，就是“共勠力王室，克复神州”，只有这样，方能消除南北世族的隔阂，使他们朝一个方向前进。

这样，通过主观条件的催化，客观条件被激活，南北两大势力集团摒弃前嫌，保持了大体上的和平局面，这些都为新政权的发展和巩固奠定了基础。

南北大族契约既定，东晋王朝也已建立，但要想维护好南北大族的关系，以巩固新政权，则是一件艰苦、细致和长期的工作，在这方面，王导又起了巨大作用，可谓用心良苦。比如，《世说新语·方正》记载王导曾求婚江东大族陆玩；《排调》又记载王导为了笼络吴人，不惜屈尊说吴语，因此被北方名士讥笑。因为吴语是侨姓大族和土著大族共同鄙视的方言。王导笼络吴地大族的手段可谓屡试不爽，卓见成效，但也有例外，比如义兴强族周氏的反晋事件。

前述提到，至东晋初年，江东大族可以分为两类：一类称为“名士大族”，如吴郡顾氏等；一类称为“武力强宗”，如义兴周氏等。

晋元帝和王导如何应对这场冲突呢？显而易见，依然是联合。之所以这样委曲求全，不仅在于周氏势力强劲，更在于他是所有武力大族的领袖，如果处理不当，必然引发吴地所有武力强宗的组团对抗。这显然与朝廷“共勠力王室，克复神州”的目标相左。因此，绥靖退让反而是最好的策略。

通过王导的一系列操作，司马氏与北方大族最终得以在吴地立足，“君臣之礼始定”的局面形成。更为重要的是，在王导的设计下，门阀专权的国家治理模式形成。从孙吴开始至唐初期，中古时代的国家承袭的都是以皇室为首的门阀大族联合执政的治理模式，它成为两汉君主封建制向官僚君主制演化的过渡期。而东晋在秉承这一原则的同时，却有着自己的特点。

南北朝，包含孙吴与西晋，国家治理模式的特点，是皇室作为一个最强大的家族凌驾于其他家族之上，虽然皇族对诸大族没有专有的控制权，但无论是在朝廷还是在地方，宗室都居于相对优势的地位。

东晋却不同，随着晋元帝的早逝，皇帝最终演化为一个徒有虚名的权威象征。在东晋的十一位皇帝中，仅有六位在位时间超过六年，而且他们中的几位被当时的势力集团推上皇位时，还只是个孩子。而在都城以外的边远州县，司马氏家族的影响力更是微乎其微，被封为“王”的皇帝近亲，大都被身为“督军”的地方军阀控制。这些王中仅有一位司马道子在东晋政治史上发挥过重要作用。可见，在东晋（公元 317—420 年）历史上，宗室处于无权的地位，司马氏并非最强大的家族，早期最强大的家族是王氏，以后是庾氏、桓氏和谢氏。东晋大族专权的历程分四个阶段，详见表 3-19 所示。

表 3-19　东晋大族专权表

<table>
<tr><th>专权大族</th><th>皇帝</th></tr>
<tr><td colspan="2">第一阶段</td></tr>
<tr><td>王氏：王导、王敦
约公元 310—325 年</td><td>元帝：公元 317—323 年
明帝：公元 323—325 年</td></tr>
<tr><td colspan="2">第二阶段</td></tr>
<tr><td>庾氏：庾亮、庾冰、庾翼
约公元 325—345 年</td><td>成帝：公元 325—343 年
康帝：公元 343—345 年</td></tr>
<tr><td>何充打破了庾氏专权，扶持桓氏和褚氏，何氏短暂专权（公元 345—346 年）</td><td>穆帝：公元 345—346 年</td></tr>
<tr><td colspan="2">第三阶段</td></tr>
<tr><td>桓氏：桓温
公元 346—373 年</td><td>穆帝：公元 346—361 年
哀帝：公元 362—366 年
废帝：公元 366—371 年
简文帝：公元 371—373 年</td></tr>
<tr><td>谢氏：谢安
公元 373—385 年</td><td>孝武帝：公元 373—397 年</td></tr>
<tr><td>司马道子、桓玄之争
公元 385—403 年</td><td>安帝：公元 397—403 年</td></tr>
<tr><td colspan="2">第四阶段</td></tr>
<tr><td colspan="2">公元 403—404 年桓玄篡权失败。刘裕靠着驱逐桓玄恢复晋室而掌握了权力</td></tr>
<tr><td>刘氏：刘裕
公元 404—420 年</td><td>安帝：公元 404—419 年
恭帝：公元 419—420 年</td></tr>
<tr><td colspan="2">公元 420 年刘裕废黜恭帝，建立刘宋（公元 420—479 年）</td></tr>
</table>

可见，在西晋，出将入相的主要是司马氏子弟，而东晋王、庾、桓、谢才是真正意义上的专权者。东晋晚期，司马道子和司马元显父子企图削弱方镇，组织自己的武装力量，打破非司马氏家族专权的局面，最终以失败告终。当然，与司马道子争权的桓玄实际上也是失败者。因为双方的权力斗争，给了次等士族可乘之机，而刘裕作为这个群体的代表，就是在大族争斗的夹缝中脱颖而出的一股势力。

十　貌合神离：大族与皇权的暗斗

东晋政治史是门阀大族治理模式的一种极端化变体，也是整个魏晋南北朝时代皇权最为弱势的时期。通过表3–19，可以窥探出大族与皇权，大族与大族之间权力变化的规律。具体来说，第一阶段的特点是形式上的大族与皇帝共治。公元322至324年的王敦之乱，标志着共治局面的结束。第二阶段和第三阶段进入大族统治时期。第四阶段表现为寒族与大族之间的政治博弈。

前述提到，西晋建立了以皇权为首的，皇室与门阀大族联合执政的国家治理模式。司马氏家族得以凌驾于诸大族之上的权力法源表现在三个方面：一是司马氏本身就是大族，与诸大族具有相同的群体属性；二是由于司马氏的君主地位；三是因为司马氏掌握了内外军政大权。东晋建国伊始，在形式上继承了西晋的治理模式，但本质上却与西晋有着巨大的差异。

永嘉之乱后的司马氏家族可谓羽翼凋零，毫无实力，琅邪王只得在王导的保护下“五马渡江”，此时的他几乎是孑然一身北漂至江东，立刻就陷入南北大族的包围之中。司马睿能君临江南，是因为在民族政权的压迫下，晋朝尚能成为汉族政权的象征，北方侨姓大族只能在晋朝的旗帜下立足江南。同样，南方土著大族也只能在晋朝的大旗下抗击北方势力的侵袭。而此时，只有司马氏家族带有帝室的权力象征，其他大族尚不具备这一身份符号。因此，南北大族只有保护这杆大旗，才能使自身利益得到保护。这就是王导将“共勠力王室，克复神州”作为笼络士族的口号的原因。

司马睿对当时的政治形势和自己的处境洞若观火，他知道自己在江东是“寄人国土”。《晋书·王敦传》记载：

（元）帝初镇江东，威名未著，敦与从弟导等同心翼戴，以隆中兴。时人为之语曰：“王与马，共天下。”

《晋书·王导传》记司马睿登基时：

百官陪列，命导升御床共坐，导固辞，至于三四……帝乃止。

晋元帝要和王导一起登上御座，这在中国历史上也是空前绝后的举动，“王与马，共天下”更是一种少有的治理模式。显然，这位皇帝是不安心于现状的，总是试图彰显皇权，使士人，特别是大族感受到他的存在，这样必然要与扶植他的王氏产生矛盾，终于引发王敦之乱。

晋元帝为了改变君弱臣强的局面，也为了避免与王氏等大族发生正面冲突，突然抛弃了“本诸生家，传礼来久”的儒学传统，开始大肆宣扬“申韩”。《晋书·阮籍传》附《从孙（阮）孚传》说：

（阮孚）避乱渡江，元帝以为安东参军。蓬发饮酒，不以王务婴心，时帝既用申韩以救世，而孚之徒未能弃也。

晋元帝推行申韩之学，表面看是为了纠正从洛阳带来的大族群体放荡任诞的风气，实则还有更深的用意。《晋书·庾亮传》记载晋元帝：

方任刑法，以韩子赐皇太子。亮谏以申韩刻薄伤化，不足留圣心，太子甚纳焉。

可见，纠正任诞之风是为任用刑法做铺垫，即用刑法来约束大族的行为，从而彰显君权。但这远远不够，与任用刑法相连的是整顿吏治。《晋书·元帝纪》记载，大兴元年（公元318年），晋元帝曾两次下令整顿吏治。第一次是在三月，诏令说：

及当官软弱，茹柔吐刚，行身秽浊，修饰时誉者各以名闻。

第二次诏令是在七月，令曰：

二千石令长当祗奉旧宪，正身明法，抑齐豪强……州牧刺史当互相检察，不得顾私亏公……若有不举，当受故纵蔽善之罪；有而不知，当受暗塞之责。各明慎奉行。

第一道诏令含沙射影地指向了大族，潜台词就是说他们沽名钓誉，徒有虚名。第二道诏令显然是要各级官吏联合抵制“豪强”大族的势力。显然，两道诏令名义上是整顿吏治，实际上是整顿大族。

可见，晋元帝“用申韩以救世”不是为了挽救世风，而是为了挽救被大族侵袭的君权，换句话说，就是要用这个举措压制和打击世族势力。而协助晋元帝贯彻这个政策的是刘隗和刁协。

刘隗和刁协是当时士大夫中的头面人物，在朝廷上有一定的影响力，因而得到了晋元帝的宠信。《晋书·刘隗传》记载：

太兴初……（刘隗）寻代薛兼为丹阳尹，与尚书令刁协并为元帝所宠，欲排抑豪强。诸刻碎之政，皆云隗、协所建。隗虽在外（任丹阳尹），万机秘密皆豫闻之。

晋元帝为何要舍王寻而重用刘、刁呢？原因很简单，因为他试图推行的“用申韩”驾驭和抑制大族的政策不可能通过身为丞相的王导贯彻落实。这不仅与王导所提倡的“务在清静”的为政理念相冲突，还触犯了大族的利益。《太平御览》引何法盛《晋中兴书》记王导说：

中宗（晋元帝）迁镇建康，以导为谋主，推心亲任。于是朝野倾心，号曰“仲父”，导忠于事上，违于从政，以百六之弊，寄寓江左，为治之本，务在清静。

不仅如此，王导“务在清静”的理念与南方大族的想法一致。《晋书·顾和传》记顾和对王导说：“明公作辅，宁使网漏吞舟，何缘采听风闻，以察察为政。”显然，顾和是反对“察察为政”和“用申韩”的。更为重要的是，顾氏是吴郡顶级大族，顾和又是顾荣的族子，他的议论在大族中具有一定的代表性。

王导除了主张“务在清静”，还主张宽政，这又与顾和的“宁使网漏吞舟”的观点一致。他们所谓的宽政，实际上就是放任官吏贪污，纵容大族扩张势力。

可以看出，作为南北大族代表的王导，他的主张与晋元帝抑制豪族的政策是水火不相容的。既然当朝丞相不能完成君主的使命，皇帝只有另选他人了，因而使刘隗和刁协登上了政治舞台。

《晋书·刘隗传》记刘隗在西晋末年已是彭城内史，晋元帝时为丞相，他“弹奏不畏强暴御”，就连王氏族人也敢弹劾：

南中郎将王含以族强显贵，骄傲自恣，一请参佐及守长二十许人，多取非其才。隗弹奏文致甚苦，事虽被寝，王氏深忌疾之。

不仅王含，王导和王敦的从侄王籍之因为居叔母丧而婚，也被刘隗弹劾。为了打击王氏，刘隗还弹劾过义兴大族周筵等，从而迫使王导提交请辞报告，最终被免予追究责任。这明显是晋元帝和刘隗自编自导自演的闹剧，目的是震慑王氏等大族。

《世说新语·考异》记载：

（晋元帝）以法御下，明于黜陟……桂阳太守程甫，王敦所私，奢侈逾度……斩之；永康令胡毋崇侵横百姓，惧罪亡徒……除名为民。

程甫、胡毋崇皆出身大族，而且与王氏关系密切，晋元帝借机将其处刑，这大概率是刘隗或刁协的策划。

《晋书·刁协传》称刁协“永嘉初为河南尹”，但因乱没有就职，而是逃往江东。司马睿称晋王后，任命刁协为尚书左仆射，当时朝廷的礼仪制度都由此人负责修订。司马睿登基后，立刻任命他为尚书令。《刁协传》记载：

> 协性刚悍，与物多忤，每崇上抑下，故为王氏所疾。又使酒放肆，侵毁公卿，见者莫不侧目。然悉力尽心，志在匡救，帝甚信任之。

于是，在刘隗和刁协的努力下，晋元帝抑制大族的措施还是产生了一定的成效。但是，由于大族势力强劲，晋元帝也不得不采取妥协的策略。

《晋书·蔡豹传》记蔡豹奉命进击叛军将泰山太守徐龛，当时都督泰山的是羊鉴。蔡豹要求羊鉴进军，羊鉴就是不出兵，因而遭到刁协的弹劾。朝廷下令判羊鉴死罪，但事情却不那么简单。羊鉴出身泰山大族，他不仅是王敦的舅舅，而且当都督还是出于王导的力荐，因而很快就被赦免了死罪。显而易见，刁协是支持晋元帝的，而羊鉴是王氏的死党。最终，在这场君主与大族的较量中，晋元帝退让了。

虽然刘、刁二人来势汹汹，但他们“排抑豪强”的行为不能不触及门阀大族的利益，因此得罪了许多士族豪门，特别是王氏，所以都为“王氏所疾”。当然，仇恨二人的不止王氏。

《世说新语·方正》记载，周顗为吏部尚书，晚上在吏部办公，突然犯病，情况危急。当时刁协为尚书令，得知后立即派人营救周顗，并彻夜留守，照顾备至。第二天早上，其弟周嵩赶来探望，刚踏入房门，刁协便做大哭状，对周嵩诉说周顗昨晚的情况。周嵩却不买账，将刁协推到一边，然后来到床前，连病情也不问，便对周顗说：“君在中朝，与和长兴齐名，那得与佞人刁协有情。”然后怒气冲冲地离开了。

周嵩为何如此愤怒？原来司马睿称晋王时，刁协为御史中丞，周嵩嫁女时，他的门生阻断道路，并行凶伤人，刘隗立即劾弹吏部尚书周顗，导致周顗被迫辞职，周氏与刘隗从此结怨。更为重要的是，周氏与王氏交好，他们对晋元帝疏远王导十分不满。《晋书·周浚传》附《子嵩传》记周嵩曾上疏，把王导比作诸葛亮，他说疏远王导、王廙等是“以危为安，以疏易亲，逐旧德，以佞伍贤”。他所说的“佞”显然是指刘、刁二人。周氏为汝南大族，周顗更是德高望重的大名士，他们的行为带有普遍性，反映了大多数士族对刘、刁二人的看法。

可以看出，刘、刁二人的频繁打击虽然起到了一定的遏制作用，但却十分微弱，不仅没有伤及大族的根基，反而犯了众怒，激起了士族的敌视，但这些只是表象。《晋书·刘隗传》说刘隗“善承人主意”；《晋书·刁协传》说刁协“崇上抑下”。这里的“善承”和“崇上”都是坚决执行皇帝命令的意思。可见，真正让大族感到不满的是晋元帝，刘、刁只是实现皇帝意图的工具而已。

因此，东晋初年的政治斗争，实质上是晋元帝“以法御下”政策与王氏等大族“务在清静”主张的冲突。换句话说，就是反大族势力与大族势力之间的权力博弈。而且，晋元帝与大族的矛盾积淀已久，从他渡江后就产生了，对刘隗和刁协的宠任就是实例。但是，由于当时晋元帝没有足够的力量控驭王氏，王氏也还没有完全取得南北大族的支持，双方处于势均力敌的状态，尚能彼此克制，因而形成了表面的共治状态。但是，随着刘、刁二人的步步紧逼，双方的矛盾日益尖锐，共治模式的平衡逐渐被打破。

此时的东晋就像一个火药桶，一触即爆，而晋元帝后续的一系列操作如同导火线，起到了巨大的催化作用。看来，只有用暴力方能解决皇权和大族权力之间的矛盾了，一场影响东晋后期政治走向的内乱即将爆发。

十一　王敦之乱：大族对君权的反击

公元 322 至 324 年爆发了王敦之乱，这次事件在东晋政治史上具有十分重要的意义，它不仅是东晋政权建立后第一次朝廷与藩镇之争，也是司马皇室与以王氏为代表的南北大族之争，更标志着大族与皇帝共治局面的结束。

王敦之乱深层次的原因是大族与皇权的矛盾，但导火索却是晋元帝推出的几项措施。东晋立国后，王导任丞相，总揽全部朝政；王敦为大将军，统领军队，是全国最高的军事指挥官。但因武昌具有重要的战略意义，王敦曾长期驻扎此地控制都城局势，武昌遂变成王敦的私人领地和屯兵所在。于是，晋元帝企图从王敦身上打开缺口，将其架空，从而控制全国的军事大权。

晋元帝大兴三年（公元 320 年），梁州刺史周舫死了，晋元帝下令湘州刺史甘卓迁任梁州。作为交换，王敦要求任命他的亲信沈充为湘州刺史，晋元帝不但不同意，反而任命宗室谯王司马承出镇湘州，这已引起王敦的不满。大兴四年七月（公元 321 年），晋元帝在大将军府之外，组建了两个军府。并任命戴若思为征西将军、都督司兖豫并冀幽六州诸军事、司州刺史，镇合肥；刘隗为镇北将军、都督青徐幽平四州诸军事、青州刺史，镇淮阴。与此同时，晋元帝还派人到全国征购粮食，充实军备，从而组织起了一支规模不小的军队。更为激进的是，他还颁布了“废奴”和“废客”令。这些措施不仅损害了世族和大小豪强的利益，还进一步引起了王敦的警觉。

晋元帝这种布局，原本是想扩充自己的武装力量以打击王氏，从而强化皇权，却适得其反，进一步激起了南北大族的怨恨，让王敦获得了更广泛的支持。同时，还使共治模式彻底失衡，坚定了王敦起兵的决心，使两派政治上的暗斗演化为军事上的明争。果然，王敦没有坐以待毙，他先遣使告知梁州刺史甘卓，甘卓答应支持他；随后又派吴兴大族沈充以葬父为名，还乡召集徒众。这样，晋元帝与王敦都已准备就绪，内战一触即发。

晋元帝永昌元年（公元 322 年）正月，王敦的力量达到顶峰，便以讨伐“叛臣”刘隗的名义起兵东下，进攻建康。其实，王敦起兵时，也有人反对这次军事行动，比如周顗；还有一部分人既不支持也不反对，持默许和观望态度，认为王敦不可能获得绝对的优势。但他获得了大多数士族的支持是可以肯定的，特别是在大兴四年（公元 321 年）晋元帝“废奴”和“废客”之后。

王敦一边向建康挺进，一边上疏皇帝，列举了刘隗的种种罪状，这些罪状大都与刘隗和戴若思出镇，以及置立军府和运粮有关。这哪里是在谴责刘隗，分明是在质问晋元帝。

同年三月，王敦大军抵达芜湖，他又上疏谴责刁协的罪状。可见，王敦并不想与晋元帝兵戎相见，企图用兵威胁迫使皇帝妥协。但晋元帝没有理会，反而调刘隗和戴若思还军保卫建康，并下诏讨伐王敦，可见他与大族积怨已久，矛盾很难化解。于是，王敦加紧了进军的步伐，同年四月抵达石头城。《晋书·王敦传》记载：

> 敦至石头，（王敦）欲攻刘隗，其将杜弘曰：“刘隗死士众多，未易可克，不如攻石头。周札少恩，兵不为用，攻之必败。札败则隗自走”。敦从之，札果开城门纳弘。诸将与敦战，王（朝廷军队）师败绩。

杜弘只料到守将周札“少恩”，一定战败，不料此人竟开门迎降。其实这不难理解。周札是义兴的武力强宗，其侄周筵曾遭到刘隗的弹劾，因此周氏对刘、刁打击豪强的行为必然不满。当时，王敦受到南北大族的广泛支持，如果周札负隅顽抗，必遭大族的排挤，所以献城对周氏有益无害。

石头城是建康的门户，此城一破，京师便无险可守，因此周札献城，预示着战事基本结束。刘隗和戴若思率兵反攻，果然没有经过激烈的战斗就宣告失败，王敦控制了都城。因此，周札是王敦快速取胜的决定条件之一。

王敦掌权后，首先诛杀了刁协，然后又将反对他起兵的周顗杀害，两年后又找借口杀害了周嵩。当然，王敦杀害二周，只是大族之间的权力博弈，并未损害汝南周氏的整体利益。

公元323年，王敦的权势达到顶峰，成为独裁者。他首先大肆任命自己的亲信为地方的高级官员，并且没收了各地送往宫廷的贡物。经过这番布局，晋元帝被彻底架空，很快便在忧愁愤郁中去世，其子司马绍继位。

随后王敦将剑锋指向了周氏。王敦打击周氏，不仅因周札在王敦之乱中有献城之功，更因周氏族大根深，势力强劲。《晋书·周札传》记周札：“一门五侯并居列位，吴士贵盛，莫与为比。”为免除后患，王敦先后诛杀了周筵和周札。这次事件，与王敦杀害汝南二周性质相同，只是大族之间的权力斗争，并没有影响义兴周氏的地位。

对于王敦的独裁，王氏家族也分为两派：王含、王廙是王敦的铁杆支持者；王导、王彬、王舒、王棱等态度却十分诡异，但总的状态是表面痛斥但暗中默许。无论哪一派，都以维护大族和国家利益为最高原则。

晋明帝太宁二年（公元324年），王敦与朝廷爆发了第二次内战，这次使王敦陷入了失败的境地，同年王敦带着复杂的感情离开了人世，王含则继续领兵指向建康，但不久王氏便与皇帝和解，东晋内乱结束。

这里需要分析一下王导在王敦事件中的表现。王导是支持王敦起兵的，这是他作为大族领袖必须要承担的责任。《晋书·周处传》附《子札传》记王敦死后，周氏故吏要求追赠周札、周筵。对于周筵没有争议，追赠周札却因石头城事件，遭到尚书卞壶、尚书令郗鉴的强烈反对，为此，王导曾两次立议反驳卞、郗二人，其中他在第二议中说：

> 论者谓（周）札知隗、协乱政，信（王）敦匡救，苟匡救信，奸佞除，即所谓流四凶族以隆人主，巍巍之功耳。如此，札所以忠于社稷也。后敦悖谬，出所不图，札亦阖门不同，以此灭族，是其死于为义也。夫信敦当时之匡救，不图将来之大逆，恶隗、协之乱政，不失为臣之贞节者，于时朝士岂惟周札耶！

王导将刘、刁比作古代四凶，王敦为了平乱政、除奸佞而兴义兵，因此周札的迎降正是“忠于社稷”的体现。王导为周札辩护，属于欲盖弥彰，实际上是在借追赠一事，为王敦和以他为首的大族辩解。

王导在追赠周札的一议中曾说：“至于往年之事，自臣等有识以上，与札情岂有异。”就是说，王敦第一次起兵时，他和其他大族内心的想法与周札是一样的。换句话说，就是高度肯定了王敦起兵的意义，即“巍巍之功耳”。

王敦专权擅政，逼死晋元帝后，王导依然在替王敦辩护。表面看，王导第二议中的“夫信敦当时之匡救，不图将来之大逆”，以及“不失为臣之贞节者”表面上是在赞扬周札，实际上却是称赞王敦才是真正的忠臣。

王敦死后，王含继续率兵与朝廷对抗，即使在此时，王导依然认为王敦行的是大义。他在给王含的信中说：“昔年佞臣乱朝，人怀不宁，如导之徒，心思外济”。王导的这句话更加直白，毫不掩饰地宣称王敦第一次起兵的行为正符合自己的心愿。

更为重要的是，王导所说的“自臣等有识以上”，以及“如导之徒”等语句，表明持同样态度的不止一人，不仅包括王氏族人王舒、王廙以及至亲羊鉴等，还包括反对“以法御下”的广大门阀豪族。

王导所以积极为周札追赠一事奔走，其实是在为王氏辩护，也是在为南北大族的整体利益制造舆论。而要想达到这个目的，就要证明王敦起兵是符合道义的，要想证明王敦起兵的合理性，就必须追赠周札。说得更直白一些，如果不追赠周札，就会引起大族的不满。而持反对意见的卞壶实为王导的同党，这更增加了王导自编自导自演的可能性。最终，王导胜利了，周札得到了追赠，而死难的刁协却一直被称为“佞臣”，直到晋成帝咸康中（公元338—342年）经过一番长期的争论，才得以平反，被追赠为尚书令。

王敦事件中，王导虽然没有公开表明态度，但通过以上的分析，可以看出他的政治倾向。事实上，如果没有强有力的堂弟支持，王敦是不太可能实施计划的。这就是王导急于追赠周札的深层次原因。

王导为了王氏家族和大族的整体利益支持王敦，但为了国家利益也不希望王敦推翻司马氏的统治。原因很简单，就是上文提到的，为了抵御北方民族政权的威胁和保护自身利益，南北大族还需要晋室这面大旗，而王导笼络南北士人的口号，就是“共勠力王室，克复神州”。如果这杆大旗被砍掉，南北大族势必又进入敌对模式，这显然不利于政权的稳定。因此，王导心里有一个基本底线，只要王敦不篡权，他就不加以干涉，而将约束堂兄的任务交给了王棱，让他去提醒和劝谏王敦。这就是王导积极支持晋明帝继位，且对拥护皇帝的势力采取放任态度的原因。

可以看出，王敦事件中，王导富有远见的战略眼光和高超的政治手腕再次取得了成功。他在大族利益和国家利益间找到了平衡点，坚定地维护了“共勠力王室，克复神州”这一最高原则，保持了东晋政治的整体稳定。

王敦之乱，标志着君权和大族权力斗争的正式结束，皇帝彻底沦为象征性的权力符号，大族牢牢地控制了东晋的政权，君弱臣强的局面正式形成，东晋政治遂进入大族轮流执政的时期。

十二　内讧迭起：东晋大族之间的权力角逐

晋元帝时，琅邪王氏成为帝国不可替代的专权大族，但王敦之乱打破了这个格局。公元324年后，虽然王导仍是把持朝政的重臣，但影响力已经开始出现衰退，王氏的地位逐渐为庾氏家族的宗主庾亮（公元289—340年）取代。庾亮是晋明帝的舅舅，这一外戚身份无疑增加了他走向权力顶峰的筹码。公元326年晋明帝驾崩后，庾亮的妹妹作为皇太后充当了只有四岁的晋成帝的摄政，从而形成了皇太后、王导、庾亮及王氏同党卞壶为核心的决策层，他们名义上一同执掌朝政，实际上大事都由庾亮决定。这一局面标志着庾氏专权的开始，也喻示着拉开了大族之间长期权力角逐的序幕。

晋成帝咸和二年（公元327年），为了打破庾氏专权，士大夫苏峻发动了讨伐庾亮的军事行动，朝廷遣陶侃（公元259—334年）率兵平乱。陶侃字士行，庐江浔阳（在今江西九江）人，出身寒族。初为县吏，后经名士范逵引荐，被庐江太守张夔提拔为县令，后凭借功绩升为郡守。平定苏峻之乱后任荆、江二州刺史，都督八州诸军事。陶侃为官四十余载，忠顺勤谨、雄毅善断、清廉爱民，为世所重，而且他“善文辞”，写有《逊位表》《祖国赋》等名篇。

东晋北方士族和江东一等士族，都是文化高门，表现在王敦和苏峻之乱中，就是文强武弱的不平衡状态。换句话说，高门缺乏善于用兵的将领，因而东晋武将之职逐渐落入有武力的中间阶层的楚人之手，陶侃即出身有溪族血统的楚人家族，是东晋为数不多的善于用兵的名将之一。

苏峻之乱后，王氏与庾氏的斗争变得越来越激烈。但在王导去世前，庾亮虽然掌握着最高权力，还是与王氏保持了表面上的和平，王氏也没有公开挑战庾氏的权威，双方虽暗斗不断，但尚能克制。就在王导死前不久，庾亮挑唆其他身处高位的士大夫发动反对王导的秘密军事行动，但遭到拒绝，因为比起相互制衡的统治者，他们更不喜欢独裁者。

公元339年王导去世，他生前曾劝说朝廷让何充（公元292—346年）继任自己的内侍职位，何充是王导的门客和死党，这为王氏集团的重新掌权积蓄了力量。王导死后，庾氏的权力愈加巩固，但一年后庾亮也撒手人寰，其弟庾冰（公元296—344年）和庾翼（死于公元345年）成为庾氏的领袖。庾亮死后，庾翼继承了庾亮“六州都督军、安西将军和荆州刺史”这三个最重要的职位，掌握了全国的兵权。正如先前王敦所为，庾翼也驻扎在战略要地武昌，并以此为基地控制着都城局势。

公元340年，庾冰发起了第一次排佛运动，这显然是借排佛来打击推崇佛教的王氏家族。公元343年，庾冰接任了庾翼的职位，成为朝廷的专权者。同年，庾氏扶持司马岳继位，尽管中书令何充暗中反对，但无济于事，这位皇帝遂成为庾氏专权的傀儡。

晋康帝继位后，由庾冰与何充共同辅政，何充借机向庾氏发起挑战，双方的矛盾由暗到明，逐渐公开化。从这一年至公元346年爆发的何充与庾氏集团的权力斗争，实际上是王氏集团改弦更张后的卷土重来。

公元345年庾翼一死，何充的好运到来了。他先将两岁的司马聃（晋穆帝）推上皇位，自己则成为摄政者，然后让他的侄女成为皇后，同时大力扶持桓氏和褚氏。何充的专权仅仅持续了一年，但意义却十分重大。首先，是扶持大将军桓温（公元312—373年），这个举措影响了东晋数十年的政局；其次，是大力复兴佛教，为东晋国家佛教的形成创造了条件。毫不夸张地说，何充执政时间虽短，但对佛教在南方的复兴和壮大做出了重要贡献，从何充开始，东晋佛教的发展虽有小的反复，但大局已定，总体上处于上升阶段。

公元4世纪下半叶对东晋来说注定是一个忙碌的时期：首先是对外战争频繁，士大夫试图从敌人手中夺回北方各州；其次表现为大族之间的权力斗争，特别是桓氏集团的军事专权，最终发展到篡夺皇位的程度。而且这两个方面往往交织在一起，使东晋的政治局势显得更为复杂繁乱和扑朔迷离。

桓氏的崛起是何充一手种下的恶果。何充虽为大族，但与王氏和庾氏不能同日而语，为了抵制庾氏集团，不得不依赖一个更具军事和政治优势的新家族，桓氏恰恰满足这个条件。桓氏的根据地在荆州，这个家族是当地有权有势的大土地所有者，但出身寒微，没有可以炫耀的士族身份。桓氏家族的名望始于将军桓彝（公元 276—328 年），尽管他试图将家谱追溯到汉代，但在大族眼中，仍然摆脱不了暴发新贵的尴尬境地。但这个家族已跻身大族的备选名单，可以说大族身份近在咫尺。于是，桓氏为了达到这个目标，全力以赴地展开了工作。

公元 345 年，庾氏在权力斗争中失败，在何充的扶持下，桓温时来运转了。他利用手中的权力，先将庾氏家族的两位领导成员庾方之和庾爰之调往偏僻的豫章，随后又在各方面剪除庾氏集团的成员，目的是削弱庾氏的影响力。与此同时，在桓温的操作下，桓氏成员获得了几个重要的文武官职位。经过这番运作，桓氏一跃成为东晋王朝最为耀眼和最有权势的政治明星，遂跻身顶级大族之列。

公元 346 年何充去世，桓氏替代庾氏成为东晋历史上执政时间最长的专权大族（公元 346—373 年，公元 402—404 年）。即使是谢氏专权的时候，桓氏仍然保持了在中部州郡的权势，这块根据地为桓玄（桓温之子）公元 404 年所领导的“回击革命”提供了物质保障。

桓氏的专权引发了其他大族的不满，朝廷在褚裒、摄政者司马昱和王导侄子王羲之（公元 321—379 年）的支持下，试图依靠声望卓著的大姓名士殷浩（公元 303—356 年）来抵制桓温。当年庾翼专权时，也试图拉拢殷浩，但无果而终。现在，殷浩注定要领导这场反击，来跟这位危险的将军作一番权力较量，但最终归于失败。

可见，两派都努力要击败对方，不仅要使自己万古流芳，更要让敌人遗臭万年。显然，这个努力除了掌握权力外，更重要的是征服和“光复”北方，以此洗刷流亡士大夫的“国耻”。很快，便出现了一次非常难得的机会。

公元 350 年，后赵政权在冉闵的打击下轰然倒塌，石氏宗族与二十多万羯族人惨遭屠杀，整个北方再次陷入混乱，不同民族的军阀、石氏的残余力量和西北的燕国在后赵帝国的废墟上混战，这正是北伐的好时机。但有利的形势并未持续多久，北方的权力真空很快被填补了。

在公元 350 至 352 年，前燕征服了华北州县，在今北京附近建立了国都，立即抛弃了晋朝这杆大旗，建立了由鲜卑慕容家族统治的帝国，成为晋朝东北方的敌人。

与此同时，在羯族帝国的其他区域，出现了两个家族，一个是蒲氏，一个是姚氏，他们同根同源，均为大羌族将军。公元350年，蒲氏打败了姚氏，并改姓“苻”，自命为“大都督大将军大单于三秦王”。公元352年他的儿子苻坚定都长安，成为前秦皇帝。姚氏的头领姚襄出于政治考虑，暂时站在晋朝一边，但作为名义上的东晋将军，他正伺机掌握北方政权。至此，前秦成为东晋西北方的劲敌。

就在前燕和前秦积极填补北方权力真空的时候，建康朝廷却迟迟没有实质性的行动，从而错失了两次机会：

第一次，是在公元349至350年这个紧要关头，朝廷对是否北伐犹豫不决，因而错失了军事进攻的最佳时机。

第二次，是在公元350至352年，桓温又竭力想获得朝廷的允许，以攻打实力不断壮大的苻坚。但是，由于朝廷忌惮前秦政权，桓温北伐的计划夭折，东晋再次错失了良机。

公元352年，面对前秦军事力量的激增，朝廷打算采取对抗行动，桓温的政治对手殷浩受命北伐，结果以失败告终，主要原因是殷浩的一个指挥官听信了羌人姚襄所传的不实情报。公元353年，姚襄突然弃晋投燕，掉转枪头攻打殷浩，殷浩只得率残部撤回建康。桓温要求严惩殷浩，朝廷不得不屈从。这次军事行动就这样在桓温的反对声中开始，又在桓温的胜利声中结束了。

同年，殷浩被贬为庶人，并流放到东阳（在今浙西）的信安，结束了自己的政治生命，公元356年郁郁而终。殷浩的被贬，标志着反桓派的暂时失利，《晋书·桓温传》说“自此内外大权一归温矣”。

桓温稳住了后院，立即将兵锋指向北方，开始了“光复”行动。但此时他面对的困难要比之前大许多，这些阻碍既有外部的也有内部的，而且两种阻碍总是交织在一起，在很大程度上削弱了这位军事独裁者的兵锋。

公元354年，桓温亲自率领军队挺进北方，但此时，他要同时面对燕、秦两个劲敌。由于燕、秦刚刚建立政权，因此在北伐的初期，晋军取得了一些局部优势。尤其是公元356年，桓温率军驱逐了由姚襄率领的燕兵，一举光复了被外敌占领近半个世纪的古都洛阳，自此他的声望和威信在被占领地区的汉人中达到了顶峰。

桓温试图趁热打铁，利用自己在北方的声望，将都城从建康迁到洛阳，以显示北伐的决心，但这项计划被似乎很清楚其用意的“朝廷”驳回，显然这是反对派大族的伎俩。桓温北伐的梦想破灭后，突然意识到内部反对派势力的蠢蠢欲动，为了巩固权力，这位独裁者立即转攻为守，放弃了北伐，将注意力全面转向内部。

可以看出，桓氏虽然专权，但对北伐这样的大事也不敢擅做决断，必须要征得“朝廷”的同意，所谓朝廷显然是指世家大族。而公元352年“朝廷”打算北伐，显然也是大族的意思。前两次桓温打算北伐，但因大族反对而夭折，能伐而不伐，错失良机；第三次因大族支持，不能伐而伐，导致了连续的军事失利。公元356年桓温迁都的计划也因反对派大族的抵制而夭折。这些都说明，从公元349至356年，北伐与内斗成为东晋政治的主题，其中内讧是目的，而北伐则成为双方争夺权力的筹码。大族之间的权力内耗使东晋逐渐丧失了对外斗争的优势，桓氏集团和反对派势力谁都不愿将流芳百世的机会让给对方。

更为重要的是，桓温“攘外先安内”的战略对东晋后期政治产生了深远影响。对外方面，直接导致了公元357至376年前秦军队未遇任何抵抗便夺回了北方州县，东晋军事被动的局面最终形成；对内方面，从公元360至373年，桓温与反对派势力的斗争进入白热化，他通过残酷迫害宿敌殷氏和庾氏来巩固权势。但桓温的打击不仅没有使对手屈服，反而引发了更大的抵抗。于是，对外军事斗争的失利和内部权力角逐的恶化紧密交织在一起，影响着东晋政局的走势。

桓温专权期间，他最亲密的合作者和宫中代言人是郗超（公元336—378年）。这位更加令人恐惧的著名士大夫不仅同桓温一起策划了废除幼帝司马奕的行动，而且还企图让下一个傀儡皇帝禅位给桓温，整个计划进展得很顺利，却因公元373年简文帝和桓温的相继离世而告终。郗超虽然擅弄权术，却是一位虔诚的佛教徒，在他的支持下，佛教的影响力并没有因政权的转移而减弱，反而发展得更为兴盛。

除了郗超，正如何充造就桓氏一样，在桓温的培育下，他麾下的将军谢安（公元 320—385 年）、谢尚、谢奕和谢万迅速成长起来。于是，一股由谢氏家族组成的新势力逐渐形成。果然，桓温一死，朝政大权立即转到谢安及其党羽手中。

谢氏在东晋专权大族中，属于比较温和的一类，在这个家族执政期间，褚太后在东晋政治中也扮演了重要角色。从某种意义上说，谢氏和褚太后形成了比较融洽的共治局面。

公元 376 年苻坚控制了北方所有州县和中亚的商路，东晋的至暗时刻到来了。公元 379 年，具有重要战略意义的襄阳和顺阳（今湖北光化附近）被前秦军攻破。同时，另一支羌族军队也开始向淮河流域推进，逐渐形成了对东晋的合围之势。这种局势在公元 383 年出现了质变，在苻坚的指挥下，八十余万秦兵分四路向南挺进，东晋危在旦夕。

公元 383 年，晋、秦在淮河南部的支流淝水展开了一场恶战。与此同时，在羌军及其盟军中爆发了大恐慌。在内因和外因的作用下，前秦军溃败。对外军事斗争的失利引发了前秦内部的大屠杀和大混乱，这实际上标志着前秦帝国的崩溃。姚苌乘机起事，在帝国的废墟上取得了最后胜利，建立起后秦。

前秦帝国的崩溃，使北方再次陷入分裂，各个政权忙于在废墟上争抢地盘，无心南进。东晋虽然是胜利者，但已将武力发挥到极限，也难以乘胜北伐。于是，一场威胁南方大族统治的军事危机就这样化解了。但外患虽消，内变又起。

当谢安大获全胜返回建康时，东晋的政治局势再次发生变化。就在谢安专心抗击前秦时，在晋朝军事系统内部悄然形成了一个已控制都城及朝廷的新派系。这个军事集团的领导核心，由王国宝和司马道子组成。王国宝（？—397 年）出身太原王氏，父亲是王坦之，岳父是谢安。会稽王司马道子是孝武帝的同母弟兼密友。司马道子的王妃又是王国宝的堂妹。因王国宝品行不端，受到谢安的厌恶和冷落，他便利用姻亲关系投靠司马道子，两人策划推翻谢安。

谢安虽然成功抵御了前秦的进攻，并在公元 384 年的北伐中收复了黄河以南的大片土地，造成东晋对外斗争的优势。但还是在王国宝与司马道子的密谋下丧失了在都城的立足点，他的同党也遭受了沉重的打击。于是，谢安退隐到长江北面戒备森严的广陵（今江苏江都附近），一年后死在那里。

谢安的去世，标志着谢氏专权的结束。自此，东南与都城的政治权力被一股新势力支配，而这股势力又分成两派，一派为王国宝及其侄子王绪；一派为司马道子及其子司马元显。司马道子因宗室身份掌握了较多的权力，成为东晋政治史上仅有的一位司马氏家族出身的专权者。

但是在东晋中部的州县，一批野心勃勃的地方官员和将军建立起了反司马道子的联盟，比如王恭、殷仲堪（？—399 年）、郗恢（郗超的亲戚）、王谧（公元 369—407 年，王导之孙，王劭之子）。他们暗中得到了被挟持的孝武帝和皇太后的支持。公元 392 年殷仲堪成为荆州刺史后，反对派联盟的根据地也转移到了此地。

此时的荆州还有一股势力，即桓氏，因为江陵是这个家族的封邑，当时桓氏的宗主是桓玄（公元 369—404 年），他的父亲就是那位几乎成功篡夺皇位的桓温。桓氏是荆州最强大的地方豪绅，族大根深、影响力巨大，反对派联盟在桓氏面前相形见绌。

桓玄才能卓著，不仅拥有强大的政治资源，而且财力雄厚，这些都令他的同党和对手感到畏惧，尤其是司马道子，他想尽一切办法打压桓玄，试图让这位敌手滞留在一个较低的职位上，并远离京城。但桓玄却野心勃勃，他做梦都想恢复桓氏家族的荣光，并完成父亲未竟的大业。

这样，整个帝国瞬间形成了三个势力集团，即控制东南及京师的司马道子集团；以荆州为活动中心的反对派联盟；以荆州为根据地的桓玄集团。与此同时，一些小的团伙和集团分别簇拥在三大势力周围，成为其党羽。三大力量的暗中较量使东晋政局显得晦暗不明，鹿死谁手尚未可知。

公元 396 年开始，东晋政局的紧张气氛不断升级。司马道子和王国宝杀害了孝武帝，随后扶植了一位生活不能自理，且必须经常由其亲属伺候的低能儿登上帝位，这位智商堪忧的皇帝就是晋安帝（司马德宗，公元 397—418 年在位）。司马道子的行为引发了反对派的不满。于是，在第二年，以王恭、殷仲堪为核心的联盟与桓玄集团组成了新的军事同盟。他们首先发难，要求处死王国宝，这使司马道子甚感恐慌，为了自保，他派人杀死了这位合作伙伴。这次行动的最大受益者是桓玄，他借此扩大了影响力同时增强了权力，开始走向东晋的权力中心。

公元 398 年，桓玄成功夺取了江州刺史的职位。第二年，荆州相邻州县暴发了特大洪水，桓玄又利用洪水发动突袭，杀死了荆州刺史殷仲堪，一举吞并了他的辖地和军队，力量大增。公元 400 年，面对桓玄的咄咄逼人，司马道子只得妥协，任命桓玄为江州和荆州刺史兼八州督军。自此，中央政府控制的地盘仅有扬州（今浙江和江苏南部一带）一隅，桓玄成为东晋王朝的实际操纵者。而朝廷仅有的这点辖地还常遭到军阀和道教“妖人”孙恩的劫掠。

面对孙恩的威胁，朝廷不得不依靠桓玄，而这场与孙恩的战争不仅给桓玄公元 402 年在都城进行军事干预提供了机会，也给刘裕的崛起提供了契机，这些都预示着世族专权模式微变的开始。

十三　晋宋之变：世族专权模式的微变

公元 400 年，发生于司马道子与桓玄领导下的军事联盟之间的危机，被司马道子的妥协策略化解。其中的原因一部分是双方军事力量不平衡，一部分是朝廷承认了桓玄所辖省份的合法地位。于是，东晋帝国暂时形成了中央和地方军阀共治的局面，因为他们要面对一个共同的敌人，就是活动于京城东部和东南地区的“妖人”孙恩。此时，他正率领海盗兵和农民军侵蚀着帝国的权力，以及帝国的掌权者大族的统治。

孙恩所发动的这场社会运动不仅影响巨大，而且爆发的原因也十分诡异，它的原点可以追溯到魏晋时期的天师道。天师道为道教的一宗，为东汉的张道陵所创，因为入道者每人需缴纳五斗米，又称五斗米道。此教组织严密，信徒必须绝对服从教主，因而又具有政治属性。可以说，天师道是一种兼具宗教与政治双重属性的特殊组织。

天师道自汉末张鲁（张道陵之孙）北迁以后，传播异常迅速，至西晋末年，已影响巨大。八王之乱的核心人物赵王司马伦，以及他的军师孙秀、大将张林，都是天师道的信徒。《晋书·赵王伦传》记载：

> 伦、秀并惑巫鬼，听妖邪之说。秀使牙门赵奉诈为宣帝神语，命伦早入西宫。又言宣帝于北芒为赵王佐助。于是别立宣帝庙于芒山，谓逆谋可成。

赵王伦将晋宣帝司马懿的庙建在芒山，又以鬼道仪式祭祀，这显然不同于太庙祖宗的常祭。而且还将司马懿列入天师道诸鬼官中地位颇高的“西明公宾友”。不仅如此，赵王伦还拜道士胡沃为将军，将《太平清领书》奉为圣典，以“太平”为称号，战前则乞灵于巫鬼。这些都是天师道信徒的行为。

至于孙秀，更是一位如假包换的天师道信徒。《晋书·孙恩传》说：

> 孙恩，字灵秀，琅邪人，孙秀之族也。世奉五斗米道。

不仅赵王伦和孙秀，西晋末年东莱人王弥的叛乱，张昌的起兵，以及成汉政权创始人李特的军事活动，实质上都是天师道徒发动的变乱。之后，天师道经历魏晋十六国漫长的演化，至东晋末年已成为道教大宗，而且传播到了江南。

孙氏“世奉五斗米道”，至孙恩依然奉行不悖。更为重要的是，孙氏家族的身份特征使这场叛乱具有了另一重含义。《世说新语·仇隙》注引王隐《晋书》记孙秀本为琅邪小吏，他曾屡遭潘岳（琅邪太守潘芘之子）的羞辱与欺凌，因不得志而追随赵王伦造反。司马伦失败后，孙秀被杀。

琅邪孙氏原本地位就很低，现在又出了个叛逆，这使孙氏的境况更为凄惨。后来，孙氏南下，与其他南来的下层北人一样，经过长期土断，逐渐演化为南方的次等士族。孙恩就出生于这样一个家庭。

孙恩有个叔叔孙泰，原先是一位低层士大夫，因信奉五斗米道，这位道士不仅在杭州地区的农民中，甚至在大族中拥有了一批信徒，逐渐在三吴士庶中有了一定的影响力。很快，孙泰的名字传到京城，被王雅引荐给了孝武帝。王雅和皇帝一样，对佛道备感兴趣。皇帝被孙泰折服，封他为新安（今浙江淳安西南）太守。

孙泰一上任，立即着手传播五斗米道，并建立了半宗教半军事化的组织，这显然与东汉末年的“黄巾军”有着相似的性质。公元 393 年，孙泰以征讨王恭为名向西调动军队，这一举动引起了司马道子的警觉。于是，司马道子诱杀了孙泰和他的儿子。令这位独裁者没有料到的是，孙泰之死引发了一场影响深远的政治风波。

孙泰死后，他的侄子孙恩率领军队逃往舟山群岛，并以长江下游为突破口，进犯内陆。公元 399 年，孙恩攻占了会稽，当地农民也顺势而起，杀死守官，加入了孙恩的“长生人”军队。所谓“长生人”，意即天师道的“种民”，这种宗教称谓来自《太平经》中的“种民，圣贤长生之类也”。经过孙恩的宗教包装，不出几日他的“长生军”就扩充至数万人。于是，孙恩乘势自封为“征讨将军”，率兵向京城杀去。遂引发了一场多方势力参与的“持久战”。

孙恩不是孤军奋战，响应他的还有卢循和徐道覆。《晋书·卢循传》记载：

> 卢循字于先，小名元龙，司空从事中郎（卢）谌之曾孙也。

《晋书·卢钦传》附《谌传》补充说：

> 谌名家子，早有声誉，才高行洁，为一时所推。值中原丧乱，与清河崔悦、颍川荀绰、河东裴宪、北地傅畅并沦陷非所，虽俱显于石氏（后赵石勒），恒以为辱。谌每谓诸子曰：“吾身没之后，但称晋司空从事中郎尔。”

卢氏为范阳大族，卢谌在西晋时官至“司空从事中郎”。但因少数民族南下，不得不委身后赵，最终酿成“婚宦失类”的后果。卢氏子孙南渡较晚，又“婚宦失类”，必然被南方大族鄙视，即便以前是望族，也很难翻身。但这些晚过江又“婚宦失类”的士族，在江东却是个普遍现象，也是一个社会问题，连皇帝也不能改变，卢氏只是其中的一员而已。

与孙恩一样，卢氏也是五斗米道的信徒，比如卢循就娶了孙恩之妹为妻。这样看，卢循是也信奉天师道的南方次等士族。

徐道覆是东海人，东海徐氏的郡望颇高，在南北朝时出现过不少名人，比如徐熙，徐道度、徐文伯父子，徐嗣伯等，且都是名医。徐氏自徐熙以来，世传医学，这也与天师道有关。可见，徐道覆也是五斗米道的信徒。在阶层属性上，他也属于晚过江且“婚宦失类”的南方次等士族。徐道覆是卢循的姊夫。

这样看，孙、卢、徐三人具有相同的宗教信仰和阶层属性，而且互为姻亲，代表了广大南方次等士族的利益。因而，他们的叛乱实质上是披着宗教外衣的政治运动，目的是打破大族统治，提升次等士族的地位。

孙恩的军事行动频频取胜，不仅如此，他的军队还常常能及时地撤离到近海的岛屿上，从而成功地避开官军的所有反击。在这场变乱中，刘裕作为晋师将军刘牢之的部下首次出现在舞台上。历史上那些开国皇帝似乎总是有野心的军事家，他们在征讨所谓的“叛军”中成为军阀，进而飞黄腾达。公元 189 年董卓那场流产的政变为曹操的最后胜利铺平了道路；同样，桓玄企图篡夺皇位的阴谋夭折，也给刘裕的掌权进而建立新王朝创造了机会。而这个机会在公元 402 至 404 年短短的两年中便实现了。

公元 401 年开始，这场政治运动变得更为复杂了，诸多势力都企图通过战争消灭敌人，壮大自己。这些势力包括司马道子集团、桓玄集团、孙卢集团，以及正在崛起的刘裕集团。

同年 6 月 28 日，孙恩率大军及约千艘“楼船”突然出现在会稽，并溯江而上，在京城附近与刘裕的军队短兵相接但损失惨重。与此同时，桓玄从刘、孙的对峙中也发现了自己的机会。这位将军用了野心家通常的手法，以勤王的名义率军前往建康，尽管此时孙恩已被刘裕战败并退回海岛。

桓玄的出现令司马道子恐惧万分，他立即派刘牢之前往阻击桓军，但刘牢之却在公元 402 年投降了桓玄。此时桓玄胜券在握，几乎没有遇到什么抵抗便顺利进入京城。他首先处死了司马元显，4 月中旬又处死了司马道子。随后委任他的亲族或心腹王恭、殷仲文、卞范之等担任了核心部门的长官。桓玄则在姑孰（今安徽东部的当涂）深居简出，遥控着朝政，而日常政务则完全落入他在京城的心腹手中。

同年，孙恩试图乘桓玄在建康立足未稳的时机攻占京城，但再次失败，便投海自尽了，他的妹夫卢循率领军队继续与朝廷作战，但已成强弩之末。

桓玄刚到京城时，被皇帝及士大夫视为王朝的大救星，但很快，他就声名狼藉了。一方面，因为他无力控制动荡的时局。由于与孙恩连年作战，公元 402 年后，又要应付不断骚扰内陆的卢循，导致世家大族损失惨重，逐渐变穷。另一方面，司马道子掌权后，大族逐渐成为各种阴谋、各派势力斗争的棋子，深受其害。桓玄掌权后，他们又面临桓氏党羽腐化的侵袭。不仅如此，桓玄还发起了针对日益壮大的僧人群体的攻势，即东晋政治史上第二次排佛（公元 402—404 年），遂引发了僧众，以及包括桓玄心腹王谧在内的士大夫的强烈不满，直接导致了佛教僧团与国家的冲突。

桓玄为了挽回名声，也采取了一些应对措施。首先，他开始重用刘裕，让其成为对付卢循的利剑。其次，桓玄试图改进政府组织，提高行政运作效率。比如，他常常在一些琐碎之事上发布诏书或文告，还经常为一些小错苛责官员，甚至将他们降级削职。再次，桓玄在僧众及士大夫群体的压力下，同意与佛门对话。

但是，桓玄的举措不仅没有见效，反而使他和朝廷陷入了更大的危机。首先，刘裕在桓玄的扶植下力量不断壮大，逐渐成为一位手握重兵的军阀。其次，这位独裁者对下极为苛刻，但自己却纵情享受，过着奢华的生活，并派人到处收集艺术品，供其品鉴，这进一步加剧了大族的不满。果然，桓玄越发不受大族的欢迎，而许多清醒的士大夫也预见到了他的野心，便或暗或明地转向支持正忙于征讨卢循的刘裕。这些都说明，桓玄与大族的嫌隙愈来愈深，已很难愈合。

桓玄似乎对自己目前的处境甚为了解，他不能坐以待毙。于是，这位野心家先发制人，于公元 403 年 10 月自封为相国和楚王。12 月晋安帝被逼退位，玉玺由王谧转交给桓玄。公元404年1月，桓玄抵达建康，在京城举行登基大典，成为楚朝的第一位皇帝。随后，他追封那位生前与皇位近在咫尺的父亲桓温为宣武皇帝，但却凑不足所需的祖宗人数去装点太庙。废帝司马德宗则被安置在寻阳（今湖北东南黄梅之北）。桓玄似乎忘了，东晋是大族的天下，得不到他们的支持皇位势难长久，更何况现在还有一个羽翼已经丰满的野心家刘裕。

果不其然，桓玄执政不到三个月，局势便发生了转变，而这次的主角就是刘裕。此时的刘裕可谓暴富，他不仅手握重兵，还得到了大族的支持，他不会放过这次机会。于是，在大族的支持下，由刘裕领头，双方密谋了剪除桓玄、恢复晋师的计划。

刘裕先指挥由家兵组成的一小股义军冲进了建康，而桓玄对突如其来的政变措手不及，只能带着一些至亲、心腹仓皇出逃。他们先到寻阳挟制了被废的司马德宗，随后打算带着这枚政治筹码转赴江陵，但中途却被刘裕的一员部将击败，只得丢弃司马德宗逃往东部。快到江陵时，桓玄被自己的部将所害，年仅三十五岁。

桓玄集团覆亡后，他的同党纷纷逃往后秦，并在这个朝廷中谋得高官。其他人则继续转战中原，导致政府不得不在这些地区缓慢地重建朝廷的权威。桓氏残余力量的抵抗一直持续到公元406年，而在扫除“残匪”的过程中这些地区逐渐落入刘裕手中。

刘裕与孙恩、卢循、刘道覆同属南方次等大族，当他除掉桓玄班师回朝后，竟对桓玄手下最得势的心腹王谧毫无办法，不久还任命他为录尚书事、扬州刺史等要职。王谧的祖父是王导，虽然经过数次变故，但王氏依然是南方的顶级大族。这个家族曾经一手缔造了东晋王朝，后来又扶植了专权者桓温，还帮助他的儿子桓玄废了晋安帝，现在又扶植刘裕，一起重建晋王朝行将倒塌的大厦，并为新王朝的建立铺路。刘裕的无奈，原因很简单，就是前述提到的，这些次等士族，在江东是个普遍现象，也是一个社会问题，谁都难以改变，只有面对这个现实，才能建立起长久而稳定的政权。陈敏的失败，司马氏的建国，桓玄的败亡，莫不印证了“得大族者得天下”这个道理，刘裕对此更是洞若观火。

刘裕在“兴复晋室”的旗帜下成为桓玄的继任者。但他显然要比桓玄老练。一方面，他坚定地站在大族一边，成为他们的代言人和保护者，从而获得了大族的支持；另一方面，他没有直接在建康觊觎皇位，而是效法桓温，在实现最终抱负之前，通过大规模的北伐来提高自己的威望，进而度过考察期，最终获得大族的青睐和拥戴。可见，这是刘裕为实现质变而积累势能的战略，既稳妥又安全，既长远又高超。恰在此时，北方时局的变化为刘裕采取军事行动创造了绝佳的机会。

此时的北方可谓混乱不堪，那些由鲜卑、匈奴和羌族建立的政权，在彼此之间的混战和风雨飘摇中延续国祚。公元 398 年，北方东部地区，鲜卑族属的魏国在君主拓跋珪（北魏开国皇帝）的治理下，势力迅速增长。在东面，他成功削弱了后燕的实力；而在西面，后秦的羌族君主姚兴（公元 394—416 年在位）正在与匈奴首领赫连勃勃酣战不休，这位有野心的匈奴大王正为在陕西北部建立大夏国而努力，甚至还妄想吞并魏国。

公元 408 至 410 年，刘裕开始了长期的北伐，并于公元 410 年成功摧毁了南燕政权。就在刘裕跃跃欲试，打算乘势继续北上之际，京师突然传来急报，卢循正从他位于广东的根据地出发，率兵取道江西北上，此时已抵达长江下游，京师危在旦夕。刘裕接到战报，只得火速班师回朝，用了一年时间终于平定了叛乱，卢循也在这次战役中身首异处。为时十八年的孙卢之乱最终画上了句号。至此，从公元 401 年到公元 411 年诸集团的权力斗争，刘裕成为最终的胜利者。

公元 416 年，好运又降临到刘裕身上，因为姚兴之死引发了后秦的政治动荡。于是，刘裕乘势率兵北伐，大举进攻后秦，公元 417 年后秦在晋军的攻势下灭亡。

刘裕用了短短九年时间，先后亡燕灭秦，攻克了洛阳和长安，其功绩已然超越了桓温，江东颇有光复中原之势。但是，正如前述，刘裕北伐的目的是为巩固权力创造条件，因而取得这些战绩后震慑人心的效果，显然要比光复北方这种不切实际的想法更有价值。因为有舍才有得，作为一位杰出的政治家，刘裕深谙此道。

公元 418 年，刘裕率主力后撤，以胜利者的姿态返回京城。与此同时，撤退导致了晋军防御体系的全面崩溃，很快洛阳和长安又落入赫连勃勃之手。

大夏国成功填补了后秦所留下的政治真空，而刘裕大规模北伐所取得的战绩也荡然无存。但此时，刘裕想的不是北方的城池，而是京师的皇帝宝座。

刘裕一到京师，就立即开始实施篡权的最后行动。公元 419 年，他指使同党谋杀了晋安帝，并拥立他的胞弟司马德文为皇帝。晋恭帝仅仅当了十七个月的傀儡皇帝，便于公元 420 年十分知趣地交出了玉玺，并痛快地将皇位禅让给了刘裕，刘宋政权建立。

公元 421 年 11 月，宋武帝刘裕下令处死废帝司马德文。后面我们会讲到，司马氏家族世代崇佛，东晋诸帝大都是佛教徒，这种传统在末代皇帝身上又得到了一次戏剧性的证明。《宋书·褚叔度传》记载：

> （兵士）进药于恭帝。帝不肯饮，曰："佛教自杀者不得复人身。"乃以被掩杀之。

刘裕代晋为何没有引发剧烈的政治波动呢？一方面，此时南北大族已经融合，北方边境趋于稳定，司马王室的历史使命业已完成，从而使晋朝这面大旗失去了存在的意义，改朝换代如箭在弦上不得不发了。

另一方面，魏晋南北朝时期这些武力冲突和多变的事端，无非是表面的量变，尽管权力从一个集团转移到另一个类似的集团，但中古社会大族统治模式丝毫没有动摇。换句话说，刘裕是在大族拥戴下登上权力舞台，进而建立新王朝的，这只是大族专权模式的微变，他依然要作为大族的代言人，为他们鞠躬尽瘁死而后已！这是刘裕难以改变的命运，也是历史赋予他的使命。

十四　权力繁殖：魏晋世族统治的政治基础

十六国政权的相继建立，标志着大族在北方统治地位的重建；东晋建国，标志着世族在南方统治地位的确立。因此，魏晋南北朝时期掌握政权的都是门阀大族，虽然其中偶有变化，但丝毫没有影响其统治地位，从而形成了严格的阶层结构，门阀大族被称为世族，此外都是寒门或庶族。

前述提到，门阀大体形成于汉、魏之际，而那时兴起的高门很多出身寒微。魏晋是门阀统治的形成期，很多高门形成于这个时期。但进入晋宋之间，士、庶的区别已经十分固化了，除了个别特例，很少有寒门能上升为一流大族。

进入南朝，由于门阀大族自身的腐败，加之以刘裕为首的次等世族的扶植，寒族势力逐渐壮大，南朝的政权实际上正转入寒族官僚群体手中。但这只是局部或特别现象，当时寒门的力量还不足以动摇门阀统治的基础，他们只是政权的一个组成部分而已，依然要依靠皇室、大族官僚的保护和提拔。换句话说，此时的寒门只是大族势力的依附者，被称为大族的“门生”或“左右”。

那么魏晋南北朝门阀大族的统治基础是什么呢？前述提到，曹操为了恢复经济，打击大族，在平定冀州后即开始了艰苦卓绝的改革，但由于以司马氏为代表的儒家大族的顽强抵抗而归于失败。至此，汉末形成的两种社会疾病不但没有被消除，反而呈现恶化之势，最终大族对这两种疾病产生了“免疫力”，并逐渐将其演化为世族统治的基础。具体来说，主要表现在两个方面：政治上，表现为权力的繁殖性，这是大族统治的政治基础；经济上，表现为财富的集聚性，这是世族权力运转的经济条件。见图 3–1 所示。

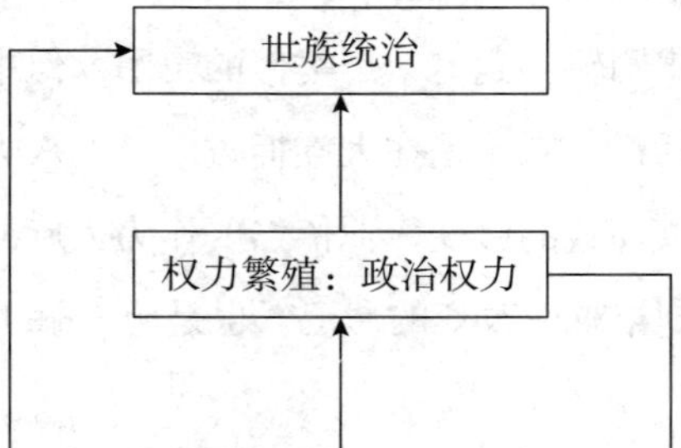

图 3–1　魏晋南北朝的世族统治

从政治方面看，其实，从汉末以来，世族已为后期的壮大积累了潜在的政治资源，因此从三国开始，他们的政治优势表现得更为突出，凡新政权的建立和巩固无一不借助于他们的力量，所谓“得世族者得天下”，大族逐渐成为政权的实际支配者。

永嘉之乱后，司马睿称制江左，名义上虽是旧统连绵，实质上等于新朝初建，换句话说，东晋是大族一手缔造的王朝。此后，南北各政权的建立无不依循这个惯例。比如，《南齐书·崔刘苏恒传·论》记南齐政权创业说：

> 太祖（萧道成）作牧淮、兖，始基霸业，恩威北被，感动三齐。青、冀豪右，崔、刘望族，先睹人雄，希风结义。

至于政权的维持，更是全靠世族的力量。上文提到的十六国，以及东晋和南北朝，其政权的稳定与否，莫不依世族的向背而定。

魏晋南北朝的世族之所以具有如此巨大的政治能量，主要得益于四方面的支撑：其一，拥有数量众多的寄生群体；其二，操控了官员的选举权；其三，掌握了中央权力；其四，控制着地方政府。见图 3–2 所示。

这四个维度构成了世族政治权力运作的基础。同时，四者紧密地交织在一起，形成了相互依存的关系。选举制度主要体现在“九品官人法”中，第二章有详细介绍。本节主要讨论依附大族的寄生群体，以及大族是如何控制中央和地方权力的。

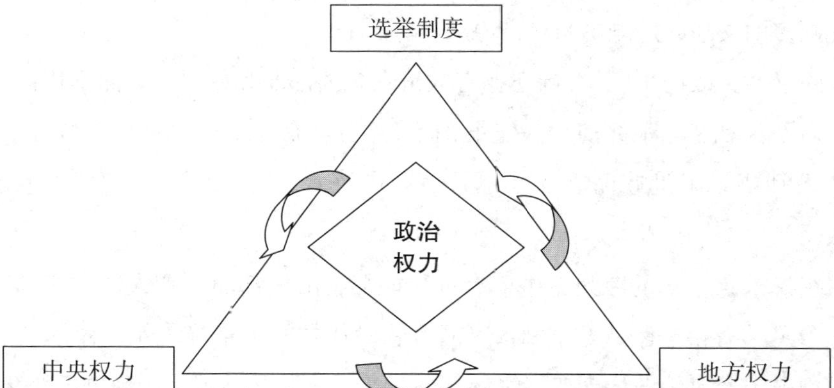

图 3–2　世族政治权力的构成

（甲）培育寄生群体

大族虽然人数众多，但与寒族和庶人相比数量不占优势。于是，他们通过培育数量庞大的寄生群体来扩展其势力，在中央和地方形成了盘根错节的网络关系，进而成为他们控制政权的耳目和爪牙。这些寄生群体主要包括“义故门生”和“部曲奴客”。

世族的门生主要有两类：一类为追随名儒世家受业的门生，一类为依附名势的门生。第一类在汉代数量最多，如《后汉书·楼望传》记汉末“楼望……卒于宫……门生会葬者数千人”。楼望属于汉末一般的大姓名士，其门生就达“数千人”，其他顶级名士就不言而喻了。

魏晋南北朝时代，随着经学的衰落，第二类门生就成为主力了。官阶愈高、世袭愈久的大族，他们的门生也就愈多。如《南齐书·刘怀珍传》记载：“（刘怀珍）北州旧姓，门附殷积，启上门生千人充宿卫，孝武（齐孝武帝）大惊。”

义故是“故吏”与“义从”的简称。故吏是中央或地方官吏所辟用或举拔的人；义从则是自动依附于大族的徒属。《三国志·魏书·袁绍传》记周毖说：“袁氏树恩四世，门生故吏遍于天下。”《宋书·谢灵运传》记谢灵运退居乡里，有“义故门生数百”。《陈书·沈众传》记沈众“率宗族及义附五千余人入援京邑”。《魏书·杨播传》记杨播兄弟“门生故吏遍于天下”。大族拥有如此众多的义故，怎能不叫皇帝惮忌三分。

除了“义故门生”，大族还拥有数量众多的部曲和奴客。部曲本用以称军旅，后变为私卒，最终演化为僮隶；而宾客则类似于奴隶的地位，故称奴客。这些人都要依附世族而生存，且为之奔走效命，因此身份比义故门生还要卑微。

东汉末年董卓的凉州军中就有许多能征善战的部曲将和人数众多的部曲兵（参见《游侠、豪族与名士：三国争霸时代的权力格局》第五章）。《三国志·魏书·李典传》记李典“宗族部曲三千余家”。《三国志·魏书·邓艾传》记邓艾称“（孙）吴名宗大族皆有部曲，阻兵仗势足以违命”。《晋书·苻坚载记》记苻坚曾发关中“豪望富室僮隶三万人”。至于宾客，《三国志·魏书·满宠传》记袁氏在汝南“门生宾客布在诸郡”。《三国志·魏书·司马芝传》称刘节“旧族豪侠，宾客千余家”。到了后来，宾客的地位愈加低微，与奴隶无二，且数量更为庞大。

可见，魏晋南北朝时期大族以分布密集的故吏门生，以及数量庞大的部曲奴客作为耳目和爪牙，来维持其统治。但这只是大族统治的基础而已，控制中央和地方权力才是其目的。

（乙）掌握中央权力

有了庞大的寄生群体做支撑，又操纵了官员的选举权，中央权柄自然会落入顶级大族手中，成为其垄断政权的撒手锏。在记录魏晋南北朝的史书中，不是说某人是“世为某州著姓”，就是说其人“世为某地右族”；不是说其人是“累世为二千石”，便是说某人“世居三公位”；再不然就是不厌其烦地罗列某家族一堆宗谱官阶，为夸耀某人作铺垫。至于那些出身卑微的寒族人士，史料所记不足百分之三十。可见，有百分之七十以上的史料不是直接记大族，就是与他们有关联的人，再不就是为记他们作衬托。

清人万斯同、近代吴廷燮等人在所辑魏晋南北朝时代的《将相大臣年表》和《方镇年表》中，整理的身居高位的权臣，如充任内官的三省首长，以及出任外官的都督刺史等人物，除皇亲国戚外，大半出身当时显赫的大族家庭。不仅如此，那些宗大根深的家族往往同时有多人在中央做官。《世说新语·规箴》记载：

> 孙皓问丞相陆凯曰：“卿一宗在朝几人？”
>
> 陆曰：“二相、五侯，将军十余人”。

陆氏是江东的顶级大族，能与之相比的恐怕非周氏莫属。《晋书·周札传》记周札“一门五侯并居列位，吴士贵莫与为比”。正因义兴周氏家族根基太深，才使王敦起了杀心。陆、周二氏虽然势大，但比起谢氏又略逊一筹。《世说新语·方正》记载：

韩康伯病，拄杖前庭消摇，见诸谢皆富贵，轰隐交路，叹曰："此复何异王莽时！"

韩康伯虽指的是谢氏，但这却是两晋南北朝的普遍现象。更为严重的是，宰辅既然多是大族，他们显然会任命世族子弟担任各级官员，如此恶性循环，遂形成了难以打破的怪圈，即被世族所控制的政权实际等同于世袭了。这种局面既不利于君权的巩固，更无助于国家的健康发展。对此，许多开明的大臣已有所察觉。

《魏书·韩显宗传》记韩显宗规谏魏孝文帝说："陛下以物不可类，不应以贵承贵，以贱袭贱。"《北齐书·元孝友传》记元孝友奏请贵族娶妾时说："正欲使王侯、将相、功臣、子弟，苗胤满朝，传祚无穷。"但是，在那个时代，大族正是借助这种祖孙相承、世居大位的方式来控制中央权力，从而保持世族特权的长盛不衰。这一模式一旦固化，如果没有内因和外因的刺激，是无论如何也打破不了的。

大族操控了选举制度，又掌握了中央权柄，于是中央官职便成为他们行使特权的工具，具体来说，世族垄断了最具实权的官职。主要包括四类：秘书与著作官，黄门散骑，东宫与王国的属官，以及尚书属官的一部分职位。这部分内容将在本书第六章"病态的仕道：世族群体的从政之路"一节中详细介绍。

（丙）控制地方政府

中央权力被顶级大族把持，而地方官职又被这些大族子弟嫌弃而不愿充任。于是，这些大族所不为的地方官职，自然就落在了寒士头上，但这只是表象。为了填补地方权力真空，那些较小的世族，以及作为地方豪强的准大族，逐渐操纵了地方政府。这些人虽然没有官职，却掌握了地方的实权，特别是影响力巨大和实力强劲的地方豪强。

地方豪强实力雄厚，也拥有众多的部曲和奴客，不过由于地域偏远或机缘不佳等缘故，他们没有登上中央的政治舞台。不过他们同样族大根深，俨然成为称霸一方的“土豪”。平时，这些土豪就常常蔑视法纪不遵王法，而地方官吏竟拿他们毫无办法。比如，三国时期的吴郡孙氏（孙坚）、高密孙氏、胶东公孙卢、管县刘节、会稽焦征羌、剡县斯从，等等，他们都是蔑视法纪，甚至从事打家劫舍勾当的地方土豪（详见《游侠、豪族与名士：三国争霸时代的权力格局》第十一章）。

进入南北朝，这种现象更是愈演愈烈。《宋书·刘穆之传》记“时晋纲宽弛，威禁不行，盛族豪右，负势陵纵，小民穷蹙，自立无所”。《宋书·蔡兴宗传》记会稽“多诸豪右，不遵王宪……封略山湖，妨民害治”。至于北朝则是有过之而不及。《魏书·薛胤传》记河北“有韩、马两姓，各二千余家，恃强凭险，最为狡害，劫掠道路，侵暴乡闾”。可见，在地方土豪眼里，王法简直不堪一击。

这些土豪仗其势力，平时恣意妄为，一到乱世，又奋然而起，以保境安民为借口成为割据一方的军阀。比如三国时的田畴、西晋时的庾衮、东晋时的苏峻，等等，可谓不胜枚举。特别是侯景之乱后，闽中（今福建）地方的豪帅更是借自保纷纷独立，宛然独立王国。北方的情况与南方如出一辙。

地方豪帅不仅自保，有时还主动协助政府平定叛乱。如周玘先后帮助政府平石冰、诛陈敏、杀钱璯，七年之间，三定江南。《魏书·封伟伯传》记封伟伯“潜结关中豪右韦子粲等谋举义兵”，以协助政府讨伐萧宝夤。这些都是地方土豪实力雄厚的表现。

豪帅拥有如此强大的实力，政府自然不会浪费这一资源，所以政府也常常主动求助他们，特别是在乱世。比如，《晋书·桓宣传》记西晋末年“坞主张平自称豫州刺史，樊雅自号谯郡太守，各据一城，众数千人”，琅邪王司马睿求助于谯国豪强大族桓宣，让他去收服同乡张平和樊雅，张、樊立即“遣军主簿随宣诣丞相府受节度”。

诸如此类政府利用地方豪强平叛安民的例子在当时可谓比比皆是，可见豪帅在地方有多么大的影响力。同时，由于南北分立，叛乱时起，各个政权都不约而同地利用地方豪强的力量，或是借以号召对方境内的民众，或是纠集他们以增强自身的战斗力，这使得他们更为重要。

地方豪强本来就拥有强大的号召力与实力，再加上政府的利用，两者交织在一起产生了奇妙的结果，即这些地方豪强逐渐有了合法身份，遂演变为地方的实际统治者了。《三国志·魏书·仓慈传》记敦煌：

郡在西陲，以丧乱隔绝，旷无太守二十岁，大姓雄张，遂以为俗，前太守尹奉等，循故而已，无所匡革。

这是“豪族定制，太守执行”的典型事例，一郡的大权实际上已落入地方豪强雄氏之手了。《陈书·陈宝应传》又记载：

（陈氏）世为闽中四姓，父（陈）羽，有材干，为郡雄豪……梁代晋安数反，累杀郡将，羽初并扇惑合成其事，后复为官军乡导破之，由是一郡兵权皆自己出。

陈羽是南梁晋安郡的地方豪族，他先是参与叛乱，借此扩充实力，然后又投降朝廷，并借助政府消灭了其他豪强势力，遂掌握了晋安郡的兵权，成为地方的军事独裁者。

那么北朝的情况如何呢？《魏书·临淮王谭传》记载：

（冀）州人张孟都、张洪建、马潘、崔独怜、张叔绪、崔丑、张天宜、崔思哲等八家，皆屯保林野，不臣王命，州郡号曰八王。

可见，冀州已然成为八家大族的天下，与独立王国无异，政府岂能在此推行王命？

豪强控制地方政府，不仅靠实力，因为他们很少直接充当官员，所以还会找顺从自己的人充任官吏。这个特权主要表现在三个方面：

第一，若遇守宰有缺，他们有优先推荐候补人选的权力。比如，北周的东阳王元荣为瓜州刺史，他死后，瓜州的大族上表朝廷，请其子王康出任刺史。

第二，如果现任守宰触犯了豪强的利益或违背了豪强的意旨，他们会想方设法将其转迁到其他地方。比如，三国时的益州牧刘璋任命董和为江原长、成都令。董和到任后，制定了杜绝奢侈浪费的法令，触犯了县中豪强的利益，于是，他们联合游说刘璋，将其迁到巴东属国任都尉。

第三，地方豪强还会对触犯他们的官员，或陷害使其受刑，或诬陷使其被罢免。比如南梁的何远不畏强暴、关爱百姓，因而被当地豪强“所畏惮”。于是，他们便联合诬陷何远，最终使其被罢免。

总之，世家大族，特别是作为地方势力代表的豪强，凭借其强大的实力成为地方政府的实际操纵者。他们与掌握中央权柄的大族遥相呼应，控制了国家政权，成为名副其实的权力精英。

（丁）大族对寒族仕途的控制

与此同时，大族不仅掌握了中央权柄和控制了地方政府，而且也左右着寒族的仕途，具体而言，就是寒门子弟欲挤入仕途，必须依赖世族的援引。《晋书·陶侃传》记载：

> （陶）侃早孤贫，为县吏，鄱阳孝廉范逵尝过侃……及逵去，侃追送百余里。逵曰：“卿欲仕郡乎？”（侃）曰：“欲之，困无津（引荐人）耳”。逵过庐江太守张夔，称（陶侃）美之，夔召为督邮，领枞阳令。

陶侃是东晋时期著名的将领，曾平定苏峻之乱，但由于出身贫寒，早年不得志，因得到名士范逵的引荐和大族张夔的提携，才逐渐走入仕途，得以施展才能。

杨方是东晋时期的著名诗人，他的显达在一定程度上也有赖于大族的提携。《晋书·杨方传》记杨方年少时：

> 乡邑未之知，内史诸葛恢见而奇之，待以门人之礼，由是始得周旋贵人间。

由于世族拥有如此巨大的能量，一句话就可以让一族显达，为此很多寒门想尽办法得到他们的青睐，甚至不惜牺牲自己的清白。《世说新语·贤媛》记安东将军周浚向汝南李氏女络秀提亲，欲纳她为妾，却遭到她父亲和哥哥的强烈反对，络秀却说：

门户殄瘁，何惜一女，若连姻贵族，将来或大益。

周氏为江东冠族，李氏乃寒门，本来这是李氏显达的好机会，但周氏要纳的不是妻而是妾，而在当时，做妾是让人不耻的事。李氏虽为寒门，但也知道廉耻，所以“父兄不许”，但络秀为了李氏的显达，甘愿牺牲自己。所谓“大益”，显然是要求周氏的提拔，在这种诱惑下，“父兄从之”。可见，他们认为在光耀门庭面前，什么廉耻、尊严、伦理，都不值一提。

正如前述，在魏晋南北朝时代，寒族的地位虽然有所提升，但仍然要依附于大族，因为世族垄断了大部分官职，寒人的入仕就变得异常艰难，他们的显达自然就成为稀少的特例了。因而史书对那些贫寒而显达的人总是大书特书。比如《晋书·王澄传》记王澄“擢顺阳人郭舒于寒悴之中，以为别驾，委以州府”；《魏书·裴叔业传》记广陵寒人魏承祖“依随（裴）叔业为趋走左右……终于并州刺史”；等等。当然，这些事例无非是要通过寒人的显达来彰显大族的权势而已。

可以看出，大族提拔寒人，实际上是为了控制他们的仕途，并使其中优秀的人才为己所用，最终为大族控制国家政权增加筹码。

十五　财富集聚：大族权力运转的经济条件

世族掌握了政治权力，但仅仅有这些还不够，因为上层权力的运转要靠下层经济的支撑，同时经济也要政治作为保障。于是，大族在控制政治权力的同时，也垄断了社会经济资源。具体来说，大族的经济实力主要表现在三个方面，即土地、人口和增值的财富。见图 3–3 所示。

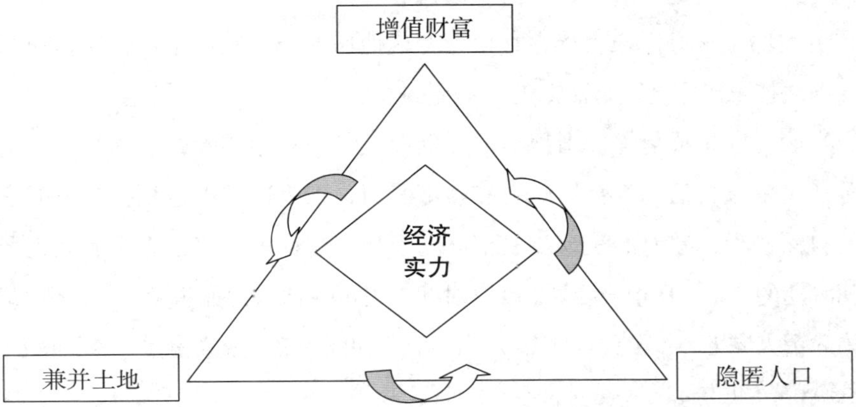

图 3–3　世族经济实力的构成

这三个维度紧密交织在一起，相互依存、互为补充，成为大族进行财富保值增值的法门。

（甲）兼并土地

在以农业生产为主的古代社会，土地成为聚集财富的基础。所以大族想尽一切办法，或合法或非法地占有广大的耕地和山泽。

世族占有耕田，有一部分是依赖其政治地位的优势。《晋书 · 食货志》记载，晋平吴后，海内混一，政府遂制定了官品占田的数目，即第一品五十顷，每品递减五顷以为差，以此类推，第九品十顷。

这道法令表面看是对官品占田的规定，实质是对官品占田的限制。因为在朝廷实施这道法令之前，田亩分配不均和官吏占田甚多的状况已相当普遍。政府只能在承认这个既定事实的前提下，推行官品占田制，企图将官吏占田限制在一定的范围内。

无论如何，上述情况表面看还算是合法占有，实际上，太康元年的这道法令还含有限制官吏非法占有田亩的用意。比如《资治通鉴 · 晋武帝纪》记载大臣弹劾说："故立进令刘友、前尚书山涛、中山王睦、尚书仆射武陔各占官稻田。”这种达官显贵非法占有土地的事例比比皆是。

可见，无论是合法占有还是非法占有，都是政府所不能容忍的。因为这些官吏大部分出身世家大族，官田遂变成他们的私有土地了，这就是司马氏在开国之初急于实施这道法令的根本原因。

当然，依靠政治优势囤积土地不仅慢且存在法律风险，世族兼并土地大部分还是依赖自己的社会影响力和经济实力，因为这是土地私有制下财富聚集的自然进程，政府的法令难以干涉。于是，这种田亩兼并方式成为魏晋南北朝时期的主流，且十分猖獗，政府对此也无可奈何。比如《梁书·武帝纪下》记梁武帝大同七年（公元541年）下诏说：“如闻顷者，豪家富室，多占取公田，贵价僦税，以与贫民，伤时害政，为蠹已甚。”

北魏孝文帝太和九年（公元485年），政府为了抑制田亩兼并，下令推行均田制，明确规定土地不能自由兼并，北周、北齐均承其制。但由于法令与实际执行的背道而驰，以及大族的抵制，均田制并不能起到均贫富的作用，兼并耕田的情况反而愈演愈烈。

《晋书·张辅传》记张辅曾夺“西州大姓”庞宗妇族“田二百余顷以给贫户”。这只是庞氏全部田产的很少一部分，可见其财力的雄厚。《晋书·刁协传》记刁彝“兄弟子侄并不拘名行，以货殖为务，有田万顷，奴婢数千人，余资称是”。《宋书·孔灵符传》记孔灵符“产业甚广，又于永兴之墅，周回三十里，水陆地二百六十五顷，含带二山，又有果园九处”。这些记载在史书中屡见不鲜，可见当时田地集中的情况是相当惊人的。

大族占有的耕地数量多，囤积的谷物和拥有的人口自然也多。特别是在北方，因为处于异族的统治下，大族必须聚居抱团，以集聚大量的人力财力，这样才能自卫以及与异族抗衡。比如，《魏书·石文德传》记载“（石文德）五世同居，闺门雍穆。……天水白石县人赵令安、孟兰强等四世同居，行著州里”。《魏书·李几传》记李氏“七世共居同财，家有二十二房，一百九十八口”，等等。这些大族世代同居的现象在当时非常普遍，他们所以能挺立数世而不倒，且囤积了许多谷物、豢养了众多人口，全赖面积广大的田产作为支撑。

世族除了占有耕地，还将触角伸向了广大的山泽，因为山林有竹木之饶，川泽有鱼虾之利。这在工商业不发达的社会里，也成为大族财富的主要来源之一。本来山泽都是公有的，不能私人占有，所以大族封固山泽当属非法，但政府对此却毫无办法，山泽一片片地落入了大族的囊中。

政府虽不能禁止大族非法开采山林，但从南朝宋开始，仍不间断地颁布了许多禁令。比如，《宋书·孝武帝纪》记宋孝武帝大明七年（公元 463 年）下诏，命令官吏对私占山泽的事“严加检纠，申明旧制”。《梁书·武帝纪下》记梁武帝大同七年下诏，命令官府对山泽划分界限，并申明如豪强“有越界禁断者，禁断之身，皆以军法从事”。《北史·齐纪上》记东魏孝静帝武定五年下诏说：“豪右之家，不得占户山泽。”

但是，这些诏令如废纸一张，根本不能阻止侵占行为的蔓延，因为政权被大族把持，执行这些法令的官员本身就是山泽之利的受益者。于是，政府只得妥协，制定了以官阶高卑来限制大族占领田亩多寡的法令。《宋书·羊希传》记载：

> 官品第一、第二，听占山三顷；第三、第四，二顷五十亩；第五、第六品，二顷；第七、第八品，一顷五十亩；第九品及百姓，一顷。皆依定格，条上赀簿。若先已占山，不得更占，先占缺少，依限占足。

这显然是掩耳盗铃、自欺欺人的法令。因为官吏大都出身世族，官阶的高低正是门户高低的具体表现，以官阶高低评定所占土地的数额，等于以门户高低定占山的多寡了，以此类推，等于承认了大族占领山泽的合法性。于是，大族更加有恃无恐地侵占山泽了。

可以看出，肆无忌惮地兼并耕田和侵占山泽，成为大族积累财富和垄断经济的主要法门，政府只能以聊胜于无的法令与他们周旋了。

（乙）隐匿人口

禁止土地兼并已然让政府焦头烂额了，但比这更让他们棘手和更为严重的难题是隐匿人口，特别是从事农业生产的劳动力。因为当时地广人稀，如果没有劳动力，广阔的土田山泽也就毫无价值。所以大族总是绞尽脑汁隐匿人口，这显然会威胁到政府，从而引发社会恐慌。因而，政府与大族对人口的争夺，成为魏晋南北朝时期政治家关注的焦点。换句话说，当时的若干政权都必须面对这个难题，而对此问题处理得恰当与否，在一定程度上决定了王朝的兴替。

那么，当时大族是如何隐匿人口的呢？主要有两种方式，一种是非法地隐匿人员户籍以为私民；另一种是假借若干合法的名义培育寄生群体。第二种主要包含四类人口：奴隶、奴客、部曲和门生，上节已对这些寄生群体做过详细介绍，本节主要介绍第一种方式。

与第二种相反，第一种是没有任何名义的隐匿，主要收容国家的逃户或冒籍隐漏的人口。比如，孙坚在扬、荆所讨伐的“诸山贼”，即属于隐匿人口的地方豪族。

东汉时期，江南越地居住在深山、逃避赋役，以及避罪入山的当地百姓，他们走投无路，只能投靠大姓豪族，成为部曲、田客，即不受政府控制的私家领民。为了反抗政府征发，保卫和扩大自己的既得利益，一些当地的大姓豪族往往据守山险，并组织武装，甚至公开起兵反抗政府，这些豪族又被称为“山贼”。当然，政府自然不允许这类事件发生，因为这类大姓豪族势力的膨胀，必然会减少政府的财政收入和劳动力。《三国志·吴书·陆逊传》记载政府从大姓豪族手里所夺得的山民，“强者为兵，羸者补户”，即充实兵源、榨取租税和征发徭役。说明，当时政府和这类大姓豪族之间的战争，完全是为了争夺劳动力和兵源。其他地区的所谓“山贼”，状况与江南地区基本相同。

而在长沙、零陵、桂阳三郡起兵的区星、观鹄等人，也是山中大姓豪族的首领，他们反抗东汉政府，意在争夺劳动力资源，保卫自己的既得利益。孙坚也是豪族群体中的成员，他起兵镇压观鹄等人的叛乱，也是企图从这些大姓豪族手中夺取劳动力，以补充兵源，扩大自己的军事力量。同时还可以取得更多的租税和徭役，以充实财富。

山越（包含山贼和宗部）不仅对东汉政府，对后来的孙吴政权来说，也是一个棘手的问题。因为他们从内部极大地制约了孙吴政权对外的军事行动，已经成为孙吴政权内部的安全隐患。

《三国志·魏书·田畴传》记田畴曾“率举宗族他附从数百人……入徐无山中……百姓归之，数年间至五千余家”。这五千余家显然也是脱离国家户籍而成为大族私民的百姓。

进入东晋，隐匿人口的情况更为严峻。《晋书·高阳王睦传》记王睦：“遣使募徙国内八县受逋逃、私占及变易姓名、诈冒复除者七百余户。”南北朝时期隐匿人口的实例更是屡见不鲜。

大族为何要冒触犯国家法令的风险隐匿和养活这些人呢？原因很简单，与法律风险相比，他们可以从这类人身上获取更多经济利益，具体而言，隐匿人口对大族主要有服劳役和献纳的义务。这样，大族就把这些人应缴纳给国家的赋税转化为自己的剩余价值了。面对这样巨大的经济利益，大族岂能放过！与此同时，为了长期榨取隐匿人口的剩余价值，他们对官府清查人口的政策总是持抵制态度。《晋书·山遐传》记山遐：

> 为于姚令，时江左初基，法禁宽弛，豪族多挟藏户口以为私附，遐绳以峻法，到县八旬，出口万余。……诸豪强莫不切齿于遐，言于执事……遂陷其罪……竟坐免官。

大族为了抵制清户，依靠其掌握的政治权力让山遐被免职，可见其对政府清户政策的强烈反对。

南方如此，北方大族亦如此。比如，前燕末年，国库入不敷出，大臣悦绾上疏慕容暐（前燕皇帝），建议清查户口，将大族隐匿的人口全部发还官府，以缓解财政危机。慕容暐同意，并将此事交由悦绾处理。悦绾一下清理出二十余万的隐匿人口，这一举动严重触犯了大族的利益。于是，以慕容评为首的大族派人刺杀了悦绾。后燕慕容宝也推行清户政策，将清理出的隐匿人口发还郡县，同样引发了大族的强烈不满。

大族反对清查，法令势难推行，在这种局面下，政府又妥协了。尤其是那些代表大族利益的政客，为了息事宁人，即使让国家吃亏，也不愿得罪世族。这实际上助长了大族的气焰，而损害了国家的利益。上面提到的前燕、后燕，都是在清查政策夭折之后不久就灭亡的。

无论第一种方式还是第二种方式，这些被国家抛弃、逃离旧居的“黑户”人口可以说一无所有，只能依附于大族，并在主人的土地上劳作和居住。从而成为大族积累财富、扩展势力，进而对抗政府的工具。

（丙）增值财富

兼并土地和隐匿人口是财富保值的法门，除了保值，大族还想尽办法使财富增值。具体而言，主要表现在三个方面，即经商、借贷以及私铸官钱。

魏晋南北朝是一个战乱频繁的时期，商业相比两汉虽不甚发达，然而在各政权局部稳定的前提下，还是有所发展的。特别是在南北交换、域外贸易上出现了一些小的繁荣，“贾胡”“商胡”遍布各地。《洛阳伽蓝记·法云寺》记当时的洛阳：

> 有通商、达货二里，里内之人尽皆工巧屠贩为生，资财巨万。有刘宝者最为富室，州郡都会之处，皆立一宅，各养马一匹，至于盐粟贵贱，市价高下，所在一例，舟车所通，足迹所履，莫不商贩焉。是以海内之货，咸萃其庭。

这是国内商业发展的情况。至于国际贸易，也毫不逊色。《梁书·王僧孺传》记南海郡：

> 常有高凉生口及海舶，每岁数至，外国贾人以通贸易。旧时州郡以半价就市，又买而即卖，其利多倍。

大族自然不会放过这个生财的机会，于是，他们依仗政治特权和经济实力，开始了经商活动。《晋书·石苞传》记石苞“被使到邺，事久不决，乃贩铁于邺市”。石苞果然有商业头脑，不因公事没办完而耽误了赚钱，索性在邺城做起了贩铁生意，可谓公私两不误。

还有很多大族知识分子，也不甘寂寞加入了经商队伍。《宋书·孔觊传》记孔觊之弟孔道存和孔徽，本来是“士流”，在政府从事研究工作。但二人颇有商业天赋，在工作之余干起了经商的副业。甚至请长假，带着十余车“绵绢纸席”回家乡贩卖。孔觊十分不解地问兄弟，你们既然是“士流”，为何还要去做“商贾”呢？看来，孔觊的商业神经不甚发达，他哪里知道经商的好处。

不仅孔氏兄弟，那些官居高位的大族更不会错失这个赚钱的良机。《晋书·石苞传》记丁谧“贵倾一时，并较时利”。《刘胤传》记刘胤“大殖财货，商贩百万”。不管怎样，丁、刘还算顾忌体面，暗中经商。而有些人却利欲熏心，居然在家门口公开做起了买卖。《梁书·曹景宗传》记南梁大将曹景宗“鬻货聚敛于城南，起宅长堤以东、夏口以北，开街列门，东西数里”。此等规模的经商活动，也算空前绝后了。

北方大族如此，南方官吏自然不甘落后。《魏书·李崇传》记李崇“性好财货，贩肆聚敛，家资巨万，营求不息”。《刘腾传》记刘腾“交通互市，岁入利息以巨万计”。

大族从经商活动中获取的经济利益，已经相当丰厚了，但依然不能满足其贪欲，他们总是想着钱生钱的门道，借贷生息便是其中的一种。如南朝的王珣（公元 350—401 年）、顾绰、崔慰祖，北朝的崔光伯、李元忠等，都是借贷的能手。尤其是当政府征敛过甚时，人民只得被迫假贷，这给大族进行重利盘剥创造了更好的机会。

在经商和借贷的同时，大族还盯上了官钱这块肥肉。钱币原本是国家的专有宝货，在用以衡量财富时本身也成了财富，大族自然不会放过这个增值财富的门道，从而导致私铸官钱之风盛行。《晋书·食货志》记“元帝过江，用孙氏旧钱，轻重杂行。……吴兴沈充又铸小钱，谓之沈郎钱”。更有甚者，为了获利，竟然向佛像下手了。《北齐书·王则传》说：“则性贪婪……旧京诸像，毁以铸钱，于时世号河阳钱，皆出其家。”

那么南方的情形如何呢？《魏书·辛绍先传》说“诸州豪右，在山鼓铸，奸党多依之”。《魏书·杨侃传》说“时所用钱，人多私铸，稍就薄小，乃至风飘水浮”。私铸官钱已属违法，而大族为了获得巨利，竟然偷工减料，着实让人侧目。

可以看出，魏晋南北朝时期的大族通过兼并土地、隐匿人口和增值财富三种手段，垄断了社会资源和国家的经济命脉。比如在史书中常常会用“赀累千金”“赀财巨万”，或“百道营生，积财如山”“产匹铜山、家藏金穴”等语来形容大族财富的总量。与此相伴的，就是奢侈之风的盛行。这就是在中古时代横行百年的世族被少数民族和武人推翻的主要原因。

第二部分

士族主导下的社会变迁

第四章

经学的衰变与玄学的兴起

从秦始皇到汉景帝，再到汉武帝；从李斯到贾谊，再到董仲舒，中古中国的思想经过了从以法家为核心的“王霸学派”，到以道家（战国黄老学）思想为主旨的“黄老术”，再到以儒家（大一统思想）为立意的“儒术”。正是在新兴阶层的推动下，整个华夏中国完成了从政治、经济到再到文化的整体社会形态的变革，古典时代就是在这种社会变革的背景上得以形成的。而作为这个过程的有机组成部分，两汉经学在这场社会变革中的作用无疑是巨大的。

总体来说，今文经学和古文经学虽然有着巨大的差异，但本质上却具有天然的一致性，两者都是大一统思想的适应性变体，都是孟子思想和荀学的综合，其中还吸收和发挥了黄老的“德刑”思想。换句话说，两汉经学是儒法道思想的混合体，最终形成了内儒外法的国家治理模式。而荀学则起到了连接“儒术”和“黄老”的作用。

东汉末年，经学衰变，以道家（实为黄老学）为主旨的玄学兴起。至此，玄学与佛教交相辉应，开始了对中国思想文化系统的重新构建，儒学则在玄学和佛教的双重刺激下进行着内部改造。

一　今文经学与三次社会改造运动

从汉武帝建元元年（公元前 140 年）汉武帝采纳卫绾的建议，推行“罢黜百家，独尊儒术”，一直到建元五年（公元前 136 年）设置五经博士，使今文经学登上历史舞台开始，直到汉昭帝始元六年（公元前 81 年）的盐铁会议，短短六十年内，汉朝的政治思想即在大一统的框架内进行着曲折而反复的调整，一共经历了三次大的转变，从而引发了三次剧烈的社会改造运动。

第一次是黄老向儒术的转型，主要是儒道之争，标志着今文经学的兴起。

第二次是今文经学内部的改造和完善，标志着今文经学的成熟。这个阶段，在荀学的统摄下，儒家、法家和道家既相互斗争，又相互融合，而以融合为主流。儒家思想以外儒内法兼收并蓄的形式表现出来，甚至出现法家思想一度挤压儒家思想的局面，最终导致今文经学思想结构的失衡。

第三次转变也是今文经学内部的适应性改造，主要表现为儒法之争，标志着今文经学地位的最终确立。这个阶段，儒家对法家发起了全面进攻，目的是将法家思想挤出今文经学的理论框架，重新恢复先秦的孔孟思想，从而使孟子的思想不断发展。

第一次转变是在公元前140年实现的。通过“罢黜百家，独尊儒术”，支撑西汉初年治国理念的黄老思想被废除，确立了以董仲舒为代表的儒家思想对政治和文化的指导地位。

在黄老思想的指导下，汉初七十年，政府一直采取清静无为、休养生息的治国政策，使社会、经济和文化得到了全面复苏。但到汉武帝继位时，国家的政治局面发生了很大变化，威胁皇权的侯国问题不仅得以基本解决，国家的综合实力也得到了明显提升。这时新的任务摆在了决策者面前：随着经济领域的变革，政治领域必须适应经济变革的需要。同时，经济生活的不断繁荣，需要与之相适应的文化思想的高涨。换言之，汉王朝需要建立一种新的社会形态，以满足帝国运转的需求。而“独尊儒术”的政策和儒家作为传统文化身份象征的特质，恰好适应了这个历史需求，从而完成了第一次政治思想的转变。

《汉书·武帝纪》对这次思想转变给予了高度赞誉，说明这次转变取得了巨大成功。其赞曰：

> 汉承百王之弊，高祖拨乱反正，文景务在养民，至于稽古礼文之事，犹多阙焉。孝武初立，卓然罢黜百家，表章（彰）“六经”，遂畴咨海内，举其俊茂，与之立功。兴太学，修郊祀，改正朔，定历数，协音律，作诗乐，建封坛，礼百神，绍周后，号文章，焕焉可述。

董仲舒的思想实质上是儒、法、道的混合体，进一步说，是对荀学的扩展和应用。因为荀学恰恰以融合儒法道为特征，特别强调民力的可畏与君权的尊严，从而提出了性恶论的主张，严君子和小人之分，以“礼”为法之纲纪，和民众的情感比较疏远和对立。而且荀子还十分注意研究战争和兵事。这些都为“大一统”思想的确立提供了理论依据。

然而，随着政治形势的急剧变化，刚刚确立起来的治国理念即做出了调整，遂引发了第二次转变。这次转变比第一次影响更为巨大，在极短的时间内，就使整个帝国改变了运行轨道，上至贵族下至庶民都被卷入这场变革。如果说第一次转变是由战争到和平，那么这次转变就是从和平到战争。

从汉武帝元光二年（公元前133年）起，为了反击匈奴连年不断的大规模侵扰，汉武帝决定终止和亲政策，采取以暴制暴的策略，通过战争解决匈奴的威胁。至此，长达三十九年的匈汉战争拉开了序幕。在对西部用兵的同时，汉王朝又发起南征，耗费了巨大国力，相继平定了东瓯和南越，并通“西南夷”。这样，整个王朝的政治、经济、文化以及人力系统都被调动起来，投入到规模浩大的漫长战争中来，帝国瞬间变成一部战争机器。

为了支撑战争体制的运转，汉武帝频繁发布政令，采取多种措施以实现战略目标。这些政策不仅改变了经济和政治的发展方向，也改变了帝国内各阶层之间的关系和各集团之间的实力对比，最终引发了政治思想的转变，即今文经学内部的适应性改造。

但是，大规模的战争造成了全国财政赋税体系的巨大压力。《史记·平准书》记载，为了满足战争的消耗，汉武帝制定了一系列财政和经济政策。

第一，颁布了“募民能入奴婢得以终身复，为郎增秩及入羊为郎”的法令，开启卖官之风。随后又颁布了“民得买爵及赎禁锢免减罪”的法令，大开卖爵之门。

第二，颁布了盐铁官营的法令。盐铁官营是汉政府“重本抑末”经济思想的集中反映，是贵族地主阶层为巩固权力打击商人阶层所必须采取的举措。

盐铁官营的主导者桑弘羊出身商人家庭，家族的财富就是靠办盐铁积累起来的。《盐铁论·通有》篇记载他主张“富在术数，不在劳身；利在势居，不在力耕”。但是，当他走向政界后，并没有从商人利益出发，而是站在政府立场上，竭力维护盐铁官营和均输，这自然会阻碍商业的发展。因为盐铁官营和均输，把社会的重要资源和产业置于国家直接管控之下，从而使盐铁成为朝廷实现政治目的的工具，甚至成为皇帝、政府实现私利的手段。

其实，早在汉文帝时期，贾谊已提出重本抑末的具体策略，但由于当时汉政府以无为而治的黄老之术治国，贾谊的建议没有引起重视。此时，武帝为了实现大一统，遂将这个策略付诸实践，在这个过程中，战争无疑起了催化作用。

第三，汉武帝元狩四年（公元前 119 年）颁布了算缗令和告缗令。算缗令的具体内容是：政府依据商人呈报的财产数字，来抽取钱财（即算）。凡两千钱抽取一算（一百二十钱），如果是经营手工业的商人，其生产的产品四千钱抽取一算；不是“三老”和“北边骑士”而有车的人，一车抽取一算，如果是商人则加倍；船一只抽取一算。告缗令的具体内容是：如有隐瞒不报或呈报不实的，除没收财产还要戍边一年。对于告发者，赏给没收财产的一半以资鼓励。

这条法令颁布后，缗人为利益驱使不断增长，最后呈遍布全国之势，导致中等以上的商人全部破产，财产被政府无偿没收，商业资本遭到前所未有的打击。

汉政府的这些举措激化了各阶层之间和各政治集团之间的矛盾，破坏了各阶层和各集团与国家之间的平衡关系，从而引发了社会结构的急剧变动。

受打击最大的是商人阶层。商人在文景时期由于开办盐铁而获利巨大，实际上垄断了国家的财政命脉，但这些商人唯利是图，对战争采取袖手旁观的姿态。《史记·平准书》记载：

> 富商大贾，或蹛财役贫，转毂百数，废居居邑，封君皆低首仰给，冶铸煮盐，财或累万金，而不佐国家之急。

在当时，就是在和平时期，商人所关心的也只是如何发家致富和积累更多的财富，甚至不惜铤而走险，坑害国家和人民，致使“黎民重困”。商人的这些行为激化了他们与国家之间的矛盾，终于在汉武帝的打击下陷入垂死之境。当然，在商人群体中，也有一部分人依靠财富挤入政界，成为官员，甚至进入决策层，成为政治精英，这就改变了政府的构成。《史记·平准书》记载：

使孔仅、东郭咸阳乘传举行天下盐铁，作官府，除故盐铁家富者为吏。吏道益杂，不选，而多贾人矣。

豪强地主在这场社会变革中也受到冲击。他们同商人一样，对国家的财政困难作壁上观。他们既不参军征战，也不戍边支疆。《汉书·食货志》记载：

齐相卜式上书，愿父子死南粤。天子下诏褒扬，赐爵关内侯，黄金四十斤，田十顷。布告天下，天下莫应。列侯以百数，皆莫求从军。

可见当时的贵族萎靡颓废到何种程度了。《史记·平准书》记载，汉武帝针对“富豪皆争匿财”的可耻行为，“下缗钱令而尊卜式，百姓终莫分财佐县官。于是告缗钱纵矣”。这部分对政府打击豪强地主不积极的官员也受到了惩罚。

不仅如此，武帝还任用酷吏来打击囤积居奇的豪强。《史记·酷吏列传》记载张汤：“为御史大夫……承上指，请造白金及五铢钱，笼天下盐铁，排富商大贾，出告缗令，锄豪强并兼之家，舞文巧诋以辅法。”

汉武帝元鼎五年（公元前 112 年）九月发生了著名的“酎金失侯”案，这是汉政府对豪强地主一次最为严重的打击。《食货志》记载，汉武帝以列侯所交饮酎金成色不纯为借口，对列侯进行大肆清洗，“被削爵者百余人”。据统计，酎金案前全国共有列侯二百一十个，案发后，有一百零六名列侯失爵，约占了总数的一半，可见打击面之广。

汉政府通过一系列组合拳，将豪强地主的财富揽入政府的腰包，不仅化解了政府的财政危机，还使中央税收大幅增加，为对外战争提供了支撑。不仅如此，酎金案后封户逾万的侯国基本上被消灭，而列侯封户超越诸侯王的不合理现象也得到解决，使汉政府从根本上瓦解了高祖到景帝时期确立的“列侯体制”，侯国地域分布的“武帝体系”形成。

在这次社会变革中，受难最重的当属农民。农民不仅是国家赋税的主要来源，也是战争的主要力量，战争中所需要的财力、人力和兵源，最终都出自他们，致使农民的境遇空前恶化，加上天灾，农民的境况更是雪上加霜。于是，他们只得铤而走险，走向起义的边缘。《史记·酷吏列传》记载：

> 自温舒等以恶为治，而郡守、都尉、诸侯二千石欲为治者，其治大抵尽放（仿效）温舒，而吏民益轻犯法，盗贼滋起。南阳有梅免、白政，楚有殷中、杜少，齐有徐勃，燕、赵之间有坚卢、范生之属。大群至数千人，擅自号，攻城邑，取库兵，释死罪，缚辱郡太守、都尉，杀二千石，为檄告县趣具食，小群（盗）以百数，掠卤乡里者，不可胜数也。

社会变革也促使西汉权力结构发生了巨大变化，一批年轻有为、奋发上进、期望建功立业的主战派人物登上了历史舞台，他们中间既有政治家和理财家，也有军事家。

治国理政的重任自然落在崇尚商贾主张富国强兵的桑弘羊、东郭咸阳、孔仅等人肩上。他们大都出身商人家庭，带着富国强民的夙愿进入政界，成为政治型的理财专家。《史记·平准书》记载：

> （汉武帝）以东郭咸阳、孔仅为大农丞，领盐铁事。桑弘羊以计算用事，侍中。咸阳，齐之大煮盐；孔仅，南阳大冶；皆致生（产）累千金，故郑当时进言之。弘羊，洛阳贾人子，以心计，年十三侍中，故三人言利事析秋毫矣。

而调和社会矛盾和政治矛盾的重任，则依靠张汤、杜周、宁成、周阳由、赵禹、义纵、王温舒、尹齐、杨仆等酷吏。军事家则起用出身卑微的卫青和霍去病。这些人大都是法家代表，从而引发法家思想的不断扩张，儒家思想的急剧萎缩，最终导致今文经学内部结构的失衡。那些自视才高，好夸夸其谈的儒生，在时代的洪流下则显得黯然失色，被历史无情地排除在权力之外。

但是物极必反，浩大战争的胜利换来的是民生凋敝。历史就是这样变幻莫测，昨天被罢黜的，今天成了政治宠儿；而昨天被尊崇的，今天反而成为千夫所指的对象。汉武帝时期，对匈奴的战争拖拖拉拉打了三十九年，不仅政府不堪重负，人民也疲惫不堪。一方面，持续不断的对外用兵，不仅民众，甚至商人、贵族地主也被拖得筋疲力尽，陷入垂死的边缘。另一方面，战争又引发了一连串的社会和政治矛盾。此时，不仅战争无法维持下去，就是统治阶层也面临农民运动的威胁，甚至到了岌岌可危的境地。这些危机都要求政府必须纠正治国思想的偏差，调整政治策略，以适应新形势的要求。

汉武帝末年，面对严峻的社会政治危机，汉政府不得不停止了大规模的战争。《汉书·西域传》记载，汉武帝征和四年（公元前89年）汉武帝下罪己诏“深陈既往之悔”，诏曰：

> 当今务在禁苛暴，止擅赋，力本农，修马复令，以补缺，毋乏武备而已……由是不复出军，而封丞相车千秋为富民侯，以明休息，思富养民也。

汉武帝显然是为了鼓励生产，富裕百姓，以缓和矛盾，但并没有打算彻底调整治国思想。

公元前81年，汉昭帝为了顺应时代的变化，召开了著名的盐铁会议，开始了第三次社会改造运动，而这次唱主角的就是那些被冷落、受打击的儒生。盐铁会议是汉武帝以后治国思想和政治指导方针展开的一场大辩论。辩论的一方是从汉武帝起长期掌权的法家代表人物桑弘羊，另一方是儒家的忠实信徒贤良文学之士。这次会议讨论的情况，由宣帝时期的桓宽整理为《盐铁论》。

盐铁会议上，儒生对当时汉帝国面临的深刻社会政治危机进行了系统的阐述。《盐铁论·刺复》篇说：

> 当公孙弘之时，人主方设谋垂意于四夷，故权谲之谋进，荆楚之士（指善战者）用，将帅或至封侯食邑，而剋获者咸蒙厚赏，是以奋击之士

由此兴。其后干戈不休，军旅相望，甲士糜弊。县官用不足，故设险兴利之臣起，磻溪熊罴之士（指姜太公之类的能人）隐。泾、渭造渠以通漕运，东郭咸阳、孔仅建盐铁，策诸利，富者买爵贩官，免刑除罪，公用弥多而为者徇私，上下兼求，百姓不堪，抚弊而从法，故憯急之臣进，而见知（知情不举）废格（不执法）之法起。杜周（汉武帝时廷尉，酷吏）咸宣（汉武帝时御史中丞，掌司法）之属，以峻文决理贵，而王温舒（汉武帝时廷尉史、御史，酷吏）之徒以鹰隼击杀显。其欲据仁义以道事君者寡，偷合取容者众，独以一公孙弘，如之何？

《救匮》篇又说：

文、景之际，建元之始（汉武帝初年），大臣尚有争引守正之义。自此之后，多承意从欲，少敢直言面议而正刺，因公而徇私。……故公孙丞相、倪大夫侧身行道，分禄以养贤，卑己以下士，功业显立，日力不足，无行人子产之继。而葛绎、彭侯（丞相刘屈氂）之等，隳坏其绪，纰乱其纪，毁其客馆议堂以为马厩妇舍，无养士之礼，而尚骄矜之色，廉耻陵迟而争于利矣。

上面两段话表明，汉武帝崇尚功利，虽短期有效，但却贻害无穷，其直接恶果是，儒学大师公孙弘所创建的客馆、讲堂顷刻间变成了马厩、妇舍，一钱不值了。而那些善于投机的政客却掌握了大权，左右着国家的走向，影响着社会风气。这才是引发当前社会政治危机的根源。

随后，贤良文学之士便提出了解决这些危机的具体举措。包括：结束战争，休养生息，废除盐铁官营，实行井田，抑制土地兼并，反对奢侈，废除严刑峻法和什伍连坐，等等。

显而易见，盐铁会议上，贤良文学之士基本上是论述了孟子的思想。比如，孟子主张民贵君轻，保民而王，与民同乐，强调民是国家的重心，是衡量政治好坏的尺度；孟子还极力反对战争。在《孟子·尽心下》中喊出了“春秋无义战”，又在《离娄上》中提出“善战者服上刑”，可见其对战争的厌恶；孟子还主张性善论，突出了教化、仁政的作用。这些思想都体现了古人王道主义（行仁政）的精神，与荀子主张的君道主张（行霸政）大为不同。

虽然这些以王道治天下的主张是不切实际的奢望，有的甚至极为迂腐，比如感化匈奴、撤除边备等想法。因为在现实社会中，人类最大的群体还是民族和国家，王道天下只存在于人类的理想世界中，不是即时能实现的。但是，这些主张，却符合当时政府调整治国方向和人民期望休养生息的愿望。

《复古》篇记载贤良文学之士向汉昭帝指出，实行王道是“继大功之勤，养劳倦之民，此用麋鬻之时”。经过激烈辩论，贤良文学之士压倒了桑弘羊之流，在大势所趋之下，汉昭帝和霍光接受了贤良文学之士的建议。《汉书·昭帝纪》记载：

> （昭帝）承孝武奢侈余敝师旅之后，海内虚耗，户口减半，光知时务之要，轻徭薄赋，与民休息。至始元、元凤之间，匈奴和亲，百姓充实。举贤良文学，问民所疾苦，议盐铁而罢榷酤，尊号曰昭，不亦宜乎？

历史就是这样的巧合，正像随着战国先秦纷争的结束，法家淡出历史舞台一样，随着汉武帝时期战争体制的结束，法家也完成了历史使命，由支配地位再次退到幕后，让位于儒学，今文经学内部暂时恢复了平衡。

汉宣帝，特别是到汉元帝和汉成帝时期，今文经学出现了四个结构性的变化。首先，孟子终于成为儒家思想的正宗，地位仅次于孔子，被树立成一面众人效法的旗帜。其次，阴阳灾异的天人感应思想，成为政论的依据和依托，经学之士成为政权的基本组成部分。再次，公元前 51 年召开的石渠阁会议，明确皇帝为经学的最高权威，标志着政权和经学的合一。通过政治，儒家的宗法伦理和纲常名教开始向社会各个领域扩张。最后，继董仲舒的《公羊春秋》后，京房易学和刘向《洪范五行传》的灾异思想开始盛行。这四个变化，标志着今文经学及其阴阳灾异思想取得了全面统治地位，也标志着今文经学对经学体系和政治思想全面改造的实现。

《汉书·五行志》记刘歆说："《河图》《洛书》相为经纬，八卦、九章相为表里。昔殷道弛，文王演《周易》。周道敝，孔子述《春秋》，则乾坤之阴阳，效洪范之咎征，天人之道灿然著矣。"刘歆的这段话，就是对这一变化的盖棺论定。

二　在政治投机中走向深渊的今文经学

公元前 87 年汉武帝去世，大将军霍光掌握了朝政大权。汉宣帝初立，权归君主，不久又被宦官弘恭、石显等掌控，丞相成了名誉职位，实权操控在中书令手中。元帝时期，大权仍在中书令石显手中。元帝驾崩，公元前 32 年石显免职，政权转移至外戚王氏手中。

不仅如此，从汉武帝末年，至汉宣帝时期，经过长时间的恢复，出现了两极现象，一方面是国库逐渐充盈，一方面是社会财富逐渐转移到大贵族地主手里。到了汉元帝时期（公元前 48—公元前 33 年），都内钱达到四十万万，水衡钱达到二十五万万，少府钱达到十八万万。但是，从汉成帝（公元前 32—公元前 7 年）起局面开始发生变化，皇帝对宠臣的赏赐不断增加。至汉哀帝时，赏赐更为丰厚，宠臣董贤曾受田二千余顷，董家的奴婢仓头每人都得到十万钱。造成的后果是：国库空虚，赋敛加重。继而又引发了农民暴动，自汉成帝以后，暴动逐渐增多。暴动的农民多至三千以上，可谓风起云涌。暴动区域也遍布全国，数量达四十余郡国，可谓遍地开花。

可以看出，西汉末期，政权基本都是在宦官和外戚中流转，导致政局不稳；而且国库日空，农民起义此起彼伏。整个帝国的政治局势十分混乱，终于在公元 9 年引发王莽篡汉。

伴随着剧烈的政治动荡，思想领域也开始出现变化。前述提到，盐铁会议后，在今文经学内部，儒家思想重新崛起。历经宣、元、成三代，经学成为政治思想的支配力量，与之相适应，儒学占据了政治思想的主导地位。帝国的宰辅大臣大多由通晓儒家经典的经学家担任，政治的变革、礼制的改订，甚至是皇权的传承、人事的褒贬任用，皆由经义而出。随着儒学思想和儒生势力的不断强大，法家思想几乎成为边缘性的存在，从而导致今文经学内部系统的再次失衡。这种现象导致的恶果是，经学愈到西汉后期，就愈加成为政治的附庸和政治斗争的工具。换句话说，《易》《诗》《书》《春秋》等，皆沦落成直接为君主和政治服务的附庸。

《汉书·眭两夏侯京翼李传》记载翼奉在论《齐诗》中说：

> 臣闻之于师，治道要务，在知下之邪正。……知下之术，在于六情十二律而已。……故诗之为学，情性而已。五性不相害，六情更兴衰。观性以历，观情以律。
>
> ……
>
> 易有阴阳，诗有五际，《春秋》有灾异，皆列始终，推得失，考天心，以言王道之安危。

《京房易传》也说：

> 《易》所以断天下之理，定之以人伦而明王道。八卦建五气，立五常，法象乾坤，顺于阴阳，以正君臣父子之义。……夫作《易》所以垂教。

《诗》本来是陶冶情操、醇化风俗的著作，《周易》中的《彖》《象》原本是为“君子自强不息”和“果行育德”等修身正己思想服务的，但现在这些功能被完全舍弃了，转而为政治摇旗呐喊，从而使经学失去了独立性和创造性，被政治奴化。

其实，经学的这种特性不是一时形成的，早在陆贾、贾谊时代，儒学已具有这一基因。至董仲舒时代，他提出了“天人三策”，试图从天人之际和古今之变的高度，来探求王道的本源，目的是为国家提供安邦治道的指导思想。不过，董仲舒的思想虽然为政治服务，但在学术上仍然保持了一定的独立性，仍然强调君子（儒者）要坚守修身和修己的原则，而不能随波逐流。

董仲舒以后，特别是儒学打败法家取得支配地位后，经学家们不仅不再提倡儒士个人修身养性的重要性，而且愈加向政治靠拢，从而导致经学的泛政治化与意识形态化倾向的加强。此时的经学家不再关心个人品德的塑造，而是热衷于政治活动和权力游戏，他们的贪欲和野心在争权夺利中越催越大，甚至到了利令智昏、助纣为虐的地步。

刘向和刘歆都是西汉晚期的大儒。《汉书·楚元王传》说：

> 成帝即位……是时帝元舅阳平侯王凤为大将军秉政，倚太后，专国政，兄弟七人皆封为列侯。时数有大异。（刘）向以为外戚贵盛，凤兄弟用事之咎。……向乃集合上古以来，历春秋六国至秦汉符瑞灾异之记，推迹行事，连传祸福，著其占验，比类相从，各有条目，凡十一篇，号曰《洪范五行传论》，奏之。天子心知向忠精，故为凤兄弟起此论也。然终不能夺王氏权。

刘向的《洪范五行传论》今佚，但《汉书·五行志》多有引用。从《五行志》所引来看，刘向对《春秋》灾异的分析，大多直接映射女主擅权，外戚专权等内容。刘歆则重在讽刺君主。这是经学服务于政治斗争的显例。

刘向虽然热衷于政治，但与政治保持了一定距离，还是希望通过经学改变当时混乱的政治局面，尚能恪守儒家的信条。他的儿子刘歆，虽然年轻有为，也有力求改变现状的志向，但终究没有逃脱政治的诱惑，投靠王莽，成为政治斗争的牺牲品。可见，刘氏父子的学术活动亦反映了经学政治化的特点。

儒士的集体堕落不仅引发了经学体系的崩溃，还引发了政治地震，终于在哀平时期被王莽利用，成为篡政弄权的工具。《汉书·王莽传》说：

> 莽群兄弟皆将军五侯子，乘时侈靡，以舆马声色佚游相高，莽独孤贫，因折节为恭俭，受《礼经》，师事沛郡陈参，勤身博学，被服如儒生。
>
> ……
>
> （汉成帝）永始元年（公元前16年），封莽新都侯，千五百一户。……

爵位益尊，节操愈谦。……收赡名士，交结将相卿大夫甚众。

莽兄（王）永为诸曹，早死，有子（王）光，莽使学博士门下。莽休沐出，振车骑，奉羊酒，劳遗其师，恩施下竟同学。诸生踪观，长老叹息。

（汉成帝）绥和元年（公元前8年），……莽既拔出同列，继四父辅政，欲令名誉过前人，遂克己不倦，聘诸贤良以为掾史，赏赐邑钱，悉以享士，愈为俭约。

莽以大司徒孔光名儒，相三主，太后所敬，天下信之，于是盛尊事光，引光女婿甄邯为侍中奉车都尉。

刘歆、陈崇等十二人，皆以治明堂，宣教化，封为列侯。

王莽所以这样处心积虑，不遗余力地拉拢、尊崇、收买、腐蚀经学之士，是因为经学之士在哀平时期对政治和社会有巨大的影响力。受到经学之士的拥戴，就掌握了夺取权力的资本。因此，王莽和儒士之间出现了戏剧性的关联，每当王莽高升一次，经学之士就得到一次丰厚的封赏；儒士也投桃报李，每当得到一次恩惠，他们便为王莽摇旗呐喊，王莽也就在经学之士的吹捧和拥戴下，得以攫取更多的政治权力。于是乎，这些儒士，特别是其中的大儒，便与王莽形成了休戚相关、一荣俱荣、一损俱损的关系，经学彻底沦为政治的奴仆。

汉平帝元始元年（公元1年）正月，王莽拜太傅大司马，赐号安汉公。四月，拜宰衡，位上公。这时的王莽可谓众望所归，皇权已近在咫尺。于是，他开始迫不及待地制造舆论，为篡权做最后的准备。当然，他首先要利用的非经学之士莫属。《王莽传》记载说：

奏起明堂、辟雍、灵台，为学者筑舍万区……立《乐经》，益博士员，经各五人。征天下通一艺、教授十一人以上，及有《逸礼》、《古书》、《毛诗》、《周官》、《尔雅》、天文、图谶、钟律、月令、兵法、《史篇》文字，通知其意者，皆诣公车。网罗天下异能之士，至者前后千数，皆令记说廷中，将令正乖缪，一异说云。

可见，王莽已将经学之士玩弄于股掌之上，这些人在不知不觉中已堕落成王莽的私人工具，对主人感恩戴德，衷心拥戴，甘愿为之效力卖命，与家奴无异。王莽就是在这些经学之士的簇拥下，一步步由安汉公变成宰衡，再变成摄皇帝，最后弄假成真，成为真皇帝，终于美梦成真。

经学之士就是这样露骨且毫无廉耻地、赤裸裸地为政治服务，他们的信仰、道德、尊严与独立存在的价值，在政治和权势的腐蚀下荡然无存，彻底走向了反面。

历史就是这样富有戏剧性，儒士先是靠着与政治的结合，打压法家，取得了权势与尊崇；但在随后的政治投机中，反而被政治控制，使今文经学陷入腐朽、反动和卑劣的境态，从社会的改革者变成贪婪的阻碍者，最终自食恶果，成为王莽身败名裂的陪葬品。而东汉时期的古文经学就是在这样的背景下，从废墟中重新崛起，再次以独立的学术姿态参与到社会、政治和思想变革的洪流中来，为两汉经学画上了一个圆满的句号。

三 “白虎观会议”与经学统一梦想的夭折

东汉初年，由于今文经学式微和谶纬学的发展，古文经学兴起，从而使东汉的思想界、学术界和政治界出现了比西汉时期更为复杂的状态。谶纬和经学之间，以及古文经学和余气尚存的今文经学之间，展开了错综复杂的斗争。但总的趋势是经学呈现出繁荣兴盛、声势浩大的趋势。同时，通过今文经学和古文经学的斗争，古文经学日益昌盛，逐渐取得思想领域的支配地位，从而造成古文经学、谶纬和今文经学三足鼎立的局面。

顾颉刚在《秦汉的方士与儒生》中说：“东汉一代，博士共十四人，都是今文经之学。在表面上看，似乎今文学的胜利；然而这胜利只有在表面上而已。……东汉时几个最有名的学者，如贾逵、服虔、马融、郑玄都是古文家，或是兼通今古文的。”可见，在三大学术领域内，古文经学处于指导地位。而且，三者既相互排斥，又相互妥协和吸收，都试图成为经学正统，形成统一的新经学体系，从而更好地为政治服务。

《后汉书·杨终列传》记载，建初四年（公元79年），杨终上书汉章帝说：

> （西汉）宣帝博征群儒，论定五经于石渠阁。方今天下少事，学者得成其业，而章句之徒（指儒士），破坏大体。宜如石渠故事，永为后世则。

汉章帝接受了杨终的建议，下诏召开白虎观会议。这次会议的主要目的是解决思想领域的混乱局面以及实现经学的统一，白虎观会议与盐铁会议和石渠阁会议组成两汉经学史上的三大盛会，具有极其重要的作用。会议结束后，由班固整理成《白虎通德论》，即《白虎通》。

《白虎通》基本上是一部罗列和综合各家观点的经学名词汇编，因此理论性和逻辑性较弱。虽然有皇帝亲临裁决而使这部汇编具有官方法典的性质，但它的学术性还是居于指导地位，本质上仍然是一部学术性名词汇编。这次会议的一个显著成果是，谶纬神学受到了全面的抵制和极大的削弱。

但是，经学发展到东汉，其内部已经注入了强大的政治基因，使经学既呈现出学术的特征，又成为一种政治思想和治国理念，经学和政治形成了一种相互依存、休戚与共的关系。因而《白虎通》虽然以学术形式展现，但它的政治属性是非常鲜明的。《白虎通》的四十三条名词解释，基本内容都是对意识形态和政治等级制的阐释和规定。其目的就是通过法典化的形式，强化三纲五常的宗法体系，为巩固君权服务。

《白虎通》通过对谶纬神学、今文经学、古文经学的吸收、改造与综合，对君权和三纲六纪做了系统的论证和规定，从而建立起一套“君权神授”的理论体系。《白虎通》中一个非常核心的理论，是将阴阳五行作为世界观和方法论的基础，以此来说明一切事物的运作规律，无论是对三纲五常的解释，还是对日常生活现象、婚丧嫁娶和一切礼仪祭祀的阐述，无不引用阴阳五行作为立论基础，而不管这种解释如何荒谬，从而演化成一种思维模式。在这一思维模式的塑造下，经学又走向了一个极端，即神学经学的道路。同时，白虎观会议后，不仅今文经学和古文经学之间的斗争更激烈了，经学内部也出现了分歧。

《后汉书·邓张徐张胡列传》记载，永元十四年（公元102年）徐防上疏汉和帝说：

> 伏见太学试博士弟子，皆以意说，不修家法，私相容隐，开生奸路。每有策试，辄兴诤讼，议论纷错，互相是非……今不依章句，妄生穿凿，以遵师为非义，意说为得理。轻侮通术，寖以成俗。

徐防所反映的正是当时经学内部的状况。可见，白虎观会议的目标并未实现，反而造成经学体系的进一步混乱。尽管如此，白虎观会议后，统一经学的努力并没有停止。到了东汉末年，今文经学的代表何休和古文经学的领袖郑玄争论得更为激烈。最终，古文经学占了上风，在领袖郑玄、马融的注经中，在形式上实现了谶纬、今文经学和古文经学三者的统一。《后汉书》说郑玄“念述先圣之元意，思整百家之不齐”，说明经学的确完成了“统一”。

但是，经学的“统一”并没有挽救自己，恰恰相反，正是这种貌似统一的“统一”，遏制了经学的成长。同时，经学的政治化和神学化倾向日益强化，前者使经学失去了独立精神，后者使经学变得愈加荒谬，在两者的共同作用下，经学的理论内核变得日益枯竭。这是经学衰落的内部原因。见图4–1。

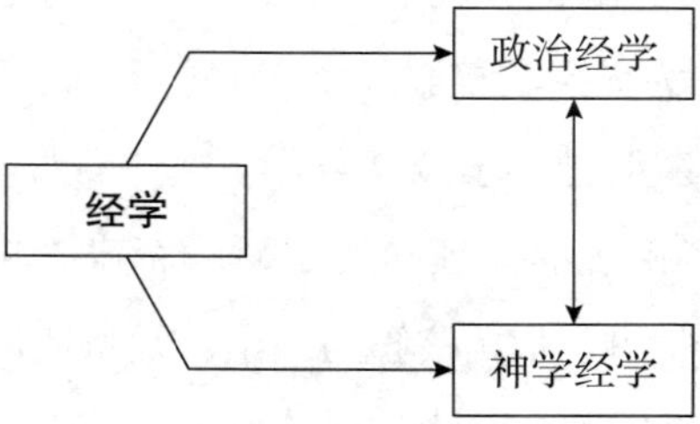

图4–1　经学的内部演化

就在经学庆祝统一胜利的同时，三支新兴的思想力量开始登上历史舞台。第一支是以王符、崔寔、仲长统、荀悦为代表的批判主义势力，他们代表了儒家中的进步力量；第二支是与汉代经学相对立的玄学思潮；第三支是以佛教（包括道教）为代表的宗教思想。这三股势力共同将经学推入坟墓。由此，中国哲学发生了转向，开始进入以本体论（含认识论）为特征的魏晋玄学（含玄学佛教）阶段。当然，无论是玄学、佛教，还是儒家新势力，都离不开政治。

经学的衰落见图 4–2 所示。

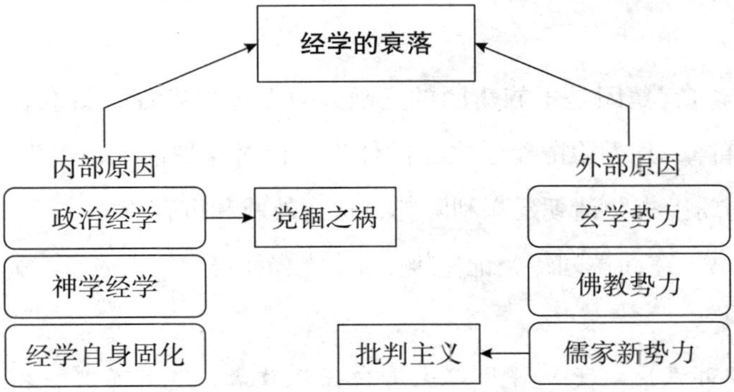

图 4–2　经学的衰落

经学的衰落是内外因共同催化的结果，由于经学不断向政治靠拢，必然会受到政治变动的影响，而党锢之祸就是压倒经学的最后一根稻草。

四　“党锢之祸”对经学的沉重打击

东汉中后期的华夏中国呈现出一种戏剧化的状态：一方面，是经学（主要指古文经学）刚刚得势，达到繁荣昌盛的顶峰后，突然急转直下，逐渐跌落神坛，萎靡不振；另一方面，是东汉帝国刚刚迎来它的春天，突然就危机迭起，呈现出摇摇欲坠、混乱不堪的局面。状况出现得如此突然，从表面看，好像都是偶然因素在起作月，比如皇帝的短命、君主的性格问题，或者是国君沉迷个人爱好，等等，但事实远非如此。

前述提到，东汉中期，外戚登上政治舞台，皇帝与士族的关系开始疏远。外戚为了权力的需要积极拉拢士族，虽然暂时缓和了双方的矛盾，但经学已呈现出颓势。《后汉书·儒林传》记载：

及邓后称制，学者颇懈。时樊准、徐防并陈敦学之宜，又言儒职多非其人，于是制诏公卿妙简其选，三署郎能通经术者，皆得察举。自安帝览政，薄于艺文。博士倚席不讲，朋徒相视怠散。

外戚与宦官集团是士族集团的死敌，只要他们存在，就会在皇帝与士族之间建立屏障，从而阻隔经学之士的仕途。针对这种情况，也为了重振经学，忧国之士纷纷上书，请朝廷兴利除弊，疏远外戚和宦官。

《后汉书·左周黄列传》记左雄上书汉顺帝说：

乡部亲民之吏，皆用儒生清白任从政者，宽其负算，增其秩禄，吏职满岁，宰府州郡乃得辟举。……（又请朝廷）征海内名儒为博士，使公卿子弟为诸生。

《后汉书·李杜列传》记李固上书汉顺帝说：

陛下拨乱龙飞（指顺帝继位后诛杀阎太后及阎氏诸党，夺回权力的功绩），初登大位，聘南阳樊英、江夏黄琼，广汉杨厚，会稽贺纯，策书嗟叹，待以大夫之位。……（但今日）一日朝会，见诸侍中并皆年少，无一宿儒大人可顾问者，诚可叹息。宜征还厚等，以副群望。

于是，李固向朝廷力荐周举、杜乔、杨伦、尹存、王恽、何临、房植等人，这些人都是士族集团中的佼佼者。《儒林传》记载：

……顺帝感翟酺之言，乃更修黉宇，……试明经下第补弟子，增甲乙之科员各十人，……本初元年，梁太后诏曰：“大将军下至六百石，悉遣子就学，每岁辄于乡射月一飨会之，以此为常。”自是游学增盛，至三万余生。然章句渐疏，而多以浮华相尚，儒者之风盖衰矣。

但是，由于汉王朝并没有从根本上解决外戚和宦官问题，导致经学只能在皇权和戚权的夹缝中生存，愈加衰弱。所以，无论邓太后、顺帝或梁太后采取何种措施，也不能改变经学“多以浮华相尚，儒者之风盖衰矣”的命运，因为这是历史的趋势。

东汉末年，皇权更加疏远名士和知识分子，信用宦官、外戚，使皇帝与士族的矛盾愈来愈深，终于引发“党锢之祸”。党锢之祸表面看是清流派与浊流派（宦官、外戚）的矛盾，但本质上是皇权与以大姓名士为核心的清流派势力之间的冲突，他们利用经学对皇权进行激烈的批评和指责，从而引发了皇帝、外戚、宦官的不满，拉开了清、浊两派斗争的序幕。

汉桓帝延熹年九年（公元 166 年）至汉灵帝建宁二年（公元 169 年）爆发了两次“党锢之祸”。之后灵帝与宦官又策划了第三次和第四次打击。最终，作为清流派的核心，“儒行仁义”的名士官僚层遭到重创，他们的势力被排除在了官界之外，浊流派宦官势力完全掌握了政权（参见拙作《游侠、豪族与名士：三国争霸时代的权力格局》第四章）。

《后汉书·党锢列传》记载：

张俭乡人朱并，承望中常侍侯览意旨，上书告俭与同乡二十四人别相署号，共为部党，图危社稷。以俭及檀彬、褚凤、张肃、薛兰、冯禧、魏玄、徐乾为“八俊”，田林、张隐、刘表、薛郁、王访、刘祇、宣靖、公绪恭为“八顾”，朱楷、田槃、疏耽、薛敦、宋布、唐龙、嬴咨、宣褒为“八及”，刻石立碑，共为部党。而俭为之魁。灵帝诏刊章捕俭等。大长秋曹节因此讽有司奏捕前党故司空虞放、太仆杜密、长乐少府李膺、司隶校尉朱寓、颍川太守巴肃、沛相荀翌、河内太守魏朗、山阳太守翟超、任城相刘儒、太尉掾范滂等百余人，皆死狱中……又州郡承旨，或有未尝交关，亦离祸毒。其死徙废禁者，六七百人。

可见，经学的根基在长期的政治动荡中，就像风中的秋叶一般凋零殆尽、奄奄一息，几近覆亡。

但是，党锢之祸并没有使经学之士屈服，就在第一次党锢之祸以后，士族抗议批评时政的呼声不退反进，范围更为扩大，显示出空前强大的舆论和道义力量。《后汉书·党锢列传》说："海内希风之流，遂共相标榜，指天下名士，为之称号。"方出现了"三君""八俊""八顾""八及""八厨"的美称。

其实，为这次社会运动摇旗呐喊的不仅这三十五位名士，所有的士族及大姓名士，包括在朝和在野的，只要反对宦官，都称为"清流派"的代表。《资治通鉴》说："天下豪杰及儒学有行义者，宦官一切指为党人。"比如，郑玄、何休这样有影响力的专以注经为业的经学大师。还有夏馥、孔昱、何颙、郭林宗（太学生领袖）等未入仕途的儒生。而且这些人很多都出身世家大族，如刘椒（三君之一）、李膺（八俊之一）、孔昱、尹勋、羊陟、张俭、陈翔等。

这些"清流派"名士，可以说是两汉经学培养出的精英之士，是士族及名士集团的希望所在，也是经学传统中积极思想的代表，他们为政治服务的目的是兴利除弊，匡扶天下，具有一种大无畏的责任感和浪漫主义情怀。但是，在党锢之祸中，他们被一网打尽，少数死里逃生者，也成惊弓之鸟。造成的后果是，随着"清流派"的覆亡，经学失去了转播和壮大的主体力量，也就只能走向消亡的迷途。

党锢之祸后，经学大师郑玄对朝政心灰意懒，开始引《老子》注《易经》，并拒绝征召，反映出他逃避现实、隐遁无奈的精神状态。

《资治通鉴》中司马光评论党锢之祸后经学之士的精神状态时感叹道：

党人生昏乱之世，不在其位，四海横流，而欲以口舌救之。臧否人物，激浊扬清，撩虺蛇之头，践虎狼之尾，以至身被淫刑，祸及朋友，士类歼灭而国随以亡，不亦悲乎！夫唯郭泰，既明且哲，以保其身。申屠蟠见几而作，不俟终日，卓乎其不可及已。

经学之士的这种精神状态对魏晋“清谈之风”亦产生了影响。到了魏晋时期，名士为了避免重蹈党锢覆辙，纷纷转型，开始身处竹林，清谈玄远，成为远离政治的“隐士”，从而使“清谈之风”渐盛。最终经学在魏晋（西晋）时期被送入了坟墓，玄学和佛教开始成为引领社会前进的新思潮。

五　批判主义思想对经学的冲击

汉末经学的衰落是内因和外因共同作用的结果，党锢之祸是经学过度投靠政治而引发的恶果，成为经学覆灭的催化剂。而汉末批判主义思想的兴起是促使经学衰亡的外部原因之一。而且，这一批判思想对魏晋思想的兴起亦起到了推动作用。批判主义的代表人物是王符、崔寔和仲长统。

王符字节信，安定临泾人，是当时知名的经学之士。《后汉书·王充王符仲长统列传》记王符：

少好学，有志操，与马融、窦章、张衡、崔瑗等友善。

自和（汉和帝）、安（汉安帝）之后，世务游宦，当涂者更相荐引，而符独耿介不同于俗，以此遂不得升进。志意蕴愤，乃隐居著书三十余篇，以讥当时失得，不欲彰显其名，故号曰《潜夫论》。

《潜夫论》大约完成于汉桓帝时，此书观点虽不完全正确，但却真实反映了“和安时期”的社会矛盾和政治弊端。对理解汉末时期的社会状况具有重要的价值。

根据王符的观察，他认为导致社会矛盾激化和政治混乱的根本原因，是工商业的急剧扩张，严重瓦解了小农个体经济，而这种经济结构恰恰是社会安定繁荣的根基。由于商业的诱导，大批农民弃农经商，浮游于城市，使农业生产受到严重破坏。

《潜夫论·务本》篇说："今民去农桑，赴游业，披采众利，聚之一门，虽于私家有富，然公计愈贫矣。"《潜夫论·浮侈》篇又说：

> 今举世舍农桑，赴商贾，牛马车舆，填塞道路，游手为巧，充盈都邑。治本者少，浮游者众。商邑翼翼，四方是极。今察洛阳，浮末者什（胜）于农夫，虚伪游手者什（胜）于浮末。是则一夫耕，百人食之，一妇桑，百人衣之。以一奉百，孰能供之？天下百郡千县，市邑万数，类皆如此，本末何足相供？则民安得不饥寒？饥寒并至，则安能不为非？

《潜夫论·浮侈》篇接着说，商业的发展，不仅影响了农业生产，而且使社会奢靡之风盛行。为了挥霍享受，满足贪欲，人们不择手段地弄钱发财。或"事口舌，而习调欺，以相诈给"；"或以谋奸合任为业"；"或以游敖博弈为事"；"或丁夫世不傅犁锄，怀丸挟弹，携手遨游。或取好土作丸卖之"；"或作泥车、瓦狗、马骑、倡俳，诸戏弄小儿之具以巧诈"，甚至"起学巫祝，鼓舞事神，以欺诬细民，荧惑百姓"。

可见，当时的汉王朝内，无论男女老幼，都在为钱奔波，忙忙碌碌皆为利来。不管是经商、演戏、求神、弄鬼、欺诈、赌博，只要能得利，什么都可以干。于是，出现了田地荒芜、生产凋零的状况。农民的生活愈加悲惨，但财富却越来越集中到豪族手中，他们挥霍无度，"衣服、饮食、车舆、文饰、庐舍，皆过王制"，过着极端奢靡的生活。从而使社会贫富分化趋势更为严峻。

与此同时，官吏贪赃枉法，横行不法的现象也愈演愈烈。《断狱》篇说："百官乱而奸宄兴，法令鬻而役赋繁"，而且"万官挠民"，致使农民没有心思和财力去进行农业生产。不仅如此，农民为了讼冤狱，往往"辄连日月，举室释作，以相瞻视"。可见，繁重的赋役、漫长的官司、频繁的官差，使农业生产无法进行，从而引发社会秩序的极度混乱。

还有官员的沽名钓誉，以阀阅取仕，朋党窃权，官场腐败，贡举不实等现象，更是不胜枚举。王符在《潜夫论》中对此都有详尽的揭露和批判。

通过王符的描述可以窥知，汉朝社会在和安时期以后，从里到外的确糜烂了。因此，和安时期以后，无论朝廷怎样征召，那些清高才德之士要么抗召，要么遁世隐居。加之外戚和宦官掌握了政权，导致经学急剧衰落，社会萎靡之风不断加剧。

但是，由于王符是批判主义思想的先驱，因而他并没有和经学彻底决裂，仍然是今文经学的信徒，相信天道、鬼神和灾异感应学说。因此，王符的思想具有双重性，一方面坚守传统的经学传统，另一方面对社会和政治弊端进行批判。从而将人们的注意力从僵化的“死守章句”转向对现实问题的研究，开了社会批判主义的先河。

继王符扛起批判思潮大旗的是崔寔。崔寔字子真，一名台，字元始。涿郡安平（今河北涿州）人。祖父崔骃、父亲崔瑗皆以文而知名。崔寔喜好钻研典籍，汉桓帝初年除为郎，后拜议郎，与边韶、延笃等著作东观。之后出任五原太守，又征拜议郎，与诸儒博士杂定五经，以后又拜辽东太守。大约从汉桓帝初年开始直到辽东太守任后，崔寔完成了《政论》的写作。《政论》今已佚失，只留残篇，大部分收录在《全后汉文》中。

崔寔出身士族家庭，是一位“出入典籍”“与诸儒杂定五经”的经学之士，与王符一样，属于儒家中的进步人士。由于崔寔长期在地方为官，对社会现实状况和百姓的困苦有着更为深刻的认识，因而，相较于王符，他的批判主义精神更为彻底，对当时社会的不良风气、政治弊端以及百姓疾苦，有着更为深刻的洞察。

《全后汉文》卷四十六记崔寔认为当时存在三患。第一患是“奢僭”。商人百工竞为“僭服”“淫器”，导致“普天之下，莫不奢僭”。第二患是“弃农经商”。出现无用之器贵，本务之业贱的现象，致使仓廪空虚，“百姓穷困而为寇”，甚至“饥馁流死，上下相匮”。国家赖以维系的根基被腐蚀动摇，而摇摇欲坠。第三患是“厚葬之风”。人人以厚葬为荣，甚至不惜倾家荡产，从而引发“穷厄既迫，起为盗贼”。这三患，是国家之患，也是天下大患，如果不根除，必然败坏社会风气，引发社会危机。

崔寔接着说，纵观历史，每个朝代都逃不出繁荣、中兴到衰落的规律。

因为："世主承平日久，俗渐弊而不寤，政寝衰而不改，习乱安危，逸不自睹。或荒耽嗜欲，不恤万机；或耳弊箴诲，厌伪忽真……"从而导致国家江河日下，陷入崩溃的境地。因此，崔寔认为现在国家已到了非改不可的时候了。可见崔寔具有极强的洞察力，对历史规律和现实社会的分析深刻且富有见地。

同时，由于崔寔长期为官，对汉末官场的腐败心知肚明。他在文章中揭露说：

> 今典州郡者，自违诏书，纵意出入。每诏书所欲禁绝，虽重恳恻，骂詈极笔，由复废舍，终无悛意，故里语曰：州郡记，如霹雳；得诏书，但挂壁。

可见，当时的地方官吏自行其是，朝廷的诏书等于废纸，致使中央没办法管控地方，官吏也就更加肆无忌惮，无法无天，对百姓巧取豪夺、欺压奴役。官吏的残暴行径，引发了百姓对官府的仇视，除了铤而走险，他们已别无出路，从而出现"亡命蓄积，群辈屯聚"的现象。

针对汉末社会、政治和官场的混乱状况，崔寔主张必须推行严刑峻法，实行依法治国，"夫刑罚者，治乱之药石也，德教者，兴平之粱肉也。夫以德教除残，是以粱肉理疾也；以刑罚理平，是以药石供养也"。

崔寔认为，西汉时期的孝宣帝用严刑峻法，破奸雄之胆，使海内肃清，天下熙熙，这种霸政是医治当前社会痼疾的良药。如果不这样做，而是固守经学的旧信条，期望以德教为先治理社会弊政，必然得不偿失。为此，崔寔提出"圣人执权，遭时定制，步骤之差，各有云施"的观点。可见，他的诸多政治主张，比如"参以政霸""深其刑而重其罚"，以及反对"大赦""明法度以闭民欲"，等等，都是"遭时定制"思想的具体反映。

作为一位儒学之士，崔寔没有僵化地固守儒家信条，而是根据时代变化灵活地处理信仰与实现的关系，这种"遭时定制"的通变思想是非常有意义的。

针对经济方面的弊端，崔寔特别推崇井田制，认为这是抑制土地兼并，防止贫富不均的有效手段。但他并不主张过早地在全国推行，只建议政府组织移民，把徐、兖、冀三州的百姓，转移到地广人稀的凉州，以解决贫困问题。

可以看出，崔寔作为一名受儒家思想影响的批判主义大师，对历史和现实都有着极其深刻的思辨性思考。于是，他将中兴的希望寄托在皇帝奋发图强，起用贤能，实施改革方面。但是，崔寔对现实情况又有清醒的认识，知道改革阻力重重，不可能实现。因而，在这样矛盾的心理斗争中，他选择了明哲保身的策略，由悲观而走向隐逸的道路。

崔寔的主张几乎没有被政府采纳，但他的社会批判思想对仲长统影响很大。《后汉书·崔骃列传》记载仲长统评价《政论》说："凡为人主，宜写一通，置之坐侧。"可见，崔寔的思想和诸多改良措施在仲长统的著作中都得到了发展。

仲长统字公理，山阳高平人，是汉末最后一位批判主义大师。《后汉书·王充王符仲长统列传》记载仲长统："少好学，博涉书记，赡于文辞。年二十余，游学青、徐、并、冀之间。"而且，仲长统性格怪异孤傲、耿直倔强，"敢直言，不矜小节，默语无常，时人或谓之狂生，每州郡命召，辄称疾不就"。不久，仲长统的大名传到尚书令荀彧耳中，"举为尚书郎"。后来，仲长统参加了曹操军事集团，成为其骨干成员之一。

仲长统喜欢评论古今大事，又热衷于议论时政，而且常"发愤感叹"，是一位心忧天下的知识分子。他著有《昌言》三十篇，但全书多佚，《后汉书·仲长统列传》只存《理乱》《损益》《法诫》三篇，《全后汉文》中收录了一些残篇片段。

《昌言》基本上写于东汉王朝名存实亡以后，因而，相较于《潜夫论》和《政论》，此书的哲理性、思辨性、概括性和批判性更为宏博，是对两汉四百余年历史经验和教训的高度总结。

仲长统将自己置于宏大的历史叙事环境中，在仔细剖析了从春秋到两汉的历史后，在《全后汉文》八十九卷以及《理乱》篇中，总结出了朝代兴亡的规律，即"存亡以之迭代，政乱从此周复"的王朝兴衰"三段论"。

第一阶段，是新朝代的建立，特点是胜者为王、败者为寇。王朝创始人经过艰辛的角智斗力取得了最后的胜利。由于他们经过乱世，知道创业的艰难，因此对“布德生民，建功立业，流名百世者，唯人事之尽耳，无天道之学焉”的观点有着切身的体会。从而能奋发图强，兢兢业业地治国理政，打造出一派清明祥和的政治景象。

第二阶段，是继体守文，特点是王朝进入稳定期。这时的国君依靠前辈留下的政治遗产，逐渐削平了敌对势力，使“天下晏然，归于一心”，建立起“贵在常家，尊在一人”的君主政体，从而使王朝度过了一段安定平和的时期。

第三阶段，政局混乱，王朝开始走向衰败。这时的国君“熬天下之脂膏，斫生人之骨髓”，而且“君臣宣淫，上下同恶”，“荒废庶政，弃亡人物，澶漫弥流，无所底极”。人民被压榨盘剥殆尽，无以为生，于是“怨毒无聊，祸乱并起”，帝国瞬间“土崩瓦解，一朝而去”。

仲长统所说的“三部曲”，就是这样循环往复，周而不停，是“天道常然之大数”。所谓“大数”，就是规律；所谓“天道”非指天命，而是人事和人道。正是有了“大数”和“天道”，从而促进了历史的新陈代谢。这显然是对经学思想的有力否定。

接着，仲长统通过对历史规律的分析，提出了分封制的弊端，认为分封制必然会出现“上有篡叛不轨之奸，下有暴乱残贼之害”的后果。因为“时政凋敝，风俗移易，朴淳已去，智惠已来”，这些会导致亲戚骨肉之间的相互残杀。因而，仲长统对分封制持强烈的否定态度。

既然分封制已不能适应时代的潮流，那么如何构建一个全新的社会治理结构呢？在《损益》篇中仲长统提出了十六条具体措施。这些举措涵盖了户口、赋税、土地、生产以及法律等诸多方面，但基本上都是刑德并用，以法为本的思想。其中抑制土地兼并，实行井田制，又是最核心和最基本的措施。

由于汉代工商业的高速发展，人们乐于将财富投到购买土地方面，导致商业资本和土地资源紧密结合在一起，形成相互促进的关系，从而引发土地的恶性兼并，出现“馆舍布于州郡，田亩连于方国”的现象。豪族及其代表世家大族成为汉末最强大的势力，这必然引发民众与世族势力之间的矛盾。因而，仲长统认为“太平至化”的根本举措是实行井田制度。

可见，这些观点显然是崔寔经济思想的翻版，也是现实状况对仲长统造成的刺激。仲长统虽然与经学彻底决裂，提出了诸多解决社会问题的方法，但混乱不堪的社会现实与腐败透顶的政治状况使他感到失望至极。同时，仲长统和崔寔关于井田制的主张，实质上是要全面恢复小农自然经济的状态，即“小国寡民”的社会形态。这种社会模式恰恰是魏晋名士如陶渊明等人的生活理想。因而，仲长统又受到道家思想的深刻影响，代表着经学衰落以后，知识分子由避害遁世向老庄及刑名思想靠拢的趋势。

《后汉书·仲长统列传》记录了仲长统的一篇辞赋，他感叹说：

> 安神闺房，思老氏之玄虚。呼吸精和，求至人之仿佛。与达者数子，论道讲书，俯仰二仪，错综（评品）人物……消摇一世之人，睥睨天地之间。不受当世之责，永葆性命之期。

可以看出，仲长统的精神和意趣已经超越了汉世之风，而具有了魏晋风骨；已经不再是汉代名士之流，而有了魏晋“竹林七贤”、陶渊明以及羲皇上人的风格了。可以说，正是以仲长统为代表的一群知识分子开启了魏晋风骨的先声。

仲长统在《明志诗》中说：“叛散五经，灭弃《风》《雅》。百家杂碎，请用从火。抗志山栖，游心海左。元气为舟，微风为柂。敖翔太清，纵意容冶。”可见，仲长统在思想上已经真正摆脱了经学的藩篱，经过离经叛道的洗礼，接受了道家、法家的思想，从更高的层面对汉代兴亡的历史教训，作出了经学所不能作出的解释，完成了一次思想的飞跃。

但是，仲长统在深刻理解社会和历史发展规律的同时，又跳不出历史循环的怪圈，从而得出了消极失望的结论。他认为，纵观春秋、战国至秦汉的历史，越往后发展，祸乱越频繁，社会越残败不堪。秦汉用兵之苦，甚于战国，而王莽之乱，“残夷灭亡之数，又复倍乎秦项”。到了汉末，“名都空而不居，百里绝而无民者，不可胜数。此则又甚于亡新之时也”。

可见，在仲长统眼中，历史必然是江河日下，他看不到光明的前途，只能悲观地叹息说：“不知来世圣人，救此之道，将何用也！”这种思想恰恰是魏晋风骨中悲观消极一面的反映，从而加速了仲长统这些知识分子的思想转型。

六　儒家与经学体系大厦的动摇

东汉末年，随着“党锢之祸”的结束，以及黄巾起义的爆发，世族与皇权的矛盾进一步加剧。当起义被镇压后，地方世族不但得以恢复元气，而且发展得更为迅猛，这些都动摇了经学体系的大厦。

经学是两汉政权得以存在的思想基础，它的具象化表现就是以名教治天下。所谓名教就是因名立教，此教包含政治制度、人才选配制度，以及礼乐教化，等等。东汉王朝就是以经学作为治理国家的指导方针，再以名教作为政权运转的保障，从而使整个帝国保持稳定和繁荣的。同时，在经学的培育下，士族群体不断发展壮大，从而孕育出很多名士，这些人常常代表地方世家大族、学门参加中央与地方的政权机构，成为东汉朝廷的骨干力量。

如前所述，至东汉末年，经学成为政治的附庸，名教的思想调控作用也失灵了。一方面，它失去了维系人心的功能；另一方面，根据名教标准选拔出来的官吏，愈加名不副实；同时，朝政大权被宦官、外戚、世族和朋党把持，他们轮流坐庄，导致政治腐败、国势日衰，社会矛盾不断激化，从而加速了社会革命的爆发。因此，黄巾起义结束后，一部分清醒的士人认识到，过去基于儒家之道构建起的经学体系已难以维持政权的运转，儒家所主张的名教也不甚灵验。他们试图寻找另一种更好的思想武器，来稳定东汉王朝这座摇摇欲坠的大厦。

于是，东汉末年的清流派名士，以及批判主义思想家，首先进行了这方面的尝试，但是结果却让人失望，不是被旧势力镇压，就是抱着失望的态度隐逸遁世了。但知识分子并没有停止探索的步伐，到了魏晋时期，仍有不少有识之士从事先秦诸子的研究；也有人试图推翻经学，回归原典，从原始的儒家思想中挖掘新的内涵；还有人想综合各家学说，创立一种新的社会思想。诸如此类，虽然结果不尽相同，但他们的态度却是积极的，因为他们想解决的问题关系到社会和国家的运转。

首先，在先秦诸子中，法家和名家被士人重新认识。《三国志·魏书·杜畿附子恕传》说："今之学者师商、韩而上法术，竞以儒家为迂阔，不周世用。"曹操、诸葛亮都持这种观点，他们都崇尚法术。

《晋书·傅玄传》记载傅玄给晋武帝的上书中提到"近者魏武好法术，而天下贵刑名"。《三国志·魏书·刘廙传》说："廙著书数十篇，及与丁仪共论刑礼，皆传于世。"还有当时徐幹的《中论》，桓范的《世要论》等，虽然没有公开标榜申、韩，但都受到了先秦法家的影响。

法家与名家在思想体系上最为接近。当时的名学被称为刑名或刑名学。《晋书·隐逸·鲁胜传》记鲁胜著《墨辩序》说：

> 名者所以别同异，明是非，道义之门，政化之准绳也。孔子曰："必也正名，名不正则事不成。"墨子著书作《辩经》，以立名本，惠施、公孙龙祖述其学，以正刑名显于世。……名必有形，察形莫如别色，故有坚白之辩……

按鲁胜的说法，名辩之学是政治教化的标准，这就把孔子的正名，与法家的循名责实联系起来了。同时，刑名学与道家也有相通之处，今本《尹文子》仲长统序曰："其学本于黄老，大较刑名家也。"可见，已被人遗忘了五百余年的名家之学在魏晋之际所以得到重视，是由于他符合现实政治的需要。《文心雕龙·论说》篇称："（曹）魏之初霸，术兼名法。"曹操正是利用了刑名法术之学，从而横扫北方，建立起曹魏政权。

名家学说不仅用于治国，也成为士人之间的学术时尚。《三国志·魏书·邓艾传》注引荀绰《冀州记》说："（爰）翰子俞，字世都，清贞贵素，辩于论议，采公孙龙之辞以谈微理。"可见，用名家辩难之术讨论问题已成为当时的一种风尚。而且，这种风尚一直流传到东晋。《世说新语·文学》篇记载：

谢安年少时请阮光禄（裕）道《白马论》。阮为论以示谢。于时谢不即解阮语，重相咨尽。阮乃退曰："非但能言人不可得，正索解人亦不可得。"

这是东晋时的谢安与哲学家刘裕用名家著名的"白马非马"讨论问题的事例。

其次，除了法、名二家之外，纵横之术和兵法在当时也是大行其道。比如刘陶、王衍善于论纵横之术；曹操、诸葛亮善于论兵，吴人沈友、桓范也有兵学论著留世。可以看出，随着乱世到来，汉末魏晋之时儒、墨、法、名、道、兵、纵横诸家纷纷登场，又上演了一次小型"百家争鸣"。当然，这种局面，只有当儒家丧失了思想支配地位后才可能出现。

可以看出，当时的士人与其说是在研究先秦诸子，不如说是在剖析现实的政治问题，特别是对经学理论的再梳理。而他们只能根据儒家以外的学说对名教进行评估、批判、剖析直至纠正。最终要得出两点结论：第一，名教是否还有用，或者说是否还有存在的必要。第二，如果名教没有用，那么应该用何种思想来填补经学失位后的真空呢，即如何构建一种全新的思想。

所谓新思想，必须要解决两个问题：首先，是如何在废墟上重新建立一套保证国家正常运转的新体系；其次，世族势力已恢复元气，而且愈加壮大，他们要求摆脱皇权的束缚，无限地扩展财富和最大限度地扩张权力，这就要求建立一套为其利益服务的政治和经济制度。

汉末魏初，曹操在北方建立的政权试图扭转分裂割据的局面，恢复君主制帝国形态，名理之学应运而生，由此而发展出了曹魏的名法之治。魏末晋初，政局暂时稳定，受到曹魏政权压制的世族又开始肆意扩张，曹氏集团也受到外部力量的挤压发生了变异，逐渐成为世族势力的代言人，导致君权被分割，最终使河内世家大族司马氏掌握了政权。于是，名理之学演化为"无名"和"无为"的政治思想，知识分子最终在道家中找到了解决社会思想危机的法宝——玄学。

如此看来，玄学并非学术催生的产物，而是在政治变革和社会变迁中演化出的思想。因此，玄学从本质上看并非后世想象的那么超然、出世和空洞，恰恰相反，而是来自社会和政治，又为现实社会和政治服务的一套政治哲学，从而成为支配中国三百余年的新思想。

七　玄学与“清谈”之风

魏晋玄学不是学术需要的产物，而是在社会和政治催化中诞生的学说。它并不是要消灭经学，而是针对名教衰落以及社会政治思想出现真空后，为新政权的建立提供一种更适合的政治理论，从而使被破坏的国家机制重新运转。因此，魏晋玄学本质上是为政治服务的，而“清议与清谈”又成为魏晋玄学诞生的条件之一，也成为玄学体系的重要组成部分。

清谈一词由来已久，在玄学还未兴起，老庄思想尚未被重新重视之前，清谈一词已经出现，并逐渐演化为东汉时期的“雅谈”。

同时，清谈与东汉的征辟察举制度有很大的内部关联性。东汉立国后，以征辟察举制度作为选拔人才的主要方式，而乡闾清议乃是征辟察举的依据。当时的清谈主要是对人物的批评和人伦鉴识，即对人物的品题，清谈的内容与时政结合得相当紧密，而非老庄的玄虚之谈。因此，清谈兼有议的含义，清谈与清议可以互称。因此，对预备人选的批评是当时极为重要的事情。当然，这种批评权往往操纵在少数人手中，因而成为世家大族以及权臣控制朝政的工具。但无论如何，对人物的批评在东汉政治生活中占据举足轻重的地位，当然，他们所依据的批评标准自然是名教所宣扬的一套道德规范。

与此同时，为了打击宦官和外戚，“清流派”形成，从而使清浊之分成为辨别正与邪的标准，即所谓“正论”。于是，乡闾清议、雅谈、正论三者相互糅合，形成了党锢之祸前的清谈。因为这一阶段的清谈与政治结合得极为紧密，也可称为“政论性清谈”，如图 4–3 所示。

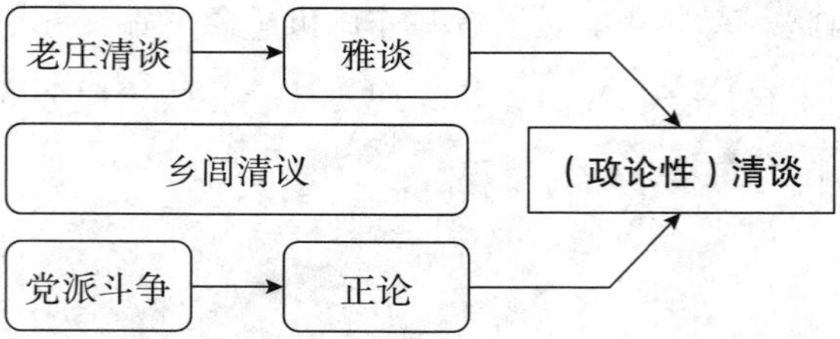

图 4–3　东汉清谈（党锢之祸前）

东汉末年，政治腐败，从而引发了一系列的社会和政治危机，特别是黄巾起义，导致经学体系发生了动摇。于是，一部分清醒的士大夫开始感到“乡间清议”这套人才选拔标准出了问题，必须要重新建立一套人才评价机制，以适应社会和政治的需要。同时，党锢之祸后，名士集团遭受了严重的精神摧残与政治迫害。于是，经学之士在这次政治运动后改变情致，由具体评议朝廷人物任用的当否，而变为对抽象玄理的讨论，逐渐回归老庄哲学的意趣，但仍然兼顾对人物的批评，只是所占的比重有所下降。这些都为将清谈和清议转变为玄谈创造了条件，魏晋清谈之风渐成。如图 4–4 所示。

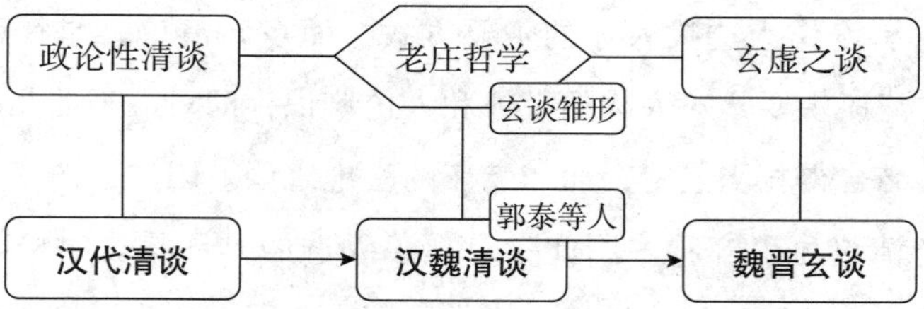

图 4–4　汉魏清谈（党锢之祸后）

可见，汉魏清谈上承东汉清谈，下启魏晋玄谈，在玄学发展史上具有十分重要的作用。而汉魏清谈的集大成者是郭泰。

在讨论郭泰前，首先要澄清一个问题，就是汉代清谈在党锢之祸后并没有消失，当时一部分名士仍然坚持政论性清谈的模式，对具体人物进行批评，比如汝南许靖、许劭兄弟主持的“月旦评”，其影响力依然巨大，袁绍、曹操等都因受到其赞扬，而名声大噪。

《后汉书·许劭传》记载：

> 同郡袁绍，公族豪侠，去濮阳令归，车徒甚盛，将入郡界，乃谢遣宾客，曰："吾舆服岂可使许子将见"。遂以单车归家。

许子将即许劭，同《传》说："许劭字子将，汝南平舆人也。少峻名节，好人伦，多所赏识。"许劭是当时著名的人物批评家，在"士林学门"中的声望很高，与郭泰齐名，"天下言拔士者，咸称许、郭"。同时，他的从兄许靖，也擅长评论人物。《蜀书·许靖传》记载："靖虽年逾七十，爱乐人物，诱纳后进，清谈不倦。"同《传》又说："靖少与从弟劭俱知名，并有人伦臧否之称。"

于是，许氏兄弟联手，打造了人物批评品牌"月旦评"，并成为主持者。《后汉书·许劭传》记载：

> 劭与靖俱有高名，好共核论乡党人物，每月辄更其品题，故汝南俗称"月旦评"焉。

乡党人物即当时的名人，许劭对他们的评论对当时社会的影响非常大。这种"车徒甚盛"的贵公子行为，许劭必然会加以非议，袁绍自然不愿意被其所见，以免引起负面舆论。

曹操作为想出人头地的世族子弟，自然不会放过这个机会。于是，在桥玄的推荐下，曹操又获得了许劭的赞誉。《三国志·魏书·武帝纪》注引《世语》记载：

> 玄谓太祖（曹操）曰："君未有名，可交许子将。"太祖乃造（访）子将，子将纳焉，由是知名。

《后汉书·许劭传》记载许劭评价曹操："君（曹操）清平之奸贼，乱世之英雄。"许劭的赞誉，自然引起士人对曹操的普遍重视，从"君未有名"到"由是知名”，就是许劭为曹操制造舆论的结果。

可以看出，无论是许靖的“爱乐人物”“清谈不倦”，还是许劭的“好人伦”，都是对具体人物的“臧否”，依然属于清议而非玄谈。真正将清谈转变为玄谈的是郭泰。

郭泰是当时知名的太学生领袖兼清流派党人。《后汉书·郭泰传》注引谢承书说：“泰之所名，人品乃定，先言后验，众皆服之。”可见，郭泰不仅在士人中享有极高的威望，也是汉末最负声望的人物批评家。但郭泰的批评却与众不同，同《传》记载：

> 林宗（郭泰）虽善人伦，而不为危言核论，故宦官擅政而不能伤也。及党事（党锢之祸）起，知名之士多被其害，唯林宗及汝南袁闳得免焉。

《世说新语·政事类》注引《郭泰别传》说：“泰字林宗，有人伦鉴识。……自著书一卷，论取士之本，未行，遭乱亡失。”葛洪在《抱朴子·外篇》卷四十六《正郭》篇中评价郭泰说：“林宗周旋清谈闾阎，无救于世道之陵迟。”

可以看出，郭泰与许劭等人不同，虽然也“有人伦鉴识”的特点，但他“不为危言核论”，而是“周旋清谈闾阎”。即不具体评议朝中人物，而是讨论抽象的人伦鉴识，所以在党锢之祸中能为宦官势力所容，不仅“得免焉”，且得以善终。可以说，魏晋清谈之风实由郭泰开启。

郭泰虽开魏晋清谈之风，但真正使玄谈大兴的则是玄学的创立者何晏、王弼之流，可见，清谈从人物批评发展到玄虚之谈，恰与玄学的发展轨迹相符合。

何晏是玄学的鼻祖之一，一方面，他开启了高谈玄远之风，是一位玄学家；另一方面他不忘投身政治活动，仍要臧否人物，是一位政治家。如此看来，何晏是魏晋玄学新旧之间的人物，具有承上启下的作用。《三国志·魏书·曹爽传》说何晏“好老庄言，作《道德论》”，说明他是一位如假包换的玄学大师。

但是，何晏在研究老庄之余，仍然从事具体人物批评这个副业。他曾在曹叡执政时期，与邓飏等人因为浮华事件而被朝廷黜退，所谓“浮华”，就是结党标榜，这显然是"臧否人物"的行为。不仅如此，何晏在曹爽掌权期间，甚至以尚书的身份主持过选举，而主持选举必然要对人物进行批评。《晋书·傅玄传附子咸传》记载，晋惠帝时期，傅咸曾上书朝廷赞扬何晏的功绩，书曰：

> 正始中，任何晏以选举，内外众职，各得其才，粲然之美，于斯可观。

要想"各得其才"，必然要对人物进行批评，而"粲然之美，于斯可观"，说明何晏主持的选举是成功的，对人物的批评也是恰到好处的。傅咸就是想借前人来劝谏皇帝，要惠帝选贤用能，改革吏治。可见，何晏的玄谈不全是"坐空谈"，而是包含了具有政治功能的人物批评，依然具有汉代政论性清谈的影子。

王弼以后，清谈的重心集中在"有无""本末"之辩上，具体的人物批评比重越来越小，但并没有消失，而是被吸收进了"九品中正制"，作为中正选举的参考，只是不再以儒家的道德标准来衡量，也不具体指出人物的行为而已。可见，何晏、王弼所开创的玄谈模式依然与政治活动密切相连，最终成为国家玄学的重要组成部分。

魏晋之际还有一些玄学家，如阮籍等人，为了躲避政治灾难，而采取不与政府合作的消极态度，大谈老庄与玄理，而回避政治与现实，这种风尚得到了顾炎武的赞美，遂成为民间玄学的组成部分。魏晋清谈如图 4–5 所示。

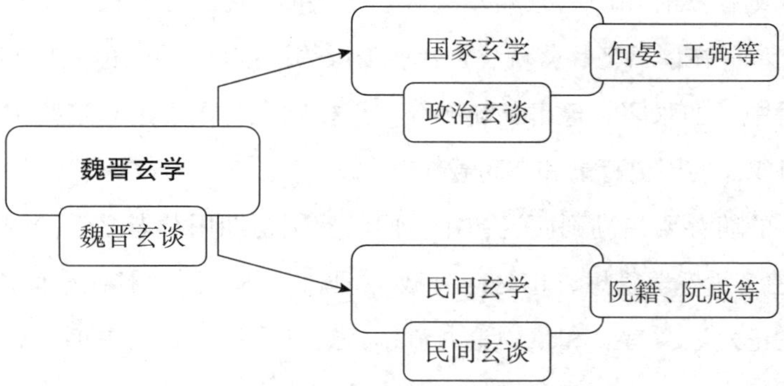

图 4–5　魏晋清谈

可见，魏晋清谈之风启于郭泰等人，兴于何晏，而成于王弼、阮籍等徒。而由山涛、王戎、王衍等徒开创的“清谈误国”之风属于魏晋玄谈的变异，受到后世的嘲讽。

八　国家玄学：道与儒的和谐统一

《九州春秋》记载：

> 张角之反也，黑山、白波、黄龙、左校、牛角、五鹿、羝根、苦蝤、刘石、平汉、大洪、司隶、缘城、罗市、雷公、浮云、飞燕、白爵、杨凤、于毒等各起兵。大者二三万，小者不减数千。……后遂弥漫，不可复数。

这些都是中原的农军名目。蜀地有以马相、赵祗为首领的黄巾数以万众；吴地有严白虎等各万余人，屯聚各处。于是，为了自保，各地豪族纷纷率领宗人、部曲和家兵，据守营坞，抵御农兵。逐渐，这些豪族成为割据一方的军阀，再通过长期的军阀战争，建立起三个割据政权。

在中原，庄园或隶属于政府，或隶属于豪族。所谓政府，实权却在屯田及佣兵指挥者手中。曹操死后，权在司马氏，他们或为太尉，或为大将军。文官系统则被私有庄园的豪族及大姓名士垄断；蜀国的政权也掌握在豪族手中，主要掌握在诸葛亮、蒋琬、费祎、姜维等臣手里；吴国的政权亦掌握在世家大族手中，如张昭、鲁肃、陆逊等，兵权则在孙氏手中。这些都成为魏晋玄学思想成长的历史背景和空间载体。

玄学的萌芽要追溯到西汉初年。西汉建国初期用黄老之学治国，因此黄老学既是一种哲学思想，也是一种政治理念，即所谓“君人南面之术”。司马谈的《论六家要旨》和班固论九流都持这种看法。西汉中期以后，道家退出了政治舞台，让位于儒家经学，并逐渐演化出又一种思想模式，即宗教思想或养生修仙之术。道教曾被底层民众利用，成为黄巾起义的指导思想。战国至两汉道家演化见图 4–6。

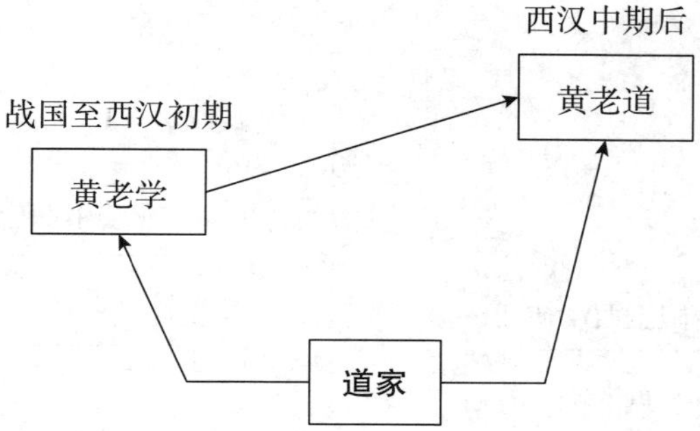

图 4–6　战国至两汉道家的演化

儒家的演化亦如道家，如图 4–7 所示。

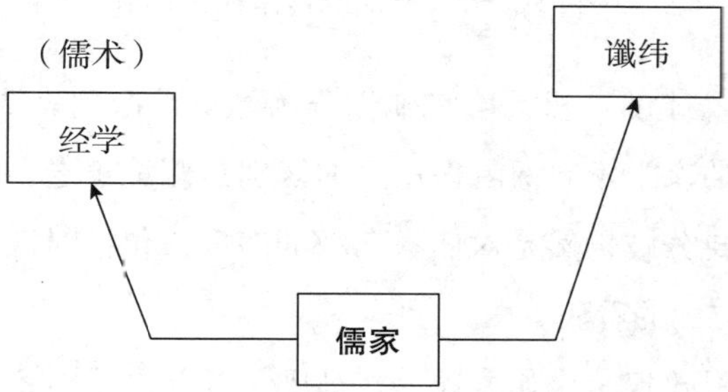

图 4–7　战国至两汉儒家的演化

至东汉末年，随着经学的衰落，玄学在魏晋时代迅速崛起，成为与佛教并立的思想双刹。前述提到，放达浮诞、崇尚老庄的风气发端于魏文帝曹丕执政期间。随着清谈之风的盛行，至正始年间玄学最终形成。它的创立者是夏侯玄、何晏、王弼等人。汉末至魏晋道家演化见图 4–8。

可见，玄学是原始道教思想与黄老学共同作用的产物。魏晋玄学依托道家有两种意义：首先，重新发挥和拓展了老庄思想中无为而治的观点，然后将黄老思想中的“君人南面之术”吸收进来。目的是告诉君主如何做一个合格的统治者，这种政治主张随着世族门阀势力的不断发展和巩固，最终成为削弱君权，增加世家大族特权的指导思想。其次，是一些不得志的士人，以愤世嫉俗的心情抬出“道法自然”的思想，来反抗政府所提倡的经学名教。

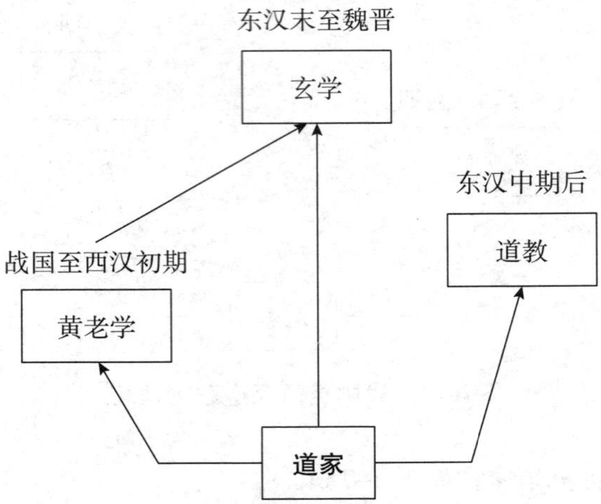

图 4–8　东汉末至魏晋道家的演化

通过对玄学群体的分析，可将他们分为两类，即国家或在朝的玄学家，以及民间或在野的玄学家。两者理论上的区别是侧重于老子思想还是侧重于庄子思想。但主要分歧仍然是对儒家名教的态度，包括对政治制度、礼仪法度和人事安排等方面的看法。

国家玄学依附政权（比如曹氏、司马氏）或与之妥协，因而在理论上调和了“有”和“无”，即调和了“自然”和“名教”，最后将两者统一起来，也可称为正统玄学；民间玄学远离政权，从贵无贱有出发，试图破坏司马氏政权所要恢复的名教，从而将道家和儒家严重对立起来，也可称为别派玄学。

国家玄学为了消除民间玄学在社会和政治秩序中所起的破坏作用，以及唤醒统治阶层（主要是世族阶层）的积极性和觉悟性，因而高度发挥了崇有的理论，积极向政府靠拢。从而将“自然”和“名教”，以及社会和政治统一起来，形成了国家所需要的社会和政治思想，代表了魏晋玄学的主流。见图 4–9 所示。

国家玄学家中，首先由研究“名理”而发展到深探“无名”的是何晏。他虽然主张将“无名”作为“有名”的基础，却并不反对名教，从而提出“无名为道，圣人体道，所以圣人无名”的观点。在何晏看来，唯有无名，才可以以天下之名为名；只有做到无所有，才能用有所有。这是理想的圣人，也是理想中的帝王必须具备的素质，比如尧、舜等。

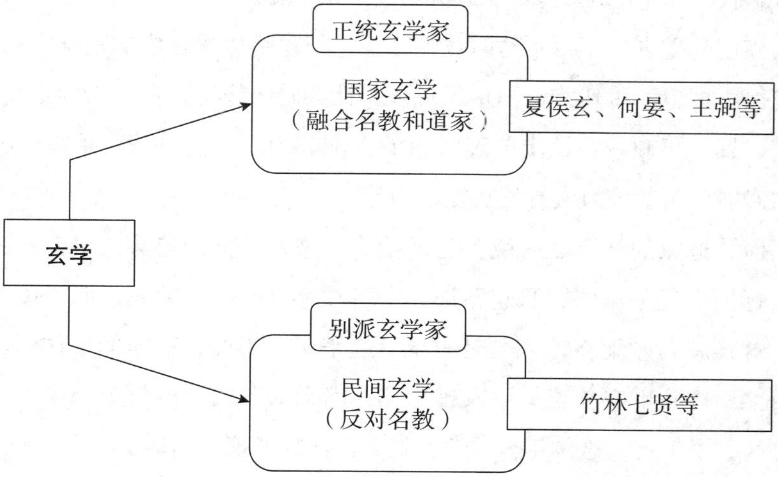

图 4–9　魏晋玄学

前述提到，何晏生前是一位重要的玄学家兼政治家，并非“祖尚虚浮”、不关心世务的知识分子，更没有破坏名教的企图。他所提出的“无为”“无名”实质上来自名理，但又不因循守旧，而是反过来去批判魏晋的名法之治。认为名教不能太功利，要返璞归真，即从自然中探求修身和治国的道理。《晋书·王衍传》载何晏的《无为论》说：“天地万物皆以无为为本，无也者，开物成务，无所不成者也。”所谓的“开物”，就是要依自然法则去观察万事万物。

可以看出，以何晏为代表的正统玄学家是不想瓦解名教的。曹魏初期，曹操曾经大力压制汉末结党为群、沽名钓誉、追求名声的风气，公开提出“尚才不尚德”的人才选拔标准，从而严重破坏名教之治。于是，出现了戏剧化的一幕。名教曾经是君权和政权的保障，是政府治理民众的工具，但至汉末却突然失灵了。魏晋之际，统治者曾在各家各派中搜寻了一番，期望构建起新的国家治理模式。但要建立一套完全剔除名教的政治思想，就等于放弃了自己曾经所掌握的武器，结果以失败告终。

前述提到，世家大族是“豪族”和“士族”共同培养出的产物，这个群体在日益发展的庄园经济基础上，通过名教的催化不断发展壮大，取得了政权地位，成为豪族群体的主导力量，从而引发豪族领主化的倾向。因而，曹操反对名教，实质上是要打击豪族势力，以巩固政治权力。当黄巾起义爆发后，世家大族遭受重创，不得不暂时收敛锋芒，与包括曹操在内的割据军阀合作，以求自保。至曹丕时代，三国格局形成，社会趋于稳定，世家大族重新崛起，成为魏、蜀、吴政权政治上与经济上的支配势力，他们自然要求将名教作为治国的武器。儒学势力大有死灰复燃的趋势。

然而，道家的"自然之说"已经抬头，这是历史的趋势。于是，玄学家采取了迂回取径的策略，只立不破，在名教存废问题上首先说明不废名教的理由，这样就巧妙地将道家与名教统一起来了。因此，玄学的始作俑者，提出"自然"之说的夏侯玄，以及提出"无名无为"之论的何晏都是不反对名教的。而到了王弼，这位年轻的学者就真正把二者统一起来了。

王弼是一位富于创新精神的玄学家，著有《周易注》《易略例》和《老子注》，他的学说丰富而饱满，是玄学史上一位承上启下的关键人物。王弼认为，"无"为本，"有"为末，但抛弃"有"亦不能领悟"无"，应该本末双修，无有通慧。

王弼以此思想为出发点，提出"自然"为本，名教为末，名教是"自然"具象化体现的观点。所以，礼乐刑政以及伦常日用即是"自然"的表现，它们之间也要按自然规律有条有理地相互配合。这样看，名教是不可能废弃的，因为它是自然的体现。王弼将易道解释为宇宙有规律的发展，一切事物可以根据具体情况发生变化，但都要遵循一定的条理秩序运行，这样宇宙运行就不会陷入"妄然"，而是"必有其理"。按王弼的理解，所谓的"必有其理"，就是必须遵循一定的条理，在现实社会中，这个"理"显然就是国家秩序。而这种国家秩序是导源于自然的，人世间的一切变化只能在国家秩序规定的范围内进行。这样看，"自然"虽然具有崇高的地位，但却不能离开名教，最终还是成为名教的附庸了。

《魏书·钟会附王弼传》说王弼"好论儒道"，可见他的学说是儒道的综合体。他从来没有轻视孔子，甚至更推崇孔子。《魏书》注引何劭《王弼传》

中评价王弼说："圣人体无，无又不可以训，故不说也；老子是有者也，故恒言无所不足。"王弼将孔子尊为圣人，地位在老子之上，但是这个圣人却是"体无以应有"的圣人，即道家的圣人。这样，"自然"和"名教"，道家与儒家在王弼的学说中完美地统一了起来，当然，这只是理论和形式上的统一。

王弼不仅将道家和儒家做了理论上的统一，还吸收了汉末批判主义思想的诸多观点，尤其是他们提出的"本末观"和"实名观"，从而打通了这些思想的内在隔阂，不仅丰富了玄学体系的内涵和外延，亦对玄学思想的形成有一定的推动作用。

"本末"的观点是由王符提出的。他在《潜夫论·务本》篇中说：

> 凡为治之大体，莫善于抑末而务本，莫不善于离本而饰末。
>
> 夫富民者，以农桑为本，以游业为末。
>
> 百工者，以致用为本，以巧饰为末。
>
> 商贾者，以通货为本，以鬻奇为末。
>
> 教训者，以道义为本，以巧辩为末。
>
> 辞语者，以信顺为本，以诡丽为本。
>
> 列（烈）士者，以孝悌为本，以交游为末。
>
> 孝悌者，以致养为本，以华观为末。
>
> 人臣者，以忠正为本，以媚爱为末。

最后，王符得出了"慎本略末犹可也，含本务末则恶矣"的结论。可见，王符的本末论，是从对现实社会的观察中所得出一种实践论，而不是本体论。因此，这与王弼的"本末之辩"有思想上的一致性。"本末之辩"是王弼玄学体系中的重要组成部分，如果将其还原为社会实践语言，其中的核心思想，恰恰是王符"崇本抑末"观点的翻版。所不同的是，王弼的观点以哲理性的形态为载体，更富思辨性，就理论事，是从抽象到具体；王符则以经济学的形态为表现，更具直观性，就事论事，是从具体到具体。

王弼在《老子道德经注》第二十章中说：

食母，生之本也。人皆弃生民之本，贵末饰之华，故曰：“我独欲异于人。”

这显然是对人类社会生活的真实写照。他在《老子道德经注》第五十七章中又说：“夫以道治国，崇本以息末；以正治国，立辟以攻末。”这显然是对政治活动的深刻描述。

对世俗社会和政治生活做分析之后，王弼在《老子道德经注》第三十八章中总结说，只有“守母以存其子，崇本以举其末”，方能使“形名具有而邪不生，大美配天而华不作”。这与王符“崇本抑末”思想是一致的。

《全后汉文》卷八十九中，仲长统也有过类似的表述，提出了：“廉隅贞洁者，德之令也；流逸奔随者，行之污也。风有所从来，俗有所由起。病其末者刈其本，恶其流者塞其源。”这与王符、王弼的本末观显然是相同的。

除此之外，王符在《潜夫论·德化》篇中还论述了性情与习俗的本末关系，其曰：

民有性，有情，有化，有俗。情性者，心也，本也；化俗者，行也，末也。末生于本，行起于心。是以上君抚世，先其本而后其末，顺其心而理其行。心情苟正，则奸匿无所生，邪意无所载矣。

在这里，王符仍然以儒家为出发点，提出了“正心观”，即以心为本，以行动、俗化为末。然后，在《潜夫论·实贡》篇中，王符又将这个观点进一步抽象为“恬淡无为，化之本也”的思想，这已经具备了玄学化的特征。

王弼在《老子指略》中将王符的思想作了发挥，形成了玄学思想，其曰：

夫邪之兴也，岂邪者之所为乎？淫之所起也，岂淫者之所造乎？故闲邪在乎存诚，不在善察；息淫在乎去华，不在滋章；绝盗在乎去欲，不在严刑；止讼存乎不尚，不在善听。故不攻其为也，使其无心于为也。

唯在使民爱欲不生，不在攻其为邪也。故见素朴以绝圣智，寡私欲以弃巧利，皆崇本以息末之谓也。

望誉冀利以勤其行，名弥美而诚愈外，利弥重而心愈竞。

王弼的“存诚”，显然与王符的“正心”有着内在的逻辑联系，是用玄学化的外衣来表述儒家的伦理规范。

除了“本末观”外，汉末的批判主义思想家针对选举失察和官吏颓废，以及政府机构臃肿、办事效率低下等现实政治问题，提出了对官员循名察实的考核命题，即“实名”观点。这样，在盐铁会议上，被挤出经学体系的法家刑名之学，再次引起士人的重视，重新回归思想体系之内。

王符在《潜夫论·本政》篇中说：“贤愚在心，不在贵贱；信欺在性，不在亲疏。……苟得其人，不患贫贱；苟得其材，不嫌名迹。”又在《潜夫论·实贡》篇中提出“是故选贤贡士，心考核其清素，据实而言，其有小疵，务强衣饰，以壮虚声”的主张。最后在《潜夫论·考绩》篇总结说：“是故有号者必称于典，名理者必效于实，则官无废职，位无非人。”

《全后汉文》卷八十九中，仲长统也提出了“天下之士有三可贱。慕名而不知实，一可贱”的观点。

显然，王符、仲长统的“实名观”，对建安时期曹操刑名法治思想的形成具有一定的推动作用，从而对国家玄学的发展产生了直接影响。

国家玄学是从东汉末年士族力量的消沉，再到魏晋时期世族门阀制度的发展和壮大的过程中演化而成的。正统玄学家主张以孝道礼法维系家族秩序，这就必须给予名教生存的空间；同时，又提倡以无为之治放任家族力量的扩张。这样，既满足了世族门阀权力扩张的需要，也给他们头上悬了一把思想上的“达摩克利斯之剑”，名教与自然便达到了和谐的统一。同时，所有社会和政治秩序被认为是自然而然的存在，从而使民安于现状、自得其乐。

正始十年（公元 249 年），王弼去世，年仅二十四岁，何晏也在同年被司马懿杀死。何晏与王弼解决了名教的存废问题，而这正是国家所需要的，因而得到了政权的支持，成为国家玄学的主流。但是，还有一派玄学家却坚持反对名教，将“自然”和“名教”对立起来，呈现出别具一格的理论特点。

九 民间玄学与“竹林七贤”的精神追求

前述提到，曹操是反对名教的，因而对国家玄学的形成起到了一定的推动作用。他颁布了求才三令，认为有德者未必有才；有的有才者背负着不仁、不孝与贪诈的污名，未必有德。实质上，求才令反映了“才性异”和“才性离”的问题。此令为曹魏政权治国方略的宣言。同意“异与离”者即为曹党，比如李丰、王广之流。

《世说新语·贤媛类》刘注引《魏氏春秋》说：“王广，字公渊，王凌子也。有风量才学，名重当世，与傅嘏等论才性同异，行于世。”《三国志·魏书·王凌传》记载：“（凌子）广有志尚学行。（凌败并死）死时年四十余。”王凌为淮南三叛之一，司马懿东征王凌，王广与父亲一同被杀。王广是曹党骨干，他的“才性离”成为曹操三才令的理论基础。

李丰也是曹党核心成员，是“才性异”的创立者，后被司马师所杀。《三国志·魏书·夏侯玄传》记载：

> 中书令李丰虽宿为大将军司马景王（师）所亲待，然私心在玄（夏侯玄）。遂结皇后父光禄大夫张缉，谋欲以玄辅政。……嘉平六年二月，当拜贵人，丰等欲因御临轩，诸门有陛兵，诛大将军。……大将军微闻其谋，请丰相见。丰不知而往，即杀之。

夏侯玄是正统玄学的核心成员之一，可见李丰的“才性异”与玄学有内在的联系；而王广的思想与嵇康接近。这些都说明曹操的治国理念与玄学思想有一定的关联。

自曹爽之乱后，名士被杀者甚多，以后夏侯玄、李丰又为司马师所杀。魏室政权转移到司马氏手中，这个家族是“累世经学”的世家大族，对儒学甚为推崇。因此，晋室的开国元勋，比如颍川荀氏的荀觊、荀勖；颍川钟氏的钟毓、钟会；北地傅氏的傅嘏；东海王氏的王肃；河东卫氏的卫瓘；河东裴氏

▲元　钱选　七贤图（局部）

的裴秀；等等。这些都是东汉经学催生出的大姓名士家族，构成了司马氏党。所以，这个集团抛弃了推崇“名法之治”的曹魏政权，重新提倡名教，特别是孝道，用以配合世族的政治需要。其中，王祥、何曾、荀达等三大孝，是辅佐司马氏夺取曹魏政权而位至三公的核心人物。而傅嘏、钟会是这个党派的精神导师，提出了与曹党的“才性异”和“才性离”不同的治国宣言。

《三国志·魏书·傅嘏传》记载：

> 曹爽秉政，何晏为吏部尚书。（傅）嘏谓爽弟羲曰：“何平叔（何晏）外静而内铦巧，好利，不念务本。吾恐必先惑子兄弟，仁人将远，而朝政废矣。”晏等遂与嘏不平，因微事以免嘏官……太傅司马宣王（懿）请为从事中郎。……及景王薨，嘏与司马文王（昭）径还洛阳，文王遂以辅政。……以功进封阳乡侯。

名教以仁孝道德（性）为本为体，推广至于治国用兵之术（才）为末为用。就是本末必兼备，体用必合一。傅嘏所谓的“才性同”，正符合名教的主张，也与司马氏的治国理念吻合。钟会提出的“才性合”，与傅嘏的“才性同”如出一辙，也是为司马氏政权服务的。

可以想象，魏晋时期的名士有多么郁闷，经过一段时期的斗争还是要回到儒家所提倡的名教中来。于是，就出现了上文提到的将“自然”与“名教”合一的玄学家，他们不但不与名教发生冲突，而且通过道家给予名教更为精致的理论阐述，以求与名教和平共处，达到重塑名教理论体系的目的。

但是，另一些玄学家却不愿与司马氏合作，他们十分厌恶这些虚伪又装模作样的名士，便在口头上以及行动上表示了对名教的反抗。以阮籍、嵇康等为代表的“竹林七贤”就是这个群体的典型人物。

“竹林七贤”是先有“七贤”而后有“竹林”的。所谓“七贤”，是来自《论语》“作者七人”的事数，意义与东汉末年的“三君”“八俊”“八顾”等名称相同，都是士大夫之间的相互标榜。到了西晋末年，僧徒为了传播佛教，比附内典与外书，使“格义之风”盛行。至东晋初年，士大夫乃取天竺“竹林”

之名，标于“七贤”之上，“竹林七贤”之名遂成。东晋中叶以后，玄学大盛，江左名士孙盛、袁宏、戴逵等遂撰《魏氏春秋》《竹林名士传》《竹林七贤论》等著作，使“七贤”传之天下。

“竹林七贤”以阮籍、嵇康、山涛为精神领袖，向秀、刘伶次之，王戎、阮咸充数。王戎之弟王衍不属七贤团队，但因气质和行为与七贤相同，也可称为七贤的编外成员。

这八位玄学家，所追求的是庄子的逍遥精神，而他们的理想人格化身不是何晏所提出的尧舜，而是超越世俗、虚无缥缈的“大人先生”。同时，他们倡导自由自在，反对一切的人为束缚，特别是政治枷锁，认为这些不符合自然之道，因此提出了破礼法、非尧舜、薄周孔的主张。这种不拘小节，追求自我的精神，直戳名教的理论根基，对瓦解名教起了巨大的推动作用，而排斥名教实质上就是反对司马政权，这是极其危险的举动。

《晋书》中阮籍、嵇康等列传与《世说新语·任诞》篇中记载了许多这群人放荡不羁、怪异可笑的逸事，虽不可尽信，但基本能反映他们的精神状态和人格追求。但是，这些故事中却提供了一个重要的线索，这些人虽然反对名教，但主观上并非真正要破坏以名教伦理构建起来的道德秩序，东晋的戴逵、南朝萧梁的沈约都有这种看法。而且，通过对这个群体奇闻逸事的梳理，会发现，他们的精神特质是逐渐形成的，中间有一个从量变到质变的过程，即从儒学大族中逐渐异化而出。因此，了解这个过程，对理解他们的人格特质和行为模式具有重要意义。

阮籍（公元 210—263 年），字嗣宗，陈留尉氏（今河南陈留）人。《太平御览》卷三十一引《竹林七贤传》说：

> 诸阮俱世儒学，善居室，内足于财；唯（阮）籍一巷，尚道业，好酒而贫。

阮籍的父亲阮瑀为蔡邕弟子，可见，他是在儒学风气浓厚的家族中长大的。《晋书·阮籍传》记载他：

本有济世志，属魏晋之际，天下多（变）故，名士少有全者，籍由是不与世事。

可以推测，阮籍由于受到社会现实状况的强烈刺激，对社会和政治失望至极，从而走向另一个极端，这与崔寔、仲长统晚年走向隐逸之路具有相同的背景。这样看，阮籍的思想转变发生在司马懿与曹爽争夺权力之际。

阮籍在《通易论》中，屡次提到先王，而且这个先王不是无为的圣人，却是有形的圣人。同时，文中对上下、君臣、尊卑、贵贱等都予以承认，接纳了子遵其父、臣承其君、尊卑有分、长幼有序的观点。最后总结说“称圣王所造，非承平之谓也”。就是说圣王要有所行动，而不是无为而治，这就是所谓的“大人之功也”。

如果将《通易论》与阮籍晚年的《大人先生传》作对比，会惊奇地发现，“大人之功”与逍遥浮世的大人简直是判若两人。他最早的《乐论》也提倡“礼逾其制则尊卑乖，乐反其序则亲疏乱”。可见，在阮籍的早期思想中，他还是抱着“济世志”的理想，并不排斥名教，也没有极力主张无为。

但是，激烈的政治斗争使阮籍的思想发生了转变，特别是随着司马氏与曹氏之间的争斗愈加激烈，从而加速了他思想转变的步伐。比如，他的《达庄论》《大人先生传》，都是他玄学思想成熟时期的作品。特别是《大人先生传》，不仅竭力反对名教，甚至明目张胆地反对君臣贵贱之别，发出了“汝君子之礼法，诚天下助残贼乱危死亡之术耳”的呼声。

阮籍的好友嵇康（公元223—262年）是“七贤”中另一位精神导师，在玄学修养上似乎比阮籍更高，而且还是一位知名的文学家和音乐家，文笔犀利、泼辣洒脱，是“正始文学”的代表作家之一。

嵇康出身贫寒，但精思勤学，曾任中散大夫，史称“嵇中散”。他的妻子是曹操的曾孙之女，家世更为显赫。在政治上，嵇康强烈反对司马氏政权，倾向于曹党；思想上，则是“自然”观的积极拥护者。《三国志·魏书·王粲传》注引嵇喜撰《嵇康传》说：

（嵇康）少有儁才，旷迈不群，高亮任性，不修名誉，宽简有大量，学不师授，博洽多闻，长而好老庄之业，恬静无欲。性好服食，常采御上药。善属文论，弹琴咏诗，自足于怀抱之中。以为神仙者，禀之自然，非积学所致。……超然独达，遂放世事，纵意于尘埃之表。撰录上古以来圣贤、隐逸、遁心、遗名者，集为传赞，自混沌至于管宁，凡百一十有九人，盖求之于宇宙之内，而发之乎千载之外者矣。故世人莫得而名焉。

嵇康虽然崇尚老庄的“自然”与“避世”，但并不排斥名教，而是吸收儒家思想中积极合理的一面，是一位“玄”“经”双修的名士，当然，他的思想中玄学的比重更多一些。嵇康在《与山巨源绝交书》和《自然好学论》等文章中，极力推崇老庄，对仁义、名分及六经却大肆诋毁。《养生论》中更是明确提出要“越名教而任自然”。这些都是嵇康崇老的一面。

《晋书·赵至传》记载嵇康“在学写石经古文”。他在《诫子书》中也竭力要求儿子谨慎谦虚，并告诫其子说：

不须作小小卑恭，当大谦裕。不须作小小廉耻，当全大让。若临朝让官，临义让生，若孔文举求代兄死，此忠臣烈士之节。

可以看出，嵇康对传统道德是比较重视的。但这里有一个问题需要澄清，司马氏主要提倡名教中的“孝道”，而反对司马氏的人便以“忠”来对抗。因此，嵇康特别提出“忠臣烈士”，而不是“忠臣孝子”，是突出了名教中“忠”的一面。因此，嵇康本质上并不是反对儒家的伦理秩序，只是反对名教的虚伪，不满邪僻之徒专政，他的人格结构中那种真率自然的天性与传统道德有着千丝万缕的联系。这是嵇康尊儒的一面。

嵇康认为伦理道德本于自然，不是名教所谓的“小廉曲慎”，而是只有忠臣烈士才能体现的自然人格，即大谦与大让。但是由于要坚守这一自然人格，要分别是非，但“政不由己”，只得遁入老庄，在自然中寻求解脱。

嵇康是曹氏之婿，在政治上倾向于曹党，对司马氏的专权自然憎恨，采取避世的态度反对名教中虚伪的“孝道”，因此司马昭便将不仕不孝、违反名教的罪名加在了嵇康头上，将其杀害。嵇康在临刑前，奏《广陵散》一曲，然后从容赴死。

嵇康被杀后，主张老庄自然观的其他名士作出了不同的反应，有的人坚持，有的人则变节了。《晋书·向秀传》记载：

> 嵇中散既被诛，向子期（向秀）举郡计入洛，（司马）文王引进，问曰：“闻君有箕山之志，何以在此？”（向秀）对曰：“巢、许狷介之士，不足多慕。”王大咨嗟。

又《世说新语·言语类》注引《向秀别传》略曰：

> （向秀）少为同郡山涛所知，又与谯国嵇康、东平吕安友善，并有拔俗之韵，其进止无不同，而造事营生业亦不异。常与嵇康偶锻于洛邑，与吕安灌园于山阳，不虑家之有无，外物不足怫其心，弱冠著《儒道论》。……后康被诛，秀遂失图，乃应岁举。到京师，诣大将军司马文王。文王问曰：“闻君有箕山之志，何能自屈？”秀曰：“尝谓彼人不达尧意，本非所慕也。”一坐皆说（悦）。随次转至黄门侍郎、散骑常侍。

可见，向秀对司马昭投来的橄榄枝欣然接受，弃老庄而遵名教，改换门庭，成为司马氏的座上客了。

阮籍则不像嵇康那样积极反晋，也不似向秀那样改节失图，而是采取消极避祸的态度，与司马氏委蛇周旋，苟全性命。《晋书·阮籍传》说：“（阮）籍才藻艳逸，而倜傥放荡，行已寡欲，以庄周为模则。官至步兵校尉。”

阮籍虽委身于司马氏，但并不算失节。《三国志·魏书·李通传》注引王隐《晋书》所载李秉《家诫》略曰：

> （司马昭）曰：“天下之至慎，其惟阮嗣宗乎！每与之言，言及玄远，

而未曾评论时事，臧否人物，真可谓至慎矣。”

阮籍虽委身于司马氏，不过是“仕禄”而已，就是拿薪不办事，言必玄远，不评论时事，不臧否人物，从而得到了司马昭“天下之至慎”的赞誉，得以保持他放荡不羁的行为。因此，司马党的骨干元勋，如何曾之徒，无论如何也容不下这个狂徒。《三国志·魏书·王粲传》注引《魏氏春秋》略曰：“大将军司马文王常保（阮籍）持之，卒以寿终。”可见，阮籍利用司马昭作为挡箭牌的策略取得了成效。

刘伶则采取了更为极端的策略。《世说新语·任诞类》说：“刘伶恒纵酒放达，或脱衣裸形在屋中。”刘伶的目的很明确，就是想通过荒诞的行为向司马氏表达不予合作的态度，但不反对名教，以期苟全性命而已。这与嵇康的行为相同，皆是老庄自然之道的具体应用。

阮咸与刘、阮一样，不改其志，采取自然之道的策略，以求苟全。《世说新语·任诞类》注引《竹林七贤论》说：“惟（阮）咸一家尚道弃事，好酒而贫。”

可见，除向秀变节外，以上四人在司马党强大之时，行为虽有不同，但都是主张自然之道的高隐避世之人，至少对司马政权，均采取了避之唯恐不及的态度，清谈之风遂盛。前述提到，东汉末年的名士不畏权势，针砭时弊，指斥政治，议论是非，从而招致“党锢之祸”。党锢之祸后，知识分子为自保，变清谈为抽象的玄学讨论，从而为魏晋清谈之风创造了条件。可以说魏晋清谈始于郭泰等人，却成于阮籍等徒。

但是，同为“七贤”的山涛、王戎以及“七贤”之外的王衍，命运却有所不同，他们走向了另一条道路，并将清谈之风带到了朝廷。

山涛为司马懿妻张氏的中表亲，与司马氏属于姻亲关系。《晋书·山涛传》说山涛虽曾“好老庄，与嵇康善”，但后来还是依附了司马氏集团，并辅佐其成亡魏建晋之业，导致嵇康与山涛的决裂。

王戎、王衍则更为特殊。他们出身琅邪王氏，王氏既与晋朝开国元勋王祥为同族，而且王戎之父王浑、王衍之父王乂又都是司马党的骨干，属于当时的顶级世族。兄弟俩早年崇尚黄老，隐避不仕，但家世的传统和环境的熏陶却将他们硬拉了回来，身不由已地改弦更张，投入了司马党的怀抱，从而立人之朝、仰人之食。尤其是王衍（公元256—311年），少有奇才美貌，明悟如神，名动当时，历任北军中侯、中领军、尚书令，位至宰执，成为司马氏政权的头号大臣。

这些改换门庭的名士，为了自圆其说，或是利用名教理论，或是重新发明一种新的学说，为自己的立场辩护。从而炮制出“名教与自然相同”的理论，即“以自然为本、名教为用，自然为名教之本”的学说。既然名教取法于自然，也就不存在独尊名教了，而应当两者兼顾。依据此说，如山涛、王戎、王衍之流，自然可以既当官又不失清高之名；既享受朝廷的富贵，又保存林下的风流，而无所顾忌了，这是典型的名利双收。实际上，这是正统玄学家所主张的名教与自然相互依存理论的翻版，只是被这些人改造后，变得更为暴力露骨，毫无遮掩，体现了超强的实用主义色彩。

嵇、阮等开创了一时放荡恣情的风气，又经山、王等人的创造发挥，一到晋惠帝时遂成潮流。于是，这种放荡的风气传染到洛阳的公子王孙身上，使他们滋生了奢侈、荒淫、不问世事，而空谈“自然”的风尚，而这些公子王孙恰是朝廷的核心人物。他们这种放荡颓废的生活方式不仅损害了家族内部的伦理道德，而且严重影响了他们治国为政的理念。换句话说，隐遁林泉的名士清谈玄理，寄情于悠哉岁月，纵使无益于国计民生，尚不致误国。所谓“清谈误国”，主要是指那些身居高位，却崇尚虚无，口谈玄远，不屑治国理俗的达官显贵，比如王戎、王衍之流。《世说新语·轻诋类》记桓公入洛条说：

> 桓公（桓温）入洛（洛阳），过淮泗，践北境，与诸僚属登平乘楼，眺瞩中原，慨然曰：“遂使神州陆沉，百年丘墟，王夷甫（王衍）诸人不得不任其责。”袁虎率尔对曰：“运自有废兴，岂必诸人之过？”

桓温所谓的“神州陆沉”，就是指那些权宦达官，他们居其位而不谋其政，对西晋的灭亡负有不可推卸的责任，尤其是王衍。《轻诋类》注引《八王故事》

说："夷甫（王衍）虽居台司，不以事物自婴，当世化之，羞言名教，自台郎以下，皆雅崇拱默，以遗事为高。四海尚宁，而识者知其将乱。"王衍登高位后却不思治国，而是想方设法保全禄位，整日空谈玄理，以老庄为尚，是"清谈误国"的"领军人物"。

《晋书·王戎传》附《王衍传》略说：

> 衍自说少不豫事，欲求自免，因劝（石）勒称尊号。勒怒曰："君名盖四海，身居重任，少壮登朝，至于白首，何得言不豫世事邪？破坏天下，正是君罪。"……使人夜排墙填杀之。

王衍与王戎一样，都是主张名教与自然"无同"的人物。他身居高位，享有四海敬仰的美誉，却不尚治国之术，而是将清谈之风带到朝廷。在他的影响下，自台郎之上的官员，纷纷效仿，导致清谈误国。《轻诋类》注引《晋阳秋》记王衍在被石勒诛杀前，对人说："吾等若不祖尚浮虚，不至于此。"说明他在临死时，也察觉到这个问题了，但为时已晚。

王衍死于公元311年的"宁平之难"，此难死者十万，使西晋仅有的一点元气被彻底摧毁，终至走向灭亡。可见，清谈之风蔓延到官场，导致官风大变，官吏们一面妄谈名教与自然的"无同"；一面却弄权使术，极近穷奢极欲之能事，终至清谈误国。而国家变乱的种子也在士大夫的清谈中孕育，终至山河破碎，"神州陆沉"。

"竹林清谈"之玄学虽然快速传播至民间，但民间玄学家反对名教，推崇清谈的主张遭到了正统玄学家的非议。因为这种理论有可能演化为社会革命思潮。阮籍的《大人先生传》已经出现了反抗现实政权的影子，到了两晋之际的鲍敬言那里，便演化为无君的主张，而鲍的"无君论"也是出于庄子道家。可见，无论是阮的"自然"学说，还是鲍的"无君"主张，都对现实政权产生了威胁。于是，不但像葛洪那样的旧派思想家认为要加以申斥，正统玄学家也认为有必要加以纠正，将其纳入"名教与自然相互统一"的理论轨道内。《晋书·乐广传》记载：

是时王澄、胡毋辅之等皆亦任放为达，或至裸体者，广闻而笑曰："名教内自有乐地，何必乃尔。"

乐广是一位正统玄学家，他对民间玄学家那种奇怪的风气嗤之以鼻，认为从名教中也能得到自然之趣，也能体道，这显然是在宣扬国家玄学的主张，以纠正不要名教的放恣行为。这些都为玄学"贵无向崇有"的转变打下了坚实的基础。

十　玄学的内部改造：从贵无到崇有

玄学虽有国家与民间之分，但无论是何、王等人，还是阮、嵇等徒，都认同道者的核心是体无，所以无为本而有为末。比如嵇、阮的怪异放荡行为就是从"贵无贱有"中演化出来的；还有王戎、王衍的清谈，也是贵无思想的具体表现。于是，一些玄学家和经学家开始担忧，如果不对贵无加以调节，不仅玄学体系内部会出现失衡，从而走向不可知论的极端，还有可能引发社会风尚和政治风气的沦丧，出现误民与误国的惨剧。而且，这种现象早在东汉经学身上已经出现过，因为过度投靠政治，经学走向了超级实用主义的深渊，成为政治斗争的牺牲品。为了纠正贵无的弊端，崇有论应运而生。

《晋书·裴秀附子頠传》说：

（裴）頠深患时俗放荡，不尊儒术，何晏、阮籍素有高名于世，口谈浮虚，不遵礼法，尸禄耽宠，仕不事事；至王衍之徒声誉大盛，位高势重，不以物务自婴，遂相放效，风教陵迟，乃著崇有之论，以释其弊。

裴頠是西晋时期享誉天下的大姓名士，也是著名的玄学家。他在《崇有论》中主张：

贱有则必外形，外形则必遗制，遗制则必忽防，忽防则必忘礼，礼制弗（不）存则无以为政矣。

薄综世之务，贱功烈之用，高浮游之业，卑经实之贤。

悖吉凶之礼，而忽容止之表，渎弃长幼之序，混漫贵贱之级。

如果单从裴頠的表述中来看，他重视礼制，强调经世之学，似乎是一位不折不扣的儒家卫道士，站在儒家的立场来抨击道家。但这只是表象，裴頠依然是一位玄学家，他所提出的观点与想解决的问题实质上是一种“有无之辩”，并不是要用甲去否定乙或用乙去推翻甲。恰恰相反，他并未排斥道家，而是与王弼一样，提倡儒道合一。可见，裴頠只是沿着玄学的轨迹提出了一种新的理论而已，目的是改造国家玄学的内部结构，再用国家玄学去约束民间玄学。

裴頠虽然提倡儒道合一，但与王弼还是有区别的。王弼主张“无为本”而“有为末”，有生于无，“以虚为主”，这显然是老子的思想。但裴頠在《崇有论》中却主张，既然是无，就不能无中生有。换句话说，就是“有”能存在，而“无”不能存在。所以既然“有”已经存在，只能“顺有之用”以全身；“循有之理”以治众。而不能“以无挤有”，或者复反于无。但从本质上来说，裴頠与王弼没有质的区别，因为他们都承认“有”的存在，只是侧重点不同而已。

裴頠突出了“有”的地位后，下一步就是要用“有”来收摄万物了，而作为行为规范的名教当然要包含在“有”的范围内。这样，裴頠不仅得出了与王弼一致的结论，即名教本于自然，而且对其作了进一步的扩展，认为名教本身就是自然。裴頠的主张显然不合老子的本意，但他仍然以老子思想为根，提出“老子以无为辞，而旨在全有”的说法。

继裴頠后另一位提倡崇有论的是郭象。郭象与裴頠同时代，也是西晋时期的玄学家，主要著作有《庄子注》，是崇有论的创立者。郭象的崇有论与裴頠的大致相同，只是与政治结合得更为紧密，如果说裴頠侧重于理论层面，那么郭向则偏重于应用层面。可以说，他的《庄子注》为魏晋世族门阀制度奠定了思想基础，是一套完善的政治理论。

《庄子》中的最高理想是逍遥，因而郭象在注《逍遥游》时，对于逍遥的体会是“理有至分，物有定极”，“小大之殊，各有定分”。可见，在郭象眼里，无论是大是小，只要各安本分就能满足其天性，这就是逍遥。以小慕大或以大羡小，都不符合逍遥的本性，结果只能是束缚天性。

郭象将这种对逍遥的诠释应用到政治上面，显而易见，就是要人民安守本分，以接受国家的管理。于是，他又在《齐物论》“如是皆有为臣妾乎”条注中进一步阐述说：

> 若（人）皆私之，则志过其分，上下相冒而莫为臣妾矣。臣妾之才而不安，臣妾之任，则失矣。故知君臣、上下、手足、外内乃天理自然，岂直人之所为哉。
>
> 夫时之所贤者为君，才不应世者为臣，若天之自高，地之自卑，首自在上，足自居下，岂有递哉。虽无错于当而必自当也。

显然，郭象是要告诉世人，无论你的身份、财富和权力如何，都要依据自己的才性，遵守上下、贵贱的自然差别。换句话说，就是现存的一切社会制度、伦理秩序和社会规则都是自然的，非人力所能撼动，无可厚非，只能遵守。比如，臣妾若只有臣妾之才，就应该安分守己，而不能“志过其分”，如果臣妾逾越本分，就会导致上下混乱，这在郭象看来是不合乎自然之道的。

总之，郭象就是要告谕世人，要大家承认现有秩序。只要大小、上下、贵贱各有其分，彼此不能比较，就是“齐物”；彼此各安其分，就是“逍遥”。

郭象不仅主张世人要遵守自然之道，也要求君主施行无为之治。他在《在宥篇》注中说：“无为者非拱默之谓也，直各任其自为，则性命安矣。”所谓“无为”即放任，就是告诫君主要以静制动，不要任意而为，只有放任人们的“自得”，才能做到“拱默”之治。实质上，郭象反对君主实施多余的刑法之治，并不是要国家放松对人民的管理，而是让政府不要干涉世族的利益，其实是在为世族恣意放纵的行为辩护。

玄学从东汉末年郭泰开“玄谈”之风始，中经何、王和阮、嵇的“贵无”，

▲清　佚名　福寿齐天图之老子过关

再到裴、郭的“崇有”，经过一百余年的演化，至西晋末年，已经构建起体系完备的玄学理论大厦，后期虽有一些余波，但大局已定。此后，从东晋至南北朝，再到隋唐，玄学就是沿着魏晋思想家开创的理论路径不断发展壮大，并逐渐成为人们社会和政治生活的准则的。

第五章

佛教的传入与信仰的异变

古典时代的中国呈现出内聚性的文明特征，国家通过内部整合效应，将各个子文化系统集中在一条文明主线上，从而形成了统一的社会形态系统。但是，当内部的文明系统达到一定的“界度”时，可能会出现社会退行现象，这时必须对文明系统做升级和改造，才能适应新的社会建构模式。同时，这种改造可能来自内部，也可能来自外部，当内部的力量难以完成改造任务时，引入外部力量进行干预是一种必要的手段。

中国进入东汉中晚期面临着巨大的文明压力，必须进行内部社会变革，才能释放这些压力。这里除了政治和经济方面的结构调整外，思想层面的演进显得至关重要。于是，国家内部的思想改造运行应运而生了，即上面提到的玄学的兴起。但是，魏晋时期的社会改造不仅来自内部，外部力量也乘势而入，形成了“内外相秩”的社会改造模式，这里所说的外部力量，即佛教的传入。因此，了解佛教东传的演化路径，对理解魏晋时代的思想重构具有重要的导引意义。

一　佛教东传的七个传说

佛教何时传入中国，历来说法不一。要获取有关中国佛教肇始阶段（翻译活动除外）的可靠资料，只能依靠世俗历史文献。通过对这些文献的分析，可以看到，佛家有关教义传入中国的记录明显带有传说性质。这种状况是不幸的，因为在古典时期的中国，文明的主体性意识十分强烈，只要宗教事务与政治没有直接关系，官方的以及民间的历史学家便采取漠视或排斥的态度，对外来者在国内的宗教实践则更少关心，这已成定律。因而，出现在早期史籍中有关佛教的少量记录，是由史传者在叙事中偶然插入的评价，但就是这些零星的边缘史料却为后世提供了重要的线索。

《后汉书》中除只言片语外，没有一个段落意在讲述佛教本身的内容。据史料记载，东汉明帝永平八年（公元 65 年）一份诏书偶然提到佛教，这个敕令记载了楚王英（刘英）因祀佛（浮屠）而受罚之事。另一事例中，记载了一份批评皇帝淫逸行为的奏疏间接提到了佛教。还有则史料，是对一位中国官员建造佛寺所作的极为有趣的描述，但目的是抨击这位官员劳民伤财与不计后果的行为。

在上述这些记录中，比较详细的记载是关于对楚王英的斥责，有趣的是，为了体现楚王英的恶行，诏书记载刘英从事佛教活动的整段文字，围绕他自愿赎回想象中的惩罚以及王室对这种善举的反应这些中心事件而展开。试想，如果当年刘英的赎罪行为没有被皇帝的诏书公开，官方对这位王子的宗教狂热当然还会保持沉默。果真如此，中国佛教传入的时间会缺失整整一个世纪，会从公元 2 世纪起算。据此推断，佛教传入中国当在东汉初年，即公元纪元初。

前人对佛教传入时间的模糊记载，却为后世佛教伪书的出现创造了想象的空间。这些传说明显具有宣传作用，目的是扩大佛教的影响力，以使受众欣然皈依。比如，有的讲述佛教成功进入皇宫以及中国皇帝迅速皈依的故事；有的声明佛教在汉地早已存在；等等。这些显然有助于提高僧团的威望。根据对史料的拆解，著名的佛教传说有七个。

第一个传说，以室利防为首的大批僧人携带大量经本到达秦朝（公元前 221—公元前 206 年）咸阳，不愿接纳佛教的皇帝立即将他们投入牢狱。但到晚上，监狱被一个高二十米的金人打开，这些僧人得以脱险。皇帝听说后，吓得叩头谢罪。这个故事出现很晚，首次出现于公元 597 年的《历代三宝记》中。

第二个传说，魏收（公元 506—572 年）在《魏书·释老志》中记述公元前 138 年张骞出使月氏国“及开西域，遣张骞使大夏，还传其旁有身毒国，一名天竺”。当他返回长安后向皇帝汇报工作，便提及了印度的佛教，中国“始闻有浮屠之教”。道宣在公元 664 年的《广弘明集》卷二中再次提到这个故事，曰：“（张骞）还云，身毒天竺国有浮图之教。”

第三个传说，当公元前 120 年开挖巨大的人工湖——昆明池（在今陕西）

时，人们在地底深处发现了一种黑色物质。汉武帝向博学的东方朔询问此物来历，东方朔回答说："不知，您可问'西域胡人'。"这些"西域胡人"回答说："世界终尽，劫火洞烧，此灰是也。"这个故事见于南朝梁释慧皎《高僧传》卷一《汉洛阳白马寺竺法兰》中。最后，这一叙事模式被程式化，比如在公元 3 世纪末的无名氏《三辅故事》中也有类似的表述。当然，汉武帝开挖昆明池确有其事。

第四个传说，公元前 120 年，汉大将军霍去病在皋兰缴获了在最早的史料中被称作"休屠王祭天金人"的著名金像，这尊金像有时被误认为佛像。

第五个传说，刘峻在注释《世说新语》时引用《列仙传》序言，这部道家仙人传集被认为是刘向（约公元前 77—公元前 6 年）所作。在这篇序言中，编者自称搜集了一百四十六位仙人的事迹，"其七十四人，已在佛经"。但今本《列仙传》中没有这段引文，甚是可疑，大概率是穿凿附会的结果。

公元 5 世纪以降，还有一则与刘向有关的重要传说，说刘向在天禄阁发现了六十卷梵文佛经，是秦始皇下令焚书时被秘密隐藏起来的典籍。这与古文经学的出现如出一辙，目的都是证明本教本经的正统性。

第六个传说，讲述了明帝时期（公元 58—75 年）官方引进佛教的情况。这个故事之所以著名，是因为很长时期内被认为是真实的。直到近代才证明这个故事实属伪造。据说明帝因夜梦金人而派遣一批使者（最早的说法是由张骞带队，但他死于公元前 2 世纪末）赴月氏国迎请佛教经典。而派遣的时期也是相当混乱，有公元 60、61、64、68 年四种说法。三年后（还有一种说法是十一年后），使团携带《四十二章经》原文（或译本）回国。他们由第一批外国传教者陪同。这些传教者的名字从公元 5 世纪末以后被称作摄摩腾（即"迦叶"）和竺法兰。皇帝为了便于他们传教，在洛阳建造了中国第一座寺院，即白马寺。

显然，这是某位僧人或某个僧团虚构的故事，且他们的文化素养都不高，才会出现这一年代混乱、似是而非的带有传教性质的故事。它可能在公元 3 世纪源于佛教界，整个 4 世纪进一步发展，并在 5 世纪末确定了固定形式。这与早期基督教的传播有极其相似的地方，很多基督教的早期历史，也是由一群文化程度不高的使徒虚构和渲染的传说。但是，无论是明帝引教的故事，还是基督教的神迹故事，都对本教的快速繁殖和传播起到了巨大的推动作用，这是不可否认的事实。

第七个传说，是关于佛教传播者与道教大师之间斗法的故事。据推测，公元 69 年，在皇帝的支持下，双方在宫中展开了一场激烈的斗法，结果佛教战胜了道教，皇帝欣然皈依佛教，几百名信徒出家为僧，不久又在洛阳城内和附近建造了十座寺院。这个生动形象的故事被详细记载于伪书《汉法本内传》（佚失）中，其中一些段落被保留在后来的佛教论文中。《汉法本内传》是一部相当拙劣的伪作，但它通俗易懂，生动形象，其传播性非常强。后来这种两教斗法的叙事模式被固定下来，成为中国神魔小说常常引用的素材。

宗教的出现本身就是人类精神世界的外化展现，它需要不断普及，方能呈现出顽强的生命力。因此，在宗教传播史中，有一种通常的模式，就是利用故事传说、神迹描述或者偶像崇拜，佛教亦不例外。因为在佛教僧人的意识中，方式和手段并不重要，目的才是关键。正是通过这些传说，那些深奥的佛教教义才能被广大民众接纳，从而得以快速繁殖。

二　外国人与东土佛教的传入

东土佛教传入的路线呈现立体交叉式的模式，从东汉至北宋，佛教传来中国，有经陆路的（如唐玄奘），也有经海路的（如唐朝的义净），还有既经陆路又经海路的（如东晋的法显）。其实，何者为先无关宏旨，正因为经海路，所以北传佛教的大乘经典在中国居多；而南传佛教的小乘经典也有很多传到了中国。自纪元初到佛图澄来华传法时（西晋怀帝永嘉四年，即公元 310 年）止，约三百年之间，可谓佛教传入东土的第一阶段。

佛教最初的传播路径可能从西北慢慢渗入，经由丝绸之路上的两条支线从敦煌进入中国，然后穿过河西走廊进入关中和华北平原，最后到达东汉的首都洛阳。

佛教传入必须依赖那些具有佛教信仰的外国人，他们包括商人、难民、使节和人质。但是，在古典时代的中国，官方历史没有提到汉地外来群体和个人的社会活动。儒家思想只承认一种“四夷”与中央王国之间的互动关系，这些荒蛮之地的边民，受到中国皇帝恩德光辉的吸引，前来进献当地出产的贡物，以为归顺的象征。诸如此类的大量贡物都记载在汉代的年表中。纵观中国历史上这些与中央朝廷交易的标准形式，可以完全推知，除政治使命外，这些早期的使节还有商业方面的作用。

根据稍晚一些的“非官方”史料（公元2世纪末的《高僧传》和公元3世纪初的《出三藏记集》）记载，可以描述出佛教传入时期外国人所起到的推动作用，其中几位佛门大师并不来自境外，而是出生于中国境内非汉族的移民家庭，或者他们以居士身份即以传教之外的目的来到中国，之后才出家为僧。比如，安息人安玄是一名商人，公元181年到达洛阳后即加入安世高所领导的僧团，安世高也是安息人；还有月氏人支谦的祖父在汉灵帝（公元168—190年）时，就已带领几百名同胞定居中国；公元3世纪上半叶著名的法护生于敦煌，他的家族已在此地繁衍数世；竺叔兰是印度人的儿子，其父达摩尸罗逃离原籍，于公元3世纪上半叶的某个时候举家定居河南，在中国生下了竺叔兰；公元2世纪末在洛阳的著名佛经翻译家康孟祥，其先祖是康居人；康僧会于公元3世纪初生于交趾（汉帝国最南端），是康居商人的儿子。

从这些“非官方”的史料中可以看出，佛教在相当早的时期就已经存在于散居在中国的外来家庭、群体和聚集区中。这些外来移民需要通过宗教武装自己的精神世界，从而形成群体性的凝聚力，而佛教就成为他们打破民族隔阂和身份差异的最佳武器。这说明，在佛教传入的早期，其虽然并没有得到官方和知识分子的承认，但在民间却繁殖得异常迅猛。《出三藏记集》卷十三中的文字，可以证明大量佛经梵本在公元3世纪初已在中国流通，其曰：“越以大教虽行，而经多胡文，莫有解者，既善华戎之语，乃收集众本，译为汉言。”

通过以上史料可以得出一个结论，在佛教传入东土的早期阶段，民间场域成为宗教传播的主要阵地，而且当时的佛教主要是外来人口的信仰体验，这里的外来人口主要指新移民和有外国血统的人，更为重要的是，印度或中亚的佛经抄本也主要在他们中间流通。如图 5-1 所示。

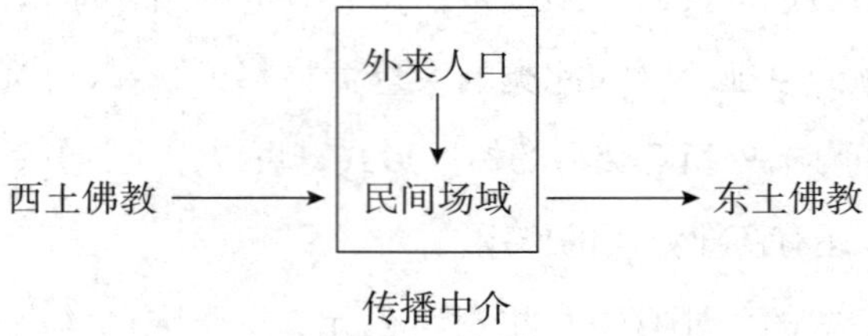

图 5-1　早期佛教传播中介

佛教早期的传播虽然没有得到国家层面的认可，但在公元初年前后的几十年间，有相当数量的中国官员在中亚佛教国家开展外交工作。这些官员中的大多数至少已经知道这种宗教的存在。《三国志注》引《魏略 · 西戎传》记载，汉哀帝元寿元年（公元前 2 年），景卢（也称景虑、秦景、秦景宪、景匿）出使月氏，这位博士弟子在月氏国由太子伊存“口受浮屠经”。这是中国人学习佛经的最早记录。

淮北地区、河南东部、山东南部和江苏北部是东汉帝国重要的战略枢纽。这个区域最重要繁华的城市是彭城，它坐落于陆上丝绸之路从洛阳向东延伸至东南地区的大路上，而外国人习惯从西面到达这座城市。因此，大约在公元 1 世纪中期，随着外国人的不断涌入，佛教已渗透至这一地区。而这恰好是光武帝之子楚王刘英（公元 25—71 年）的封地。

公元 39 年刘英被封为楚侯，两年后封王，从公元 52 至 71 年刘英的王府就坐落在彭城，他的封地包括今山东南部和江苏北部。据《后汉书》记载，刘英对黄老学极感兴趣，同时对佛教也表现出极大的热情，曾“为浮屠斋戒祭祀”。因此，在最初提到佛教的中国史籍中，佛教往往与黄老学相关联，据称黄老术可使人达到肉身不死。大约在公元 1 世纪中期这种借助黄老术的“佛教”在皇宫和诸王子中相当流行。而且这种风尚不仅在刘英时代，即使到了汉桓帝时期（公元 166 年）也依然存在。这种佛教有一套神秘的祭祀仪式，因而在后来的典籍中往往与“淫祀”一词相联系。

刘英及其府内信徒的斋戒和祭祀仪式当然不会超出这种道术变形后的佛教，这种道教和佛教因素的奇异混合物在整体上反映了佛教初传时的特征，被称为“格义”佛教，它在佛教传播史上具有极其重要的意义。

这样看来，在刘英的封域内，已经存在（无疑是外国人）僧人和中国居士所组成的僧团。这些僧团不仅向民间渗透，还借助“格义”形式打入了皇族内部。公元 65 年明帝下令给各王国犯死罪的人以赎罪的机会。刘英似乎早有不轨之心，因此很欢迎这个难得的机会，借机采取了一些防范措施，然后派了一位侍臣带着三十匹黄白丝绸去洛阳赎他应受的罪。明帝在一份诏令中答道：

> 楚王诵黄老之微言，尚浮屠（佛陀）之仁慈，洁斋三月，与神为誓，何嫌何疑，当有悔吝？其还赎，以助伊蒲塞（优婆塞）、桑门（沙门）之盛馔。

明帝对这位藩王的悔悟很是高兴，而且还将诏书发往各个王国，以使所有的王侯都要以刘英的善举为榜样。从这份诏令中可以看出，当时这种祭祀已经渗透进各个王国了，说明佛教在汉代社会已有相当的基础。

然而，刘英的好运气并没有持续多长，他对佛教的痴迷更是变本加厉。有传闻说他竭力谋求独立，并让方士（或称道师）捏造谶文和对他有利的预兆，还给很多人封爵并私下任命文武百官。公元 70 年刘英被斥为“大逆不道”并判处死刑。不过，明帝最终对他从宽处理，变死刑为较轻的刑罚。刘英被贬，与大量门客一起迁至安徽南部靠近丹阳的泾县。第二年，刘英在丹阳自杀。

刘英南迁后，彭城作为佛教中心延续了下来。至公元 2 世纪末该地区的佛教群体呈现出异常繁荣的景象。公元 193 年，军阀笮融（丹阳人）投靠另一个割据领主徐州刺史陶谦，被陶谦委任转运广陵、下邳和彭城（三地都在今江苏境内）的粮食。公元 194 年初，陶谦死后，笮融带领约一万随从和一支三千骑兵组成的武装队伍开至广陵，在一次宴会上谋杀了广陵太守。不久，笮融又攻克了豫章（今江西南昌），杀死郡守并取而代之。公元195年，笮融被前扬州刺史刘繇（公元151—195年）击败，逃入山中，不久被杀。《后汉书》记载笮融在掌管转运粮食的要务时，挪用了三郡的财政资金建塔造像：

> 同郡人笮融，……大起浮屠寺，上累金盘，下为重楼……作黄金涂像，……每浴佛（农历四月初八）辄多设饮食，布席于路，其有就食及观者且万余。

这段史料十分重要，一方面，从中可以看出，至东汉末期，佛教已经在民间相当流行了，且僧人队伍也在不断扩大。因为寺院建筑的庞大规模、盛大的酒席和大规模的施舍仪式，必须在由大量僧人组成的大型佛寺中才能开展。另一方面也反映出，随着佛教影响力在民间的扩大，各级官员也因势利导，开始利用宗教收拢人心，这些都为佛教的进一步繁衍创造了条件。

与彭城僧团相呼应的是洛阳僧团的繁荣。《后汉书》记载的帝国法令中已经出现“伊蒲塞”和“桑门”等词语，说明这些印度（或中亚）佛教术语已被中央政府知道和理解。张衡（公元78—139年）在《西京赋》中也提到了佛教。他在描写长安的奇美时，尤其在描绘秀色可餐的后宫佳丽时，写道：“展季桑门，谁能不营？”根据《后汉书·张衡传》的记载，张衡的《西京赋》一文始于永元年间（公元89—104年），十年后完成，当时他已经住在洛阳。《后汉书》中的法令和《西京赋》中微不足道的术语，说明约在公元100年时，洛阳已经有僧团活动，佛教在都城已有相当大的影响力。

与此同时，公元1世纪末2世纪初，出现了第一部汉文佛经，即《四十二章经》。据后来的传说，这部佛经是由两位印度传教者摄摩腾和竺法兰带到洛阳的，并由后者于公元67年译出。此经只有一卷，其结构为一段“前言”加上约四十二段的“佛言”。其内容为原始小乘佛教的义理，且多与当时流行的道术相通，属于“格义”佛教的一种变体。

汉桓帝建和年初（约公元147年），来自安息的传教者安世高到达洛阳，标志着佛教进入了一个频繁活动的时代。洛阳的传教者是一个相当异质的群体。其中有两位安息人：僧人安世高和优婆塞安玄；三位月氏人：支娄迦谶、支曜和支亮；两位康居人：康孟祥和康巨；三位印度人：竺朔佛（也称佛朔）、竺大力和昙果。这些外国人成为“洛阳僧团”的核心人物。

在这些大师中，最著名的当属安世高和支娄迦谶，此二人是这个时期最重要的传教者和译经人。安氏约活动于东汉桓、灵、献帝时（公元 147—220 年），是从南路而来的传教者，专译小乘部派经典，是佛经汉译的创始人。除了洛阳，安氏在广州、荆州及江淮地区均有活动轨迹。据传，安氏是安息国（即后世中东波斯及阿富汗的部分地区）的王子，博学多闻，精研小乘部派的经论。安世高有个中国徒弟，即浙江人严佛调，他是安氏译经的重要助手，曾为中国人襄助译经。

安氏到中国除了传教，主要目的是译经，他在中国生活了约三十年。据晋代道安编的《众经目录》记载，安氏共译经三十五部四十一卷，其后散失了一些，现存的尚有二十二部二十六卷。其中影响最大的有《大安般守意经》《阴持入经》《禅行三十七品经》《道地经》《父母恩重难报经》《分别善恶所起经》《八大人觉经》等。尤其是《大安般守意经》，至今仍为佛门修行的重要依据。

支娄迦谶（简称支谶），月支国（今土耳其、阿富汗及北印度一部之土地）人，他比安世高迟来中国，约于汉灵帝时（公元 178—189 年）在洛阳从事译经工作。他是从北路（西域）进入东土的第一位译经大师，所译多为大乘经典，比如《宝积经》《华严经》《般若经》等经典中的某一品（章），对后世影响最大的是《道行经》《般舟三昧经》。

这样，大约从公元 2 世纪中期至 3 世纪最初，这些来自不同国家的外国传教者和译师活跃于洛阳，他们的集体工作逐渐使洛阳变成当时的佛教中心。

随着僧团群体在洛阳的快速繁衍，佛教逐渐从民间走向国家，受到了政府和士大夫的关注。桓帝延熹七年（公元 164 年）东汉帝国发生了一件大事。那一年像许多先帝一样，十分喜爱道教的桓帝亲自在濯阳宫一个装饰极尽奢华的祭坛前祭拜老子，祭器均由金银铸成，整个仪式庄严肃穆，充满了神秘色彩。这不是什么例外的情况，至少在公元165年和166年间有两次祭祀是由皇帝下令在老子诞生地苦县（在今河南鹿邑）举行的。但在《后汉书》的其他地方，作者提到这位皇帝当时同时祭祀了老子和佛陀。这在公元166年襄楷向皇帝呈送的奏书中可以找到证明。

襄楷是隰阴人（今山东南部），特别精通天文阴阳之术。进京不久，他即向皇帝呈递了一篇一千四百多字的奏书，其中对近来的不祥征兆做了全面的解释，并说这些征兆表明上天对朝廷的不满。当时东汉朝廷内部可谓暗流涌动，士族与宦官之间的斗争进入白热化阶段。襄楷是当时士大夫的代表人物，他的奏书直指宦官集团。《后汉书·襄楷传》记载，在奏书的末尾，襄楷曰：

> 又闻宫中立黄老浮屠（佛陀）之祠。此道清虚，贵尚无为，好生恶杀，省欲去奢。今陛下嗜欲不去，杀罚过理，既乖其道，岂获其祚哉。或言老子入夷狄为浮屠。
>
> 浮屠不三宿桑下，不欲久生恩爱，精之至也。天神遗以好女，浮屠曰："此但革囊盛血。"遂不眄之。其守一如此，乃能成道。今陛下淫女艳妇，极天下之丽，甘肥饮美，单天下之味，奈何欲如黄老乎？

此语出现在大臣的正式奏章内，必为事实，说明皇帝已经开始祠奉佛陀了。在此份奏书中，襄楷两次引用了《四十二章经》的语句，说明他精通此经。同时，襄楷的奏书中首次间接提到所谓的"化胡"说。根据此说，佛陀不过是老子的应化而已，这又体现了"格义"佛教的特征。

襄楷在奏书的开头，也提到了《于吉神书》，即古本《太平经》。这本经卷曾由道士于吉传给山东南部琅邪的弟子宫崇。顺帝（公元126—144年）时，宫崇将此经献给了皇帝。在公元2世纪的最后十年中，《太平经》成了以道教为思想武器的黄巾军的基本经典。而襄楷本人也生于道教极为兴盛的同一地区（山东南部），这也证明后汉时期道教与佛教之间的密切联系。

这样，通过襄楷的奏书可以看出，佛教已经渗透进士大夫阶层，并且成为士大夫对抗宦官集团的有力武器，这为后期士大夫集团的佛教化，以及与玄学的互动创造了条件，从而使佛教开始从民间走向国家，逐渐形成佛教“二元化”的繁殖模式。如图 5–2 所示。

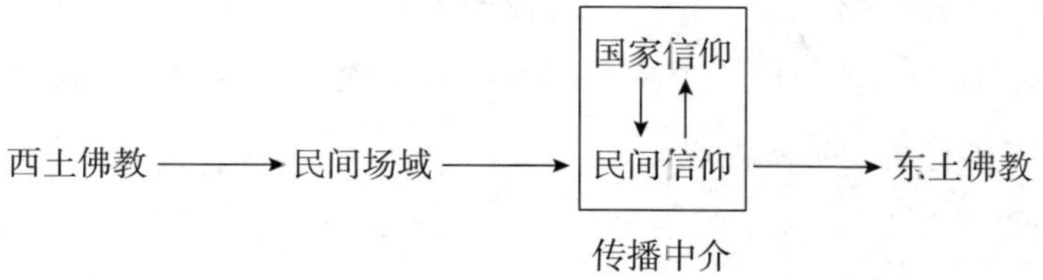

图 5–2　早期佛教传播场域的演进

由于佛教逐渐渗透进国家层面，因此以洛阳僧团为代表的佛教团体必然与官僚组织发生某种联系，因为作为传教场所的寺院并非一块外来文化的孤立飞地，它依赖于中国的信徒，并且已经包含了有文化的士大夫阶层，尤其是那些较低等的士大夫以及低级官员的家庭成员，这些人可能出于对道教的偏爱而多少与佛教有所接触。逐渐，这些士大夫成为外国僧人与中国公众之间的纽带，当然他们本人是朝廷的下级官员，与僧人的关系也是私人和非官方层面的。

随着佛教在国家生活中的影响力不断扩大，政府逐渐加强了对佛教僧团的日常管理，比如掌管外交职能的大鸿胪。这个机构在汉代非常重要。大鸿胪属于九卿之一，在东汉时期有五十五名官员，负责照顾、管理外国使节，以及针对外国元首的礼节等事宜。当时的外国僧人可能被列入外国使节的范畴，由大鸿胪负责管理。这成为佛教由弥散型宗教向制度型宗教转化的条件。

三　从“格义”佛教到本土信仰

外国传教者借助民间载体使佛教得以在华夏生存，但面对中国古典时期强大的信仰模式，他们必须采取更为有利的方式以拉进佛教与中国人的联系。因为在佛教传入东土之初，在中国人的观念里，大抵认为它是与道教思想相似的一种方术。盖从东汉到两晋，在士大夫和知识分子中最流行的思想就是道家的演化体玄学，故对于与玄学义理很接近的佛教义理易于被中国人接受。而在民间信仰方面，当时流行的是以道教为主的方术或称为道术学，比如卜卦、算命、占候术之类的民俗法术，目的无非是避祸求福。既然外来的浮屠之术也具有这种功能，国人自然也将它同道术联系在一起，因此当时许多文献常把二者连称为“道术浮屠”。

外来的传教者因势利导，借助国人这一认知模式，利用本土宗教传播佛教义理，逐渐形成了独具特色的“格义”佛教。所谓“格义”，就是以中国传统名词（主要为道家，兼取儒家）来解释、比附佛教义理。这里的“格”字为动词，有“比配”“度量”之意。同时，“格义”又是双向的，一方面，东土的人习惯以自己熟知的传统名词来了解佛教；另一方面，初入东土的佛教会主动运用道家的概念来宣扬本教的义理，而这是其主要的方向。

安世高、支娄迦谶等人所译的第一批佛典，便采用了很多道家的名词。而解释佛经的人，更是大量运用道家或儒家名词去“格”，其结果往往造成“格义迂而乖本”的结果。比如，在安世高译的《阴持入经》中，即以道家名词“无”来说明“泥日”（涅槃的旧译）。再如，东吴的康僧会和陈慧合撰的《大安般守意经注》中，将“安、般、守、意”四字做了十多种解释，其中有一种解释为：“安为清，般为净，守为无，意为名，是清静无为也！”这显然是道家的用词。

这种完全背离佛经原意的译法，今天看来十分可笑，但为了佛教在异国的繁衍生息，在当时也是无奈之举。约在公元4世纪初，佛图澄的一位弟子竺法雅还撰写了一部有关格义的《类例》，即把佛经中的一些名数（即带有数字的专有名词，如四谛、五阴、六入、十二因缘……之类）用中国原有的道家、儒家名词或概念加以解释，目的在于普及佛理，使一般人也能理解。

“格义”佛教第一部经典即上文提到的《四十二章经》，历来认为此经是汉译最早的佛经。此经内容多与道术相通，也有不相通者，如女色问题。比如前言曰：

昔汉孝明皇帝，夜梦见神人，身体有金色，项有日光，飞在殿前，意中欣然，甚悦之。明日问群臣，此为何神也？有通人傅毅曰："臣闻天竺有得道者，号曰佛……"……（明帝）即遣使者……至大月氏国，写取佛经四十二章……

自古以来，所谓明帝梦神人、遣使者到印度求经的传说，即出自这段文字。《四十二章经》其中一段说：

佛言：辞亲出家……名曰沙门，常行二百五十戒，进止清净，为四真道行，成阿罗汉者，能飞行变化，住寿命，动天地。次为阿那含……

"沙门""二百五十戒"（即四分律，比丘有二百五十戒）、"阿罗汉""四真谛"（即苦、集、灭、道）这些名词都是原始佛教的术语。能飞行变化、住寿命、动天地等则是中国原始道术的法门。这段显然是用道术来阐释佛教概念，以使中国信徒理解。

《四十二章经》中还有数段是劝人断除色欲的，其曰：

佛言：财色于人，人之不舍，譬如刀刃有蜜，不足一食之美，小儿舔之则有割舌之患。

佛言：爱欲莫甚于色。色之为欲，其大无外。

人有患淫情不止；踞斧刃上，以自除其阴。佛谓之曰：若断阴不如断心。心为功曹，若止功曹，从者都息。邪心不止，断阴何益？

佛言：人从爱欲生忧，从忧生畏。无爱即无忧，不忧即无畏。

中国传统道术不主张断欲，而佛教却强调断欲，显然是为了引发人们的好奇，以助于佛教的传播。

《四十二章经》中还有一段著名的对话，借助道家的概念来阐释佛教关于"人命在呼吸间"的义理，其曰：

佛问诸沙门：人命在几间？对曰：在数日间。佛言：子未能为道。复问一沙门：人命几间？对曰：在饭食间。佛言：子未知道。复问一沙门：人命在几间？对曰：在呼吸间。佛言：善哉，子可谓为道者矣！

这段对话显然有老庄道家的遗风。一则是为了表示生命的无常，无常即苦。二则是形容人命的危脆，呼吸一停人便失去了一切，所以要珍惜生命努力修道。三则是说明生命的实在，因为佛教向来重视“安般”（即出入息），这是修道的要窍。通过此种功夫，可以体悟一念有九十刹那、一刹那有九百生灭的道理，这个世界就是念念不住的生灭世界，明于此理，人就会体悟出生命的真实价值了。

除以上所引的数段文字外，《四十二章经》中通过比附道术阐释佛理的文字还有很多。可见，在佛教发展的初期阶段，传教者正是运用“格义”法来拓展佛教的生存空间，可谓用心良苦。

“格义”佛教虽然利于佛法的传播，但也具有危险性，如果分寸把握不好，极有可能偏离佛教本身的义理，也不利于佛教自我意识的彰显。因此，传教者在利用“格义”法的同时，已经开始有意识地尝试脱离格义来独立弘扬佛法，《牟子理惑论》就是这种思想的尝试。

《牟子理惑论》约著于汉献帝时期（公元 193 年），作者姓牟，因避乱而迁居交趾（今五岭之南，广州到广西及越南北部一带），遂潜心研习儒、道、佛及诸子之说，最后“锐志于佛道”。但他的朋友对其公然背弃儒家思想表示不理解，又有些人对他否定当时流行的求长生不老之类的方术表示不满，所以他用问答的方式，作此论，意在回应别人的质疑。

此论除序文外，分为三十七条问答。之所以立此数，牟子在文末自称是为了效法佛教的三十七道品以及《老子》其中的三十七章，并希望受五戒，做个优婆塞（居士），可见其对佛教的虔诚。

《牟子理惑论》的主旨无非是宣扬佛法义理胜于儒家和道家，其论述手法是引用儒道之论来反证其不如佛法，因此很多立论相当有趣，比如有章曰：

问曰：佛道至尊至大，尧、舜、周、孔曷不修之乎？七经之中不见其辞。子既耽诗书、悦礼乐，奚为复好佛道喜异术？岂能逾经传、美圣业哉！窃为吾子不取也。

牟子曰：书不必孔丘之言，药不必扁鹊之方；合义者从，愈病者良。君子博取众善，以辅其身。子贡云：夫子何常师之有乎？尧事尹寿、舜事务成、周学吕望、丘学老聃，亦俱不见于七经也。四师虽圣，比之于佛，犹白鹿之与麒麟、燕鸟之与凤凰也；尧舜周孔且犹学之。况佛相好、变化神力无方，焉能舍而不学乎？五经事义或有所缺，佛不见记，何足怪疑哉！

此章大意是说：凡合乎道理的言论应当服从，不问出自何人所说，好比医药，能医好病就是好药。古代的尹寿、务成、吕望、老聃这四位虽是圣人的老师，但佛陀的境界比他们高出许多，所以要学佛理。

总之，《牟子理惑论》是佛教发展史上的重要经典，代表了初期中国佛教宣扬其独立义理的开端。此论的出现标志着佛教已脱离对中国本土宗教的依附，且公然宣称佛教不同于道家及儒家思想了。汤用彤称此论是中国佛教史上，处于过渡时期的重要典籍，标志着中国佛教本土化的开始。

四　支谦和康僧会：吴国佛教的双子星

东汉末期，整个帝国的内部与外部呈现分崩离析的状态。帝国内部，当时私党派系之间互相倾轧，士大夫集团与宦官集团争斗不止；帝国外部，地方政权纷纷自立，借机扩大势力范围。这些都在日益削弱中央政府的权力。汉灵帝光和七年（公元 184 年），以道教为指导思想或披着道教外衣的社会革命爆发了。

黄巾起义的烈火迅速蔓延至帝国的各个角落，庞大的帝国陷入崩溃的边缘。汉灵帝中平六年（公元 189 年），对这场起义的镇压，以及为了清除宫内阉党而发起的军事干预，标志着军阀混战和政治混乱时代的开始。

汉献帝初平元年（公元 190 年），董卓火烧洛阳，并将傀儡皇帝挟持到长安。洛阳僧团在这场浩劫中幸存了下来，一些领袖人物逃到南方，公元 2 世纪末至 3 世纪初还在坚持工作。这群译师在翻译佛经的同时，依然在传播大乘佛教，比如支娄迦谶的弟子月氏人支亮和支亮的居士弟子支谦（又称支越，字恭明）等人。此外，印度人昙果也逃至南方。据说他来自迦毗罗卫，与同胞竺大力及康居人康孟祥组成译经小组。这个小组翻译了佛本生故事现存最早的译本，包括《中本起经》和《修行本起经》。安世高的三名中国在家弟子——南阳的韩林、颍川的皮业和会稽的陈慧，约在 3 世纪中叶将安氏的《安般守意经》注疏传给了交趾的已经汉化了的康居僧人康僧会。

可见，洛阳僧团在魏国时期（公元 220—265 年）仍然继续存在，但它再未呈现先前的辉煌。公元 3 世纪中国的佛教中心发生了转移，首先移到了长江下游的建业，然后再转移到长安。与此同时，至魏晋（西晋）时代，佛教的传播也发生了巨大的变化，有深刻义理的佛经开始逐渐传入中国。

公元 221 至 229 年孙权定都武昌，公元 229 年迁都建业。大约在公元 225 年有三位佛经翻译家在武昌活动，公元 229 年后不久，其中两位已移至新的都城。这些说明，至少在公元 3 世纪上半叶南方佛教最显著的特征是能触及社会的上层和朝廷，甚至是王室。

吴国佛教最重要的人物即上文提到的月氏优婆塞支谦和康居僧人康僧会，此二人皆生于中国，都受过中国传统文化的熏陶。其中一位以译经为主业，一位以传教为目的。在南土中国，两位大师在文化上孤立无援，他们要在分崩离析的中国，以及一个陌生的世界里努力去阐述“胡人”学说的要义。但是，在这里他们遇见了许多已经汉化的文人。《高僧传》卷一记载支谦“博览经籍，莫不精究，世间伎艺，多所综习”；康僧会则“明练三藏……辩于枢机，颇属文翰”。这些都拉近了佛教与南土汉人的距离，为进一步传教创造了条件。

在两位大师的感召下，公元 224 年，两位印度大师维祇难和竺将炎（也称竺律炎）也来到武昌。《高僧传》记载，维祇难生于婆罗门家庭，他在皈依和出家之后成为研究《阿含经》的专家。维祇难在武昌与支谦合作过，他们一起初步翻译了《法句经》，这是一部由法救编纂的佛教韵文集。后来，支谦在建业和竺将炎对《法句经》进行了一次更为全面和更加典雅的翻译，共计三十九篇七百三十二颂。

当然，吴国佛教的领军人物还是支谦，他是灵帝（公元 168—188 年）时定居洛阳的月氏人之孙。他十二岁就学习了“明胡”并掌握了六种外语。在洛阳时，支谦成为同胞支亮的居士弟子，支亮是支娄迦谶的学生。因而，支谦属于月氏人在洛阳所传的占主导地位的大乘佛教一派。

支谦约在公元 220 年前不久到了南方，首先来到武昌，公元 229 年后再辗转到吴都建业。《出三藏记集》和《高僧传》中记载，支谦可能拜谒过吴主孙权（公元 182—252 年），传曰：

> 后吴主孙权闻其博学有才慧，即召见之，因问经中深隐之义。越应机释难，无疑不析。权大悦，拜为博士，使辅导东宫，甚加宠秩。

《高僧传》还记载支谦与当时的名儒，《吴书》的编者韦曜（原名韦昭，约公元 200—273 年）共同担任“东宫辅导”这个职位，只是因支谦“生自域外，故吴志不载……”这里的太子指孙登，册立于公元 229 年，卒于公元 241 年。孙登礼贤下士，他周围聚集了一大群学者和宫廷教师，因此太子殿被通称为“多士”。太子死后不久，支谦便离开了建业。吴国的第二位君主孙亮（公元 252—257 年在位）在《与众僧书》中曾经表达了对支谦之死的遗憾。这些都说明，支谦在南方的传教与译经工作取得了相当大的成绩，他已然成为佛教与吴王室之间的纽带，成为南方佛教迅速传播的关键人物。

支谦离开吴都后不久便隐居于穹窿山（今江苏吴县西南），再没有返回建业。孙权在位期间，支谦翻译了数量可观的佛教典籍，使其成为公元 4 世纪末中国南方（长江下游地区）唯一也是最杰出的翻译家。比如，支亮可能将支娄迦谶翻译的《首楞严三昧经》传授给了支谦，支谦对这部经进行了修改和润色，使其成为佛教经典。

支谦还翻译了在中国备受尊崇的佛教经典《维摩诘经》。此经在有文化的士大夫阶层中扮演了十分重要的角色，这部经兼具高超的文学性和深邃的哲理性，吸引了很多有文化的士大夫研读，后来成为禅宗的经典。支谦也率先翻译了后来在远东佛教中扮演重要角色的净土宗的基本经典《阿弥陀经》。

支谦翻译的佛经语句十分流畅，他极力主张要以一种合乎有文化的大众的形式来传播佛法，因此，他的译文往往语言精熟且风格优雅。他不仅重新修订了《首楞严三昧经》，还重译了支娄迦谶以前所译的《道行般若经》，增订了维祇难译的《法句经》，对康孟祥译的《修行本起经》做了新的修订，可能还对《四十二章经》做了润色。此外，支谦可能还首创了中国佛教的唱赞（梵呗）。所谓“唱赞”就是在乐器伴奏下演唱的诗偈，它被安插在念诵（转读）佛经时使用，比如《赞菩萨连句梵呗》就是出自支谦之手。

公元 247 年，就在支谦离开建业后的几年，康僧会到达这座城市。康居会是康居的名僧，他生于帝国南端交州的首府交趾（靠近现在的越南河内）。他的家族好几代都居住在印度，从他父亲开始经商起才定居这座重要的商业城市。当时，交趾已成为中国文化的中心。在公元 2 世纪最后几十年里，为了避乱，大量中国官员和文人从中部和北部逃到这个繁荣且相对和平的地区。这个几乎已经自治的“独立王国”已然成为中国精英的聚集地。

很多外国人也来到这里。公元 2 世纪印度和东罗马的旅行者常常取道扶南（湄公河下游地区）、林邑、日南和交州进入中国。公元 226 年，一位来自东罗马的商人曾到过这里。公元 243 年，扶南王曾派使者晋见孙权，几年后他还派了一个亲属组成的考察团出使印度。因此，这个区域恰好夹在印度和中国两大文明中心的中间，构成了一个“夹层地带”，这个地带的知识分子必然受到来自两大文明的影响。而在交趾，中国文化的影响无疑占据了主导地位。

士燮（公元 137—266 年）从公元 204 年开始担任交州最高长官，后演变为军阀，成为南端中国文化的保护者。但是，这个家族从公元 1 世纪开始一直定居此地，士燮和他的兄弟们也受到非中国文化的影响。比如，无论他们去哪儿，都会有演奏长笛和鼓铃的乐手们作随从，还有几十名走在马车两侧并燃香的“胡人”相伴。另一位交州牧张津在非中国的行为上走得更远，《三国志·孙破虏讨逆传》记载张津：“舍前圣典训，废汉家法律，尝著绛帕头，鼓琴烧香，读邪俗道书，云以助化。”

可见，中国最南端的交趾是一个多元文化相互融合的场所，随着这种交融的不断加强，一种受中国文化强烈影响的混合形态的佛教已经形成，同时也证明，在这个地区外国僧人和少数有文化的中国人之间存在着某种联系。

康僧会幼年时便成为孤儿，只得出家为僧，说明在公元3世纪初的交趾存在着有组织的佛教团队，后来，他曾怀着极大的敬畏之情在文献中两次提到自己那些早期的师父。康僧会天资聪颖，懂梵文，据说他因精通三藏而受到高度表扬。此外，《高僧传》记载他“博览六经，天文图纬，多所综涉”，说明他接受过中国文化的熏陶。换句话说，康僧会就是这种混合文化的产物。

康僧会到达建业后不久（约公元247年），似乎已经开始与王室和占统治地位的家族产生了交集。尤其是在孙权执政的最后几年中，康僧会可能与皇宫有着某种程度的联系，与支谦相似，可能在宫中担任职务。

孙权晚年笃信道术及方术，公元241年，太子孙登曾力劝父亲修黄老术、笃神养光。大约在公元3世纪中期，有一个神人自称王表，周旋民间，语言饮食，与人无异。公元251年孙权召他进宫，命人在苍龙宫外为他造屋，并不时派人给他送酒食等礼物。王表常与孙权谈论未来将会发生水旱灾害等事，而且他的话经常应验。就是这位神人在公元251年建议孙权更年号为太元。王表日益得宠，达官显贵便经常去拜访他，为自己“请福”。公元252年孙权去世，王表逃离建业。

康僧会为了扩大佛教在王室中的影响力，也使用了类似于王表的神通来影响皇帝，且取得了成功，作为一个“佛教术士”被召到宫中。这即是传教者的一种策略，也是一种无奈之举，因为在佛教传入的初期，即公元4世纪前，这是经常发生在佛教大师身上的事。可见，康僧会在弘扬佛法方面有着突出的贡献，他所弘扬的佛教是注重禅法的北方一派。这派的传承关系是：安世高——安玄——严佛调，而康僧会是此派在南方的延续。

吴国的第四位君主孙皓（公元264—280年在位）没有延续他祖父对佛教的尊崇态度，而是企图毁坏所有佛寺，并迫害佛教徒。实际上，对佛教的压制早在孙皓继位前几年就发生了，它不单针对佛教，而是在总体上反对各种

"淫祀"，是对孙权执政时期崇尚道术和方术行为的一种纠正，佛教自然被列为打击的对象。据《高僧传》等文献记载，孙皓因为康僧会的雄辩而被迫放弃毁寺计划；后来又因为侮辱佛像而遭受了一场神秘而痛苦的疾病，使这位君王欣然悔悟，接受了五戒，扩建了"建初寺"，并让所有的侍卫礼佛。这些故事显然有杜撰的嫌疑，似乎是佛教为了传教而伪造的传说。

康僧会在翻译方面显然没有支谦突出，藏经中只把两部譬喻集归于他的名下，即《六度集经》和《杂譬喻经》。康僧会同会稽的陈慧合注的《安般守意经》成为这一派的基本经典。当然，它不是真正意义上的经，而是对经文的解释，即"论"。康僧会还为安玄和严佛调所译的《(大乘)法镜经》作注。他为这两部注所作的序言被保存了下来，其中包括对他生活中几起事件所作的有意思的评论。比如，父母如何在他幼年时死去，师父（在交趾）死时他如何陷入极度的悲伤，感叹多年的战乱几乎使他无法开展宗教活动，当他遇到三位安世高系的专家时是何等喜悦，等等。从这些文字可以看出康僧会的情感世界包含着沧桑与迷离，坚守与无奈，徘徊与踌躇。

从佛理角度上看，康僧会最有价值的文献无疑是对《六度集经》中五个部分所作的导读。他在这五个部分中详细描述了入定的四个阶段，对后世产生了深远影响。公元 280 年吴国亡，约同年，康僧会卒。

总之，在孙权时期，南下和北上的佛教齐聚吴地，在支谦和康僧会的引领下，吴都建业遂发展为佛教重镇，不仅成为江南佛教的中心，也成为当时中国佛教的中心，可谓影响深远。

五　玄学的兴起与魏国佛教的沉寂

三国时代，佛教中心暂转至南方，因而，佛教在南方发展的主流脉络是清晰的，但从史料中，很难知晓汉末最后十年至公元 3 世纪中期这段时间北方佛教的发展情况。除了缺乏原始材料，玄学在北方的兴起似乎也挤压了佛教的生存空间。

说起佛经的翻译，魏国似乎没有译经活动。《高僧传》和后来的经录提到的几个外国法师，比如印度的达摩迦罗，康居的康僧铠，安息人昙无谛、安法贤，他们均于公元250年或稍后到达洛阳，当时那里可能仍是北方佛教的重镇，但他们并没有译出重要的佛典。

这段时间，唯一可以称道的地方，是突然出现了几篇有关戒律的文章，它标志着毗奈耶以文字形式传入中国的开始，说明当时洛阳僧团缺少有能力的宗教领袖，急需一种更为严格和详尽的戒律来规范宗教生活。公元250年昙柯迦罗译出了大众部的《波罗提木叉》。之后不久康僧铠可能根据俗语原本翻译了《昙无德律部杂羯磨》，这部著作的另一种译本是由昙谛于公元255年完成的《羯磨》。

洛阳僧团与有文化的上层士大夫之间的联系也远远逊色于江南僧团。一方面，从这一时期遗留下来的翻译的佛经中，几乎感受不到中国文化传统的痕迹。另一方面，在魏国著名学者的著作中，至今未见一处间接提到佛教的证据。在后来的佛教文学中间接提到一些佛教与魏国王室之间的联系，但这些信息似乎可疑。

一则故事提到，曹操写信给学者孔融，据说信中谈到了佛教。但这封信却没有收入像《弘明集》一类的佛教文集中，而且它从来没有在佛教论战中被提及。因此，这封信极有可能是伪作或混淆了作者。

另一则故事提到曹植（公元192—232年），赞扬他不仅是一位大诗人，还是一位佛教的狂热崇拜者，更是佛教唱赞（梵呗）的创始人。关于唱赞的创始者，上文已经提到是支谦。而曹植崇佛的说法显然不可信。据史料记载，曹植与父亲曹操一样对道术持怀疑态度，当然不会对佛教产生兴趣，因为当时，道教与佛教在形式上是十分接近的。

其实，曹植不仅是佛教的宣传工具，道教同样借曹植来增加自己的威望。葛洪在《抱朴子》卷二中提到一段文字，据说出自曹植的《释疑篇》。此篇中曹植宣称自己完全相信道教真人的神奇力量，潜台词是曹植是道教的忠实信徒。据《隋书·经籍志》记载，曹植有著述三十卷，现仅有三分之一保存了下来。不能否认《释疑篇》是曹植的佚文之一，但此篇的内容显然与保存下来的《辩道论》思想主旨大相径庭，《辩道论》充满了对道术的批评和讽刺。因此，葛洪所引的《释疑篇》极有可能是道士的伪造，旨在使这位著名的诗人成为道教的信徒。

第三则故事说魏明帝（公元 227—240 年在位）在洛阳建了一座大型寺院，但这种说法在公元 6 世纪中期以前的文献中没有出现过，显然系杜撰。

可以看出，曹魏时代（公元 220—265 年），北方佛教处于暂时的停滞状态，不仅佛经翻译方面乏善可陈，在佛教传播史中也显得黯淡无光，当时士大夫将主要精力放在了构建玄学体系上，这在一定程度上抑制了佛教在北方的发展。

佛教虽然在西汉末年已传入中国，到三国时逐渐得到国人的信奉，但朝廷法令规定，西域来的传教者可以自由出家、传教或建造寺院，但中土之人则不许出家。因而，至三国时期，中土信徒多以居士身份修行。据《历代三宝记》卷三表、魏甘露五年条下注记载，西晋初年朱士行剃度出家。此人成为第一个出家的中国人。

朱士行生于颍川（今河南东部许昌附近），而佛教可能很早就渗入此地。康僧会的一位师父或导师就出生在这座城市。朱士行约生于公元 3 世纪上半叶，出家后去了洛阳，在那里学习《道行般若经》。此经译文粗糙，有些地方几乎无法理解，但是当时唯一传入中国的“般若学”经本。而经支谦润色过的《大明度经》当时仍未见于北方。

约公元 260 年，朱士行从洛阳出发，开始了艰苦卓绝的西部旅行。他的目的很单纯，为了能对佛教有更为全面的理解，必须去寻找佛教圣典，即“朝圣”和“求法”。这也是后世大多数中国佛教探险家的夙愿。

朱士行没走多远，就在于阗发现了《二万五千颂般若经》。于阗是西域南端最大的王国，也是丝绸之路上的佛教中心之一，被称为西域“佛国”。这个国家大约建立于公元 1 世纪上半叶，它的兴盛和称霸中亚南部大约始于公元 1 世纪下半叶。当时，于阗击败强国莎车，将势力扩张到从精绝国向西再到疏勒国之界，控制了丝绸之路南路的十三个小国。当东汉帝国再次出征西域时，于阗成为汉军进攻西域诸国的前哨，公元 77 至 79 年于阗成为汉大将军的总部。同时，经过长期努力，至公元 2 世纪汉朝才遏制住了于阗势力向东方的扩张。

曹魏时代，政府无力西顾，于阗乘机控制了整个丝绸之路南部的西部。

佛教在于阗建国不久即已传入，于阗第一份可以确定日期的文献是著名的俗语《法句经》写本，此抄本约写于公元2世纪。至东汉中期，西域形成了两个佛教中心，北方为龟兹，占统治地位的是小乘佛教；南方为于阗，是当时中亚大乘佛教的重镇。比如，公元291年翻译《二万五千颂般若经》的无叉是于阗人；公元296年携带同一部经文的另一种梵本到达长安的祇多罗也是于阗人。一个世纪后，即公元401年曾在于阗度过三个月的法贤，描绘了由成千上万僧人组成的大型僧团，其中大部分属于受于阗上层贵族支持的大乘佛教。可见大乘佛法在于阗的兴旺，当然小乘佛教在于阗也有众多信徒，造成于阗内部两派之间的争斗。

据记载，朱士行到达于阗后，遭到小乘佛法支持者的非难，后者企图阻止朱士行把大乘佛经带回中土，甚至竭力游说国王禁止将这种有害的“婆罗门书”传到中国。朱士行担心国王颁布禁令，就请求让这些经文接受火的考验。这些经文被扔进火中，却完好无损地出现于灰烬之中，被击败的小乘佛法信徒倍感沮丧。这件事虽有杜撰的嫌疑，但反映了当时西域诸国中小乘衰微大乘兴盛的事实。这都为大乘佛教在东亚地区的传播创造了条件。

六　从建业到长安：佛教中心的再次转移

魏国后期，司马氏家族崛起，曹氏大权旁落。在帝国重新统一后的几十年内，司马氏家族的权力十分稳健。晋武帝（公元265—290年在位）执政期间，整个国家呈现出相对有序而繁荣的状态，这是三国割据与即将到来的黑暗时期之间的短暂间隔。佛教正是利用了这个窗口期得以快速发展，佛教中心亦由南方重新转移到北方。

公元265至300年，佛教在北方又兴盛起来，这与北方和中亚佛教中心的紧密联系有关。由于曹魏统一北方，重开丝绸之路，外国使节接连不断地到达中国。至晋武帝时期，中国重新确立了对西域的控制权，这可以从中亚出土的官方文献中得到证实。国家的政治稳定和经济繁荣有利于国际贸易和交通的发展，当时在中国北部和东北部的主要城市中，分布着重要的外国商人区，通过书信往来，这些商人与本国的商号和同事保持着定期的沟通。比如敦煌地区，作为通向中国的门户，这里成为一个汉胡杂居的商业中心，约从公元3世纪中期改进耕作和灌溉技术之后，敦煌变得越来越繁荣，成为一个独立的经济实体。

政治稳定和经济繁荣带动了佛教的兴盛，当时佛教异常繁荣的地方恰好分布于丝绸之路东边的主要城市，除了敦煌，还有酒泉、长安、洛阳和陈留。可见，早期中国佛教从一开始就表现出一种城市化的倾向，因为这些大城市居住着数量可观的外国人，他们成为僧团的潜在施主和信徒。约公元3世纪中期，中亚各国再次成为可以进入的地区，亦成为从中国出发去那里寻找佛经的探险家们的圣地，从而引发了来自中亚的传教者和经本大量涌入中国的盛况，一场规模浩大的译经活动轰轰烈烈地开始了。

随着西晋初年佛教的兴盛，中国佛教中心亦从南方的建业转移到北方，原先的佛教重镇洛阳亦被取代，长安成为新的佛教圣地。于是，僧团就在这个创立不久的王朝中开始了史无前例的大发展，而这时的佛教领袖当属法护无疑。

法护是月支人（即月氏人），约公元230年出生于敦煌，他的家族在那里生活了好几代。据记载，法护是随一位被称为竺高座的印度法师在敦煌出家的。这是文献中第一次将佛教与敦煌并提。根据当时流行的做法，法护采用了他师父的“竺”姓（代表印度）作为法姓，但在某些文献中仍被称为支（代表月氏）法护。他约在公元265年从敦煌来到长安，遂将长安作为他的第二故乡，活动于公元266至308年。

法护，是中国边疆地区非汉族个体被彻底同化的另一个例子，像康僧会一样，法护可能也出身于能负担子女接受中国传统文化教育的富裕商人家庭。据《出三藏记集》卷十三记载，除佛教知识外，法护还博览六经，对百家之言也有所涉猎，成为兼通中外文化的知识分子。像朱士行一样，法护也到过西域诸国，去那里收集佛教典籍。当他携带大量经本返回中国时，曾取道敦煌回长安，并边走边译。在长安，法护的名望越来越大，不久就被称为“敦煌菩萨”了，至此，他进入频繁的活动期，到达了人生的高光时期。

法护是鸠摩罗什之前最著名的翻译大师，据《历代三宝记》记载，法护所译佛经为二百一十部，《开元释教录》记为一百七十五部，可见法护对译经痴迷到了何种程度。当然这么多佛经的翻译工作不可能完全由法护一人完成，很可能是与他的徒弟中国居士聂道真一起完成的。据记载，法护的译经活动主要集中在两个时间段：公元 284 至 288 年，以及公元 291 至 297 年。而且，他的传教和译经活动范围十分广泛，在最为频繁的时期，他总是从一个佛教中心走到另一个佛教中心，并将佛的思想带到那里。

法护学派与敦煌僧团的联系尤其密切，大约在公元 280 年，他的中国弟子法乘已从长安来到敦煌，在那里建造了一座规模宏大的寺院，开始在当地大力弘扬佛法。这座寺院也成为法护走访敦煌时的居所。由于法护的存在，一个新的翻译中心在敦煌形成了。道安将法护五十九部佚失的译著称为“凉土异经”，很可能是敦煌法乘一系的作品。

也许是因为以前的西行，法护始终与西域佛教中心保持着联系，而连接的枢纽也在敦煌。约在公元 284 年，他在敦煌与一群中外合作者共同翻译了两部重要著作。同年，一位名叫（侯）征若的优婆塞带给他一个僧迦罗刹《道地经》的抄本，他遂与这位印度客人在敦煌合译此经。还是在这一年，一位龟兹使者给了他一本《不退转法轮经》的写本。

除了短暂主持敦煌翻译中心，法护大部分时间来往于长安和洛阳两地。公元 286 年，法护在长安获得了于阗僧人祇多罗提供的《二万五千颂般若经》的梵本；公元 289 年和公元 290 年法护一直在洛阳译经，公元 289 年他从一位“西域沙门”处获得了一个不全的《文殊师利净律经》的抄本。公元 294 年法护在酒泉译经，表明他再次处于回敦煌或去敦煌的路上。

正是由于法护的努力，使当时还微不足道的长安僧团成为一股重要的力量，亦使长安成为当时的佛教中心，为后人的译经和传教工作打下了坚实的基础。在他死后约七十年，道安承其流脉，并由鸠摩罗什将其发扬光大。同时，法护还极大地推动了洛阳和敦煌僧团的活动，使两地成为佛教中心，而且通过法护的串联，三大佛教中心之间的联系日益紧密，这些都为北方佛教的大发展创造了条件。当然，作为佛教领袖的法护，其传教活动不仅仅限于译经，他在促进中国人皈依方面也做出了巨大贡献。

据《法护传》记载，他在长安的学派总计有几千名弟子，其中一些是经过长途跋涉来到他门下学习的，既有士大夫子弟，也有平民子弟。在法护的非中国学生中，有几位印度人，一两个龟兹人，一个月氏人，一个于阗人，还有一个康居人。同时，大约有二十个施主和居士与法护保持了长期的联系，这些人大都是富裕家族的成员，他们成为法护译经和开展宗教活动的赞助人。

由于富裕家族的不断施舍，在当时，僧人拥有钱财似乎已司空见惯了，而且他们中间有很多人掌握了大量财富。有一则故事提到，长安"甲族"首领想考验法护是否慷慨，法护毫不犹疑地借给这位首领二十万现金，首领被法护轻视钱财的态度打动，遂带领数百名家族成员皈依了佛教。

约公元300年后中国陷入内乱，战争和混乱充斥了整个世纪，丝绸之路被封锁，僧人的西行之路也被阻断。公元304年或稍后法护带弟子从长安逃到东部，当时诸王之间的混战已达高潮，长安成了专权者司马颙和无权的惠帝的临时都城。洛阳虽处于战火之中，但佛教活动在一定程度上仍然继续着。约公元306年，印度僧人（兼医生和术士）曾经造访洛阳，对京城寺院的华丽装饰和雄伟表示出惊叹。

除了译经和收徒，法护对大乘佛教在中土的传播起到了承上启下的作用。在法护所译的大量经典中，最重要的一部当属首次作为全译本的《正法华经》。由于《法华经》强调佛陀的永恒和无所不知，以及包含了大量非凡的想象和寓言，所以成为大乘佛教的重要经典。法护译完《正法华经》后，又相继完成了《般若经》《首楞严三昧经》《维摩诘经》《阿弥陀经》这四部大乘经典的翻译。

由法护构建起来的北方佛教体系，其辐射力相当强大，公元4世纪初南方佛教的一些杰出人物也与长安有着直接的联系。甚至可以说，后期在南方流行的玄学化佛教，实际上是在长安和洛阳僧团，法护学派和周围的义学僧，以及士大夫信徒中发展起来的观念和实践的直接延续。约公元304至308年，佛教领袖法护去世。

继法护之后的佛教领军人物是未来的匈奴国国师佛图澄（公元232—348

年）。佛图澄对中国佛教的发展贡献巨大，他在中国传教长达三十九年，终生未译一部佛经，也没有写过一篇文章，但他在培养佛教人才方面可谓成就突出，正是这些人才使中国佛教获得空前的发展，其中以释道安影响最大。

佛图澄是从西域（一说为龟兹，一说为罽宾）来中国的和尚，在西晋怀帝永嘉四年（公元310年）来到洛阳，本来打算建弘法寺，但遇战乱未能如愿。一年后，匈奴大军攻占洛阳，将这座繁华之城摧毁殆尽。约公元312年，石勒屯兵，此人性情残暴，佛图澄悯念苍生，乃想办法与之见面，以道法感化了石勒，佛图澄从此成为石勒极敬服之人。公元319年，石勒建立后赵，在位十五年，对佛图澄依然敬重有加。石勒逝世后，其侄石虎继位，待佛图澄以“国师”之礼，甚至下诏书赞佛图澄为“国之大宝”。《三十国春秋》引《赵书》记载：“前石有佛图澄，号曰大和上（尚），有事语，乃命大和上乘板辇也。”不久，石虎又下敕令，要求司空李农向大和尚朝夕问安，太子及诸公均应每五日朝拜一次，以表达皇帝对佛图澄的尊敬。如此礼遇，可渭空前绝后。

佛图澄一生为何能受到石氏王族的崇敬呢？据《高僧传》记载，佛图澄能“诵经数百万言，且善解文义；妙解深经，傍通世论”，任何文士与他辩论都不能赢，可谓辩才无碍。除了精通佛理，佛图澄还深通神秘道术，常以道术来感化二位石氏皇帝，方能得到二帝的宠信。石氏本来是“胡人”（羯族），粗鲁无文，生性凶残，因佛图澄劝善之故，竟能一改本性，皈依沙门，广布慈悲，充分体现了佛图澄的影响力。这是佛图澄受王族宠信的表面原因。

石氏统治的后赵，统治范围包括今天的整个华北及东北辽宁一带，领土甚广，宛然大国。而且石氏来自少数民族，后赵又是建立在多民族繁荣昌盛的时代，他急需通过一种各民族都能接受的宗教来统治国内民众的精神世界，而佛教成为当时最具包容性和普适性的宗教，无论是贵族阶层，还是有文化的士大夫，抑或普通民众，都能在佛教中找到自己的精神归宿。因此，石氏皇帝对一位外来的大和尚礼遇长达三十年之久，显然是想利用佛图澄的影响力凝聚人心，从而稳固后赵政权。这种“以教立国”的思想取得了成功，后赵成为当时北方的强国。

政治要利用宗教为权力服务；宗教同样要利用政治为传教服务。佛图澄之所以不遗余力地和石氏接触，就是要借助政治权力来扩大佛教的影响力，佛图澄“以权兴教”的方式取得了巨大的成功。整个华北的佛教因此而大盛，就连江南、西域、天竺的僧人也慕名而来，拜在佛图澄门下。据《高僧传》记载，在佛图澄门下的受业者常有数百人，前后达一万人。这些人随后散布全中国，推动了佛教在南北的快速发展。佛图澄的杰出门人见表 5-1 所示，此表根据《梁启超集》第 71 页整理。

表 5-1　佛图澄杰出门人

<table>
<tr><th></th><th>弟子</th><th colspan="2">传　承</th></tr>
<tr><td rowspan="15">佛图澄</td><td rowspan="3">释道安</td><td>昙翼 法遇 昙徽
道玄 昙戒 慧永</td><td>—</td></tr>
<tr><td>慧远</td><td>慧宝 法净 法领 法安
僧济 昙邕 僧彻 道汪
道祖 慧要 昙顺 昙说
法幽 道恒 道授</td></tr>
<tr><td>慧持</td><td>道泓 昙兰</td></tr>
<tr><td>法和</td><td>—</td><td>—</td></tr>
<tr><td>法首</td><td>—</td><td>—</td></tr>
<tr><td>法常</td><td>—</td><td>—</td></tr>
<tr><td>法佐</td><td>—</td><td>—</td></tr>
<tr><td>僧慧</td><td>—</td><td>—</td></tr>
<tr><td>竺法汰</td><td>竺昙一 竺昙二
竺道一 竺道二</td><td>—</td></tr>
<tr><td>道进</td><td>—</td><td>—</td></tr>
<tr><td>法祚</td><td>—</td><td>—</td></tr>
<tr><td>竺佛调</td><td>—</td><td>—</td></tr>
<tr><td>须菩提</td><td>—</td><td>—</td></tr>
<tr><td>竺法雅</td><td>—</td><td>—</td></tr>
</table>

在佛图澄的推动下，佛教渗透进后赵的宫廷中，成为后期特殊类型的北方佛教形成的标志，它开启了一种在许多方面都与历代非汉族佛教不同的模式，即国家支配型的宗教。可以说，佛图澄是中国早期佛教重要的传教者，

他推动了佛教国家化和制度化的趋势，后世的佛教大德多以佛图澄为楷模，利用国家政权来传播佛教。可以说，佛图澄是将宗教和政治完美结合的大师，作为中国佛教发展史第二期（东晋和十六国时代）的开创者，可谓意义非凡。

七　世族与净土的结合：士大夫佛教的形成

公元300年前后，在佛教领域发生了三件极为重要的大事：

第一件大事，佛教逐渐渗入中高层中，甚至渗入掌握实权的士大夫集团中，包括统治中国的司马氏家族。这是自东汉末期（汉桓帝）开始，佛教逐渐由民间信仰走向民间和国家信仰并重过程的延续，而且国家行为在佛教发展中发挥了重要的作用。

第二件大事，当中国的权力中心向南迁移以及在建康建立新的政权之际，这种混合型的国家信仰（上层佛教）遂被移植到长江下游地区，并很快影响了南方士大夫的心智模式。

第三件大事，随着司马氏家族的南迁，中国佛教中心开始呈现二元并立的局面，佛教开始沿着不同的路径在南方和北方传播。

这三件大事都指向了一个共同的命题，即佛教中国化的开始，而这个起点就是公元3世纪末至4世纪初，僧人知识精英群体的出现。这个群体由中国或本地化了的外国僧人组成，他们开始创造或弘扬一种完全汉化了的佛教教义。同时，这些教义开始渗入中国上层社会，士大夫的佛教化趋势渐成。

公元290年前，在早期的佛教传记如《出三藏记集》和《高僧传》中，僧人与有文化的中国上层人物接触的记载虽有，但微乎其微。而在公元3世纪末至4世纪的僧人传记中，这样的记载却不断增加。《晋书》中记载了大量公元300年后有关士大夫和王室交往的事例。可以说，公元300年前后是个特别的转折点，佛教渗入最上层的士大夫阶层，从而决定了中国佛教此后几十年的发展路径。

佛教这一发展进程是多种因素共同催化的结果。在思想领域，玄学占统治地位，随着活跃在这一时期的向秀和郭象的出现，它已经进入最后的创造阶段。这时，在中国士大夫圈兴起了对哲学和形而上学问题的争论，正如公元2世纪道教徒在佛教禅定、冥想的修炼中发现过一种新的、更有效的“长生不死”方法一样，公元3世纪末的一些文人也在这种外来的教义中，从对“空”的思考中，找到了一种新颖而又十分相似的思维方式。

当然，他们对这种教义的解释，因各自文化背景，以及所追求的目的不同，而附会了不少内容，也夹杂了不少曲解。比如，大乘概念中的“智”“明”“空”“寂”和“方便”，自然而微妙地与玄学中的“圣”“虚”“无”“静”“无为”“自然”和“感应”等概念相对应。因此，对于有文化的士大夫阶层而言，大乘佛理，主要是般若义这种似曾相识的思想，对他们产生了巨大的吸引力。他们会将这些概念置于一个全新的角度，而赋予其另一种更深的诠释，并罩上一层超世俗的光环。于是，当时的中国知识分子一边拿着《道德经》，一边开始在佛教形而上学的密林中探寻自己的道路，玄学佛教形成了。

除思想领域的共鸣外，时代变迁也给士大夫佛教的形成创造了条件。因为在这样一个风雨如晦的时代，士大夫的政治生涯总是充满了艰辛和危险。而寺院不仅给无家可归的游民提供了避难所，也为这些努力躲避官宦生涯的文人提供了栖身之地。因此，史籍中记载了许多政府发布的“招贤令”，邀请或强迫名僧（特指出家的文人）还俗从政。与此同时，政府中那些较高的职位都被大族集团垄断。在这种情况下，那些贫穷或地位较低的士大夫的政治前途充满了不确定性，其中很多人可能已转向具有学术和文化氛围的寺院。在那里，他们的文学、哲学和艺术才能得到充分的展现和提升。

从公元307年开始，司马王室南迁，公元317年东晋建立，建康的朝臣和官吏仅部分由北方逃难者组成。此外，佛教在祖籍南方的名士中的流传，也为之后佛教在东晋的传播铺平了道路。

一旦僧人和士大夫开始接触，佛教在许多领域便展现出突出的影响力。僧人加入了士大夫“清谈”的行列，作为传教者、国师、谋士和朋友出入皇宫和大族庄园。僧人们不仅用佛教语言阐释儒家礼制的意义，还用佛理来注释《老子》和《庄子》，并回答有关文学创作、政治策略和风俗习惯等问题。

僧人还与有影响的世俗人士保持经常的书信往来，借以传播佛法和表达他们对其他问题的看法。

僧人与士大夫交往密切，开始积极参与中国文化的建设，他们编纂重要的传记、目录和地理著作，其中罗列了大量丰富多彩的中国文学和历史知识。作为“有闲阶层”，这些僧人丰富了中国文化的内容，他们创作了大量五言诗、四言赞，以及“序”“铭”“论”和“赋”，甚至还产生了几位闻名于世的书法家。

士大夫佛教极大影响了普通大众对宗教教义的理解，从而提升了大众对佛教的兴趣。这些信徒成为僧团的保护人，他们修建寺庙，供应粮食、土木、塑像和各种宗教用品，有时还负担翻译佛经的费用。当然，这时的士大夫佛教还仅限于中低层次的士大夫，对于更高阶层的士大夫影响力虽然有限，但已取得了可喜的成绩。这些高层次的士大夫大多只是作为对佛教感兴趣的局外人，或成为正式的佛教居士，即“在家”积极参加各种宗教活动，同时还愿意接受居士五戒（不杀生、不偷盗、不邪淫、不妄语、不饮酒），并在每两周一次的布萨日另增三条戒律。可以说，去寺院拜佛、烧香、听经或与义学僧交谈，已成为他们日常生活的一部分，这些虔诚向佛的居士有时甚至长年住在寺中，不仅参加法事，还协助僧人译经。这些无疑提高了佛教的影响力。

随着佛教的不断渗入，著名的法师常常被邀请到寺外讲经或参加辩论，并经常在皇宫中说法。皇帝或大臣甚至会雇用高僧充当世俗事务的顾问，并建议他们还俗为官。在这些僧人中，最重要的是帛远（也称帛法祖）和帛法祚两兄弟，刘元真与竺道潜师徒，以及竺叔兰、支孝龙与康僧渊。

帛远大师出身于一个有文化的家庭，他的父亲为河南北部的儒士万威达，他是一位拒绝做官的“隐士”。帛远的弟弟帛法祚后来也成为僧人，他在这方面延续了家族的传统，在出家前曾拒绝接受政府太学“博士”的任命。两兄弟为佛法所吸引，经过深思熟虑后，万威达允许他们出家。

帛远活动的时期恰是法护活动的后半期，为惠帝（公元290—306年在位）执政时代。他可能懂一些梵文，也翻译过几部佛经，说明他与法护学派有关联。帛远曾在法护学派昌盛的长安建立了一个精舍，据记载，有近千名僧俗弟子拜在帛远门下。同时，他还特别善于结交上层人物，据记载，他是第一位与大族，尤其是与王室、权臣有个人关系的中国法师。公元 304 年，河间王、丞相司马颙（？—306 年）从都城劫持了惠帝，与其他最显赫的大族在长安建立了政权。司马颙是帛远的朋友和崇拜者，两人常常在夜深人静时讨论“道德”问题。其他著名人物受其感召，也纷纷加入这场“清谈”。

帛远离开长安后不久，政局变得越来越混乱。在此时，他选择坚决站在政府一边。公元 304 年帛远来到秦州（今甘肃中部）刺史张辅的军营中。刺史为这位“士大夫僧人”的德行和能力所触动，勒令他还俗为之效命。帛远因拒绝刺史的命令而被鞭笞致死。

帛法祚的生平和活动记载很少，他可能也跟随兄长帛远西行，并与梁州（今四川北部）行政长官张光产生联系。当张光听说帛远因拒绝还俗而被打死后，也以同样的手法对待帛法祚。帛法祚约公元 306 年被杀。帛法祚著有《放光经注》和《显宗论》。

公元 3 世纪末，中国学者刘远真作为法师在洛阳进行宗教活动。他是年轻贵族叛臣王敦（公元 266—324 年）之弟的师父。王敦之弟是西晋前期南方士大夫佛教的领军人物之一，法名竺道潜（字法深，公元 286—374 年）。这两位中国法师，常常将佛学和玄学杂糅在一起进行阐释。

竺叔兰是一位出生在洛阳、具有印度血统，但已完全被汉化了的居士。此人精通中文和梵文，还涉猎了大量中国文学和历史著作。据记载，尽管竺叔兰受过良好的佛教教育，且还有两位出家为僧的舅舅做榜样，但他还是走向了放荡不羁、酒色沉沦的生活。甚至因酗酒闹事，而被投入监狱。但是，竺叔兰的这种行为却与当时士大夫圈内十分盛行的放达精神相契合，典型的例子是“竹林七贤”。因此，竺叔兰反而赢得了当时权势大族的尊敬。

支孝龙是来自淮阳（今河南东部）的研究般若义的中国僧人，他符合当时“清谈家”的一切标准。支孝龙与都城两个最著名的知识分子保持着长期联系。其中一位是陈留的阮瞻（？—313 年），他是著名玄学家阮籍（公元 210—263 年）的大侄子。此人延续了家族的基因，古怪、善辩，有点神经质，且擅长弹琵琶。另一位是颍川的庾敳（公元 262—311 年），此人亦出身名门。他与郭象是至交，二人同为研究老庄的权威。

自东汉末年开始，士大夫群体十分热衷于冠名，支孝龙与胡毋辅之、谢鲲（公元280—322年）、阮放（？—330年）、毕卓、羊曼、桓彝、阮孚被世人称为“八达”。这个群体与“竹林七贤”一样，行为怪诞、标新立异、矫揉造作，这大概是当时士大夫和士大夫僧人的一种社会风尚吧。

康僧渊也是一位已完全汉化了的外国僧人，祖籍康居。他与竺叔兰、支孝龙一样，善于研究《般若经》。他在北方的活动鲜为人知，但自公元326年后南渡至建康，遂成为南方士大夫佛教的领军人物之一。

可以看出，士大夫佛教是中国佛教发展史中非常重要的阶段，通过士大夫的导入，至公元4世纪，佛教题材开始在当时的艺术和文化中出现，士大夫画家不仅在寺庙中绘制壁画，也将画有佛教故事画的卷轴挂在书房中。同时，动听的梵呗也被引入中国音乐艺术领域。当然，这是一个双向的过程，在佛教影响中国文化的同时，佛教也受到中国文化的影响。可以说，士大夫佛教是中国佛教本土化的开始，影响深远。

八　佛教与政治的“爱”与“恨”

佛教自西汉末年传入中国，经过一百余年的发展才引起知识分子的关注，开始从民间走向国家。又经过二百余年的演进，到了东晋初年才突然兴盛起来，我们将这三百年（约公元前30—310年）称为中国佛教发展的第一期（两汉魏晋佛教）。

从东晋初年开始，又经过二百余年的演化，佛经大量涌入，佛门人才辈出，佛教呈现出欣欣向荣的局面。我们将这二百年（公元310—589年）称为中国佛教发展的第二期（东晋南北朝佛教）。第二期佛教具有承上启下的作用，上承第一期，下启第三期（隋唐佛教）。

第二期佛教的一个显著特点是佛教与政治的紧密结合，即国家佛教的发展。具体分两个阶段：西晋末年至东晋时期（公元310—420年），为国家佛教的发展期；南北朝时期（公元420—589年），为国家佛教的壮大期。东晋国家佛教的发展，详见表 5–2 所示（可与第三章表 3–19 对照阅读）。

表 5–2　东晋国家佛教的发展

<table>
<tr><th>专权大族</th><th>皇帝</th><th>佛教发展</th></tr>
<tr><td colspan="3">第一阶段（公元 310—346 年）</td></tr>
<tr><td>王导、王敦</td><td>元帝、明帝</td><td>国家佛教萌芽期</td></tr>
<tr><td>庾亮、庾冰、庾翼</td><td>成帝、康帝</td><td>国家佛教受阻期
第一次排佛事件（公元 340 年）</td></tr>
<tr><td>何充短暂专权</td><td>穆帝</td><td>国家佛教复兴期</td></tr>
<tr><td colspan="3">第二阶段（公元 346—402 年）</td></tr>
<tr><td>桓温</td><td>穆帝、哀帝、废帝、简文帝</td><td rowspan="3">国家佛教发展期
第二次排佛事件（公元 402 年）</td></tr>
<tr><td>谢安</td><td>孝武帝</td></tr>
<tr><td>司马道子、桓玄之争</td><td>安帝</td></tr>
<tr><td colspan="3">第三阶段（公元 402—420 年）</td></tr>
<tr><td>刘裕</td><td>安帝、恭帝</td><td>国家佛教发展期</td></tr>
</table>

前述提到，公元 310 至 346 年，发生了王氏、庾氏与何充的专权事件。这个政治事件不仅引起了一系列严重的政治后果，还引发了南方佛教新的发展。因此，这三十六年可视为佛教在东晋发展的第一阶段。这是东南地区士大夫佛教的初创阶段，其间佛教开始渗入并植根于社会的最高阶层，国家信仰开始在南方蓬勃发展。

南方士大夫佛教最初的兴盛，与当时由王导、王敦领导的琅邪王氏集团的专权密切相关。公元 4 世纪最初几十年间，王氏是最显赫的家族，他们对佛教僧团给予了巨额的捐助。同时，这个家族著名居士的数量远远超过同期其他家族。更为重要的是，这个家族有至少两位成员出家为僧，且都是首要人物的近亲，这是公元 4 世纪至 5 世纪初其他大族中没有出现过的事。毫不夸张地说，王氏成为佛教在都城和东南地区权贵中成功传播的关键媒介。

由于得到权势家族的支持，东南地区诞生了很多“士大夫僧人”，其中著名者见表 5–3。

表 5–3　东晋初年著名士大夫僧人简表

姓名	出身 / 身份	主要事迹
释道宝	王导之弟	王氏家族的重要成员，年轻时即皈依佛教
竺道潜	王导堂弟，王敦之弟	字法深（公元286—374年），约公元303年（十七岁）进入寺院，在公元320年前后到达建康。受到元帝和明帝的极高礼遇，与桓氏家族的桓颖、桓彝相熟
竺法义	义学僧，出身不详，王导的年轻门客	（公元307—380年），竺道潜的弟子，《法华经》专家，善于“清谈”，曾与庾亮“清谈”
支愍度	义学僧，出身有文化的家庭	主要成绩之一是对某种大乘佛教重要经典的不同译本所作的合本
康僧渊	汉化了的外国僧人	与支愍度、康法畅一起来到建康。公元346至353年与知名政治家殷浩交往甚密，并与之辩谈世典和佛经。他还与王导和庾亮关系密切
帛尸梨蜜多罗	曾是龟兹王子，外国法师	被崇拜者称为“高座”。永嘉时代（公元307—312年）移居南方，被王导发现，将其引见给都城的权贵。作为一位陀罗尼专家，帛尸梨蜜多罗还擅长持咒和法术。王导、王敦、庾亮、卞壶，以及桓彝、桓温（桓彝之子）和简文帝都是帛尸梨蜜多罗的朋友和崇拜者。他也是唯一一位受到极高礼遇的外国法师。帛尸梨蜜多罗死于公元335至343年，享年超八十岁

佛教得以在南方快速繁殖，是当时政治状态直接催化的结果。司马氏南迁后，与当时的原住民大族发生了接触。因此，新王朝急需建立一套系统的意识形态体系，来统治新地区的臣民。首先，除了玄学，宗教就成为统治者宰治天下的重要手段。这是佛教发展的政治基础；其次，东晋建国后，形成了“权臣与皇帝”共天下的国家治理模式，无论是执政大臣，还是皇帝，都需要用宗教来巩固自己的权力。因此，这些权臣及皇帝都开始积极面对佛教，期望借助宗教的影响力来扩充权力。这成为佛教发展的群体基础。可见，佛教，准确地说是士大夫佛教，在政治和群体双重因素的影响下得到了快速发展。如图 5–3 所示。

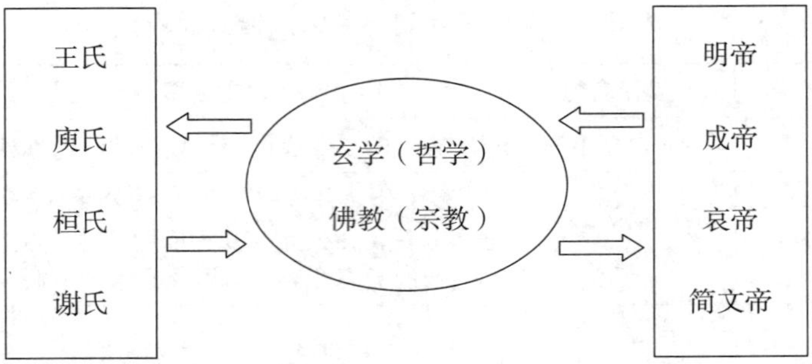

图 5-3　东晋佛教的演化

这样，整个东晋时代的社会结构亦呈现出“政治—文化”的二元制特征，政治结构是“权臣与皇帝”共政；文化结构是“玄学与佛教”共生。权臣、皇帝、士大夫和僧人形成了平衡状态的多元网络结构，如图 5-4 所示。

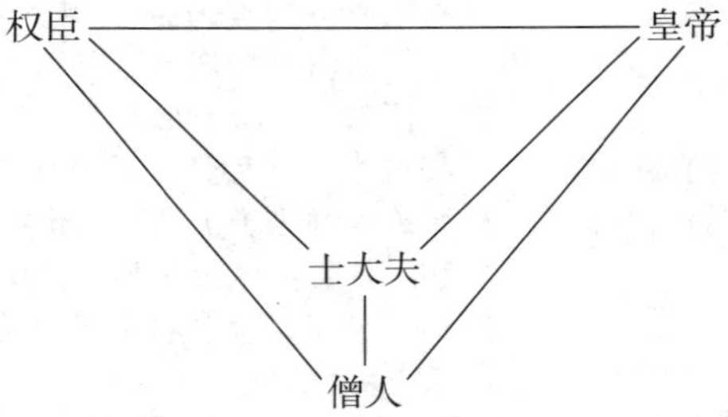

图 5-4　东晋社会结构的网络化

纵观东晋一朝，帝王多崇佛，这促使了国家（王室）佛教的发展。明帝（公元 322—325 年在位）就是一位虔诚的佛教徒。法琳在《辩正论》（公元 626 年）中记载，明帝曾在都城建造皇兴寺和道场寺。至公元 5 世纪初，道场寺是都城著名的寺院之一。习凿齿（约死于 383 年）在《与道安书》（公元 365 年）中也盛赞明帝崇佛，其曰：“肃祖明皇帝，实天降德，始钦斯道，手画如来之容，口味三昧之旨，戒行峻于言隐。……贤哲君子靡不归宗。”

成帝（公元 325—343 年在位）也对佛教表现出极度的虔诚。事实上，在成帝继位之前，他已受到佛教的极大影响，这在一定程度上增强了佛教僧团的威望。他曾下诏在埋葬帛尸梨蜜多罗的小山上建造刹蒙所（墓塔）。

成帝执政后期，由于僧团的保护者王导和庾亮都已过世，朝政由崇儒排佛的庾冰控制。在此期间，佛教在士大夫圈内活动的中心已从都城转移到东部地区（今江苏南部和浙江），主要是会稽山和剡山地区（靠近今杭州湾南部和嵊县）。直到 4 世纪末，这里还是一个相对和平的地区，很少为叛乱和军阀混战所骚扰。因此，几位著名的“士大夫僧人”领袖也相继迁到此处。比如，著名的支遁（公元 314—366 年）就从京城来到这里；康僧渊也从都城转移到豫章山上的精舍中。竺道潜也从京城销声匿迹不知所终了，可能也转移至此。

实际上，这次排佛事件是政治作用的结果，据《弘明集》记载，佛教已经卷入京城两大势力集团的冲突之中。换句话说，佛教已然成为两大集团权力斗争的棋子，关于崇佛还是抑佛也成为高层争论的焦点，这才导致“僧伽自主权”之争。

前述提到，以王导、王敦为核心的王氏集团与士大夫佛教保持了紧密的联系，庾氏集团的领袖庾亮也一直善待竺道潜、康法畅和帛尸梨蜜多罗等高僧，而王氏对佛教的支持显然胜过庾氏，这自然是政治斗争的需要。

公元 340 年，以庾冰和庾翼为核心的庾氏集团掌握了朝政大权，政局为之一变，庾氏集团不会坐视由其政治对手支持的佛教不断繁殖的趋势，因此制定了反对僧伽权力的措施。王氏集团对庾氏的打压策略自然不会坐以待毙。据《弘明集》卷十二、《集沙门不应拜俗等事》及《大正藏》等史料的记载：

> 晋咸康六年，成帝幼冲，庾冰辅政，谓沙门应敬王者；尚书令何充等议不应敬。下礼官详议，博士议与充同，门下承冰旨驳。尚书令何充及仆射褚翜、诸葛恢、尚书冯怀、谢广等奏沙门不应敬。

可见，这是一场宗教和政治搅缠在一起的权力斗争。而首先发难的是王氏集团。这时王氏集团的领导人是王导最亲密的支持者何充，核心成员有四位，褚翜（公元 275—341 年）和诸葛恢（公元 284—345 年）以及谢广和冯怀。其中褚翜在公元 340 年任尚书左仆射，诸葛恢任尚书右仆射。这四位都是佛教的推崇者。何充的弟弟何准既是一位隐士，也是一位热忱的佛教徒，可能也参与了这场权力斗争。

何充首先上奏成帝，指出应该“遵承先帝故事，于义为长”。庾冰等人则先后两次代表成帝下诏（即“作诏”和“重诏”），重申僧团“不拜王”的危害，认为这是对政府权力的漠视，其直接后果是游离于政府之外的自治团体的出现，其曰：

> 且五戒之才善，粗拟似人伦，而更于世主略其礼敬耶？礼重矣，敬大矣，为治之纲，尽于此矣。万乘之君，非好尊也。区域之民，非好卑也。而卑尊不陈，王教不得不一，二之则乱。

可以看出，庾冰观点的理论外衣显然是儒家的人伦价值观，这一思想认为，没有任何权力可以置于君主的权威之外，而僧人作为君主的子民，也不能例外。每个人都可以自由信教，但宗教与实际事务必须分开。庾氏集团的骨干成员有蔡谟（公元281—356年），在公元332年公开反佛，将佛教描述为“胡人鄙教”，他的官职在庾冰掌权时达到顶点。

针对庾氏集团的咄咄之势，何充等人针锋相对，又两次上奏成帝，指出庾冰等人观点的荒谬。除了打笔仗，何充同时采取了两个策略，一方面暗中削弱庾氏的权力；另一方面加大对僧人阶层的支持力度。这些举措都取得了成效。

可以看出，公元340年开始的排佛事件，既是两大集团之间的权力斗争，也是儒家与佛教的一次思想对决。庾冰代表了当时排佛士大夫群体的意愿；何充则成为士大夫佛教的保护者。

经过长期博弈，庾氏的计划归于失败。无独有偶，公元403年，当时的掌权者桓玄为了打压政敌故伎重演，企图让僧团接受桓氏集团的领导。这时，又是王氏家族的一名成员起而攻之，成功地保护了僧人的权利。东晋的两次抑佛事件，再次证明了一个事实：在佛教传播的早期阶段，僧人的沉浮（佛教的繁衍）与占主导地位的士大夫集团之间的政治斗争有着密切的关联，成为国家佛教发展的重要时期。

九　征服政治：国家佛教的胜利

打败庾氏之后，何充与褚氏在京城中开始了复兴佛教的活动，佛教又呈现出一派生机勃勃的状态。比如，何充对逃到南方的比丘尼明感给予了极高的礼遇，不仅将自己的一座府第赠给她，并命名为“建福寺”。而且还在明感的请求下，为其建造了一座尼庵。公元344年，尼姑慧湛从彭城来到都城，何充妥善地安置了这位避难者。

公元346年何充去世。如前所述，至公元420年，东晋的政治局势又发生了变化，权力相继转移至桓氏和谢氏手中，之后又发生了司马道子的专权，以及桓玄篡权，直到刘裕代晋等诸多政治事件。但此时的佛教已根基牢固，无论桓氏和谢氏，还是何氏和褚氏，为了政治需要都必须积极面对佛教，从而成为佛教的保护者。与此同时，在他们的推动下，王室佛教和都市佛教也蓬勃发展起来。两者的出现，使之前单纯以士大夫佛教为构成要素的国家佛教呈现出新的状态。

公元354年，何充的侄女皇后何氏（穆帝皇后，何准之女）为尼姑昙备建造了另一座尼庵，取名“永安寺”（后称“何后寺”），标志着王室佛教的肇端。

除何氏一族是虔诚的佛教徒外，褚氏一家也崇佛。何家与褚家关系十分密切，褚裒是褚裒的叔父，褚裒之女褚氏又是康帝（公元343—345年在位）的皇后，受家族影响，褚氏自幼信佛。褚皇后是穆帝（公元345—361年在位）、哀帝（公元362—366年在位）和废帝（公元366—371年）时期的摄政者，并在公元373至376年为孝武帝摄政。可见，褚皇后历五朝而不衰，在长达三十三年的宫廷政治中扮演了重要角色，是宫中最有势力的人物，亦成为王室佛教最有力的推动者。比如，褚皇后为了给穆帝治病，曾于公元361年召见了以医术著称的僧人于法开。

在何氏及其同党褚氏家族（主要是褚皇后）的支持下，王室佛教得到长足发展。这一时期，邀请名僧到皇宫讲经（尤其是《般若经》）已成为一种时尚，皇帝以个人身份列席讲法仪式也屡见不鲜。

在褚皇后的影响下，哀帝也成为一位狂热的佛教徒，在其统治的短短五年中，王室佛教的发展异常迅速，几位东部地区的名僧也都被邀回京城。公元362年，支遁在东安寺讲小品《般若经》达三年之久。同年，哀帝令竺道潜进京，在宫中开讲大品《般若经》。僧人医师于法开虽然未能使穆帝起死回生，但又被召入皇宫，开讲《八千颂般若经》。

哀帝还热衷于修建寺院，他曾下令在公元364年前后修造瓦官寺，用以安置僧人，此寺遂成为东南地区主要的佛教中心之一。公元365年，著名法师竺法汰（公元320—387年）及其弟子搬入瓦官寺。来京城前，竺法汰曾病倒于荆州，荆州是桓氏世代的根据地，刺史桓温曾悉心照顾生病的竺法汰，可见桓氏是支持佛教的。

竺法汰在京城见到了竺僧敷（公元300—370年），因皆来自北方，二人一见如故，一起成为都市佛教的领军人物。竺法汰在都城和皇宫均受到极高的礼遇。他在当众开讲《般若经》时，简文帝（公元371—373年在位）率领王侯公卿以及东部地区数以千计的信徒亲临法坛听讲。竺法汰学派除研究佛学外，对世俗学问也很感兴趣。比如他的弟子昙一、昙二就是研究《老子》和《易经》的专家，这是士大夫佛教的典型特征。

另一座寺院安乐寺，是在法师慧受的要求下，在王坦之（太原王氏）的支持下修建的，遂成为京城里最壮观的寺院之一。

简文帝对佛教的虔诚丝毫不亚于哀帝，他在继位前就对佛教表现出浓厚的兴趣。他不仅与帛尸梨蜜多罗、竺道潜和支遁相交，还是竺法汰的朋友。据《比丘尼传》记载，简文帝还是尼姑道容的疯狂崇拜者，并于公元371年向其皈依。公元5世纪末王琰的神异故事集《冥祥记》中记载了大量道容的传说和神奇故事。

简文帝与哀帝一样，也曾利用道士的法术以求长生，简文帝可能就是因过量服用道士的长生药而导致英年早逝。说明道教和佛教再次并生共存。所不同的是，简文帝对佛教的兴趣主要集中在哲理性方面，是位精通玄学的佛教徒。

孝武帝时期，王室佛教发展到高峰。这位皇帝继位时年仅十岁，直到公元 376 年，褚太后还临朝摄政。他的贵妃王氏（公元 360—380 年）也是位佛教徒，法名“法慧”。王贵妃是王恭将军的妹妹，此人在武帝时期可谓权势熏天，也是一位狂热的佛教和道教徒。据记载，王恭为了崇佛，不惜奴役百姓，大肆修造豪华壮丽的佛寺。

公元 374 年竺道潜死时，在褚太后的授意下，孝武帝下令增钱十万作为竺大师的丧葬费。公元 380 年竺法义死时，孝武帝曾花十万巨资购下新岗亭为其修坟，并修造三级浮屠。公元 387 年，皇帝又捐赠十万用于筹办竺法汰的葬礼。皇家的风气感染到民间，给死去的僧人赠送钱财已成当时的惯例。

王室佛教或者说国家佛教的高光时刻被定格在公元 381 年。据《高僧传》记载，这一年孝武帝皈依佛法。其实，早在孝武帝执政之初，便邀请汉化了的月支僧人进京，受五戒，敬以师礼。正式皈依后，孝武帝不仅在宫中建精舍，还邀请诸沙门到宫中居住。精舍建成后，一些佛教经典就可以藏在皇家图书馆了。

孝武帝对佛教的狂热痴迷使其成为“法王”，即佛教的保护者。这个称号逐渐传播到中国人所能触及的世界边缘。据记载，约公元 395 年或稍后，锡兰国王为了鼓励这位皇帝，曾派沙门昙摩抑出使中国，并将一尊四尺二寸的玉佛献给中国皇帝。但遗憾的是，这支代表团十余年后才抵达中国，在义熙年间（公元 405—418 年）才将这件礼物献到晋安帝手中，此时孝武帝已离世数年。

孝武帝的虔诚举动极大地推动了佛教（包括教义和佛教组织）在政府内的渗透。尽管中间也有过一些小反复，但大势已定，佛教在国家内部的地位已经巩固。

前文提到，孝武帝的最后十年和安帝最初几年，朝政完全落入司马道子（安帝叔父，公元 364—402 年）集团之手，导致长达十余年的桓玄军事联盟和司马道子集团的权力斗争。

司马道子是位虔诚的佛教徒，他不仅崇佛，而且热衷让僧人参与政治派系之间的纷争。桓玄则相反，是位排佛主义者，他极力反对僧尼参与政治活动，因为僧尼已经开始染指政府权力。

前述提到，都城里第一批僧尼曾受到何皇后的供养，而第一批尼庵则由何皇后、褚太后两人建造。说明，都城的尼庵从一开始就与政府，尤其是王室保持着紧密联系。从而造成在公元4世纪最后几十年间，僧尼对政治的影响明显增强。比如，其中一位身份不明的尼姑妙音，曾在孝武帝和安帝两朝的派系斗争中起过重要作用。司马道子曾请妙音出任专为她修建的有百余名尼姑的简静寺住持。

公元398年，王恭有望成为荆州刺史。桓玄与王恭是其政敌，便收买妙音，说服皇帝（其实是司马道子）任命怯懦而无能的殷仲堪为刺史。不久，这位刺史便被桓玄杀害。司马道子集团的另一位骨干成员王国宝为了稳固在朝廷的地位，曾派同党袁悦之致信妙音，请她在太子母前进美言。

僧尼对朝政的干预为桓玄集团的借机发难创造了机会，将军许荣曾上疏贬责朝政积弊，并谴责僧尼干预政治的行为。

可见，大约从公元343年何充打败庾冰开始，至公元420年刘裕建宋为止，佛教与政治始终处于相互交缠的状态。在大的趋势上，佛教在一定意义上征服了政治，国家佛教逐渐成为当时的主流，呈现出蓬勃兴盛的局面。国家佛教的内部构成见图5–5。

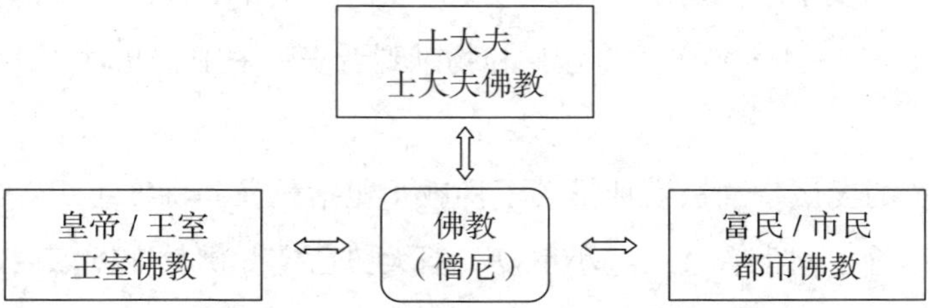

图5–5　国家佛教内部构成

国家佛教充分体现了宗教生活的自主性和国家权力的大一统之间的博弈，通过政治权力将民间信仰收摄到国家层面，最终政治目标和宗教信仰形成了一种平衡，佛教成为一种全体国人共同遵守的精神性规则，即国家信仰状态的确立。可以说，东晋是佛教高速发展的时代，尤其是国家佛教的兴盛，为佛教的进一步本土化传播打下了坚实的基础。

在国家佛教的刺激下，士大夫佛教发展得更为迅猛。不同于东晋初期，这个阶段的士大夫佛教呈现群体化特征，即佛教学术中心或团体的大量涌现，这是时代催生的产物。

前述提到，至公元4世纪下半叶，东晋形成了东部和中部两个势力范围。京都、东部和东南部处于中央管辖之下，这个区域大致包括今江苏南部和浙江一带；中部主要是江州和荆州，大致相当于今江西、福建和湖北，此区域大部分由半独立的地方大员和军事独裁者控制。

东部和京师地区，通过僧尼的中介作用，将士大夫、王室和市民阶层有机地连接在一起，这就为国家权力对佛教的干预创造了条件，从而使国家佛教具有了更加丰富的内涵。东部地区的佛教因与政治具有千丝万缕的联系，因而对政府的依赖性较强，更多地保留了南方佛教的特征。在义理方面，南方佛教以《般若经》和《维摩诘经》为理论基础，以思想化著称，善于本体论的思辨，是玄学与大乘佛法相结合的产物。

中部地区则不同，在士大夫的支持下，地方僧团迅速繁殖。与东部僧团不同，中部僧团与王室保持着一定距离，而受北方佛教的影响较大。北方佛教强调虔心修行、禅定和法术，直接延续旧译时代的经典。比如，公元365至379年的襄阳（位于湖北北部江汉地区）、公元380年后的庐山（位于江西北部）以及荆州的首府江陵（湖北南部长江之滨），这三大佛教中心的领袖（襄阳释道安、庐山释慧远等）和他们的众多弟子均来自北方。这两个特点导致中部地区的佛教更具独立性和创造性，僧人的志向是融合南北佛教而成一家。

东部僧团和中部僧团虽然有差异，但在弘扬佛法方面具有内在的一致性。同时，两大僧团在教义方面也相互吸收、相互影响。这些都为南北佛教的交叉性传播和深度融合创造了条件。

佛教在南方的繁殖相当迅猛，不仅在东部和中部，在其他地区也开花结果。比如，在孤立的四川和偏远的广东也出现了最初的佛教僧团，而这些地区恰恰是道教圣地，可见佛教巨大的渗透力。

由于得到国家政权的支持，特别是王室佛教的介入，佛教在南方飞速发展，自350年前后又产生了很多“士大夫僧人”，亦形成了多个佛教学术中心，详见表5–4。

表5–4　东晋中晚年的佛教学术中心 / 团体

中心 / 团体	代表人物	主要活动
襄阳僧团	释道安	活动于湖北北部汉水之滨。与此相邻的是位于湖北南部长江之滨的江陵僧团
庐山僧团	释慧远	活动于江西北部
剡山僧团	竺道潜 支遁	竺道潜的学说融和了玄学和般若学
元华寺诸师	于法兰（师） 于法开（徒） 于道邃（徒）	创建于4世纪初，活动地在剡山地区。与有教养的世俗阶层保持着密切的联系
竺法崇	竺法崇	竺法崇为义学僧，活动于4世纪下半叶的剡山地区，《法华经》专家
虎丘山与若耶山诸师	竺道壹 帛道猷 竺法旷	为京城东部地区的两个佛教学术中心。位于吴（今江苏南部及苏州）西北侧的虎丘山和若耶山（今浙江绍兴南）。竺道壹（约公元330—440年）是竺法汰的弟子，早年曾在京城居住。离开京城后在虎丘山与若耶山之间游历。 帛道猷是若耶山一位博学的隐士僧人，精通“佛法”和“世间法”，也是著名的书法家。与竺道壹相交，约公元400年圆寂于虎丘山。 竺法旷（公元327—402年）居住在若耶山，《法华经》和《阿弥陀经》专家
游方僧人	帛僧光 竺昙猷	与士大夫僧人毗邻而居，由于性格、修行方法和教义的原因，他们四处云游，被称为“禅师”，从而构成了另一种小众类佛教。这类佛教没有和玄学以及士大夫相交互，却吸收了道家和民间习俗信仰的要素，从而成为单纯的民间佛教

佛教在南方大地可谓遍地开花，异常兴盛。而混乱的北方，佛教的传播也没有停止脚步，在经历了短暂的迷失后又借助割据政权的力量兴盛起来，从而与南方一样，也呈现出国家佛教的倾向。

前述提到，司马氏南渡后亟待解决的问题是如何巩固政权和统一人心，而佛教以其教义的思辨性与内核的兼容性（主要指与玄学）成为政府实施精神统治的主要手段，从而推动了国家佛教的兴盛。而北方在进入十六国时代后，各割据政权所面临的问题比司马氏还严重。因为北方不仅政权众多，而且大多是多民族融合的政权，统治者需要一种各个民族、各个阶层和各种势力都能接纳的信仰形式作为巩固权力的精神支撑。而佛教作为外来宗教，恰恰符合这些需要，从而成为各个政权利用的工具，这成为国家佛教在北方发展的条件。

具体来说，北方佛教是从公元379年前秦皇帝苻坚邀请释道安从失陷的襄阳来长安起开始复兴的，从而开启了北方佛教发展的新篇章。在国家的资助和监督下，中亚和印度的传教者、各种佛教经典和思想不断涌入中土，大型的译经工程也在政府的支持下如火如荼地开展，导致一大批大小乘佛经和论典的出现。

大约在公元5世纪前几十年，北方佛教和南方佛教的交流日益加强。比如，与北方鸠摩罗什学派关系密切的庐山释慧远，促使了北方佛教因素在南方的进一步普及。公元416年，北方的政治形式导致长安僧团的分裂和离散，进而引发了自汉末以来，第三次僧人大规模向南方迁移的情况。剧烈的思想碰撞，以及新思想和新学说在南方的传播，使中国佛教发生了质的变化，并最终导致中国佛教宗派的诞生。

十　佛门双刹：道安和支遁

东晋（十六国）时代，南北佛教呈现出欣欣向荣的局面，可谓佛门大德辈出，最著名的四位是支遁、释道安、鸠摩罗什和释慧远。其中，支遁、释道安、释慧远先后成为南方佛门领袖；释道安（公元379年返回长安后）和鸠摩罗什则先后扛起了弘扬北方佛教的大旗。

支遁，也称支道林，生于西晋愍帝建兴二年（公元314年），俗姓关，他的家族来自中国东部旧的佛教中心陈留，世代信佛。支遁出家受戒前在余杭山（浙江北部）的一座寺院中研习《般若经》。同时，他还与最高层次的士大夫往来频繁，结为挚友，共同研究玄学。比如，王濛（约公元 309—347 年）对支遁极为钦佩，将这位年轻的玄学家比作王弼在世。支遁还与殷浩的叔叔殷融，以及隐居会稽的谢安相善。谢安曾为支遁的学习能力和速览能力所折服，对这位学坛新秀赞叹不已。

公元 338 年支遁在佛法的感召下受戒。出家后，支遁来到京城，立刻崭露头角。在他周围聚集了一大群有名望的朋友和信徒，包括何充、王导之子王洽（公元 323—358 年），以及殷浩（？—356 年），等等。在京城，支遁可能参与了两大集团关于“僧伽权”的争论，他显然是支持朋友何充的。

支遁第一次在京城住的时间并不长，由于庾冰集团的排佛事件，在公元 343 年前后，他便离开京城向东而去，在吴县（今江苏南部）安家。不久，支遁在吴县与当时的扬州刺史何充以及二十二名僧俗举行了一场规模不小的斋戒仪式。

吴地当时还是谢安集团的一块根据地，在这里活跃着一大群谢党成员，他们或因私或因公而出现在此地。这些权贵包括公元 358 年以后就活跃于此地的谢万、谢安、王羲之、许徇（约 4 世纪中叶）、孙绰（公元 314—371 年），以及会稽王司马昱（简文帝）。

支遁后来又迁居剡山，并在那里建造了两座寺院，拥有几百名弟子。但支遁心隐而身不隐，依然是上面提到的这些权贵的座上客。《世说新语》中记载了很多支遁与这些大名士的奇闻逸事。可见，支遁是活跃于佛教界和玄学界的两栖人物，与当时著名的士大夫都有往来。因此，他既是一名士大夫学者，又是一位佛学高僧，对佛法和玄学都有很高的造诣，特别是对《庄子》有着极深的研究，是士大夫佛教的代表人物。

公元 362 年哀帝继位，支遁被召入京城，这是他第二次来到都城。当时是桓温当权，这位权臣与佛教保持了一种不温不火的关系。支遁与他似乎并无来往。但桓温的部属郗超（公元 336—377 年）却是支遁最出名的在家信徒。支遁在京城居住三年，于东安寺讲授小品《般若经》。

《高僧传》记载，公元 365 年哀帝去世后，支遁打算离开京城。但由于他的半官方身份，必须得到皇帝的批准，以及办理完申请退职的官方程序后方能离开。于是，支遁上书朝廷。在这份上书的开头，支遁论述了出家生活的德行和清静，其文曰：

遁顿首言……。盖沙门之义，法出佛圣，雕纯反朴，绝欲归宗。游虚玄之肆，守内圣之则，佩五戒之贞，毗外王之化。谐无声之乐，以自得为和；笃慈爱之孝，蠕动无伤。衔抚恤之哀，永悼不仁。

支遁的这番话将玄学、佛教道德、儒家伦理和优雅的文辞融为一体，含蓄地表达了僧人对君王的态度，以及君主对僧人的态度。随后，支遁笔锋一转，很直白地劝谏皇帝要把佛教作为巩固自身权力和统治王朝的工具。这显然是对桓温集团专权提出的警告。可见，在当时的权力斗争中，支遁似乎是支持谢安集团的，但他的目的不仅仅是这些。

接着，支遁又以春秋时期“三桓专鲁”的故事暗示皇帝，要他务必修炼品德，坚持真理，不去听从他人的谗言。而修炼的要务当然是指修持佛法，因为他认为只有佛法方能产生某种力量，“成吉祥之宅”，从而保持君主权力的稳固。

支遁去意已决，在完成相关程序后，皇帝下令准许他离开京城。可见国家佛教在当时的影响力。在都城权贵为他举行了盛大的告别会后，支遁再次返回会稽，退隐到剡山。废帝元年（公元 366 年），支遁去世，享年五十二岁。

支遁是中国佛教史上非常重要的一位佛门大德，《高僧传》记载，他有“僧众百余”。这位大师不仅精通佛法和玄学，而且善于交际。更为重要的是，他所结交的人物不是当时数一数二的士大夫名士，就是顶流权贵。这些人都成为支遁的俗家信众，比如上面提到的何充、王治、谢万、谢安、郗超等人。他们成为支遁弘扬佛法的载体和媒介。

《世说新语 · 伤逝》记载，当年的画家兼隐士戴逵（？—396 年）在经过会稽支遁的墓碑时，有感于大师的德行，欣然写下“德音未远，而拱木已积。冀神理绵绵，不与气运俱尽耳！”的语句。今人看来亦为之动容矣。

就在支遁去世的前一年（公元 365 年），释道安带着众门徒避乱来到襄阳，遂接过支遁的弘法旗帜，成为南方佛教的领军人物。前述提到，东晋中晚期，南方先后兴起了诸多佛教学术中心，其中以支遁为核心的剡山僧团，释道安主持的襄阳僧团，释慧远主持的庐山僧团，以及江陵僧团为最，这四大僧团成为南方佛教兴盛的主要载体。

释道安是佛图澄的弟子，是中国佛教史上一位非常重要的高僧。后人为了敬重他，多称其为“安公”。释道安生于西晋怀帝永嘉六年（公元 312 年），出生地在常山扶柳县（在今山西）。因当时战乱不止，他自幼被外兄抚养，十二岁即出家为僧。

释道安虽然天性聪慧，但因外貌丑陋而被师父嫌弃，只让他在田间做粗活儿。但释道安毫无怨言，每天只是辛勤劳作、谨守戒律，在笃实精进中度过了三年。因释道安属于编制外僧人，不得随意念经，他只能向师父求经，师父随手给了他一本五千言的佛经。释道安如获至宝，早上得经，白天就在田间休息时背诵，晚上还要将经书返还。经过数次，释道安竟将经文背诵得一字不差，师父大为惊叹，不久就给他授具足戒，使其成为一名正式的僧人。从此，释道安就能随意念经，恣意游学了。

释道安二十四岁时到后赵都城邺去拜见佛图澄。不想，这位当时已名冠天下的大和尚竟与一个无名小比丘言谈终日，而且对其赞叹不已。旁边的僧众见相貌丑陋的释道安竟受到大师的如此礼遇，面露不悦之色佛图澄对他们说：“此人远识，非是你们所能知晓的。”从此，释道安改换门庭成为佛图澄的得意弟子。大和尚讲学时，常由释道安向众人复述，可见他已得师父的真传。

公元 349 年后赵皇帝石虎去世，同年，有四位皇帝先后继位然后逐一被杀，整个国家陷入混乱。公元 350 年，石虎收养的汉族孙子石闵（原名冉良）改名冉闵，随即开始大肆杀戮包括石氏成员在内的所有羯族人。冉闵先与襄国石氏的幸存者作战，然后又与燕国交锋，暂时将领土拓展到了中国的西北部。

“石氏之乱”爆发之前佛图澄刚刚圆寂。这位大师对后赵的政治局势似乎洞若观火，在灾难来临前已经开始着手部署僧人们的逃离计划。比如，竺僧朗（约公元 315—400 年）逃往山东，并于公元 351 年在泰山建立了一座重要寺院，该寺的建立成为这一地区佛教传入的标志，僧朗法师可能在此居住到圆寂；竺佛调逃到了常山，单道开则去了建康。

公元349年，释道安与竺法汰、支昙讲、竺法济，以及后来入川弘法的法和，还有后来把弥勒信仰引入荆州的竺僧辅等一起逃到泽（今山西阳城县西），并在此地建立了一个佛教团体，这个教团的领袖即释道安。

释道安在泽地充分展现了自己的组织才能，这为他此后在襄阳弘教积累了丰富的经验。泽的地理位置似乎欠佳，只能作为临时的藏身之所，这为释道安的传教事业带来了困难。光是在河北地区，释道安就带着弟子迁移九次，可谓惶惶而不可终日。但他弘教之志不灭，就是在如此险恶的环境中培养了大批弟子，凭借他和众弟子的努力，北方佛教的火焰没有熄灭。

公元357年前后释道安回到邺，住在该城西北的牵口山，后又去了接近河南北部嵩山地区的陆浑。公元365年，陆浑遭受燕国军队的威胁，释道安只得带弟子逃往南方的襄阳。在抵达新野（今河南新野南）后释道安决定派众徒分散到南方各地弘法，并分给他们一定数量的弟子，以便相互照应。比如，竺法汰带了四十人去了扬州，并在京城建康地区传教，成了一位弘法大师；法和抵达蜀地，在那里一直住到公元379年，然后在前秦朝廷以及老师的召唤下回到长安，参加了释道安主持的译经工作。

遣徒工作完成后，释道安抵达襄阳，开始了在南方十四年的弘法事业。僧团到达襄阳时，他的弟子人数已相当庞大，《高僧传》记有四百人，《出三藏记集》说有五百人。如此规模的僧团需要大量物资的供养，这个艰巨的重任就落在权臣、士大夫和皇帝身上了。比如，支遁的信徒郗超就曾从江东送给僧团一千斛（等于一万斗）大米，孝武帝也曾供给僧团一批数量等同于王公俸禄的物资。

解决了粮食难题，随之而来的就是居住问题。抵达襄阳后，僧团先寄居在白马寺（非河南白马寺），但此寺相对于如此规模的团体却显得局促，释道安很快便决定迁居他处。不久，一位来自河北清河的大施主将自己的府宅捐给僧团建造寺院，这位施主可能是襄阳的地方官。这座寺院被释道安命名为檀溪寺，随后在当地富豪以及士大夫的资助下，此寺建造完成。檀溪寺遂成为当时南方的名刹。

弘法场所建成了，但大量僧团的涌入却引发了组织管理上的问题。至释道安时代，佛教传入中土虽然已长达三百余年，但佛教中完整的戒律（广律）却并未传入中国，释道安为此忧心忡忡。于是，他一方面想办法把佛门戒律传入中土；一方面根据中国的现实情况，亲自制定了三条佛门规则，将僧人的坐禅、行香、饮食、布萨、悔过等行为都做了详细规定。据记载，释道安住持檀溪寺期间，就是依此三条规则管理僧众的。不久，这三条规则得到天下寺院的响应，遂成佛门定制。

释道安在襄阳时还将自己创造的"佛门姓氏"规则引入南方。自汉代以来，佛门中并无统一的姓氏。西域来的高僧，往往以属国为姓。比如，从康居国来的就姓"康"，从月支国来的就姓"支"，天竺僧人被冠以"竺"，等等。至于中国本土僧人，大多依师为姓。释道安认为佛门姓氏过于混乱，不利于佛法的传播。他提出佛家子弟既然共尊释迦牟尼为师，应统一以"释"为姓，这样方符合佛门的主旨。后来，释道安在《增一阿含经》（部派佛教译为《增一尼迦耶》）中找到了理论根据，其中有"四河入海，无复河名；四姓为沙门，皆称释种"的语句。于是释道安确定：凡佛门之人不再用俗家姓氏，而统一以"释"为姓。后来，这种制度成为佛门定式并沿用至今。

在释道安及众弟子的经营下，襄阳在短时间内成为南方又一个佛教中心。据《高僧传》记载，当时襄阳有位名士习凿齿看到释道安的作为，大为赞叹，便写信给当时的执政大臣谢安，信中说：

> 师徒数百，斋讲不倦。无变化伎术可以惑常人之耳目，无重威大势可以整群小之参差；而师徒肃肃，自相尊敬，洋洋济济；乃是吾由来所未见。其人理怀简衷，多所博涉。内外群书，略皆遍睹。阴阳算数，亦皆能通。佛经妙义，故所游刃……

公元370至380年是释道安在襄阳活动最为频繁的时期，除了培养人才、传播教义等，他最大的工作就是与士大夫和王室成员交往。如前所述，这时国家佛教已在东部地区取得了稳固的地位。不仅简文帝常在宫中听支遁、竺法汰宣讲佛经，孝武帝这位居士皇帝也在宫中建立了精舍。可见，在这个风云突变、晦莫难测的时代，只有得到国家权力的支持，才能顺利弘法，释道安深谙此道。

《出三藏记集》记载公元365年他在新野为一批弟子送行时说："今遭凶年，不依国主，则法事难立。"《三十国春秋》引《秦书》记载，释道安在送竺法汰去建康时也说："彼多君子，上胜（最好的出路），可投。"显然，"国主"指王室；"君子"指士大夫，他们都是国家佛教的组成部分。因此，释道安必然会鼓励襄阳及其他地区寺院的僧人保持和政府之间的接触。释道安身体力行，自己也与当时的知名人物保持联系。比如，襄阳的大名士、知名史学家和清谈家习凿齿，此人是桓温的亲信，也是释道安的好友；凉州刺史朱序自公元377年驻扎在襄阳后，也与释道安有着密切的联系。

襄阳之外的政界也受到释道安的关注，东晋诸帝不必说，他与当时的士大夫权贵也有交集。比如，建康的郗超；长沙太守滕含，这位太守曾捐出江陵府宅作为寺院，命名为长沙寺（长沙太守的寺庙），并请释道安的弟子昙翼住持；还有赠送铜钱给僧团建寺的荆州刺史、将军桓豁。

公元373至377年，释道安应桓豁的邀请，去他在江陵的府第讲法。荆州是桓氏家族的根据地，江陵也是当时的佛教中心之一。其实早在释道安抵达襄阳前，他已将自己的弟子派遣到江陵，之后还陆续派弟子到江陵弘法。比如，有着羌族血统的昙翼，成为江陵最重要的长沙寺的住持；来自邺的竺僧辅，在江陵上明寺传法。他在那里坚持传播释道安主张的弥勒信仰。后来还促使当地长官王忱一家皈依了佛教；释法遇在襄阳受到义阳（今河南南部）长官阮保的庇护，襄阳失陷后，他投奔到长沙寺；还有昙徽，也在上明寺弘法。通过释道安和众弟子信徒的努力，佛教在江陵的影响力日益扩大。

公元378年3至4月，前秦皇帝苻坚派儿子苻丕率四路大军分兵南下，因襄阳在汉水流域极其重要的战略地位而成为秦军进攻的第一关。秦军兵临城下，襄阳岌岌可危。释道安故伎重演，打算带着弟子重开云游之旅。但守将朱序却强迫释道安留在襄阳，试图利用这位大法师的神力抵御敌军。释道安为了弟子们的安全，只得自己留下，再分遣众徒散往各处。其中一名弟子慧远，被释道安派往江陵，不久又到达庐山，成为西林寺住持。慧远不仅成为继释道安后南北佛教融合的重要人物，而且成为继释道安后南方佛教的领军人物。

释道安在南方十四年，还有他于公元365年和公元378年两次“分徒传教”的事件，促进了除京城建康之外其他三大佛教中心（襄阳、江陵、庐山）的发育，对南方佛教的发展起到了巨大的推动作用，不仅使北方佛教得以在长江沿岸及西南地区快速传播，亦加速了南北佛教的深度融合。

公元379年4月襄阳失陷，释道安受前秦皇帝苻坚的邀请带着剩余的弟子回到长安。这位集政治家和佛教徒于一身的皇帝对释道安礼遇尤甚。至此，释道安与他的老师一样，从一名独立的法师变成一位受人敬仰的精神象征，在强而有力的国家佛教监督之下弘扬佛法，这是现实状况造成的无奈结果。

苻坚期望借助释道安的声望来巩固刚刚统一不久的北方，释道安也想借助政治权力弘扬佛法。于是，在国家的支持下，释道安集全国英才开始了大规模的译经活动。释道安闻听当时有一位西域名僧鸠摩罗什是位大贤，便多次建议苻坚邀请他来中土讲学。不久，在苻坚的努力下，鸠摩罗什大师来到中国，这得益于释道安的倡议。鸠摩罗什到中国后，在后凉皇帝的支持下顺利开始了译经事业，这为后来他在后秦的开馆译经打下了基础。

释道安曾谏阻苻坚伐晋，但没有成功，公元385年大和尚死于长安，享年七十三岁。释道安终生奔波于南北各地，先后游历后赵、东晋、前秦三国，将毕生都奉献给了佛教事业，成为继佛图澄后，贯通南北的佛门领军人物，被后世称为“东方圣人”。这位领袖除践行佛事活动外，还积极翻译佛经，其中对经典的注释尤为突出。他一生注释了《般若经》《道行经》《安般守意经》等十六部十八卷经典。可以说，中国人注释佛经的事业发端于释道安。

十一　罗什和慧远：南北佛教的双雄

支遁和释道安之后，扛起中国佛教旗帜的领军人物当属北方的鸠摩罗什和南方的释慧远。

鸠摩罗什，又称“耆婆”“罗什”，后世尊之为“什公”。约公元 344 年（一说公元 350 年）罗什降生于龟兹国（今新疆库车地区）一个显赫的家庭，母亲为龟兹王之妹，父亲是天竺人。前述提到，西域有两个佛教中心，北方为龟兹，占统治地位的是小乘佛教；南方为于阗，是当时大乘佛教的重镇。罗什自幼聪慧，还是孩童时就在罽宾学佛，因此非常熟悉那里说一切有部的思想，七岁就能背诵许多小乘经论。九岁时随母亲到印度，拜师学习小乘经典《阿含经》。在印度罗什还广泛涉猎了吠陀文献和占卦，成为西域为数不多的婆罗教专家。

罗什十二岁时返回西域，当时只不过是一个小沙弥，不久竟被疏勒（今新疆喀什噶尔）王聘为国师。三年后他在疏勒国因受佛陀耶舍的影响而改宗大乘，成为兼通大小乘经典的法师，后来佛陀耶舍到长安加入罗什主持的译场。二十岁时，罗什已成为誉满葱岭以东西域地区的佛学专家，龟兹王乃亲自迎接他返国，不久罗什在宫中正式受戒出家。

罗什是龙树菩萨（大乘空宗中观学派的创始人）的四传弟子，精通大乘般若经论，对小乘经典也十分熟悉，有关其学养和修为的美誉很快便传到中土。前述提到，释道安晚年在长安组织大规模的译经工作，急需精通大小乘经论的翻译人才，闻西域有罗什，多次建议苻坚将此人邀请到长安。苻坚派使者到龟兹去邀请罗什，却遭到龟兹王的拒绝，苻坚大怒，但这也为前秦染指西域事务找到了借口。

不久，苻坚派太尉吕光（氐族）率大军出兵西域，于公元 384 年灭了龟兹，还顺带破降了三十余国。吕光占领龟兹后，把这位不幸的高僧当作一件珍贵的战利品劫掠而回。就在吕光征伐西域时，苻坚亲率大军南征东晋，公元 383 年惨败淝水。公元 385 年苻坚被大将姚苌（羌族）所杀，姚氏遂在长安称帝，建立后秦（又称姚秦）。至此，北方又陷入分裂局面。

公元 386 年，吕光在凉州（甘肃）称帝建立后凉政权。皇帝吕光对罗什极为敬重，常常采纳他的意见，但又不友好地戏弄他。至此，罗什开始了在后凉十七年莫名其妙的苦修生活。

姚秦弘始三年（公元 401 年），后秦皇帝姚兴征服了后凉，罗什被邀请到长安，此时释道安已去世十余年了。姚兴本笃信佛，亦精通佛典，佛学造诣极高，他试图用宗教佐武力的方式统一北方，建立一个国泰民安的佛国。因而，包括姚兴在内的王室成员对罗什极为尊崇，待以国师之礼，想借助这位高僧的威望实现政治抱负。不久，罗什就成为来自王国各地的数千沙门的领袖。据记载，在他门下的群英，号称“三千”，有“四圣”“十哲”之名目，对后世影响至大。

约公元 405 年始，在姚兴的资助下，罗什开始了大规模的译经工作。其实，在罗什之前，长安的译经大业并没有停止，释道安圆寂后，他的弟子仍坚持译经，此时尚有名僧法和、竺佛念、僧导、僧睿等在长安继续工作。罗什主持工作后，在他的感召下，各路人才迅速聚集，除原班人马外，僧肇、道融、道生、昙济等俊贤也纷纷加入，可谓盛况空前。公元 405 至 406 年，姚兴之弟姚嵩将罗什到长安的消息告诉了远在庐山的释慧远。很快，释慧远便和罗什互相通信问好，并对译经大业给予了高度关注。

罗什在长安主持译经工作长达十二年，这次译经也成为中国佛教史上最为重要的事件。其间共翻译经论达三十二部三百余卷，而且很多都流传到现在。比如《法华经》、《大智度论》、《金刚经》、大小品《般若经》、《仁王经》、《十住毗婆沙论》、《维摩诘经》、《禅密要法经》、《禅法要解》、《首楞严三昧经》、《梵网经》等。这些经典中，以般若经论为主，其次为禅经。

中国佛教史上有两次最为重要的译经事件，一次是东晋十六国时代罗什主持的译经工作；一次是唐代玄奘大师主持的译经工作。而首建奇功者当推罗什。姚秦弘始十五年（公元 413 年）罗什在长安去世。

当鸠摩罗什大师在长安轰轰烈烈地开展译经工作时，庐山的释慧远大师也在南方进行着卓绝的弘法事业。释慧远是释道安的徒弟，虽未曾与鸠摩罗什谋面，但两人早已神交。但三位佛门大师的旨趣却不同，释道安以创制立轨、器识宏远见长；鸠摩罗什以才思湛密、译经弘法著称；而释慧远则以德行淳然、品格高妙感召世人。后人敬服释慧远之品格，尊称其为“远公”，他在南方的弘法工作取得了举世瞩目的成就。

慧远生于晋成帝咸和九年（公元 334 年），出身于雁门（在今山西北部）一户姓贾的贫寒知识分子家庭。他的孩童时期正值后赵（公元 319—352 年）统一中原和北方地区的时期，也恰逢后赵皇帝石虎主张复兴儒家的时代。因此，慧远在公元 345 年或 346 年跟着叔叔去了许昌和洛阳，在“太学”学习儒家经典，后又研习道家之学，其学养深广，让当时的“宿儒英达”也钦佩不已。在诸子之学中，慧远尤其喜欢玄学，这为他后来皈依佛教铺平了道路。

前述提到，公元 349 至 352 年中原大乱。石虎死后，后赵随之覆灭。后赵灭亡的同年，刚刚归降东晋的后赵大将张遇又叛变晋国，和与归属东晋的前后赵大将姚襄战于许昌；公元 353 年 11 月东晋大将殷浩北伐失利，为叛乱的姚襄击败；公元 354 年 2 至 3 月，周成袭击洛阳，同年 3 月 22 日桓温发动了声势浩大的北伐。中原战乱使这一地区的学术研究难以为继，亦对慧远的一生产生了巨大影响。

公元 354 年，二十岁的慧远决定渡过长江去豫章（今江西），和范宣结伴过隐逸的生活。范宣是个正统的儒生，当时隐居在豫章一个偏远的小村庄里。虽然范宣比慧远年幼，但在当时的隐逸圈已是小有名气的人物了。然而，慧远的这个计划终因公元 354 年的政治动乱而被迫中止。慧远只得返回北方，在路过河北西部时遇到当时在恒山建寺弘法的释道安大师。他听到释道安开讲《般若经》之后，顿然开悟，便和胞弟慧持一同受戒，不久便成为释道安最出色的门徒之一。

公元 365 年，慧远和慧持随释道安逃往襄阳，开启了长达五十一年的南方弘法生涯。公元 378 年，襄阳被前秦大军围困，释道安打算转回北方。他先是“分张徒众”，让弟子随缘到南方各地继续弘法。慧远与慧持便带着数十名僧人离开襄阳，先是在江陵上明寺住了一段时间，那里有同门竺僧辅照应。

按慧远的初衷，他们打算到广东罗浮山去追寻慧永。原来在慧远随释道安刚到襄阳时，慧远、慧持和慧永相约去广东附近的罗浮山居住，后因慧远被释道安挽留，慧永便独自启程。当他行至浔阳（今江西北部九江）时被信徒劝留，便住在一座小寺院中弘法，这座寺院就是后来的西林寺。但当两兄弟行至浔阳时，被庐山秀丽和清雅的景色吸引，认为此地清净足以息心，恰又遇到了挚友慧永，兄弟二人便和僧众暂居龙泉精舍（龙泉庵）弘法。大概过了几年，慧永通过自己在浔阳的人脉，说服荆州刺史桓伊（公元384—392年任刺史）给慧远、慧持修建一座大寺。大约在公元384年，即释道安去世的前一年，东林寺竣工。至此慧远以东林寺为根据地，在南方弘法三十余年，且自六十岁后不再下山。

前述提到，在孝武帝最后十年和安帝最初几年，朝政大权完全落入安帝的叔父司马道子集团之手，而与之抗争的则是由桓玄所领导的军事联盟。但两大政治集团对佛门始终保持着友好态度，都期望僧人能成为本集团的支持者，这势必将佛门卷入权力斗争的旋涡。而慧远在入住东林寺不久，就被世人比作襄阳的释道安。同时，他与建康、襄阳、江陵等几个佛教中心也保持着深度联系，成为南方佛门实际上的领袖。

实际上，庐山不仅有西林寺和东林寺，在当时还建有一些其他寺院，比如慧安及一大批信徒就住在凌云寺。慧安皈依前是苻坚的大将，大概在苻坚败后逃往了南方。大约在公元386年，慧安成为慧远的弟子。由于这位行伍出身的弟子体魄强健、勇气过人，慧远便让他充当信差，带着慧远或鸠摩罗什的书信穿梭于庐山和长安之间。不知何时，也不知因为何事，慧安被慧远逐出山门。但这位徒弟和他自己的一些弟子仍住在凌云寺中潜心修行，并暗中追随师父的所作所为，可谓痴心不改。

慧远的弟子法安是另一位精于修法的高僧，后来他另立门户，在新阳附近的一座寺庙中修禅。据说此庙原来供着一尊大神，后因法安除去了一只危害当地的老虎，百姓遂将神庙改作佛寺。不久，法安在寺院中挖出了两口古代的铜钟，他将其中一口送给慧远熔铸成一尊佛像。

可以看出，庐山上这些大小寺院都与慧远有关。且由于慧远的影响力，这些优秀的僧人得到了王室、士大夫和信众的供养，在衣食无忧中修禅弘法。为了不脱离群众，众僧偶尔也去其他地方参加一些法事活动。

前述提到，慧远成为南方的佛教领袖后，加强了与其他佛教中心的联系。大约在公元397年，慧远派慧持去建康弘法，顺便送他们的姑姑去京城居住。这位女子曾是浔阳尹的妻子，年仅二十一岁便守了寡。不久，她在两位侄子的感召下弃绝红尘，受戒出家，成为一名比丘尼，法号道仪。当时京城盛行佛教，而且有几位显赫的尼姑受到王室推重，比如上文提到的名尼妙音。道仪对那里佛法隆盛的场面早已心动。当慧持带道仪来建康后，她便在这里住了下来，且度过了余生。

慧持遵照慧远的嘱托在京城东安寺住了下来，一面弘扬佛法，一面奔走于高层士大夫之间，这无疑提升了他与慧远在士大夫中的声望。比如，他和当时最有名的施主之一、王导之孙王珣成了挚友。公元 397 至 398 年，僧伽跋澄和僧伽提婆在王珣的资助下翻译了《中阿含经》(小乘经典之一)，慧持将译本带回庐山做了一些润色，从而在士大夫中赢得了赞誉。

公元 399 年慧持再度离开庐山，这次是前往西部的四川弘法。慧持一到成都，便受到当地官员和一些新出现的僧团首领的盛情礼敬。从此，慧持扎根西部，在西南地区传教弘法。

同年，北方的法显大师与景慧等五人在当地豪族的资助下，组成取经小分队，从长安出发，开始了艰辛的西行漫记。法显是平阳（今山西）人，原有兄弟三人，皆夭折，父母担心他年幼难养，三岁便把他送到寺院做了小沙弥。法显二十岁受比丘戒后，便立志要去印度求取戒律。法显等人经西域出葱岭，三年后才抵达北印度，又经过六年才到中印度。

当慧持奔走于东西之地时，慧远在生命的最后几十年却不再下山，他通过与外界的隔绝来保持自身的清净，“虎溪”成为他与尘世的分界线。但是，由于慧远是当时公认的佛门领袖，心在“方内”，身却在“方外”，不能不受国家佛教的影响，从而与王室、权臣和士大夫保持着紧密的联系。

慧远十分欢迎世族子弟受戒出家，他的学生中有很多来自高门大族。比如，出身于太原王氏的僧彻（公元 383—452 年）、魏晋时期著名学者皇甫谧（公元 215—282 年）的后人道温（公元 397—465 年）。这两人都是在十五岁时成为慧远弟子的。

前述提到，进入东晋中期，南方的国家佛教逐渐壮大起来，王室、权臣，以及著名的士大夫都或多或少要与佛门发生联系，至孝武帝时期，国家佛教发展得更加成熟。比如，琅邪王氏始终是佛门的保护者，王导之后的两代子孙中至少有五人是僧团的资助者。同时，作为佛门领袖，慧远必须和皇帝、权臣、官员，以及手握重兵的武夫保持联系，因为他们都是国家佛教的重要组成部分，在一定程度上决定着僧团及佛门的命运。当然，政治对佛门的态度并不始终是友好的。

前述提到，司马道子集团与桓玄军事集团始终处于敌对状态。最终，在公元 402 年 4 至 5 月，桓玄成功诛灭了司马道子及其党羽。在姑熟（今安徽东部）成为独裁者，从而使中原省份成为自己的势力范围。而朝廷管辖的区域不超过江东地区，即京城及以东地区。于是，桓氏集团和朝廷形成了对峙局面，与公元 340 年庾冰摄政后的情况一样，佛门再次卷入权力斗争的旋涡。

其实，早在公元 399 年，桓玄便造访过庐山，但双方的会晤似乎并不愉快，慧远对这位对佛门并不热情的当权者态度比较冷淡。随后，桓玄为了打击与对手走得很近的僧人，效法庾冰，从公元 399 至 402 年尝试出台了各项压制僧人的措施，比如让一些名僧还俗，要求僧人登记入册，以及彻底调查僧团组织并开展严格的遴选和淘汰等举措。显然，桓玄是要强迫僧人服从世俗权威，成为自己夺取权力的支持者。

同时，与公元 340 年一样，桓玄不仅在行动上，还试图从理论层面瓦解佛教的根基。他首先是致信“八座”（六曹尚书和左右仆射），认为僧人的存在有赖于君主的仁义之举。桓玄发难后，引起了士大夫和僧人的不满。比如，王谧单独做了回答，孔国和张敞口头做了回应，道宝和其他一些僧人也表达了愤懑的情绪。于是，第二次关于“僧伽地位”的争论拉开了序幕。

可见，这次关于“僧伽地位”的争论，是公元 340 年“僧伽权力”争论的延续，但这次争论的范围更为广泛，而且双方争论的问题也更为复杂和有趣。但是，这些行动使桓玄很快陷入被动，不仅导致了他和自己部分合作者之间的分歧，也扩大了他和佛门之间的矛盾，特别是和领袖慧远之间的争论。

争论的第一个回合（公元 402—404 年）最精彩的当属王谧和桓玄之间的交锋，此人是桓玄的心腹，也是慧远的俗家弟子。据《弘明集》卷十二记载，王谧在给桓玄的信中抛出了四个观点：第一，不应以沙门是否恭敬君主来判断其好坏；第二，外国的君主都礼敬和尚，因为“道在则贵”；第三，佛教在中土已流传四百多年，在三个朝代都很兴盛，从未受到限制；第四，佛教之所以能在国家和民众间流传，是因为它属于一种清净法，有益于净化世风，而无害于国家的和平与繁荣。

桓玄不会坐以待毙，对王谧的观点逐一进行了反击，核心论点自然是强调僧人必须服从君主的权威，其实就是要佛门服从桓玄的权威。

公元403年桓玄篡权成为皇帝，他的排佛活动也达到了顶峰。于是，桓玄决定把“僧伽地位”的争论交与慧远裁决，显然是为了试探这位领袖的态度，从而使这场争论演变为佛门领袖与国家领袖之间的对抗。

《弘明集》记载了慧远给桓玄的回信，其中心思想是：佛教由两个完全不同的门类组成，一类是“俗家信徒”，他们可以遵守俗世的法律及权威；一类是“出家信徒”，这些人的愿望就是出世，因此不需要遵守俗世的权威。最后，慧远总结说，僧人生活在俗世之外，反而有益于俗世，因为他们的行为符合圣明之世的理想，所以他们的德行会影响世人。

可能是被慧远非同寻常的人格魅力折服，也可有可能是感于以王谧为代表的士大夫群体的压力，桓玄最终屈服了，发布了同意僧人享有不向王者致敬的特权。就在桓玄称帝的三个月内，安帝被软禁在浔阳。在此期间，慧远写出了著名的护教文章《沙门不敬王者论》，为这场“僧伽地位”之争画上了一个圆满的句号，这标志着佛门的胜利。

可以看出，东晋时期两场关于“僧伽权力”的争论，都体现了追求自治的僧人群体和主张大一统的儒家政权之间的博弈。所不同的是，公元340年的争论是由士大夫群体（何充集团）作为保护者，代表佛门与排佛势力的政治博弈，说明佛门势力还处于发展阶段；而公元402年的争论是佛门领袖亲自出面，代表正统皇权（司马氏）与非正统政权的对抗，说明佛门势力已经相当壮大，需要在国家佛教中掌握一定的话语权。从这个意义上看，这次争论实际上是国家佛教内部构成要素之间的权力再分配。这种分配趋势会间歇性地重复出现，并持续几个世纪，它的最终走向是佛教与国家政权的分离，即社会性佛教的出现。见图5–6所示。

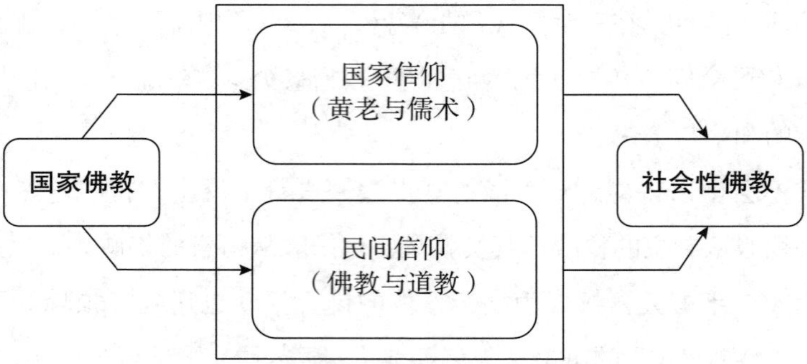

图 5–6　国家佛教的走向

“僧伽地位”之争只是佛教发展中的一个小小插曲，在长时间内，佛门士大夫、权贵以及官员的关系是融洽的。比如，掌握军权的王恭、扬州刺史王谧、荆州刺史殷仲堪等。同时，还有很多有文化的俗家信众追随慧远修持，比如刘程之（据说是东汉开国皇帝幼弟的后裔），宗炳（出身高官家庭，学者、书法家），张野（浔阳一位出身寒门的诗人和学者）等。

慧远不仅是南方佛门领袖，在北方也很有影响力。当时北方的强国是后秦，而皇帝姚兴对佛教的支持更是达到了无以复加的地步。除了邀请鸠摩罗什来长安主持译经工作外，姚氏家族对慧远也格外重视。比如姚兴之弟姚嵩与慧远常有书信往来；姚兴对慧远也很器重，曾将苻坚送给释道安的法器转赠给慧远。

公元 409 年，法显等到达狮子国（锡兰，今斯里兰卡），他们在此停留两年，抄得四部佛经。公元 413 年秋，取经小分队抵达建康，在当地施主的资助下会同印度僧人佛驮跋陀罗等开展译经工作。法显从印度带回的主要是戒律方面的佛经，比如《摩诃僧祇律》（大部众的广律）、《泥洹经》六卷，以及一些律钞、戒本等，这些都被翻译了出来。同时，法显还根据西行经历撰写了《佛国记》，成为研究中亚、南亚地区历史文化的重要文献。

公元 416 年，慧远在东林寺圆寂。此前不久，慧持在龙渊寺圆寂。公元 420 年前后，法显在荆州去世。

慧远死后不到四年，东晋灭亡；公元 439 年北魏统一北方，中国历史上佛教文化第一个璀璨的时代结束了。在这个时代，无论北方还是南方，国家佛教繁荣壮大起来，又在政治的驱动下，最终渗透到社会各个层面，上到王室、贵族和士大夫，下到社会大众，都或多或少要与佛门发生联系，佛教开始成为中国文化不可分割的组成部分，一个多元文化交融的时代即将开启。

第六章

魏晋世族精神风貌的突变

魏晋至南北朝，是世族势力不断壮大的时期，他们不仅把持着政治权力，也控制着国家的经济命脉。在这一群体的推动下，玄学逐渐形成，佛教也在这一时期快速繁衍起来。同时，以名教为表现形式的儒学并没有消失，而是以其他形式得以存在。于是，在玄学、佛教和名教的塑造下，世族的精神世界呈现出与众不同的风貌，从而使世风发生了转变。同时，世风又极大强化了世族的精神风貌。于是，在精神风貌和世风的共同作用下，魏晋南北朝时代的社会风尚形成了。如图 6–1 所示。

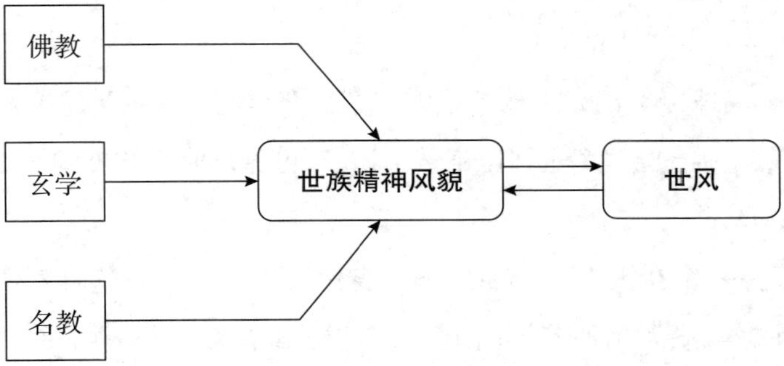

图 6–1　魏晋南北朝时代的社会风尚

可以看出，一个时代的世风就是由该时代最有势力的阶层所塑造，进而风靡全社会，直至影响到社会各阶层的。而且，这种社会风尚的开端有它深远的含义或必然的原因，而附和者就是那些浑浑噩噩的社会大众，导源和传播者就是掌握权力的资源支配者。具体到魏晋，就是世家大族。

前述提到，东汉以降，由豪族衍生出来的世家大族逐渐成为社会的支配力量，他们不仅在和平时期集权力与财富于一身，成为左右时局的群体，而且主导了汉末至三国时代的军阀战争。于是，在社会分层中逐渐演化出“世族”和“单家”两大阶层，这种称谓在《后汉书》和《三国志》中屡次出现，不胜枚举。

魏晋南北朝是世族群体的高光时刻。前述提到，世族门阀大体形成于汉魏之间，至魏晋时期门阀制度正式形成。到了晋宋之间，士庶的区别已趋定型，以后除了个别家族，如兰陵萧氏由于两朝帝室和其他原因而成为顶级大族，几乎再没有出现上升的寒族获得公认的世族地位的实例。至此，“世族”和“单家”这种社会分层被固化，成为天经地义的存在。《宋书·王弘传》记南朝宋左丞江奥与八座讨论同伍犯法事宜，当议论到士人应否连坐的问题时，众人皆说：

> 符伍虽比屋邻居，至于士庶之际，实自天隔，舍藏之罪，无以相关。

所谓“实自天隔”，就是天经地义。可见，在大族眼里，士人可以不受连坐法律的约束，享有“豁免权”。

《南史·王球传》记载王球拒绝宋文帝命令他与“寒人”徐爰相知的诏令时说：“士庶区别，国之章也，臣不敢奉诏。”可见当时士与庶的身份隔阂有多么深。

士庶好像一个在天上一个在地下，身份差别巨大。对这种现象，当时的名士也有所觉察。《资治通鉴》记南朝大臣裴子野在《选举论》中说：“古者……士庶虽分，本无华泰之隔，自晋以来，其流稍改……降及季年，专尚阀阅。”裴子野的同僚，大臣沈约在《宋书·恩幸传·序》中也提到：“魏晋以来，以贵役贱，士庶之科，较然有辨”。

马端临在《文献通考·职役考一》中总结说：

> 魏晋以来，最重世族，公家以此定选举，私门以此订婚姻，寒门之视华族，如冠屦之不侔。

从以上史料中可以看出，魏晋南北朝时期的世族以门户为基，以身份为根，成为社会上的特权阶层，士庶的身份鸿沟巨大。即使到南北朝，寒族的地位有所提升，但也势难与大族相比肩。因为，世族集团已感到自己的地位受到了严重的威胁，这才想方设法构建深沟高垒以保护自己的利益。

大族集团通过身份和特权构建起了一个庞大的“门户场域”，再通过场域中的要素，比如婚配、交际、学术、文化活动以及伦理道德等形成了一个错综复杂、犬牙交错的人际网络体系，可谓固若金汤、势难撼动。如图 6-2 所示。

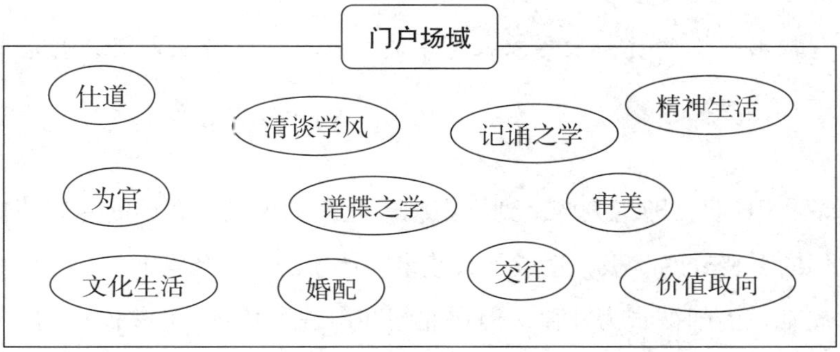

图 6-2　魏晋南北朝时代的门户场域

而这个场域的功能是巩固世家大族的权力。更为重要的是，正如前述提到的，玄学，特别是国家玄学，在这种社会分层的演化过程中起到了推波助澜的作用，比如郭象的崇有论思想。

一　病态的仕道：世族群体的从政之路

世族与寒门的巨大鸿沟，首先体现在仕道方面，虽说并无明文规定，但在现实中却体现得十分明显，属于潜规则。最为显著的特点是，有些官位为大族所垄断，寒门很难染指，比如秘书与著作官、黄门散骑、东宫与王国的属官，以及尚书属官的一部分职位。

先说秘书与著作官。《晋书·阎缵传》记载：

> 国子祭酒邹湛以缵才堪佐著，荐于秘书监华峤，峤曰：“此职闲廪重，贵势多争之，不暇求其才。”

所谓“贵势”，显然指大族。可见，这类官职不是重才德而是重门户，并且又清闲又有权，自然得到大族的青睐，寒门子弟在这种局面下可以说毫无竞争力。

此规则到了南北朝时愈加牢固。《梁书·张缵传》记载：

> 秘书郎有四员，宋齐以来为甲族起家之选，待次入补，其居职例不数十日便迁任。

所谓“甲族”，即指大族。到了南朝，此官不仅成为大族的专属职位，还成为他们向上晋升的跳板，变成了大族走向仕途的“预备官职”。

此规则在南朝被奉为铁律，但在北朝却出现了特例。《魏书·李彪传》记载北魏孝文帝曾下诏说：

> （李）彪虽宿非清第，本阙华资，然识性严聪，学博坟籍，刚辩之才，颇堪时用，兼忧吏若家，载宣朝美……可特迁秘书，以酬厥款。

所谓“清第”，即指大姓名士。李彪出身寒门，但因才德兼具，被任命为秘书。但这只是寒门染指大族官职的特例，在北朝，此类官职依然只有大族才能担任。

除了秘书，黄门散骑等官职也被大族把持。《宋书·谢弘微传》记载：

> 晋世名家身有国封者，起家多拜员外散骑侍郎。

《陈书·蔡凝传》记载：

> （陈）高宗尝谓凝曰：“我欲用义兴主婿钱肃为黄门郎，卿意何如？”凝正色对曰：“帝乡旧戚，恩由圣旨，则无所复问。若格以佥议，黄散之职，故须人门兼美，唯陛下裁之。”

可见，黄门散骑等也成为大族晋升的“预备官”了，被大族牢牢地把持在手中。因此，当陈高宗向蔡凝征求意见时，才引起这位大族成员的激烈反应。

被大族把持的还有东宫与王国的属官，因为这类官职可以与未来的皇帝以及宗室来往，显得更为重要，因此成为大族趋之若鹜的职位，且在南北朝时尤为明显。《梁书·庾於陵传》记载：

> 旧事东宫官属，通为清选，洗马掌文翰，尤其清者。近世用人，皆取甲族有才望。

所谓“清选”，即从大族中选拔。可见这类官职在当时已然成为大族的专属岗位了，寒门无法染指。

《南史·王劢传》记载：

> （张）缵嘉其（王劢）风采，乃曰：“王生才地，岂可游外府乎？”奏为太子洗马。

相比南朝，此风在北朝可谓有过之而无不及。《魏书·咸阳王禧传》记载：

> 于时，王国舍人应取八族及清修之门，禧取任城王隶户为之，深为高祖所责。

所谓“八族”，指穆、陆、贺、刘、楼、于、嵇、尉八个鲜卑族姓氏；“清修之门”，指汉姓的四个顶级世族崔、卢、郑、王。这十二个家族可谓大族中的大族，显赫至极。而高祖拓跋什翼犍是北魏尚未统一前的首领。可见，大约与南朝同时，北方已经确立了东宫属官与王国舍人非大族不得任的规则。

最后一类被大族垄断的就是尚书属官的一部分重要职位，比如吏部郎、吏部曹官、公车令、长史令等。这一现象依然以东晋南北朝时最为显著。《晋书·王国宝传》记载：

妇父谢安恶其倾侧……除尚书郎，（王）国宝以中兴膏腴之族，唯作吏部，不为余曹郎……因辞不拜。

王国宝出身太原王氏，属于东晋的顶级大族，但岳父谢安厌恶他的品行，任命他为大族不愿做的尚书郎，王国宝自然不同意，只想做吏部郎，因而与谢安结怨。

不仅吏部郎，甚至是尚书属官的吏部曹官，以及公车令也被大族垄断。《宋书·颜师伯传》记载：

师伯子举周旋寒人张奇为公车令，上（宋孝武帝）以（张）奇资品不当……以蔡道惠代之。

公车令是一个品级不高的小官职，却引来了皇帝的干涉，说明此官不是为寒人所设立。如果是大族，情形必然相反。

可见，尚书属官是大族非常看重的职位，但也有特例。《南齐书·江谧传》记齐高帝萧道成下诏书说：

江谧寒士，诚当不得竞等华侪，然甚有才干，堪为委遇，可迁掌吏部（尚书属官）。

江谧与北朝的李彪一样，也是因才干出众而受到皇帝的特别提拔，得到了大族才能担任的官职，这样的好运对寒门来说简直是可遇而不可求。

可以看出，以上四类都是中枢一级或重要（王国的属官）官职，皆被大族垄断。还有一些职位是大族所嫌弃或不愿充任的。这部分职位包括两类：一类是中央的一部分官职；一类是边远地区的外放官。这些大族弃之所不为的官职，自然就落在了寒士头上，可称为“寒官”。

被大族嫌弃的中央官职很多，比如宪台、尚书郎等。其中不居宪台是大族走仕途的第一准则。《通典·职官》记载：

王球甚矜曹地，遇从弟僧郎除御史中丞，球谓曰：“汝为此官，不复成膏粱矣（栋梁）”。

《南齐书·王僧虔传》记载：

后为御史中丞……甲族由来多不居宪台，王氏分枝居乌衣者，位宦微减，僧虔为此官，乃曰：“此是乌衣诸郎坐处，我亦可试为耳。”

御史中丞即“宪台”，“乌衣者”即指寒士，可见御史中丞大多由寒族担任。宪台之所以被大族嫌弃，可能是此官属言官，不仅工作压力大，还容易得罪人，升迁很慢，自然成为大族竞相躲避的对象。

尚书郎也成为大族所不为者。《世说新语·方正》篇说：

王中郎（坦之）年少时，江彪为仆射，领选，欲拟之为尚书郎。有语王（坦之）者，三曰：“自过江来，尚书郎正用第二人，何得拟我！”

可见，自从东晋建国后，大族几乎没有担任过尚书郎，王坦之出身太原王氏，属于顶级大族，必然不会担任此职。

《宋书·江智渊传》记载：

元嘉末，除尚书库部郎，时高流官序，不为台郎．智渊门孤接寡，独有此选，意甚不悦，固辞不拜。

江氏属于南朝大族，本不应该被任命为尚书郎，但由于江氏家族人丁凋零，在朝中没有靠山，因而被授予此官，这自然引起江智渊的不满。

《梁书·王筠传》记载：

（王筠）除尚书殿中郎，王氏过江以来，未有居郎署者，或劝逡巡不就。

王筠的祖父是王僧虔，属于琅邪王氏，自从王导保晋元帝渡江以来，家族内没有一人担任过尚书郎，所以才推三阻四，不肯就职。

除台宪和尚书郎，国子助教、军府舍人、五都令史之属等，也都属于寒官序列，为大族所轻视。

至于大族不愿意担任的外放官，也很多，比如边郡长令等官职。《梁书·陶季直传》记载：

（陶季直）出为辅国长史、北海太守，边任上佐，素士罕为之者。

所谓“素士”，即指大族名士。北海属边郡，清苦难治，自然不会受大族青睐。

《南史·王劢传》记载：

（王劢）为轻车河东王功曹史，王出镇京口，劢将随之蕃……（张）缵嘉其（王劢）风采，乃曰：“王生才地，岂可游外府乎？”

王劢是大族出身，张缵也是大族出身，自然不赞成王劢去边地任职，便举荐他做了东宫的属官。

北朝的情况与南朝如出一辙，不分伯仲。《北齐书·崔劼传》记载：

（崔氏）世为三齐大族……二子（崔）拱、（崔）㧑并为外任，弟廓之从容谓劼曰：“拱、㧑幸得不凡，何为不在省府之中清华之所，而并出任外藩，有损家代（家风）。”

崔氏是北朝时期一等一的大族，但崔劼身为高官，廉洁奉公，不给二子开后门，而是将他们外放地方锻炼，因此遭到同族的非议，认为这样做有辱门楣。

《北齐书·元文遥传》对这种现象总结得更为直白，文曰：

齐因魏朝，宰县多用厮滥，至于士流，耻之百里。

所谓“厮滥”，即指寒门，可见当时这些地方微官非常受寒族的追捧，从而引起大族的轻蔑，而士流大族对这种官职也是避之唯恐不及。

可以看出，蔓延东晋至南北朝的这种仕宦风气，无非是要维持世家大族的门第特权，从而建立一种门户壁垒，达到排挤寒族、轻视单家的目的，这些都是世族社会和政治特权的集中体现。

二　清谈误国：世族的为官心态

魏晋南北朝时代，由于玄学的引导和清谈之风的蔓延，整个官场弥漫着一种禁人做事、诱人偷懒的风气，士人视不涉足事务、清谈虚浮为高远，而视竭力国事、畅谈民政为庸俗。如前所述，这种世风的始作俑者，正是西晋时期的大族王衍、王戎之徒，所谓“清谈误国”，正是这种风气所引发的后果。《晋书·王澄传》记大臣王澄到荆州任职，“日夜纵酒，不亲庶事，虽寇戎急务，亦不以在怀”。《晋书·胡毋辅之传》记建武将军安乐太守胡毋辅之“与郡人光逸昼夜酣饮，不视郡事”。《晋书·山简传》记山简出镇襄阳时，“四方寇乱，天下分崩，王威不振，朝野危惧，简优游卒岁，唯酒是耽”。《世说新语·轻诋类》注引《八王故事》说：“夷甫（王衍）虽居台司，不以事物自婴，当世化之。……皆雅崇拱默，以遗事为高。”

这些人都是当时名冠天下的贤士，但因清谈而误国，对西晋的败亡负有不可推卸的责任。

其实这种风气出现之时，已有人看出其中的危险。《晋书·裴頠传》记裴頠说：

深患时俗放荡，不尊儒术……口谈虚浮，不遵礼法，尸禄耽宠，仕不事事……位高势重，不以物务自婴……乃著为崇有之论，以释其蔽。

可见，正是这种不体时务、清谈放荡的风气，引发了玄学内部的改造，人们开始关注对“有”的体悟。而到了东晋，随着政治实践的推进，一些清醒的士人也对这种不断堕落的官风有了更为深刻的体会。

两晋之际的文学家干宝有感于当时官场风气的堕落，在《晋纪总论》(《昭明文选》引）中感叹说：

> 当官者以望空为高而笑勤恪，是以目三公以萧杌之称，标上议以虚谈之名，刘颂屡言治道，傅咸每纠邪正，皆谓之俗吏，其倚仗虚旷，依阿无心者，皆名重海内。

刘颂和傅咸都是魏晋之际的大臣，两人刚正不阿、针砭时弊，主张务实进取的精神，却遭到清谈之风的排挤，被当成不识时务的俗人。而那些空言玄虚、清谈误国的大姓名士，却成为名重天下的贤人，这显然暗指王衍、王戎等人。

东晋建国后，一些开明的大臣在反思西晋败亡的原因时，得出了更为深刻的历史教训。《晋书·王导传》记王导在论述西晋灭亡的原因时说：

> 公卿世族，豪侈相高，政教陵迟，不遵法度，群公卿士，皆餍于安息，遂使奸人乘衅，有亏至道。

《晋书·熊远传》记熊远上书元帝（晋元帝司马睿）叙述当时的风气时，可谓一针见血，书曰：

> 称职以违俗见讥，虚资以从容见贵……当官者以理事为俗吏，奉法为苛刻，尽礼为谄谀，从容为高妙，放荡为达士，骄蹇为简雅。

《晋书·陈頵传》记陈頵上书王导痛斥西晋败乱的原因时说：

中华所以倾弊，四海所以土崩者，正以……《老》《庄》之俗倾惑朝廷，养望者为弘雅，政事者为俗人，王职不恤，法物坠丧。

所谓“王职不恤，法物坠丧”，即指名教的伦理纲常被老庄之学破坏。陈頵的话虽然有些偏激，但反映了当时官场风气的现实状况。

但是，虽有人能看出问题的症结，却没能找出抵御这种歪风的方法，导致此风从魏晋刮起，历东晋南北朝，呈愈演愈烈之势。

《晋书·阮孚传》记阮孚“为安东将军，蓬发饮酒，不以王务婴心”。东晋时最为著名的故事非王徽之“论马”莫属了。《世说新语·简傲》对此有详细的记载，文曰：

（王徽之）作桓车骑（桓冲）骑兵参军，桓问曰：“卿何署？”

答曰：“不知何署，时见牵马来，似是马曹。”

桓又问：“官有几马？”

答曰：“不问马，何由知其数。”

又问：“马比死多少？”

答曰：“未知生，焉知死。”

王徽之是东晋时期的书法家，其父为王羲之，出身顶级大族琅邪王氏。他在做桓冲的骑兵参军时，整天吊儿郎当，迷迷糊糊。当上司问他具体业务时，他来了个一问三不知，桓冲虽然生气，也拿他毫无办法。试想，官员大都如王徽之一样，那为政者还有什么事可做呢？但这就是当时的官场风气，势难抵御。

进入南北朝后，此风依然如故，且愈演愈烈。初唐史学家，《梁书》的编撰者姚思廉在《何敬容传论》中总结了晋宋之际的官场风气，文曰：

魏正始及晋之中朝，时俗尚于玄虚，贵为放诞，尚书丞郎以上，簿领文案，不复经怀，皆成于令史。逮于江左，此道弥扇。……宋世王敬

▲清　金廷标　人物事迹十二帧册之清溪邀笛（局部）

弘身居端右，未尝省牒，风流相尚，其流遂远，望白署空，是称清贵，恪勤匪懈，终滞鄙俗。

王敬弘出身大族，此人将空谈之风发扬光大，是晋宋之际清谈误国的代表人之一，对东晋的败亡起了催化作用。

《南齐书·柳世隆传》记柳世隆："转尚书令……在朝不干世务，垂帘鼓琴，风韵清远，甚获世誉"。《梁书·沈约传》记沈约："用事十余年，未尝有所荐达，政之得失，唯唯而已。"

《陈书》也是初唐姚思廉编撰的史书，他借《后主纪论》对南北朝的官风作了深刻且发人深思的总结，文曰：

自魏正始晋中朝以来，贵臣虽有识治者，皆以文字相处，罕关庶务……文案薄领，咸委小吏，浸以成俗。迄至于陈。后主因循，未遑改革。

更有甚者，此风不仅没能得到遏制，那些坚守职责、奉公务实，抵御此风的人反而受到冷嘲热讽，屡受排挤。《梁书·何敬容传论》记载：

卞壶以台阁之务，颇欲综理。阮孚谓之曰："卿常无闲暇，不乃劳乎？"

卞壶是东晋时期少有的改革派政治家，不仅务实进取，且才能出众，却受到阮孚这位不干实事、整天空谈的同僚嘲笑。

《南史·何敬容传》记载：

（何敬荣）聪明识达，勤于簿领，诘朝理事，日旰不休……自晋宋以来，宰相皆文义自逸，敬容独勤庶务，为时所嗤鄙。

何敬容是南梁大臣，是晋宋以来少有的能务实勤勉的宰相，却遭到当时清谈之人的诋毁，因为这些人以不理事为荣，自然，那些经邦治世的事情，以及务实勤政的作风必然遭到他们的鄙视。而具体表现就是鄙视武官和法吏。

在这些清谈玄虚的大族眼中，武官处于鄙视链的末端，他们往往以杀敌对阵为耻，因此演化出了一种崇尚粉饰、孱弱不堪的妇人形态，即以弱为荣、以刚为耻。

《晋书·王导传》记载有二子，长子王悦好文，次子王恬尚武，王导见了长子十分喜悦，一见王恬便有“怒色”。可见，在王导眼中，以家门中出了好武的子弟为大不幸。顶级大族门风如此，其他大族可想而知。

《宋书·张畅传》记李伯嘲笑张畅说：“君南土膏粱，何为著屩，君而著此，使将士云何？”张畅出身大族，故李伯以大族而穿武装来讥讽张畅。《宋书·宗悫传》记当时天下太平，士人都崇尚文业，唯独宗悫“任气好武，故不为乡曲所称”。宗悫是刘宋的名将，出身大族，其家族成员都以文为业，唯独宗悫从事武业，故被士人耻笑。可见，不仅大族，重文轻武之风也传染到一般士人当中了。

《南齐书·沈文季传》记褚渊称赞陈显达、沈文季是当今一等一的大将，“足委以边事”。但沈文季却“讳称将，因是发怒”。明明是以武功为业，反而以出身武将为可耻，可见当时的世风对人的影响有多么巨大。《南齐书·张欣泰传》记载张欣泰出身武将家庭，却“不以武业自居”，褚渊问他的弓马技艺如何，他却欲盖拟彰地回答“性怯畏马，无力牵弓”。可见，一名出身武将家庭的子弟也被世风感染，喜好文业而耻谈武功了。

不仅南朝，这种风气在北朝也有，只是没有南土明显。《北齐书·羊烈传》记载羊烈鄙视毕义云的家世，公然羞辱他说：“近日刺史，皆疆场之上，彼此而得，何足为言。”

这种重文轻武的世风不断传播，自然会繁殖出一批体态孱弱、病恹恹的官场人士。至南北朝晚期，此风更是呈现出极端病态的趋势，且南朝胜于北朝。《颜氏家训·勉学》篇记颜之推评价南梁世家子弟的形态时说：

> 梁朝全盛之时，贵游子弟……无不熏衣剃面，傅粉施朱，驾长檐车，跟高齿屐，作棋子方褥，凭斑丝隐囊，列器玩于左右，从容出入，望若

神仙。

上面是对世家子弟的描述，接着《颜氏家训·涉务》又描述了士大夫的形态特征。

> 梁世士大夫皆尚褒博带，大冠高履，出则车舆，入则扶侍，郊郭之内，无乘马者。……及侯景之乱，肤脆骨柔，不堪行步，体羸气弱，不耐寒暑，坐死仓猝者往往而然。建康令王复，性既儒雅，未尝（常）乘马，见马嘶喷陆梁，莫不震慑，乃谓人曰："正是虎，何故名为马？"

正是由于这种风气的荼毒，才出现了"指马为虎"的笑话，这群文弱无能、空谈无用的士人必将成为历史的弃儿。

除了轻视兵事，魏晋南北朝的世族对刑名法术也十分排斥，从而造成这些官员在处理政务时，对必须了解的法令也是知之寥寥，不甚娴熟，此风也是以南朝为最。《南齐书·孔稚珪传》记南齐大臣孔稚珪上疏说：

> 古之名流，多有法学……今之士子，莫肯为业。纵有习者，世议所轻，良由空勤永岁，不逢一朝之赏，积学当年，多为闾伍所蚩。

可见，当时研习刑名法术的人多被轻视，大族更是以习法为耻。不只是法学，就是一般的经世之学，他们也一无所知。南朝末年的颜之推在《颜氏家训·涉务》中对当时的风气有过精辟的总结，他说：

> 吾见世中文学之士，品藻古今，若指诸掌，及有试用，多无所堪……故难可以应世经务也。晋朝南渡，优借士族，故江南冠带……多迂诞浮华，不涉世务。

《隋书·柳庄传》记北朝末年的大臣苏威在论江南士人时说：

江南人有学业者，多不习时务；习时务者，又无学业；能兼之者，不过柳庄。

南朝与北朝两位名士都不约而同地看到江南士人这种不学无术的行径，说明此风气对南朝官场影响之深。因此，在这种居高位而不谋其政，且以不习实务之学为贵的风气的毒害下，世家子弟自然不会有经世安邦之才，也就很难胜任政务了。这种局面，必然会引起那些怀抱济世之志、有治国安邦之才的人的不满和忧虑。

《南史·褚淡之传》记载：

会稽郡阙，朝议欲用蔡廓，（宋）武帝曰："彼自是蔡家佳儿，何关人事，可用褚佛（淡之）。"

蔡廓和褚淡之都是南朝宋的大臣，前者好清谈，后者崇实务。可见，在宋武帝眼里，他是推崇有经世之才的褚淡之的。

《南史·王球传》记载：

时彭城王义康专以政事为本，刀笔干练者多被意遇，谓刘湛曰："王敬弘、王球之属，竟何所堪施？为自富贵，复那可解。"

刘义康与其父宋武帝一样，看重实干勤勉之人，因而"刀笔干练者"多被重用。自然会对王敬弘、王球这些出身大族却不知实务，只会空谈的人产生反感。

《南史·刘系宗传》记载：

系宗久在朝省，闲于职事，（齐）武帝常云："学士辈不堪经国，唯大读书耳。经国，一刘系宗足矣。沈约、王融数百人，于事何用。"

可见，齐武帝也推崇有经世治国才能的人，而对只会舞文弄墨的沈、王等人比较厌恶。

《南史·齐竟陵王子良传》记载，袁彖对陆慧晓说：

> 齐氏微弱，已数年矣，爪牙柱石之臣都尽，命之所余，政风流名士耳，若不立长君，无以镇安四海。

所谓“爪牙柱石”，即指经世安邦之人。袁彖的话一语中的，南齐立国不到二十三年就被梁取代，成为南朝中最短命的王朝。而缺少实干之才，成为南齐败亡的原因之一。

可以看出，魏晋南北朝时期“崇尚清谈，鄙视实务”的风气是逐渐积累而成的，它萌芽于魏晋，成于东晋，而大盛于南北朝。在这种世风的熏染下，大族们不习世务、不亲庶事，反而对实干者鄙视嘲讽，从而造成了官员的普遍无能，又引发了人们对大族失去信任，但又找不到抵御这种歪风邪气的方法。因为政权被世族集团把持，他们“公门有公，卿门有卿”，无须有经世在才，就能“安流平进，坐致三公”，自然会对经世之业失去兴趣。这样，必然会造就一批“金玉其外，败絮其中”的风流名士。试想，政权被这些人把持，焉有不误国之理？

三　声音和容貌：世族时代的审美风尚

由于魏晋南北朝的世族重文轻武，“熏衣剃面，傅粉施朱”，所以他们特别注重外形，比如清朗的声音、娇美的面容，以及雍容的体态，其目的是从外形上来显示自己与众不同的身份，巩固自己的地位。这些嗜好本来无可厚非，但如不加约束，任其发展，就会变成一种“天之骄子”的病态心理，造成只重其表而不重其实的风气，长此以往必将误国。简而言之，当时人们特别关注声音、官话、容貌和风度，这四个要素构成了士人的审美风尚。

首先，当时的大族特别关注声音，因为他们中的许多人就是以声著称，以声成名的。《世说新语·文学》注引邓粲《晋纪》说：

（裴）遐以辩论为业，善叙名理，辞气清畅，泠然若琴瑟，闻其言者，知与不知，无不叹服。

《宋书·徐湛之传》称徐湛之：“善于尺牍，音辞流畅。”《南齐书·庾杲之传》赞扬庾杲之：“风范和润，善音吐……上（齐世祖萧赜）每叹其风器之美。”《南史·顾越传》记：“（梁）武帝尝（常）于重云殿讲《老子》，仆射徐勉举越论议，越抗首而请，音响若钟，容止可观，帝深赞美之。”

可以看出，南土士人和皇帝对声音有一种特别的偏爱，北朝亦如此。《魏书·王肃传》称王肃：“陈说治乱，音韵雅畅。……高祖（北魏孝文帝拓跋宏）嗟纳之，促席移景，不觉坐之疲淹也。”《魏书·王弁传》记载：“高祖曾因朝会之次，历访治道。弁年少官微，自下而对，声姿清亮，进止可观。高祖称善者久之。”《魏书·李同轨传》记载：“出帝幸平等寺，僧徒讲法，敕同轨论难，音韵闲朗，往复可观。出帝善之。”《北齐书·杨愔传》记杨愔：“能清言，美音制，风神俊悟，容止可观。人士见之莫不敬异。”

徐湛、王肃等人都因声音而受到赞誉，为其政治活动锦上添花，这类事例在当时不胜枚举。而且在魏晋南北朝的史书中，诸如“美音容”“美音制”“美音仪”“美音辞”等词语可谓比比皆是。说明人们对声音是非常看重的。

其次，大族们不仅看重声音，追求声音清如琴瑟、响若洪钟，还特别看重官话，而鄙视乡音，所谓乡音，就是地方话。《南史·胡谐之传》记载齐世祖萧赜特别欣赏胡谐之，想奖励他和贵族联姻，但因胡氏家族语音不纯正，萧赜便派了“宫内四五人”亲往胡家，教胡氏子女纯正的官话。看来，这位皇帝着实不错，为胡家真是操碎了心，不仅负责介绍对象，还要教人说话。可见当时大族对官话的重视。

北方也是如此，但由于此地民族成分比较复杂，能说官话的人不多。《北齐书·裴谳之传》记杨愔感叹说：“河东士族，京官不少，唯此家兄弟全无乡音。”裴家三兄弟是指裴让之、裴诹之和裴谳之，可见三人学习能力很强，成为河东大族中少有的能说官话之人。

再次，随着时代的变迁，大族不仅看重声音，重视官话，还特别注重容貌。在魏晋南北朝的诸史中，出现了很多“美容止”“美容仪”“状貌伟丽”“姿貌秀异”等词语。可见，当时人们品评人物，不仅要考量其才识，面目体态也是一个重要的评价指标。

《世说新语·容止》评王戎说：“眼烂烂如岩下电。”《晋书·卫玠传》评卫玠说：“与玠同游，冏若明珠之在侧，朗然照人。”《世说新语·容止》评王衍说：“夷甫处众中如珠玉在瓦石间。”《晋书·杜乂传》评杜乂：“肤若凝脂，眼如点漆，此神仙人也。”诸如此类略带夸张的评价在当时比比皆是，可见人们对容貌的看重。

容貌如此重要，自然不能浪费，一定要和仕途联系起来方显完美。《建康实录·齐下》记载：“宋孝武选侍中四人，须有风貌，王彧与谢庄为一双，（阮）韬与何偃为一双。”《梁书·王茂传》记王茂“洁白美容观”，齐武帝在未登基前即感叹说：“王茂年少，堂堂如此，必为公辅之器。”

在这方面，北朝比南朝走得更快。《魏书·官氏志》记载：“（北魏）建国二年，初置左右近仕之职。……皆取诸部大人及豪族良家子弟仪貌端严，机辩才干者应选。”《北齐书·薛琡传》记载：“（薛琡）为典令客，每引客见，仪望甚美。魏帝（北魏宣武帝）召而谓之曰：‘卿风度峻整，姿貌秀异，后当升进，何以处官？’”

当然，这些大族子弟在仕途上顺风顺水，虽不全赖容貌所赐，但容貌成为他们升迁的条件之一是确切无疑的。

容貌可以成人，亦能败人。比如，《南齐书·陆慧晓传》记载齐明帝：“欲用（陆慧晓）为侍中，以形短小乃止。”陆慧晓出身顶级大族陆氏，仕途原本应该一帆风顺，但因相貌丑陋而仕途受阻，从而抱憾终生．这样的例子应该很多。因为，容貌毕竟是先天形成的，如果出身大族却容貌丑陋，对他们来说将是莫大的损失。于是，世族子弟对那些可由后天学习获得的姿态风度显得特别有兴趣，比如从容的仪态、娴静的举止、大气的步伐、镇定自若的气度，等等。只要稍加训练，这些风度应该不难掌握。

《晋书·顾和传》记载：

(顾和)有清操，族叔(顾)荣雅重之，曰："此吾家麒麟，兴吾宗者必此子也。"时宗人(顾)球亦有令闻，为州别驾，荣谓之曰："卿速步，君孝超君矣。"

顾和，字君孝，出身南方土著大族顾氏。果然不出顾荣的预判，顾和被王导赏识，一路飙升，成为东晋名臣，而"清操"这一仪态成为其升迁的条件之一。

《晋书·王献之传》记载：

(王献之)尝与(王)徽之共在一室，忽然火发，徽之遽走，不遑取履。献之神色恬然，徐呼左右扶出。

《世说新语·雅量》记载：

(王珣)为桓宣武(桓温)主簿……因朝阁下，伏公于内，走马直出突之，左右皆宕仆，而王(珣)不动，名价由是大重，咸(都)云："是公辅器也。"

王献之、王珣都是东晋时期的大臣兼书法家，以临危不惧的仪态得到人们的赞扬，从而名重一时，可见人们对这种行为的看重。这种以仪态来评价和获得声名的现象到南朝时更为明显。

《南齐书·褚渊传》记载：

(褚渊)美仪貌，善容止，俯仰进退，咸有风则。每朝会，百僚远国使莫不延首目送之。宋明帝尝叹曰："褚渊能迟行缓步，便持此得宰相矣。"

《南齐书·徐孝嗣传》记载：

（徐孝嗣）幼亩挺立，风仪端简……善趋走，闲容止，与太宰褚渊相埒（相等），世祖（宋孝武帝）深加待遇。尚书令王俭谓人曰："徐孝嗣将来必为宰相。"

《南齐书·张融传》记载：

（张融）风止诡越，坐常危膝，行则曳步，翘身仰首，意制甚多，随例同行，常稽迟不进。……出入朝廷，皆拭目惊观之。

褚渊、徐承嗣果然凭借出众的仪形而成为宰相，张融也成为南齐的大臣兼书法家。

可见，这些通过不断练习而形成的风度，弥补了容貌上的不足，为大族的仕途打开了方便之门。于是，形成了一种大族的标准姿态。《宋书·乐志三》载《陌上桑》中秦罗敷描写自己丈夫的姿态时说："为人洁白皙，鬑鬑颇有须。盈盈公府步，冉冉庥中趋。"这就是当时人们向往和赞美的标准风度。

总之，声音、官话、容貌和风度这四个审美要素，不仅影响着士人的社会生活，还影响着大族的政治命运。而这种风气早在春秋战国之际就已经出现了。《墨子·尚贤下》说：

今王公大人，其所富，其所贵，皆王公大人骨肉之亲，无故富贵，面目美好者也。

看来，要想富贵，或者出身好，或者面目出众，而魏晋南北朝两者都看重。因为只有大族才同时拥有这两个条件，这种风气是世族体制下才能衍生出的现象。

四　奇异的婚配：世家大族的婚姻规则

世族在控制了官制后，为了扩充权力、保持特权的稳定性，并巩固优越地位，在婚姻方面制定了世族与寒门不许婚配的严格规定。《三国志·魏书·王粲传》记载：

王谦为大将军何进长史，进以谦名公之胄，欲与为婚，见其二子使择焉，谦弗许。

同样的事情又发生在了西晋。《晋书·华廙传》记载："韩寿托贾后求以女配（华）廙孙陶，廙拒而不许。"

何进、韩寿虽然握有实权，但出身卑微；王谦、华廙却属当时的顶级大族。可见，大族在权力和门户方面，宁可固守门户，也不肯屈就权力。这种婚配规则到了东晋南北朝时期，更是愈演愈烈，且让人啼笑皆非。《魏书·崔巨伦传》记载：

巨伦有姊，明惠有才行，因患眇一目，内外亲类莫有求者。其家议欲下嫁之。巨伦姑赵国李叔胤之妻，高明慈笃，闻而悲感曰："吾兄甚德，不幸早世，岂令此女屈事卑族。"乃为子翼纳之。

崔氏是北魏时期的大族，所谓"卑族"，当然指寒门而言。可见，在世族眼中，即使家族成员有残疾，也不能下嫁"单家"，这是一条铁律，不能违反。只是苦了娶这位残疾女子的小伙子。

《魏书·赵邕传》也记载了一则可笑的故事：

（赵邕）与范阳卢氏为婚，女父早亡，其叔许之，而母不从。母北平阳氏，携女至家，藏蔽规免。

卢氏和阳氏都是当时北魏的大姓世族，赵氏虽属世族，但与卢、阳不能比肩，才发生阳氏“携女至家，藏蔽规免”的事情。可见，门户在当时的婚配中有着巨大的影响力，即使同属大族，也不能随意婚配。

不仅北朝，南朝的婚配规则同样严苛，甚至到了要皇帝干涉的地步。《南史·侯景传》记载，侯景上书皇帝，想娶王氏或谢氏的女子为妻，皇帝答复说：“王谢门高非偶，可与朱张以下访之。”侯景是南梁的权臣，出身卑微，却想娶当时的顶级大族之女为妻。所以，即使是皇帝也不敢冒这个风险答应侯景的请求，只能婉转地让他在更低一级的大族中寻找配偶了。

江蒨是南梁的臣子，出身江姓大族。《梁书·江蒨传》记载当时的权臣徐勉请江蒨的门客翟景为自己的第七子徐繇向江蒨求婚，“蒨不答”，徐勉又向江蒨之弟江葺和王泰的女儿求婚，二人都拒绝了。王泰出身琅邪王氏，也属于顶级大族。而徐勉出身贫寒，自然不能得到江氏和王氏的青睐。徐勉知道此事困难，才让江蒨的门客代自己求亲，果然被拒。

《陈书·王元规传》记载：

> 元规八岁而孤，兄弟三人随母依舅氏往临海郡。时年十二，郡土豪刘瑱者，资财巨万，以女妻之，元规母以其兄弟幼弱，欲结强援。元规泣请曰：“姻不失亲，古人所重，岂得苟安异壤，辄婚非类。”母感其言而止。

所谓“非类”，就是门户不同。王元规出身太原王氏，虽家道中落，但属当时的顶级大族。因此，门户观念极深的王元规自然不愿娶暴发户的女子为妻。可见，门户观念在当时的社会中多么根深蒂固，连一个十二岁的孩童都被荼毒了。

魏晋南北朝时代的婚配规则不仅适用一般人，就是对皇室成员，大族依然不愿违反，因为皇室虽拥有权力，但非名门出身。史料中记载了三个极有趣的小故事，恰恰反映了这个现实。

《晋书·元武杨皇后传》记载：

> 泰始中（西晋武帝年号），帝博选良家以充后宫。……名家盛族子女

多败衣瘁貌以避之。

《太平御览》引《晋书》记载：

（西晋）武帝敕卫瓘第四子（卫）宣尚繁昌公主，瓘自以诸王之故胄，婚对微素，抗表固辞。

《太平御览》引臧荣绪《晋书》记载：

裴绍息猷尚荥阳长公主，绍字承伯，（裴）秀从兄子，猷不愿婚，闻诏在中书，即聘温峤（东晋大臣）妹。

卫氏、裴氏、温氏皆属两晋的顶级大姓名士，司马氏虽然也是大族，但与他们比还是略显逊色，这些大族宁可抗命，也要维护严苛的婚配规则。而且皇室虽想与这些大族联姻，但对他们的抗命行为也束手无策，说明大族在当时拥有多么大的话语权。

如果某个大族一时疏忽，或因唯利是图，与寒门结成婚姻，即使这个寒族有权有财，也构成了辱没家门的行为，轻则受到谴责，或被逐出家门，重则可能构成大罪。这样的事例在史料中屡见不鲜。

《晋书·杨佺期传》记载："时人以其晚过江，婚宦失类，每排抑之。"所谓"婚宦"，就是大族之间的婚配。杨佺期是东晋的名将，出身中原旧族，家世显赫。但由于杨氏经历过北方战乱，来南方的时间又比较晚，门户观念有些薄弱，违反了大家婚配规则，从而受到南方大族的谴责和排挤。

不仅南方如此，北方亦然。《魏书·平恒传》记载平恒："忿其世衰，……不为（诸子）营事婚宦，任意官娶。……恒妇弟邓宗庆及外生（甥）孙玄明等每以为言。"平恒是北魏时期的大臣兼学者，出身大族。但他出于对世事的愤懑，竟对儿子的婚姻大事采取放任的态度，导致婚配失伦。这种行为竟引发了同样出身大族的小舅子邓宗庆和外甥的谴责。

杨佺期和平恒的故事反映了当婚姻问题冲击到大族的伦理规则时，会引起家族卫道士的强烈谴责的现象。这种谴责只是发生在家族内部，但仍然有很多人因此事受到弹劾，甚至背负了罪名。

《昭明文选》中记载了一篇沈约《奏弹王源》文，是对东海王源嫁女与富阳满氏一事，向朝廷弹劾王源的奏章，可谓连骂带辱，尽显沈约的愤懑之情，文曰：

源虽人品庸陋，胄实参华……而托因结唯利是求，玷辱流辈，莫斯为甚。……王满连姻，寔骇物听……宣寘以明科，黜之流伍。

所谓“胄实参华”，就是出身高贵。王源竟然为了贪图小利而与寒门联姻，这在南朝重臣，以及同样出身大族的沈约看来，简直是不成体统的大事，必须严肃对待。不仅要谴责，还要将其发配充军，以儆效尤。沈约的行为在现在看来未免有点小题大做，但在当时却是相当严重的大事。

家族内部的谴责和外人的干预力度毕竟有限。于是，政府果断出手，用法令来约束这种行为，而且是南北方一起行动。

《全晋文》引《司马休之上表自陈》文中，司马休之在罗列宋武帝刘裕的罪行时，就将违反婚配规则列为刘裕的罪状之一，他说：

乃以庶孽与德文嫡婚，致兹非偶，实由威逼。

所谓“庶孽”即寒门，“德文”即大族，“非偶”自然是指刘裕破坏大族婚配规则，逼迫大族和寒门通婚。刘裕出身寒门，司马休之是宗室大臣，他实质上是要借婚配问题作文章，取得东晋大族的支持，来对抗以刘裕为首的寒门势力。因而，司马休之不惜小题大做，将“非偶”的婚配列为罪状之一。

南方如此，北方更甚。《魏书·高宗纪》记北魏皇帝拓跋濬下诏说：

夫婚姻者人道之始……尊卑高下，宜令区别……令贵贱不分，巨细同贯，尘秽清化，亏损人伦……今制皇族、师傅、王公侯伯及士民之家，不得与百工、伎巧、卑姓为婚，犯者加罪。

可见，在大族眼中，寒门卑姓身份极其低下，简直如同尘土，与这些人联姻，是“亏损人伦”的举动。因此，必须将非类婚配列入政府的法令，用法律来尽心干预。这样，大族才能高枕无忧，安享太平。

通过以上故事，可以看出，大族婚配规则对世风的影响有多么巨大，正是通过这种奇异的婚配，大族方能建立起一种封闭的内部权力系统，从而保证世族利益的最大化。

五　不与小人为雁行：世族的交往规范

世族除了建立起封闭的婚配规则外，在人际交往方面，也严格遵循士庶分离的原则，世家大族，是绝对不能同非大族群体交往的。当然，如前所述，非大族不仅包含寒族，还包括那些三流、四流的大族。这个原则从三国时代开始一直流行到南北朝，可谓奉行不悖。

《三国志·魏书·崔琰传》引《续汉书》记李膺：“有重名，敕门下简通宾客，非当世英贤及通家子孙弗见也。”《三国志·魏书·袁绍传》注引《英雄记》记袁绍：“居洛阳，不妄通宾客，非海内知名，不得相见。”

此风到了南北朝更是愈演愈烈。《宋书·武帝纪上》记刘裕：“名微位薄，盛流皆不与相知，唯（王）谧交焉。”所谓“名微位薄”，不是说刘裕没有权势，而是指他出身寒门，而“盛流”，即指大族名士。刘裕出身寒门，自然得不到这些“盛流”的青睐。王谧（王导之孙）虽然与刘裕交好，但也不敢明目张胆，只能暗中交往。

刘裕虽有权但出身不好，难以混入大族圈。而有些人虽年轻，但由于出身好，反而受到大族的追捧。《陈书·蔡凝传》记蔡凝：“年位未高，而才地为时所重，常端居西斋，自非素贵名流，罕所交接。”

南朝如此，北朝自然不甘落后。《北齐书·崔瞻传》记崔瞻：“性简傲，以才地自矜，所与周旋皆一时名望。”崔瞻不仅是北齐的名臣，而且出身名门望族，他的朋友无疑是那些有名望的大姓名士。

但是，大族也不能生活在封闭的环境中，为了工作需要，必须与非大族人士发生交集。但他们又恐这种往来会玷污门楣，引发非议。于是，为了既固守大族交往的原则，又能顺利开展工作，还避免为他人所闻所见，这些人想出了各种令人啼笑皆非的办法。《晋书·霍原传》记霍原：

> 观太学行礼，因留习之，贵游子弟闻而重之，欲与相见，以其名微，不欲昼往，乃夜共造焉。

霍原是西晋时期的著名隐士，德才兼备，很合当时“贵游子弟”的口味。但霍原出身寒门，这些大族子弟唯恐与他交往而降低了自己的门第，被士人耻笑。于是，他们只得转入地下，在伸手不见五指的夜晚拜访霍原，可谓用心良苦，但也情有可原。

大族不仅重视门第，还特别爱惜自己的名声，他们对非大族欲借与自己交往而博取名声和提高地位的行为特别反感，如果遇到，必须严词拒绝。这类故事在魏晋南北朝时期可谓屡见不鲜。《南史·王球传》记载：

> 中书舍人徐爰有宠于上（宋文帝），上尝命球及殷景仁与之相知，球辞曰：“士庶区别，国之章也，臣不敢奉诏。”

同样是王球，《南史·蔡兴宗传》记载：

> 中书舍人弘兴宗为文帝所爱遇，上（宋文帝）谓曰：“卿欲作士人，得就王球坐，乃得判耳。……若往诣球，可称旨就席。”（弘兴宗）乃至，球举扇曰：“君不得尔。”

王球属琅邪王氏，是当时的顶级大族。殷景仁、蔡兴宗虽属大族，但难与王氏比肩。他们都想借助与王球"相知"的机会来抬高本族的地位，虽有宋文帝撑腰，但也抵抗不住大族交往规则的威力，被王球果断拒绝。

大族不仅要避免与非大族交往，即使人家特来拜访，也要与他们保持距离，这类故事更是不胜枚举，尤以南朝为最。《宋书·张敷传》记载：

> 秋当、周赳并管要务，以敷同省名家，往诣之。……敷先设二床，去壁三四尺，二客就席，酬接甚欢。既而呼左右曰："移我远客。"赳等失色而去。

秋当、周赳虽然有权，但出身卑微，自然不能入大族张敷的法眼。张敷为了应付这两位不速之客，便将他们的坐席设在离自己较远的地方，当看到他们得意忘形、"酬接甚欢"的时候，便婉转地下了逐客令，二人只得知趣地离开。

《宋书·蔡兴宗传》记载：

> 右将军王道隆任参内政，权重一时，蹑履到（蔡）兴宗前，不敢就席。良久方去，竟不呼坐。

蔡兴宗在王球面前被鄙视，但在寒门出身的王道隆面前却尽显大族的高傲，不仅不给这位右将军让坐，还让人家站着与自己谈话，将大族的"风范"展现得一览无余。

《南史·王僧达传》记载了一则更为暴力的事件：

> （路琼之）宅与（王）僧达门并，尝（常）盛车服诣僧达，……琼之就坐，僧达了不与语。（王僧达）谓曰："身昔门下驺人路庆之者，是君何亲？"遂焚琼之所坐床。

王僧达出身琅邪王氏，属于当时的顶级大族，很多人都想与他交往。路琼之出身卑贱，他的爷爷路庆之曾做过王氏家族的马夫，因路氏嫁给了宋文帝，路氏家族从而脱贫，成为暴发户，这种出身被王僧达鄙视也是理所当然的。只是王僧达过于狂妄，不仅揭人家的老底，还十分暴力地将客人坐过的床给烧了。可见当时大族与非大族身份隔阂到何种程度了。

非大族特来造访要遭到大族的“特殊”对待，就是因工作需要偶尔与非大族同列，也会感到羞耻，特别是出身寒门的官员，更是处于鄙视链的末端。这类故事在当时也是比比皆是。

《晋书·孙铄传》记载：“（孙铄）以为主簿，铄自微贱登纲纪，时僚大姓不与铄同坐。”

《南史·庾乔传》记载：

> （庾乔）为荆州别驾……州人范兴话以寒贱仕叨九流，选为州主簿……元帝（晋元帝司马睿）勒乔听兴话到职，及属元日，府州朝贺，乔不肯就列，曰：“庾乔忝为端右，不能与小人范兴话为雁行。”

所谓“端右”，即指名门大族，“小人”即指寒门卑族。身为大族的庾氏以与出身寒贱的范兴话同列为耻辱，在当时，这是大族的一种普遍认知。

但也有打破这种惯例的事件。《晋书·陶侃传》记载：

> （杨晫）与（陶侃）同乘（车）见中书郎顾荣……吏部郎温雅谓晫曰：“奈何与小人共载？”晫曰：“此人非凡器也。”

杨晫和陶侃同为东晋时期的大臣，前者出身大族，后者出身寒门。不过，这种大族对寒门士人的认可，在当时还是凤毛麟角、十分罕见的现象。

六　文风与乐风：世族精神生活的靡丽与奇幻

由于玄学和佛教的双重影响，魏晋南北朝的大族在文化生活方面也形成了独具特色的风气，主要表现在文学、音乐、书画和棋艺等方面。

首先是文学的兴盛，形成了从士族到庶民人人谈文论诗的盛况。对此，南梁的文学评论家钟嵘在《诗品上·序》中有过形象的描述：

> 今之士俗，斯风炽矣，裁能胜衣，甫就小学，必甘心而驰骛焉。于是庸音杂体，人各为容，致使膏腴子弟耻文不逮，终朝点缀，分夜呻吟。

不仅南土，北方也不甘寂寞，在政局稳定后，也呈现出一派文学兴盛的景象。《隋书·李谔传》记北周大臣李谔说：

> 降及后代，风教渐落，魏之三祖（曹操、曹丕、曹叡），更尚文词，忽（视）人君之大道，好雕虫之小艺，下之从上，有同影响，竞骋文华，遂成风俗。……世俗以此相高（攀比），朝廷据兹擢士，禄利之途既开，爱尚之情愈笃。于是闾里童昏，贵游总丱，未窥六甲，先制五言。

可见，在汉朝末年，由于名教的衰落和清谈之风的兴起，文学创作逐渐成为士人生活的重要组成部分，而光大者就是曹魏的三代君主。在这种风气的引领下，士人只要有点感觉，都想舞文弄墨一番。于是，在建安七子和魏氏之祖的刺激下，文学之士呈几何级数增长，多如过江之鲫，可用斗载。与此相适，文学评论专著也如雨后春笋，不断涌现。这些多如牛毛的文学家及作品虽大多如昙花一现，难以品嚼，但其中不乏千古流传的经典。文学类如建安七子、曹氏父子、阮籍、陶渊明、谢灵运、谢宣城等人的文学作品；文学评论著作如钟嵘的《诗品》、刘勰的《文心雕龙》等。

然而，在这种繁华盛况的背后却隐藏着深深的危机。文学逐渐偏离了雅俗共赏的功能，演变成大族消遣解闷的把戏，失去了实用、艺术和精神方面的价值，沦落为与种花和养鸟一样的把戏了，即《通典·选举六》中杜佑所评价的“体非典雅，词尚绮丽”。

在这种文风的影响下，当时的文学作品充满了轻薄浮华的气息，且注重咬文嚼字，往往从细微末节处着眼，使文学失去了精神内涵，而变成有骨无肉的文字堆砌。对此，很多文学评论家都做出了精辟的描述。

《文心雕龙·时序》篇中说：

自中朝贵玄，江左称盛，因谈余气，流成文体，是以世极迍邅而辞意夷泰，诗必柱下之旨归，赋乃漆园之义疏，故知文章染乎世情，兴废系乎时序。

所谓“中朝”指魏晋，“江左”指东晋。在刘勰看来，当时时局动荡，环境险恶，士人为了逃避现实，大谈玄理。体现在文学创作中，诗歌必谈老子，辞赋大多是对庄子思想的阐述。可见，文学与时代具有紧密的联系。

谈老庄本无可厚非，因为文学创作不能脱离时代。但是，此种文风一旦过了头，就会产生负面作用。颜之推在《颜氏家训·文章》篇中对此有过精辟的论述：

文章当以理致为心肾，气调为筋骨，事义为皮肤，华丽为冠冕。今世相承，趋末弃本，率多浮艳，辞与理竞，辞胜而理伏，事与才争，事繁而才损，放逸者流宕忘归，穿凿者补缀而不足。

而这种“重辞藻而轻义理”的文风一旦形成，就会快速扩散，产生人人争相模仿的后果。《通典·选举四》引裴子野语说：

闾阎少年，贵游总角，罔不摈落六艺，吟咏情性……淫文破典，斐尔为曹，无被于管弦，非止乎礼义，深心主卉木，远致极风云，其心浮，其志弱……荀卿有言，乱代之征，文章匿彩，而斯岂近之乎？

《隋书·李谔传》中也有相同的论述，李谔说：

江左齐梁，其弊弥甚，贵贱贤愚，唯务吟咏，遂复遗理存异，寻虚逐微，竞一韵之奇，争一字之巧，连篇累牍，不出月露之形，积案盈箱，唯是风云之状。

可见，在裴子野和李谔眼里，这种只重形式而不重内容的文风，就是一种繁文缛节。而这种靡丽精雕的文章，恐怕只有生活无忧的世族子弟才能做的出来。

其次，与文学一样，魏晋南北朝的音乐同样沦为了大族闲暇时的一种把戏。如果单从乐理来看，与先秦和两汉相比，魏晋南北朝的音乐并没有什么质的飞跃。如从表现形式上看，反而有一种无病呻吟，哀哀怨怨的低落之感，这种乐风也是从大族那里诞生的，反映了大族群体精神世界的空洞与无助。

当时的大族酷爱音乐，从他们喜欢的时尚乐器中即可窥知。《晋书·嵇康传》记载了一则故事：

（嵇康）尝游乎洛西，暮宿华阳亭，引琴而弹，夜分忽有客诣之，称是古人，与康共谈音律，辞致清辩，因索琴弹之，而为“广陵散”，声调绝伦，遂以授康。

可见，嵇康是酷爱弹琴的，因此假托古人为师，给自己传授“绝伦”的琴曲。

《晋书·谢鲲传》记载：“（谢鲲）少知名……能歌善鼓琴，王衍、嵇绍并奇之。”谢鲲之所以能得到大族的青睐，就是因为他善于弹琴。可见，鼓琴是大族之间交往的必备活动之一。

除了将鼓琴当成业余爱好，有些大族还成为操琴世家。《宋书·戴颙传》记载：

（戴颙）父善琴书，颙并传之。……颙及兄（戴）勃并受琴于父，父殁，所传之声不忍复奏。各造新弄，勃五部，颙十五部。颙又制长弄一部，并传于世。

鼓琴既然成为士人交往的一种常备项目，因而很多名士将其当作日常活动之一，甚至达到了痴迷的程度，从而成为鼓琴名家。

《南齐书·柳世隆传》记柳世隆："善弹琴，世称柳公双璅，为士品第一。……在朝不干世务，惟垂帘鼓琴。"《南齐书·王仲雄传》记载："仲雄善弹琴，当时新绝，江左有蔡邕焦尾琴，在主衣库，上敕五日一给仲雄。"可见，当时的士人对鼓琴已经痴迷到了无法自拔的境界了。

《梁书·柳恽传》记载：

> 初，宋世有嵇元荣、羊盖，并善弹琴，云传戴安道之法。恽幼从之学，特穷其妙。齐晋陵王闻而引之，……尝（常）置酒后园，有晋相谢安鸣琴在侧，以授恽，恽弹为雅弄。

柳恽的父亲即柳世隆，受父亲的影响，柳恽也成为鼓琴名家，从而受到晋陵王萧子良的垂青，成为王爷家的常客。可见当时士人对鼓琴的钟爱。

除了乐器中的头牌琴，琵琶也是当时的流行乐器之一。《宋书·范晔传》记载范晔："长不满七尺，肥黑，秃眉发，善弹琵琶，能为新声。"可见，范晔虽长相一般，但善于弹奏琵琶，而且还能创作新的琵琶曲，成为当时流行乐坛的知名音乐家。

《南齐书·褚渊传》记载："（褚）渊涉猎谈议，善弹琵琶，世祖在东宫，赐渊金镂柄银柱琵琶。"看来，不仅大臣善弹琵琶，就连南齐皇帝萧赜也酷爱琵琶，是褚渊的粉丝。

另一种流行乐器是筝。《宋书·何承天传》记载何承天"能弹筝，上又赐银装筝一面"。看来，何承天不仅是南朝时期的天文学家，还是一位音乐家，可谓多才多艺，因而受到刘宋皇帝的礼遇。

可见，当时爱好弹琴的士人，如嵇康、谢安、范晔、柳世隆柳恽父子、戴颙戴勃兄弟、褚渊、王仲雄、郑述祖之流，无一不出自大族。

总之，靡丽的文风与奇幻的乐风构成了当时世族精神生活的一部分，因为他们衣食无忧，有的是余暇从事文学和音乐事业。此风是好，是坏？暂留给后世评论吧！

七　书画与棋弈：世族文化生活的风雅与清幽

魏晋南北朝的世族精神世界比较单纯，他们不仅过着无忧无虑的清闲生活，还在生活之余开展了丰富多彩的活动，除上述提到的文学与音乐活动外，书画与下棋也成为他们文化生活中不可或缺的组成部分，从而形成了独特的书风、画风与棋风。

魏晋南北朝是中国书法艺术的高光时刻之一，可谓名家辈出。《南齐书·考证》引宋羊欣《能书人名》中记录了众多书法名家，详见表6-1。

表6-1　魏晋南北朝书法名家表

家族人物	传承关系			擅　长
	父	子	孙	
钟氏	钟繇	钟会	—	钟繇书有三体，钟会能为父书
卫氏	卫觊	卫瓘	卫恒	卫觊善草书，卫瓘综合张芝（东汉书法家）的笔法和卫觊的笔法，擅长草稿，卫恒也擅长草书
索靖	—	—	—	索靖是张芝姐姐的孙子，擅长草书
皇象	—	—	—	擅长草书
陈畅	—	—	—	擅长八分
杨氏	杨肇	—	杨经	杨肇擅长草隶，杨经也擅长草隶
杜氏	杜畿	杜恕	杜预	杜氏三世擅长草书
王攸	—	—	—	擅长草行书
羊氏	—	—	—	羊忱擅长行书
羊氏	—	—	—	羊固也擅长行书

续表

家族人物	传承关系			擅　　长
	父	子	孙	
李氏	—	—	—	李式善擅长草隶
	李定	李公府	—	李定是李式善之弟，与其子李公府“能名同式”
卫夫人	—	—	—	卫夫人是李充之母，擅长钟氏笔法
太原王氏	王濛	王修	—	王濛擅长草隶 王修擅长隶行
	王坦之	—	王绥	王绥擅长隶行
高平郗氏	郗愔	郗超	—	郗愔擅长章草，亦擅长隶书 郗超也擅长草书
颍川庾氏	—	—	—	庾亮擅长行草 其弟庾翼擅长行书 兄弟二人与王羲之齐名
陈郡谢氏	—	—	—	谢安擅长隶行
	—	—	—	谢敦也擅长隶行
许靖民	—	—	—	擅长隶草
张翼	—	—	—	张翼为王羲之的高足，擅长模仿名人书法
康昕	—	—	—	擅长隶行
张弘	—	—	—	擅长飞白

接着，羊欣列出了当时最为著名的书法世家，即琅邪王氏，让人叹为观止，如表 6-2 所示。

表 6-2　琅邪王氏书法传承表

家族人物	传承关系		擅　　长
	子	孙	
王旷	王羲之	王玄之	王玄之、王徽之，以及他们的侄子王淳在皆擅长草行
		王徽之	
		王献之	王羲之博精群法，尤其擅长书隶 王献之擅长隶稿

续表

家族人物	传承关系		擅　长
	子	孙	
王导	王恬	—	王导擅长稿行 王恬擅长隶书
	王洽	王岷	王洽“众书通善”，尤其擅长隶行 王岷擅长隶行
王舒	王允之	—	王允之擅长草行
王廙	—	—	王廙是王羲之的叔叔兼老师，擅长草楷，继承了钟氏的笔法

以上两份名单基本囊括了从魏晋至刘宋的书法大家，清一色大族出身，且大都有家传背景。而且除少数人外，基本都被杜、王、谢、庾几家顶级大族垄断。

南方如此，北朝的情形又如何呢？《魏书·崔玄伯传》记载：

（玄伯）尤善草隶行押之书，为世摹楷。玄伯祖（崔）悦与范阳卢谌，并以博艺著名。谌法钟繇，悦法卫瓘，而俱习索靖之草……谌传子（卢）偃，偃传子（卢）邈；悦传子（崔）潜，潜传子玄伯。世不替业，故魏初重崔卢之书。

《魏书·卢渊传》又记述说：

（卢）谌父（卢）志法钟繇书，传业累世，世有能名。至邈以上，兼善草迹。渊习家法，代京宫殿多渊所题。白马公崔玄伯亦善书，世传卫瓘体，魏初之书者，崔、卢二门。

崔氏和卢氏就是前述提到的北朝汉族“四姓”中的两个，可谓族大根深。他们不仅拥有显赫的政治地位，在书法上也有极高的造诣，而且“传业累世”，“世不替业”，成为引领书坛潮流的家族。崔氏研习卫瓘笔法，出了崔悦、崔潜、崔玄伯三代书法家；卢氏效法钟繇笔法，从卢志、卢谌、卢偃、卢邈，一直传到卢渊。可见，北朝书坛与南土如出一辙，皆被大族包办。而且比南土更具封闭性，皆被崔、卢两家独霸。

士人如此看重书法，便出现了以书技而得官的现象。比如，汉魏之际的梁鹄，便以书法出众而任选部尚书；刘宋时期的王道讫以善于书法而补选为中书令史，王道讫的弟弟王道隆也以书法卓绝被选为主书书吏，最后升至主书。这样的例子还很多，说明世族的文化生活对政治活动具有强大的影响力。

大族们除酷爱书法外，对绘画也情有独钟，而且很多书法家同时也是画家。唐张彦在《历代名画记》中记录了一份历代画家的名单，见表 6–3。

表 6–3　两晋至南北朝历代画家表

朝代	画家名单
晋	王廙（兼书法家），王羲之（兼书法家），王献之（兼书法家），顾恺之，谢稚，王濛（兼书法家）
宋	陆探微，陆绥，陆弘肃，顾宝光，王微，谢庄，顾骏之，顾景秀
齐	王奴，王殿，谢赫，谢惠连，谢约
梁陈	陆杲，张僧繇，张善果，张儒童，顾野王

表 6–3 中的画家，皆世族出身，且不是侨姓（渡江后的大族）的王、谢，就是吴姓（土著大族）的顾、陆。可见，书画艺术都是大族闲暇时的产物。

当时的大族还非常热衷于棋弈，这本无可厚非，但因沉湎其中，终至玩物丧志。《三国志 · 吴书 · 韦曜传》记韦曜在《博弈论》中说：

> 今世之人多不务经术，好玩博弈，废事弃业，忘寝与食，穷日尽明，继以脂烛，当其临局交争，雌雄未决，专精锐意，心劳体倦，人事旷而不修，宾旅阙而不接，虽有太牢之馔，韶夏之乐，不暇存也。

韦曜是东吴的大臣，可见在三国时期，这种“废事弃业”的博弈之风就已经出现了。而到了两晋南北朝，此风更是愈刮愈烈。

▲晋　顾恺之　洛神赋图（局部）

《晋书·阎缵传》记西晋大臣阎缵说:“历观诸王师友文学……但共鲜衣好马纵酒高会,嬉游博弈,岂有切磋能相长益。”

《天平御览·陈留风俗传》记载了一个让人啼笑皆非的故事。阮简担任开封令时,闻报说有一群贼寇正在攻城,情况十分危急。他正在与人对弈,厉声说:“局上有劫亦甚急。”可见,在阮简眼中,下棋是比捉拿强贼更重要的事情。

《宋书·何承天传》记南朝大臣何承天:“素好弈棋,颇用废事。”《魏书·甄琛传》记北魏大臣甄琛:“颇以弈棋弃日,至乃通夜不止。”可见,南朝北朝的大臣都有对弈的嗜好。

士人对棋艺如此痴迷与看重,因此当时的高手都有品级,以显示自己棋艺的高超,见表 6–4 所示。

表 6–4 晋至南北朝历代棋品表

朝代	棋 品
东晋	江虨与王恬并列第一品,王导第五品
宋	羊玄保棋品第三
齐	王抗第一品,吴郡褚思庄、会稽夏赤松并列第二品 齐明帝喜欢下棋但棋艺不高,被评为第三品 江敩第五品
梁	到溉第六品

表中所列只是冰山一角,当时喜欢棋弈的高手都有品级。不仅如此,皇帝们也热衷于评定品级的活动。而且,为了将评级工作纳入正轨,确保其公正合理,朝廷特设置专门负责品评工作的“围棋中正”。《南齐书·王谌传》记载:

(齐明帝)好围棋,置围棋州邑,以建安王休仁为围棋州都大中正,(王)谌与太子右率沈勃、尚书水部郎庾珪之、彭城丞王抗四人为小中正,朝请褚思庄、傅楚之为清定访问。

当然,设置中正官,只是大族在对弈之外的游戏之举,但反映了当时上至皇帝，下至大臣对棋弈活动的痴迷。不仅齐明帝，梁武帝也是一位棋弈爱好者。《南史·柳恽传》记载："梁武帝好弈棋，使柳恽品定棋谱，登格者二百七十八人，第次优劣为《棋品》三卷，恽为第二焉。"

棋艺既然都可以定级，那么自然可以用棋技来进行赌博了。韦曜在《博弈论》中说："至或赌及衣物，徒棋易行，廉耻之意弛而忿戾之色发。"韦曜的记载并不是虚言，当时就有皇帝与臣下用棋艺戏赌郡邑或器物的事件发生。比如，羊玄保与宋太祖赌棋艺，即以宣城太守一职为赌资；到溉与梁武帝赌棋技，即以到溉家的一块奇石和《礼记》为赌资，结果到溉输了。以上只是特例，大族之间的赌博一般还是比较简单的，大都"以棋为赌"。

可以看出，这些痴迷棋艺的人皆大族出身，他们是棋弈活动的倡导者、光大者和垄断者，因为他们饱食终日，生活优越，有很多闲暇时间可以用来从事棋弈活动。这是那些整天为衣食温饱而劳碌奔波的人所不能企及的。

八　虚无与玄远：世族群体的清谈学风

玄学、佛学、儒学是大族日常研习的学问，而最受大族青睐的当属玄学，以及由此衍生出的清谈学风。因此，清谈成为魏晋南北朝时期最为流行的学术活动，没有之一。

当时的人们为了清谈甚至到了废寝忘食的程度。《晋书·孙盛传》记孙盛：

诣（殷）浩谈论，对食，奋掷麈尾，毛悉落饭中，冷而复暖者数四，至暮忘餐，理竟不定。

《晋书·张凭传》记张凭：

诣刘惔，惔处之下坐……会王濛就惔清言，有所不通，凭于末坐判之。言旨深远，足畅彼我之怀，一坐皆惊，惔延之上坐，清言弥日。

这些士人为了谈论一个问题，或是情不自禁，“奋掷麈尾”；或是废寝忘食，不能自已；或是高谈阔论，畅所欲言。可见其对于学术探讨的痴迷。

那么他们清谈谈论最多的话题是什么呢？一类是谈玄；一类是谈名理。《颜氏家训·勉学》篇说：

清谈推论，剖玄析微，宾主往复，娱心悦耳，非济世成俗之要也。洎于梁世，兹风复阐，《老》《庄》《周易》，总谓三玄。

可见，无非是《老》、《庄》和《周易》。而史籍中所记当年清谈名士最擅长的当属《老》《庄》。《晋书·王衍传》记魏晋玄学和清谈的始作俑者夏侯玄、何晏、王弼，就“祖述《老》《庄》立论”。《阮籍传》则说阮籍“博览群籍，尤好《老》《庄》”。《嵇康传》记嵇康也是“博览无不该通，长好《老》《庄》”。《王衍传》记王衍“妙善玄言，惟谈《老》《庄》为事”。《洛阳伽蓝记·景宁寺》记杨元慎“读《老》《庄》，善言玄理”。《南史·张讥传》记张讥“笃好玄言，讲《周易》《老》《庄》而教授焉”。《陈书·马枢传》记马枢“博极经史，尤善佛经及《周易》《老子》义”。

可以看出，从玄学创立伊始至南北朝，士人一直将《老》《庄》奉为学术研究的核心，这与玄学的立论基础是一致的。

清谈中除了有谈玄一派外，尚有谈名理的一派。《三国志·魏书·荀彧传》注引何劭《荀粲传》说：“粲太和初到京邑，与傅嘏谈，嘏善名理而粲尚玄远，宗致虽同，仓卒时或有格而不相得意。”那么两派有何区别呢？《世说新语·文学》注引《晋诸公赞》说：

乐广与（裴）頠清间欲说理，而頠辞喻丰博，广自以体虚无，笑而不复言。

乐广与裴頠都是玄学家。乐广擅长谈玄，即“贵无”；裴頠擅长说理，即“崇有”，这恰好与玄学的“贵无”和“崇有”两派对应。因此，对无和有的讨论就成为两派的主要区别。当时名理派的代表人物除了裴頠，还有裴遐、孙盛、张融等人。

但无论是谈玄还是说理，两派有一个共同的特点，就是极其重视言简意赅，即所谓“要言不烦”。《晋书·乐广传》记乐广说：

（乐广）与物无竞，尤善谈论，每以约言析理，以厌人之心。……王衍自言与人语甚简，至及见广，便觉己之烦。

王衍虽不喜欢与人做长篇大论，但还能对谈。有些人却到了话不过三字的境界。《世说新语·文学》记载：

（阮修）有令闻，太尉王夷甫（王衍）见而问曰：“《老》《庄》与圣教（名教）同异？”

（阮修）对曰：“将无同。”

太尉善其言，辟之为掾，世谓之三语掾。

阮修惜字如金，这正是当时清谈学风的特点之一。《晋书·王承传》记王承：“言理辩物，但明其指要而不饰文辞，有识者服其约而能通。”看来，与这些玄学家交谈不仅要有广博的知识，还要有超高的悟性，要能从简单的语句中领悟他们的本意，如悟性不高，纯属瞎谈。《世说新语·文学》中记载了一段对话，对此有过精辟的描述：

褚季野语孙安国云：“北人学问渊综广博。”

孙答曰：“南人学问清通简要。”

因为在清谈中特别看重言辞的简练，从而引发了人们对清谈技巧的关注，遂出现了专逞唇舌，以巧辩为上，忽视真理的情况，这样的事件可谓屡见不鲜。何晏和王弼之间就发生过这样的事情。《世说新语·文学》记载：

何晏为吏部尚书，谈客盈坐，王弼未弱冠，往见之。晏闻弼名，因条向者胜语弼曰：“此理仆以为极，可得复难不？”弼便作难，一坐人便以为屈。于是弼自为客主，数番，皆一坐所不及。

何晏为了战胜王弼，抛给了他一个前人都无法驳倒的问题。王弼也针锋相对，采取了自问自答的技巧来回答，搞得在坐的人都无法辩驳。可见，当时的士人为了取得谈话的胜利，滥用谈话技巧，重辩不重理，已然偏离了学术讨论的正轨。

此风在士人间不断蔓延滋长，进而达到了信口雌黄甚至诡辩的程度。《晋书·王衍传》记王衍：

妙善玄言，唯谈《老》《庄》为事。……义理有所安，随即改更，世号口中雌黄。

《世说新语·文学》记载：

殷（浩）与孙（盛）共论《易象妙于见形》，孙语道合，意气干云，一坐咸不安孙理，而辞不能屈。

许掾（询）年少时，人以比王苟子（修），许大不平。……便往西寺与王论理，共决优劣，苦相折挫，王遂大屈。许复执王理，王执许理，更相覆疏，王复屈。

王衍巧舌如簧，信口雌黄；孙盛靠着与道家理论的结合，来抬高自己观点的权威性，让人感觉不妥但又无法辩驳；许询和王修各借对方的观点来反驳对方。这些都流于诡辩而非论辩。

逐渐，人们的认知也被清谈者的口才遮蔽，从而忽视了对所谈内容的辨析，与此相适，一个博人眼球、以辩论为业的职业群体诞生了。《世说新语·文学》注引邓粲《晋纪》评裴遐说：

（裴遐）以辩论为业，善叙名理，辞气清畅，泠然若琴瑟。闻其言者，知与不知，无不叹服。

《世说新语·文学》又记载一则可笑的故事：

支道林、许掾诸人共在会稽王斋头。支为法师，许为都讲。支（道林）通一义，四座莫不厌心；许送一难，众人莫不抃舞。但共嗟咏二家之美，不辩其理之所在。

可见，裴遐、许掾是中国辩论界的鼻祖，他们似乎掌握了心理学中的“光环效应”，靠着精熟的辩论技巧而博得士人的叹服。至于他们到底说了些什么，听众并不关心，因为听众已被辩论者的技巧吸引。

光有辩论技巧似乎还不够，必须有仪式感作为陪衬。于是，清谈者便将一些奇特的装饰品佩戴在身上，以增强论辩的视觉冲击感，其中比较普遍的是佩戴麈尾。《晋书·王衍传》记王衍“每捉玉柄麈尾与手同色”。《晋书·孙盛传》记孙盛与殷浩“谈论对食，奋掷麈尾”。既然名人已使用麈尾，一般人也附庸风雅争相模仿起来。《南齐书·王僧虔传》注引王僧虔的《戒子书》说“（王僧虔）便盛于麈尾，自呼谈士，此最险事”，可见这种风气传播之广。

风气的传播是非常迅速的，何况又有大族名士的垂范效应。不久，这种清谈风尚又传染至妇女和僧人群体。

首先是妇女。《晋书·王凝之妻谢氏传》记王凝的妻子谢道韫辩才无碍，先是“（重）申献之前议”，使“客不能屈”，为王献之解了围；后又和名士刘柳谈议，不仅对刘柳的问话对答如流，而且“词理无滞”，显示了自己渊博的知识。南方大族女子如谢道韫，北朝当属卢道虔的妻子元氏了。《北史·卢道虔传》记元氏“甚聪悟，常高座讲《老子》”，在当时，能讲《老子》的妇女的确罕见。

当然，在那个时代，谢氏和元氏只是特例，她们之所以能有此作为，只因其出身大族。而那些整天为生计而劳碌的妇女是绝对不可能从事这种事的。

其次，清谈学风影响最深的恐怕非僧人群体莫属了。前述提到，魏晋时期，玄学和佛学相互融合，形成了士大夫佛教。佛教影响了士族群体，士大夫的清谈之风也影响了佛教徒。《世说新语·假谲》记载了一则小故事，文曰：

> 愍度道人始欲过江，与一伧道人为侣，谋（计划）曰："用旧义往江东，恐不办得食。"便共立心无义。既而此道人不成渡，愍度讲义积年，后有伧来，先道寄语云："为我致意愍度，无义那可立，治此计权救饥耳，无为遂负如来也。"

佛教徒为了适应南朝的清谈风尚而暂时改变了教义，这显然是为了生存而实施的权宜之计，与佛教的本意是不同的，即前述提到的"格义"佛教。但是，有些与士族来往紧密的僧人却失去本心，被清谈风尚吞噬，成为披着僧衣的士大夫了，比如竺法琛、支道林诸人。可见此风的巨大影响力。

总之，魏晋南北朝的清谈学风在发展过程中，逐渐偏离了政治哲学的范畴，他们不仅不谈经邦济世的事，也不讲宇宙和人生的哲理。他们只是在展现那些空而无物、辩而不实的伎俩，从而沦为与现实生活脱节的空洞言论和虚无缥缈的诡辩，成为大族闲暇之余的谈资而已。最终误国亦殃民。《晋书·桓温传》指责王衍"使神州陆沉，百年丘墟"；《晋书·范宁传》痛斥王弼、何晏"罪深于夏纣"。这些都是清谈误国的直接证据，虽然有些夸大其词，但清谈在魏晋南北朝的政治中的确起到了负面作用。

九　记诵与谱牒：世家大族的学术偏好

魏晋南北朝时代还有一种对社会影响较大的学风，即记诵学风。这是一门不仅注重搜罗谈资，而且特别看重博闻强记，以及喜欢炫耀自己博学的学问。显然只有那些衣食无忧的大族才能参与。

《南史·张绾传》记载：

（张绾）少与兄缵齐名，湘东王绎尝策（测验）之百事，绾对缺其六，号为“百六公”。

《南史·沈约传》记沈约：

约尝侍宴，会豫州献栗径寸半。帝（梁武帝萧衍）奇之，问栗事多少，与约各疏所忆，少帝三事，出谓人曰：“此公护前，不让即羞死。”

梁武帝与沈约比记忆力，各自述说关于栗的典故，沈约的记忆力比武帝强，但知道武帝好面子，便故意输给武帝，比武帝少说了三个典故。梁武帝似乎特别喜欢测试臣子的记忆力。《南史·刘峻传》记载：

（梁武帝）曾策锦被事，咸言已罄，帝试问峻，峻……请纸笔，疏十余事，坐客皆惊呼，帝不觉失色。

《南史·孔休源传》记孔休源“详练故事，自晋宋《起居注》诵略上口”。《南史·梁吴平侯励传》记吴平侯“好《东观汉纪》，略皆诵忆……乃至卷次行数亦不差失”。《陈书·韦载传》记韦载“年十二，随叔父棱见沛国刘显，显问《汉书》十事，载随问应答，曾无疑滞”。《陈书·虞荔传》记虞荔“年九岁，随从伯阐候大常陆倕，倕问五经凡有十事，荔随问辄应，无有遗失”。

张绾、沈约、刘峻、孔休源、吴平侯、韦载、虞荔等只是冰山一角，现实中肯定还有很多这样记诵俱佳的人。因为，当时博闻强记不仅是一门独立的学问，还是从事学术研究的必备条件之一，也是仕途中经常运用的能力之一。正因为记诵有如此重要的作用，从而又衍生出两种辅助记忆的书。其一为类纂之书；其二为手抄经籍。这两种书可谓风靡一时。

《初学记·陈大科序》记载：“六朝齐、梁间风流，诸学士大夫率喜微事以为其学深浅之侯，而类纂之书乃出。”可见，当时类纂之书大为风行，目的无非是要把各书所记载的同类事情归集在一起，便于学习。比如，王俭编纂的《隶事》；刘孝标编纂的《类苑》；还有梁武帝命诸学士编撰的《华林编》等。这些类书大受士人欢迎，成为畅销工具书。

除了类纂之书，手抄经籍也风靡知识界，最为著名的就是“巾箱五经”了。《南史·齐衡阳王钧传》记萧钧：

> 常手自细书写五经部为一卷，置于巾箱中，以备遗忘。
>
> 侍读贺玠问曰：“殿下（萧钧）家自有坟索，复何须蝇头细书别藏巾箱中？”
>
> 答曰：“巾箱中有五经，于检阅既易，且一更手写则永不忘。”
>
> 诸王闻而争效为巾箱五经。巾箱五经自此始也。

可见，“巾箱五经”的主要功能，首先是为了便于查阅，其次就是辅助记忆了。

清谈学风和记诵学风既有区别也有联系，前者要求通过言简意赅来阐释玄理；后者要求通过烦琐的检索来展示知识。“三语掾”和“百六公”则是两种学风具象化的展现。但两种学风的内部逻辑是完全相同的，他们都是无关实用的技巧，也是不需要费力思辨的知识，只是世族闲暇之余把玩消遣的东西，不属于严格意义上的学术研究。

有务虚就有务实，魏晋南北朝的士人也需要实用性的学问，其中最重要的便是“谱牒之学”。其实早在东汉谱牒之学的雏形已经形成。《新唐书·柳评传》记载柳芳说：“初，汉有《邓氏官谱》。”东汉末年的王符在《潜夫论》中撰有《志氏姓》一文；应劭在《风俗通义》中撰有《姓氏篇》一文。但是，谱牒成为一门真正意义上的学问是在魏晋南北朝时期，从而诞生了很多研究谱牒学的专家和论著。

《南史·王增孺传》记载梁武帝对谱牒十分关注，下诏命王僧孺改定《百家谱》，文曰：

> 始，晋太元中，员外郎散骑常侍郎平阳贾弼笃好谱状，乃广集众家，

大搜群族，所撰十八州一百十六郡合七百一十二卷，凡诸大品，略无遗阙。……弼子太宰参军匪之、匪之子长水校尉深，世传其业。太保王弘、领军将军刘湛并好其书。……湛为选曹，始撰为《百家》，以助铨序而伤于寡略。

齐卫将军王俭，复加去取，得繁省之衷。僧孺之撰，通范阳张等九族，以代雁门解等九族，其东别诸族，别为一部，不在百家之数焉。……僧孺好坟籍……于书无所不睹……集《十八州谱》七百一十卷，《百家集抄》十五卷，《东南谱集抄》十卷。

可见，《百家谱》是魏晋南北朝时一部官修的谱牒专著，具有很高的权威性。同时，从魏晋至南北朝，私撰的谱牒学著作也层出不穷。比如，曹魏时期管宁的《氏姓论》；西晋挚虞的《族姓昭穆》；东晋刘宋时期何承天的《姓苑》；南梁徐勉的《百官簿》；北魏的《河南官氏志》和《方司格》等。据《隋书·经籍志》的统计，魏晋南北朝时姓氏之书达四十一部三百六十卷，如果加上亡失的，共合计五十三部一千二百八十卷。可以看出，谱牒已成当时学术研究的潮流。

谱牒学如此重要，不能不影响到当时的史书。常璩的《华阳国志》，即在郡县下详细列出了该地方的世族姓氏，光称谓就有“首族”“甲族”“大族”“冠盖”，等等。何法盛《晋中兴书》竟以世家巨族分姓为传，如《陈郡谢录》《琅邪王录》，等等，共记四十余录。

南朝如此，北朝则更盛。《北齐书·魏收传》记杨愔评价魏收说：“此谓不刊之书，传之万古，但恨论及诸家枝叶亲姻过为繁碎。”清人赵翼在《陔余丛考》中评论魏收所撰《魏书》时说：“一人立传，则其子孙不论有官无官、有功绩无功绩皆附缀于后，有至数十人者。……一似代人作家谱者。”在赵翼眼中，《魏书》对姓氏的记录过多，就像是在代人做家谱，足见士人对谱牒的重视。

谱牒之学为何被世族如此看重呢？原因很简单，无非是要通过家谱来严明士庶之间的区别，维护大族的社会和政治地位，从而保证门户制度的稳定性。同时，谱牒可以作为选举的依据，即由门户的尊卑来定选举的高下，比如负责选拔人才的中正和吏部都由非常熟悉氏族的人来充当。

总之，谱牒学虽是实用性很强的学问，用途却十分单一，就是用于巩固世家大族的地位，为门户制度建立理论上的根据。再配合与谱牒学相关的“礼制之学”，于是乎，谱牒学和礼制学成功演化为门户制度的附庸了，世家大族的地位日趋牢固。

十　以邪为荣：世族群体的价值取向

门户制度成为世族的保护伞，在这把保护伞下，他们过着富裕安定的生活。久而久之，在优游岁月的侵蚀下，世族集团开始萎靡不振，腐烂变质了，他们不仅放荡形骸、荒淫无度，而且逾礼越制、互相倾轧，逐渐形成了世族“逸则淫，淫则忘善”的伦理价值取向。而放荡不羁、狂饮无度、淡薄人伦、轻浮放任、嗜赌如命、吸食毒品、生活奢靡等便构成了这种价值取向的核心要件。

裴頠在《崇有论》中评价当时的世风时说：

是以立言籍其虚无，谓之玄妙，处官不亲所司，谓之雅远，奉身散其廉操，谓之旷达，故砥砺之风，弥以陵迟。放者因斯或悖吉凶之礼，而忽容止之表，渎弃长幼之序，混漫贵贱之级，其甚者至于裸裎，言笑忘宜，以不惜为弘士，行又亏矣。

葛洪的《抱朴子·外篇·疾谬》描述当时世族的价值取向时说：

蓬发乱鬓，横挟不带，或亵衣以接人，或裸袒而箕踞……宾则入门而呼奴，主则望客而唤狗……及好会则狐蹲牛饮，争食竞割，掣拨淼摺，无复廉耻……终日无及义之言，彻夜无箴规之益。

可见，在两位玄学家眼中，这些大族无论是在外形，还是在内心深处，都表现出一种玩世不恭、放荡不羁、标新立异、沽名钓誉的价值取向。不仅无助于修身，也无益于社会。这些都不是裴頠和葛洪的无稽之谈，而是现实生活中存在的现象。

《世说新语·简傲》记王澄到荆州上任时说：

> 太尉及时贤送者倾路。时庭中有大树，上有鹊巢。平子（王澄）脱衣巾径上树取鹊子，凉衣拘阂树枝，便复脱去。得鹊子，还下弄，神色自若，傍若无人。

在日常生活中王澄这种不拘小节的行为可以说是一种豪爽直率的表现，但作为一州官员和庶民表率的刺史，就应该收敛心性，以政事为重。王澄我行我素，轻薄浮躁，将生活中的行为带到官场，必然导致荒政误民。

与王澄同为西晋官员的光逸行为则更为离谱。《晋书·光逸传》载说：

> （胡毋）辅之等……散发裸袒，闭室酣饮，已累日。（光）逸将排户入，守者不听。逸便于户外脱衣露头，于狗窦中窥之而大叫。辅之惊曰："他人决不能尔，必我孟祖也。"遽呼入。

光逸乃当时的名士，这种"脱衣露头"的行迹恐怕连一般人都难以做出，但在世族眼中，这似乎是理所当然的事，因为这就是他们的价值取向。至于《世说新语·任诞》记"周仆射（顗）与亲友言戏，秽杂无检节"，还有"刘公荣（昶）与人饮酒，杂秽非类"等行为，就更加让人瞠目结舌了。

当时的世族酷爱饮酒，这本无可厚非，但他们偏偏喜欢蓬发垢面、裸袒狂饮，这种行为不断蔓延，渐成潮流，让人大跌眼镜。《世说新语·德行》注引王隐《晋书》记载了一群酒徒的形象，文曰：

> 魏末阮籍嗜酒荒放，露头散发，裸袒箕踞，其后贵游子弟阮瞻、王澄、

谢鲲、胡毋辅之之徒，皆祖述于籍，谓得大道之本，故去巾帻，脱衣服，露丑恶，同禽兽，甚者名之为通，次者名之为达也。

可见，这种行为显然是受老庄道家的影响，阮籍便是这群酒徒的前辈及偶像，可谓薪火相传，生生不息。而同为“竹林七贤”的刘伶则行为更加肆无忌惮了。《世说新语·任诞》记刘伶曰：

恒纵酒放达，或脱衣裸形在屋中，人见讥之。伶曰：“我以天地为栋宇，屋室为裈衣，诸君何为入我裈中”。

看来，刘伶的狂饮已经达到了人酒合一的无我境界了。但这还不是世族滥饮的最高境界。《晋书·光逸传》记载：

（胡毋）辅之与谢鲲、阮放、毕卓、羊曼、桓彝、阮孚散发裸袒，闭室酣饮已累日……（光逸至）遂与饮不舍昼夜。时人谓之八达。

这就是当时世族之间非常流行的“组团狂饮”，不仅能增进彼此之间的友谊，还能形成小团体联合作战，从而博得士人的倾慕。

老庄哲学将生与死看得非常淡薄，魏晋世族不仅继承了这种思想，还将其发扬光大，成为凸显他们与众不同的符号。比如，《世说新语·任诞》记“阮籍遭母丧，在晋文王（司马昭）坐进酒肉”。上行而下效，《晋书·阮咸传》记阮籍的侄子“阮咸居母丧，纵情越礼”。逐渐，世族这种背弃人伦、临丧不哀的价值取向不断蔓延，遂成风俗。《晋书·王坦之传》记“谢安爱好声律，期功（丧服）之惨，不废妓乐，颇以成俗”。

世族这种行为风尚有冲击传统礼俗的意义，但却不加约束，任其滋长，显然已经背离了人情世故，走向了另一个极端，已不是与众不同了，而成为沽名钓誉、博取名声的筹码了。

人伦尚且如此，这些大族在对待男女关系方面，则更加放任无度，离谱至极了，而这一风尚的鼻祖又是阮籍。《晋书·阮籍传》记载：

邻家少妇有美色，当垆沽酒，籍尝（常）诣饮，醉便卧其侧。……兵家女有才色，未嫁而死，籍不识其父兄，径往哭之，尽哀而还。

阮咸似乎遗传了家族的基因，也是个天生的情种。《世说新语·任诞》记阮咸：

幸（喜欢）姑家鲜卑婢，及居母丧，姑当远移，初云当留婢，既发，（鲜卑婢）定将去。仲容（阮咸）借客驴著重服自追之，累骑而返。

阮籍的行为虽略显轻薄，但“外坦荡而内淳至”，尚符合老庄哲学的意境；痴情的阮咸为了一个少数民族婢女不惜冒被士人谴责的风险，义无反顾地要与她长相守，无奈坐骑太差无功而返，也无可非议。但他们之后的士人，行为却愈加离谱了。

《世说新语·赏誉下》注引《江左名士传》记谢鲲“邻家有女，尝往挑（调戏）之，女方织，以梭投折其两齿”。看来，谢鲲为了女色也是拼了，虽掉了两颗牙齿，也在所不惜。但这还不是世族做的最出格的事情。

《世说新语·任诞》注引邓粲《晋纪》记周颉说：

（周颉）诣尚书纪瞻观伎（歌伎），瞻有爱妾能为新声（新曲子），颉于众中欲通其妾，露其丑秽。

周颉不仅是西晋时期的大臣，也是一位名士，他的一言一行对世风有着巨大的影响。但他却不知廉耻，居然在大庭广众之下要与别人的小妾亲热，其行为的确“丑秽”。于是，上行下效，晋惠帝元康期间，大族子弟竟发明了“裸饮”游戏。他们不仅“相与为散发倮（裸）身之饮”，还恬不知耻地“对弄婢妾”。这种让人咋舌的荒淫行为显然是受了周颉的影响。

世族的败德行为不仅表现在男女关系方面，还表现在嗜赌方面。当时大族之间非常流行的赌博游戏是“樗蒱”。《晋书·陶侃传》记陶侃“诸参佐或以谈戏废事者，乃命取其酒器、樗蒱之具悉投之于江”。可见，当时“樗蒱”之风已经影响到地方政务的运作了，方有陶侃毁樗蒱的举动。

陶侃出身卑微，而且素有抱负，没有受世风的影响，但这样的明白人毕竟是少数，因为当时赌博已经成为世族日常闲暇时的游戏。《晋书·刘毅传》记刘毅“于东府聚樗蒱，大掷一判应至数百万”。《晋书·谢弘微传》记“殷睿素好樗蒱，闻（谢）弘微不取财物，乃滥夺其妻妹及伯母两姑之分以还戏债”。可见，刘毅、殷睿、谢弘微等皆嗜赌如命。为了赌博，有人出手阔绰；为了还赌债，有人不惜去抢夺家人的财物。可谓世风日下。

不仅世族们嗜赌，皇帝竟也好赌，比如北周文帝，就是一位妥妥的赌徒。《北史·薛端传》记载：

> 辔献玛瑙钟，（北）周文帝执之顾丞郎曰：“能掷樗蒱头得卢者便与钟。”

《北史·王思政传》又记载周文帝：

> 在同州与诸郡公晏集，出锦罽及杂绫绢数千段，令诸将樗蒱，取之物尽，又解所服金带令诸人掷，曰：“先得卢者即与之。”

赌博之风败坏的是德操，而吸食毒品则反映了大族精神世界的空虚，当时风靡一时的毒品就是寒食散。寒食散又叫“五石散”“紫石散”，简称“石散”、“散”或“药”。关于此药的内容和功效现已无从查考，只是在《世说新语·言语》中记何晏曾说过“服五石散不惟治病，亦觉神明开朗”，加之史书中所记魏晋南北朝之人争相服用的盛况，可推知这是一种当时上至皇室、士大夫，下至寒庶都喜欢服用的所谓滋补神药。

《太平御览》引臧荣绪《晋书》说：“靳邵创制五石散方，晋朝士大夫无不服饵，皆获异效。”但事实上，此药虽暂时有治病提神的作用，但终会伤身害命，就是一种如假包换的毒品。何晏生前常服此药，似乎很见奇效。但《三国志·魏书·管辂传》注引《管辂别传》记管辂描述何晏死前的状态是“魂不守宅，血不华色，精爽烟浮，容若槁木”。这显然是服用毒品后的情况。

如果何晏的死还不具有说服力，那么西晋医学家皇甫谧对此药的毒性说得则更为透彻了，《诸病源候总论·寒食散发候》中引皇甫谧说：

> 寒食药者，御之至难，将之甚苦。近世尚书何晏耽声好色，始服此药，心加开朗，体力转强，京师翕然传以相授。历岁之困，皆不终朝而愈。众人喜于近利，未睹后患，晏死之后，服者弥繁，于时不辍，余亦与焉。（后来）或暴卒不常，夭害年命。是以族弟（皇甫）长互舌缩入喉，东海王良夫痈疽陷背，陇西辛长绪脊内烂溃，蜀郡赵公烈六丧，悉寒食散之所为也。

不言而喻，此药为毒品无疑。而服用寒食散只是世族放荡不羁、标新立异、浮华堕落生活的具体折射而已。

除了服用寒食散，世族在日常生活方面也是极尽奢华无度之能事。比如，《晋书·石崇传》记石崇不仅“以蜡代薪”，“涂屋以椒”，还闲着没事，拿锦缎作步障，将珊瑚树敲碎以比富。《世说新语·汰侈》记王济之的行为更离谱，用昂贵的琉璃器陈放饮食。《晋书·何曾传》记何劭“食必尽四方珍异，一日之供以钱二万为限”。《晋书·任恺传》记任恺“一食万钱犹云无可下箸处”。

可见，这种奢靡腐化的生活方式并不是特殊现象，而是弥漫于世族群体之中的一种普遍风气。更让人瞠目的是，在思想深处，这些世族竟不以此为耻，反而认为这是理所当然的事。看来，世族在优游岁月中，从行为到思想，都已全面堕落了。

续变：后世族时代华夏中国的走向

魏晋是门阀社会确立的时期，南北朝虽有微变，但无碍大局，整个社会依然在世家大族的指挥棒下运转。但“日中则昃，月盈则食”，一切事物的演化，必有开始，也必有终结，且在它形成的过程中，已然埋下了衰落的种子，只是结束的早晚不同而已。世家大族作为一种社会群体，门阀作为一种社会存在，也逃脱不了这个魔咒的约束。但是，正如前述，门阀社会不是一朝一夕形成的，因而它的崩溃也非一朝一夕，必然要经历一个势能不断衰减的过程。

与此同时，支撑门阀社会的思想基础，即玄学和佛教在东晋以后也发生了巨大的变化。当然，这种变化既有适应性的一面，也有突破性的一面。因此，可以将这个时期界定为后世族时代，或者后门阀社会。在这个时期，作为门阀社会运转核心的世族群体，以及思想支撑的玄学和佛教，也朝着不同方向运动。这种运动的最终结果，就是我们在“涅变”一章中所说的君主官僚社会的到来。详见图 1。

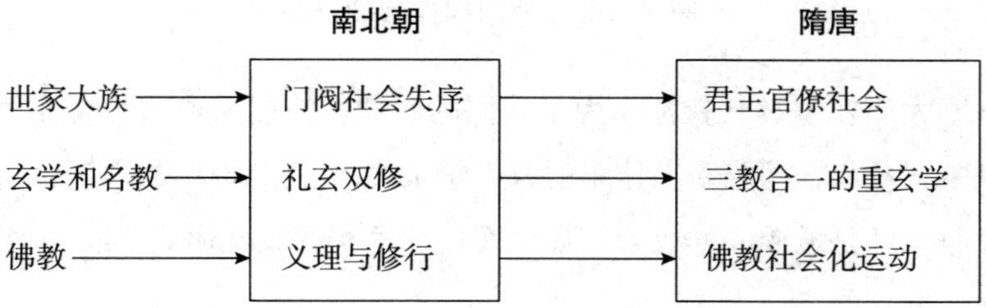

图 1　南北朝时代的社会演化

在讨论这个问题前，先来看看这个时期的政治局势。南方佛门领袖慧远大师逝世五年后，刘宋建国（公元 420 年），标志着南朝的开始；与此同时，北魏相继灭了北方的割据政权，于公元 439 年统一了北方，史称“元魏”，从而拉开了北朝的序幕。至此，南北朝对峙局面形成，且持续了一百五十余年（公元 420—589 年）。这期间，南朝经历了宋、齐、梁、陈，最后统一于隋；北魏则分裂为东、西二国，东魏又被北齐取代，西魏则被北周取代，北周又灭北齐，再次统一北方。公元 581 年北周权臣杨坚篡国建立隋朝，公元 589 年隋灭陈，中国再次建立统一政权。

可以看出，世家大族、玄学、佛教就是在这样一种变幻莫测的环境下生存的，从而使三者也呈现出一种精彩玄妙的状态。

续变一：门阀社会的失序

南北朝是门阀社会走向失序的时代，世家大族的统治也伴随着这种失序而摇摇欲坠。具体来说，这种失序是由内因和外因共同造成的结果。详见图 2。

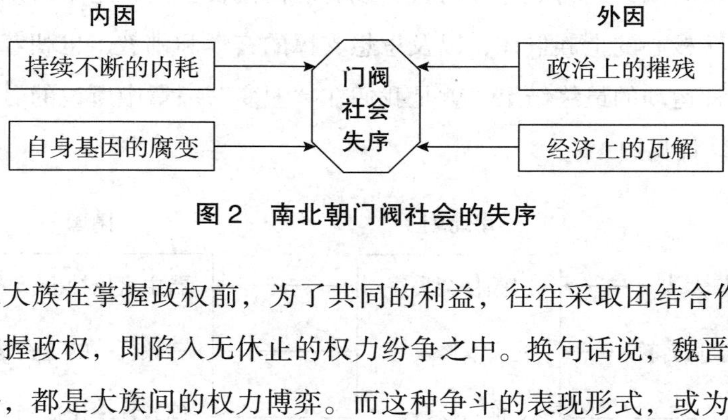

图 2　南北朝门阀社会的失序

世家大族在掌握政权前，为了共同的利益，往往采取团结合作的方式，但一旦掌握政权，即陷入无休止的权力纷争之中。换句话说，魏晋南北朝的一切党争，都是大族间的权力博弈。而这种争斗的表现形式，或为阴谋，或为武力。

曹魏末年，司马氏与曹氏集团的斗争；孙吴末年，江东大族之间的械斗；西晋末年的“八王之乱”，都是这种权力博弈的表现。东晋时期，大族之间的斗争更为激烈。

南北朝时代，大族之间的争斗更是激烈。宋文帝时，王华、王昙两家大族与徐羡之、傅亮争夺权力，导致徐、傅被杀；其后又爆发了刘湛与殷景仁之间的冲突，刘湛被诛；宋孝武帝时，王僧达与颜竣相互构陷，结果两败俱伤，先后被杀；南朝齐时，袁粲、刘秉之与褚渊争权，袁、刘被诛；南朝梁的“侯景之乱”，导致众多江南大族被杀；陈霸先时期，南方土著大族压倒旧日高门而把持了政权。

南朝如此，北朝大族之间的斗争同样激烈。比如，《魏书·卢玄传》记崔浩曾用“齐整人伦，分明姓族”的方式打击其他大族，又凭借太武帝的信赖，广置党羽。不仅如此，为了维护大族利益，他还煽动太武帝发动了灭佛运动。最终，他也被其他大族借皇帝的刀诛杀了，而且还株连了与崔氏联姻的大族，比如范阳卢氏、太原郭氏、河东柳氏等。

总之，这类大族间的党争在史书中可谓比比皆是。而且这种斗争从中央蔓延至地方，导致地方权力的争斗同样激烈。在这种权力内耗的不断冲击下，许多大族失去了他们祖先千辛万苦建立的政治权益，或是实力大损，或是走向灭绝。比如，北魏的清河崔氏及其姻亲，在权力的旋涡中元气大伤，已走到灭族的边缘。而这种情形在南方尤为显著，纵观唐朝历任宰相，北方大族博陵崔氏占了三十二席、郑氏占了二十六席；但南方的琅邪王氏仅占四席，陈郡谢氏竟无一人，土著大族朱、张、顾各占一席。可见，大族在相互残杀的过程中逐渐走向了自我毁灭的境地。

大族除自残权力外，内部基因的腐变也加速了他们的失势，这些我们在“魏晋世族精神风貌的突变”一章中已有详细的介绍。在这种精神风貌的塑造下，大族子弟以不亲政务为荣，从而导致他们治国理政能力的退化。这种情形又以南朝为甚。赵翼在《廿二史札记》中说“南朝多以寒人掌机要”，可见，这是大族价值取向所引发的必然结果。因为这批身居中书、权亚人主的寒人，都是经世致用的人才。

不仅如此，魏晋以来很多经邦济国的著名人物也来自寒门，比如曹操、桓温。特别是南朝刘宋以下的开国君主，都出身寒素之家。刘裕家本寒微，居京口以卖履为业；南齐萧道成虽出兰陵，但非兰陵高门之首，他在遗诏中也称自己出身“素族”；南梁萧衍与萧道成是同族；陈霸先的出身更加微贱，早年曾做过“砦吏”和“油库吏”。虽然南北朝公辅令仆等高华之官仍为大族所盘踞，但政令却要靠寒人去执行，实权就这样在不知不觉中转移到寒族手中，大族反而成了空有其名的摆设和政治上的装饰品了。

权力的内耗和自身的腐化成为门阀社会走向失序的内部原因，而政治上的摧残与经济上的瓦解成为世家大族失势的外部原因。

对大族的政治摧残主要表现在：有作为的政治家通过改革有意识地限制和打压世族势力的繁殖。比如，曹操试图通过一系列政治和经济方面的改革来纠正东汉末叶大族把持政权的局面，虽然最终被以司马氏为代表的大族破坏了，但对世族势力还是造成了一定程度的冲击；司马氏虽以纠结大族而得政，但据《晋书·武帝纪》记晋武帝为了实际需要，还是不得不“令内外群官举清能、拔寒素”；庾翼、庾冰兄弟掌握东晋政权后，为了扩充势力，也实施了一些抑制豪强的措施；桓氏本来就出身寒素，因而桓温、桓玄父子也有一番打击世族的举措。至于同样出身微贱的刘裕和陈霸先就更不用说了；萧衍虽在各方面袒护大族，但在做皇帝前后，也发出了打击世族的言论，并采取了一些措施。

那么北朝的情况又如何呢？与十六国诸政权一样，拓跋氏政权也是在北方汉人大族的支持下建立起来的，故而政府不得不扶植世族势力以巩固自己的统治，但与此同时，反对大族垄断政权的声音也不绝于耳。比如《魏书·韩显宗传》记李冲上疏说：

> 未审上古以来，置官列位，为欲为膏粱儿地？为欲益治？……若欲为治，陛下今日何为专崇门品，不有拔才之诏？

虽然北魏慑于大族的压力，没有采纳建言者的意见，但这种舆论对政府还是起到了一定的警醒作用。因而，到了北周，在强君能臣的协同努力下，政府果断施行了抑制大族势力、重振中央集权的改革。而对世族政治特权的毁灭性打击，毫无疑问是隋代开始施行的考试制度。虽然前代的选举也有考试，但不是谁都能参加的。但自隋以后施行进士科制度后，孤贫寒贱之人也有了一朝荣显的机会，这就在制度层面摧毁了过去选举不出大族的积弊。虽然大族还可以凭借经济和教育优势暂时压倒寒族，但那种大族垄断仕途的局面一去不复返了。这都为唐宋科举制度的完善铺平了道路。

除了在政治上摧残世族的特权，更为有效、更加彻底的方法，是从经济层面对大族进行瓦解。前述提到，大族凭借所掌握的经济资源对社会和政治进行控制，只要能瓦解它赖以生存的经济优势，就能从源头遏制大族势力的生长。因为这是釜底抽薪、断根去源的办法。具体来说，这个方法的中心任务就是争夺被大族隐匿的人口，使他们向国家纳租赋税、尽力役。而实施的手段就是户籍制和田制。其中，前者是用政治力量破坏世族统治的经济基础，即所谓的威逼；而后者是用经济力量瓦解大族的实力，即所谓的利诱。

户籍制一般由中央政府主持，再由地方政府加以落实，这一政策魏晋南北朝历代政府都不曾松懈过。其中常用的方法有两个：一是清查大族隐匿下的私户，比如北魏自孝文帝以后施行的“三长制”，南方自东晋初年实施的“土断制”。二是政府以命令的形式强迫世族释放依附他们的“奴客”，目的是直接减少依附大族的人口，从而间接切断大族的经济来源。比如东晋初年的刘隗、刁协和戴渊就是这一政策的积极倡导者。

然而，用政治力量去切断大族的经济命脉，终究不能一劳永逸，而经济的力量却如决江河之堤而不能御。这种以利诱来瓦解大族经济基础的办法就是田制与税制。比如曹操实施的屯田制改革。其中用田制诱导隐户回归政府，从而夺取大族私民最为成功的当数北魏的均田制了。这个制度是北魏孝文帝在听了李安世的建议后，于太和九年（公元 485 年）所施行的。因为均田制的成功，所以北周、北齐以及隋朝都承袭了这一制度。

无论是威逼还是利诱，其目的都是减轻百姓的租税，吸引被隐匿的人口回归政府，实质上是政府与大族之间争夺劳动力的经济战争。

这样，南北大族在政治和经济的双重打击下，不但失去了把持上层政权的优势，而且失去了维持经济运转的大量劳动力；又在持续不断的权力内耗和自身腐化的冲击下，逐渐失去了免疫力。最终，内因和外因交织在一起，引发了质变，从而使门阀社会被肢解，世家大族也被历史无情地抛弃，只能沿着衰败的轨迹走向没落。

同时，门阀社会的没落，预示着中央集权制的重新复苏，华夏大地在经历了四百余年的分裂局面后，无论是贵族、寒族还是百姓，都渴望出现一个统一南北的新王朝，这些都为北朝合并南朝创造了条件。所谓天时地利已成，就看人和了。

续变二：东晋以后的礼玄双修

前述提到，玄学发展到郭象，已经解决了自然与名教的问题。换句话说，已然趋于成熟和稳定，特别是东晋以后，名教与自然合一论成为主流。所以在学术上出现了礼玄双修的盛况，而这恰好符合以门阀为基础的世家大族的需要，因为他们可以利用礼制来巩固权力，同时又能用玄学证明他们所享受特权的自然属性。

当时著名的玄学家往往精通礼制，儒学家也往往兼注三玄。比如，《晋书·庾亮传》称庾亮“善谈论，性好庄老，风格峻整，动由礼节”。还有范汪、王濛、刘惔等也都是研习礼制的玄学家。可见，这种礼玄双修之风，是在名教、自然合一论盛行以后形成的。《世说新语·言语》记载：

> 刘尹（刘惔）与桓宣武（桓温）共听讲《礼记》，桓云：“时有入心处，便觉咫尺玄门。”

桓温之所以能感到玄门近在咫尺，是因为听者与讲者都具有名教和玄学的基础。换句话说，就是双方具有的共同语言。试想，如果没有经过儒道互通观点的洗礼，是万万不会有此体悟的。而且，由礼以体玄，即在名教中体现自然之趣，这就实现了乐广所说的“名教内自有乐地”的理想。

当然，对礼玄双修，不同的玄学家也会产生不同的认识。比如上引《言语》记刘惔说：“此未关至极，自是金华殿之语。”刘惔虽然赞同礼玄双修，但认为礼未关至极，因为它毕竟不是“道”，只是政治运转的工具而已。其实，刘惔并没有否认礼的重要性，因为他只是说“未关至极”，而桓温也认为礼与玄还是有咫尺距离的。

可以看出，自曹魏王弼、魏晋向秀、西晋郭象直到南梁，正统玄学家所追求的仍然是如何将名教纳入玄学的轨迹，这其实是在维护名教。因而，无论是说名教本于自然，还是说名教即自然，其目的都是一样的。当然，东晋以后，这个问题已经得到解决，所以当谈到名教时，往往会披上自然的外衣。比如《宋书·傅隆传》记傅隆讨论黄初妻子的罪名时说：

> 原夫礼律之兴，盖本之自然，求之情理，非从天堕，非从地出也。

这样，通过玄学家和儒学家的努力，所有君臣、父子、上下、贵贱等人应尽的义务、应享的权利，都是本于自然的事，人们不仅无需反抗，也根本不能反抗。这种理论显然是世家大族巩固权力、进而维护门阀社会秩序的工具。同时，也为隋唐三教合一的“重玄学”体系的建立打下了良好的理论基础。

续变三：南北朝佛教的社会渗透

佛教经历了东晋十六国的一个小高峰后，继而跨入了南北朝时代。如前所述，这个阶段是国家佛教的壮大期。在这一百六十余年间，随着南北政权的分立，佛教在进一步政治化的同时，也分为南北两个系统。简而言之，因北朝为多民族融合的政权，因而北方佛门重修行和信仰，多僧徒；而南朝为汉族政权，且玄学的影响力较大，因而南方佛门重义理和玄谈，多居士。

当然，两者虽形式各异，但本质上都是为了弘扬佛法，如硬币的两面，各有功效。至隋统一天下，南北佛教也随之统一融合起来，从而为隋唐宗派佛教的兴盛以及“佛教社会化”运动创造了条件。当然，这种社会渗透是在“国家佛教”的控制、指导和干预下进行的。详见图3。

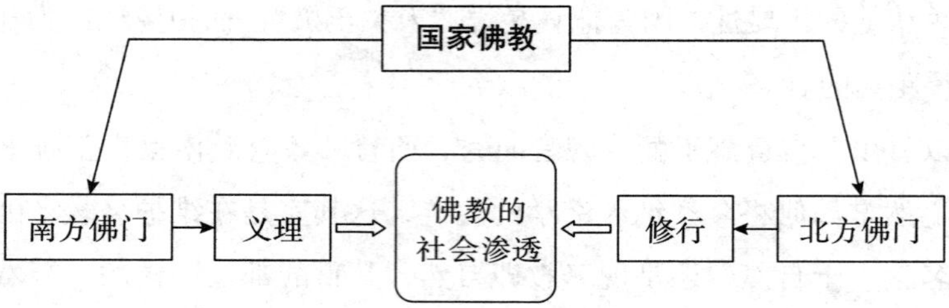

图 3　南北朝时期的“佛教社会化”

南朝僧人偏重对佛教教义的精妙阐述，因而在义理方面多有建树。如对般若理论（主要为三论宗）的精研、对佛性理论（主要是如来藏思想）的深思，均取得了卓越的成就。同时，对理的偏好，还体现在以佛理为玄谈的内容，并将佛理融入诗词歌赋之中，由此形成了一种“佛教社会化”的风尚。

具体来说，晋宋以后，僧徒不仅多擅文辞，而且旁通世俗的典章文字。于是，他们便利用朗朗上口的诗词将深奥的佛理传播至民间；而知识分子则继续沿着“士大夫佛教”的轨迹前进，他们不仅兼习佛理，而且将文学艺术与佛教结合起来，形成了一种不可思议的境界，从而使作品更加能感动人心。又因佛寺多建在山林清幽之处，遂成为文人雅士游观唱和之所，也是僧俗交会之处。比如当时的支道林、谢灵运等，他们的作品便体现了这一特点。

佛教开始向社会各个层面渗透，但并不意味着它能脱离政治的轨道。南朝佛门依然在国家佛教所构建的场域内活动，而且政治对佛教的影响较东晋时期更大，具体表现就是南朝政权多重视佛教。特别是南朝梁武帝，甚至用佛教来治国。

梁武帝萧衍在位长达四十八年（公元 502—549 年），占了整个南朝历史将近三分之一的时间。他不仅自己痴迷于研习佛典，而且还亲自动手注释佛经和讲授佛理，比如他经常在朝廷举办各类“法会”，甚至“三度舍身入寺，与众为奴”。可以说，佛教至梁武帝时代又迎来了一个小高峰，成为南朝佛教的全盛期。

当然在南朝也有人反对佛教，比如，有些人就提出佛教为“夷”、为“末”、为“鬼”等观点。因而，这个时期的反佛运动主要表现在“夷夏之争”“本末之争”和“神灭论”等方面。但南朝反佛，双方也仅限于口诛笔伐，并没有引发北朝那样的暴力行动。而且这种文斗，反而提高了文人的雅趣，使其成为双方文化生活的重要组成部分，最终促进了思想的交融。

北朝因是多民族组成的政权，因而特别重视信仰与修行。信仰主要体现在“广建功德”上，多为非僧众的行为；修行则多为僧徒的工作。由于出家可以免除赋役，又加之战乱频繁，所以出家为僧者不断增多，因此北朝多僧徒和寺院，而且北人喜好开凿大型佛教石窟。这些都引发了北朝佛门的泛滥。当然，这种泛滥也表明北朝佛教的社会渗透更为强烈。

北朝的僧人，潜心修行者固然不少，但假冒为善、滥竽充数、以求利养者更多。统惠大师说的“僧尼浩旷，清浊混流”，就是对当时佛门状况的真实描述。僧人增多又引发了寺院建设的高潮，大小寺院可谓星罗棋布、无处不在。《魏书·释老志》记王澄奏疏说：

> 今之僧寺，无处不有；或比满城邑之中，或连溢屠沽之肆，或三五少僧共为一寺。梵唱屠音，连檐接响；像塔缠于腥臊，性灵没于嗜欲；真伪混居，往来纷杂。

可见，北朝这种僧多寺众的情况可谓混乱不堪。更为严重的，寺院经济的发展已威胁到皇权的稳定和大族的利益。于是，朝野上下出现了一股排佛情绪，而且这种不满与南朝的口笔之争大为不同，他们要用激烈的行动来报复佛门势力的扩张。中国佛教史上先后发生过四次政治性的排佛运动，即佛门“三武一宗之难”，其中有两次“法难”都发生在北朝。可见北方佛教势力对豪强大族的威胁。

北魏太武帝太平真君七年（公元446年），面对佛门势力的不断繁殖，太武帝下了一道措辞极其严厉的诏书。他将佛教视为东汉年间“荒君信惑邪伪”“事胡妖鬼”的产物，然后又细数了佛门的种种劣迹，甚至指责历代帝王信仰佛教的不是，最后将佛教定义为“暗君乱主”的邪说。于是，一场轰轰烈烈的灭佛运动爆发了，史称“首次法难”。

太武帝先是命刺史等地方官严缉沙门人等，然后下令一律坑杀，同时将佛像和经书悉数烧毁。幸好太子信奉佛教，事前向佛门透露了消息，才使全国僧徒避走他乡，所以这次法难实际被害的僧人并不多。

此次法难的策划者实际上是司徒崔浩。崔浩出身清河崔氏，属于北方的顶级大族。此人信仰道教，曾拜道士寇谦之为师。太武帝对二人深信不疑，于是爆发了这场佛门浩劫。可以看出，此次法难既是一场佛道之争，也是以崔浩为首的北方大族为保护自身利益的一次排佛运动，而太武帝不过是他们对抗佛门的工具而已。

公元 452 年，太子继位，佛教再次复兴起来，而且发展得比之前更盛。之后，不仅北朝僧徒和寺院又呈现出欣欣向荣的趋势，而且又衍生出另一项浩大的工程，即石窟建造运动。

北朝喜好建造庞大的石窟佛寺，这其实是继承了十六国政权的特点。比如，敦煌莫高窟开凿于前秦时期，麦积山石窟开凿于后秦时期。至北魏文成帝和平年间（公元 460—465 年），即首次法难十五年后，文成帝为补救灭佛所造成的罪孽，下令开凿了大同云冈石窟，并由当时名僧昙曜负责督造。北魏迁都洛阳后，于孝文帝时期（公元 471—499 年）开凿了龙门石窟。

中国四大佛教石窟都开凿于十六国至北朝时期，可见北方人民多么渴望和平，他们希望用虔诚的信仰来抚慰战乱的创伤。但是，建造如此庞大的石窟群，需要耗费无数的民力和财力，这项负担只能加在广大民众身上。于是，民众在借助信仰抚慰创伤的同时又增添了新的伤痛。

北周武帝建德三年（公元 574 年），第二次法难爆发。与第一次佛道之争不同，这次法难为儒佛之争，顺带打击道教。北周武帝崇尚儒家思想，因不满佛门势力对儒家的蚕食，故发起了抑制佛教思想的运动。因而，这次法难表面上是儒家与佛教思想之争，实际上就是由皇帝出面，代表儒家大族从佛家、道家手中抢夺资源，其中最主要的是社会和经济资源。可见，北朝后期，佛道势力已严重威胁到北方大族的统治，也证明了门阀大族统治地位的摇摇欲坠。

这次排佛运动显然是有预谋的。事前，周武帝数次召集御前会议，并亲自担任主持，命佛、道二教代表人物展开辩论。本来，周武帝想借道教之手打击佛教，不料道教屡战屡败，于是他干脆下令将二教都废除了。这次灭佛历时四年，直到公元578年周武帝病逝方才结束。

这次运动，周武帝自信“见之明，信之笃”，因而行动非常果断坚决。从而对佛道二教造成了猛烈的打击，不仅数以万计的寺院被毁，还有约二百余万僧众道士被逼还俗。更为严重的是，北方许多佛门大师纷纷避走他乡，比如智𫖮大师南迁陈朝，在江东创立了天台宗；禅宗三祖僧璨也自嵩山少林寺南迁至长江北岸。这些佛门大德来到南方，加速了南北佛教的大融合，终于促成了隋唐宗派佛教的鼎盛。

附　录

附录一：东汉皇帝世系图[①]

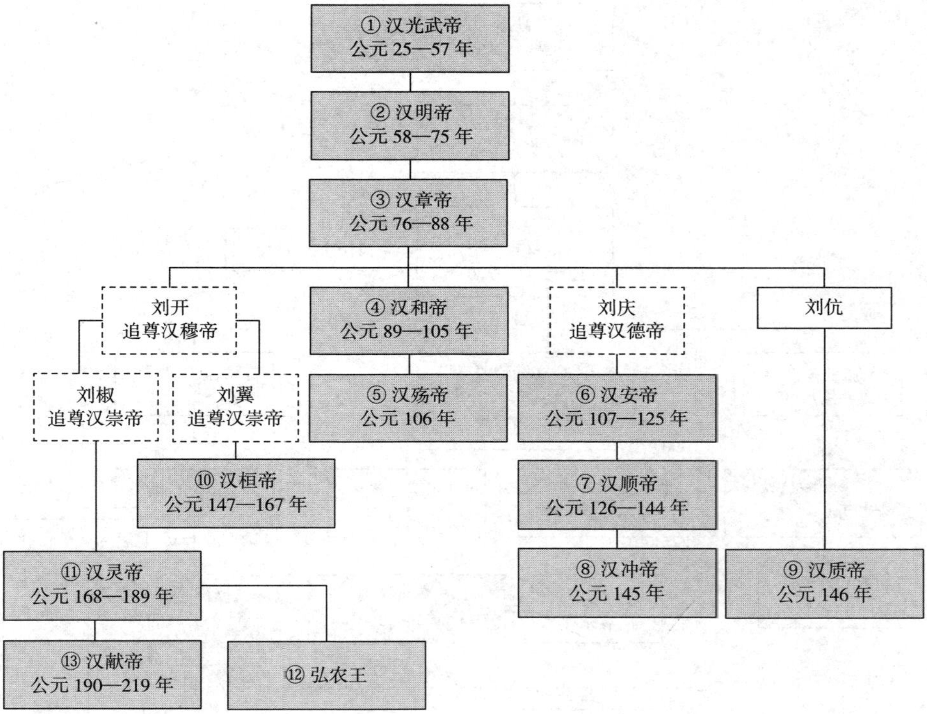

① 皇帝在位时间根据《资治通鉴》编制。

附录二：曹魏皇帝世系图[①]

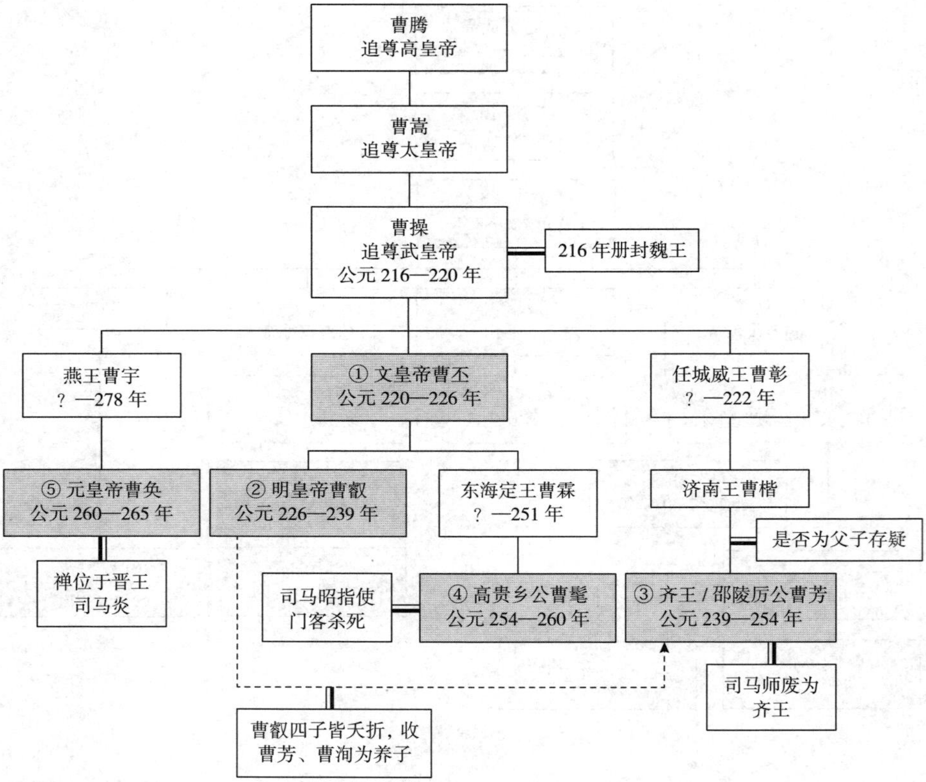

曹魏政权年号	
① 曹丕	黄初（公元220—226年）
② 曹叡	太和（公元227—233年） 青龙（公元234—237年） 景初（公元237—239年）
③ 曹芳	正始（公元239—249年） 嘉平（公元249—254年）
④ 曹髦	正元（公元254—256年） 甘露（公元256—260年）
⑤ 曹奂	景元（公元260—264年） 咸熙（公元264—265年）

① 皇帝在位时间根据《资治通鉴》编制。

附录三：两晋皇帝世系图①②

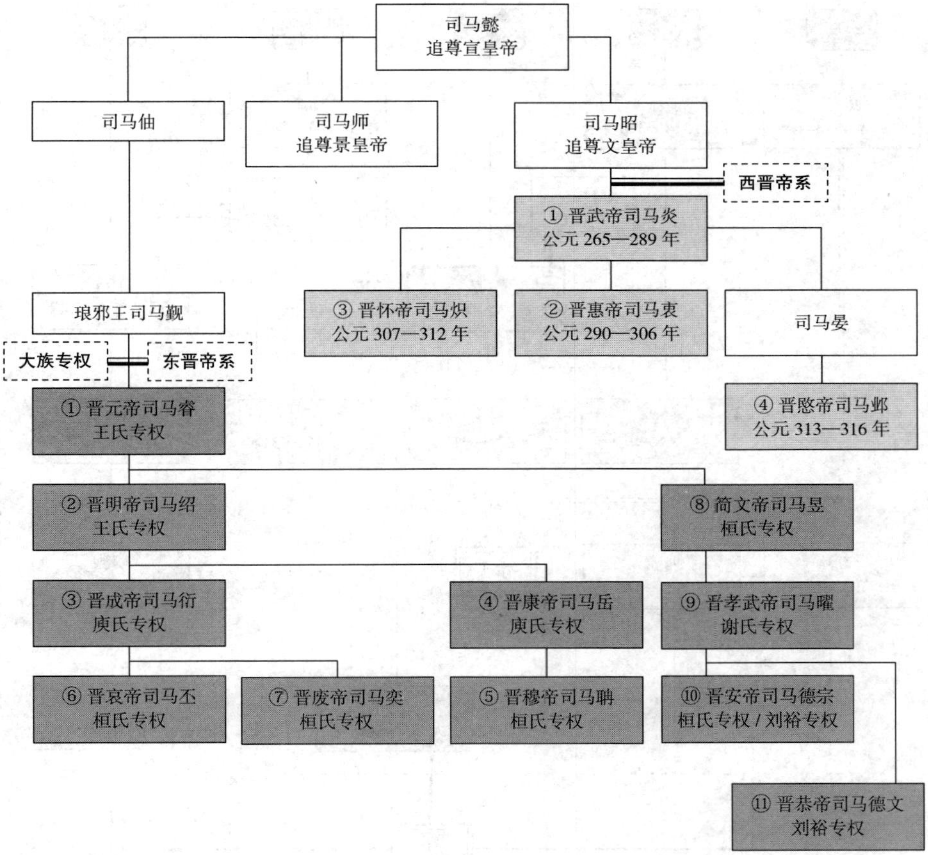

① 皇帝在位时间根据《资治通鉴》编制。

② 可与本书第三章“表 3-19：东晋大族专权表”相互参照。

附录四：十六国关系图①

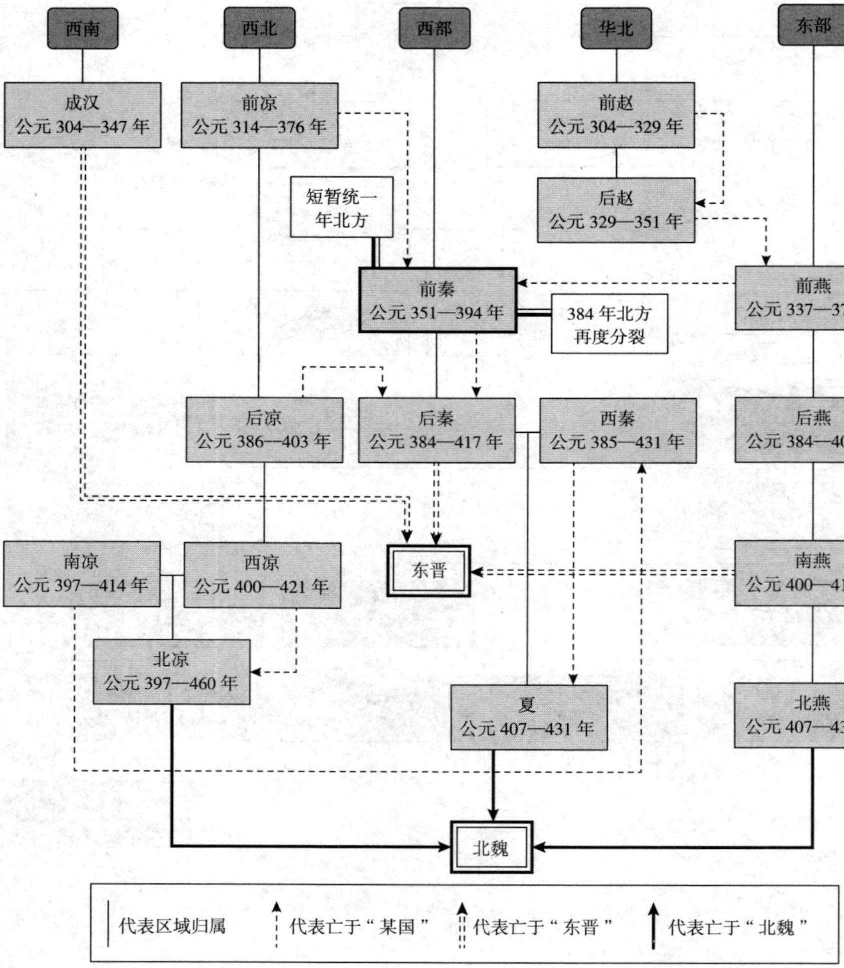

① 可与本书第三章“表 3-17：十六国政权表”相互参照。

魏晋时代大事年表

时间	政治 / 经济 / 军事	思想 / 文化	附注
前世族时代			
公元前 140 年	汉武帝“罢黜百家，独尊儒术”，汉制形成		—
公元前 136 年	—	汉设“五经博士”，今文经学确立	—
公元前 122 年	爆发了针对豪强地主的酎金失国案	—	—
公元前 119 年	汉政府颁布算缗令和告缗令	—	—
公元前 113 年	汉匈战争拉开序幕	—	—
公元前 89 年	汉武帝下“罪己诏”	—	—
公元前 81 年	盐铁会议，今文经学内部的周期性调整		—
公元前 51 年	石渠阁会议，今文经学内部调整完成		—
公元 79 年	白虎观会议，经学内部的结构性调整。标志着古文经学的兴起。此年前后，佛教开始传入中国		世家大族兴起
公元 147 年	—	安世高抵达洛阳	—
公元 166 年	第一次党锢之祸	经学衰落。汉桓帝祭祀老子和佛陀	—
公元 178 年	—	支娄迦谶开始在洛阳翻译佛经	—
世族时代			
公元 193 年	—	笮融在广陵建佛塔造佛像	世家大族崛起
公元 196 年	曹操推行屯田制	—	—
公元 208 年	曹操实施州郡领兵制	—	—
公元 204 年	曹操颁布“九月令”	—	—

续表

时间	政治 / 经济 / 军事	思想 / 文化	附注
公元 210 年	曹操颁布“唯才是举”令	阮籍出生	—
公元 214 年	曹操颁布第三道人才法令	—	—
公元 220 年	曹丕篡汉。制定“九品官人法”	支谦抵达南方	—
公元 223 年	—	嵇康出生	—
公元 225 年	—	王弼出生	—
公元 240 年	—	玄学兴起	—
公元 247 年	—	康僧会抵达建业	—
公元 249 年	司马氏诛曹爽党，掌握朝政大权，世家大族取得胜利	王弼去世，何晏被杀	世家大族壮大
公元 252 年	—	郭象出生	—
公元 256 年	—	王衍出生	—
公元 262 年	—	嵇康去世	—
公元 263 年	—	阮籍去世	—
公元 264 年	司马氏废除屯田制	—	—
公元 265 年	晋代魏。晋武帝大肆分封诸王	法护抵达长安	—
公元 267 年	—	裴頠出生	—
公元 271 年	凉州之乱爆发	—	—
公元 280 年	晋武帝废州郡兵。凉州之乱平息	—	—
公元 290 年	西晋“王国体制”基本确立。匈奴王刘渊成为“五胡”的大单于	—	—
公元 291 年	西晋内乱，贾氏专权	—	—
公元 294 年	匈奴人攻打上党	—	—
公元 299 年	赵王司马伦诛贾南风，贾氏集团覆灭	—	—
公元 301 年	八王之乱爆发	—	—
公元 304 年	成汉、前赵建国	—	—
公元 306 年	八王之乱结束	—	—

续表

时间	政治 / 经济 / 军事	思想 / 文化	附注
公元 307 年	永嘉之乱爆发。同年，司马睿与王导抵达江南	—	—
公元 310 年	—	佛图澄抵达洛阳	—
公元 311 年	匈奴大军围攻洛阳，宁平之乱爆发。同年，长安陷落	王衍去世	—
公元 312 年	—	郭象去世	—
公元 317 年	长安再次陷落，西晋灭亡。同年，东晋建立，定都建康，王氏专权	—	世家大族在南方统治地位的确立
公元 322 年	王敦之乱爆发	—	—
公元 326 年	庾氏专权	—	—
公元 327 年	苏峻讨伐庾亮	—	—
公元 329 年	石勒灭前赵，建立后赵	—	—
公元 340 年	庾冰发起第一次排佛运动		—
公元 345 年	何充与庾氏集团爆发权力斗争，何充取胜	—	—
公元 346 年	桓氏专权	—	—
公元 352 年	东晋政府第一次北伐，以失败告终	—	—
公元 356 年	桓温第二次北伐取得阶段性胜利	—	—
公元 365 年	—	释道安抵达襄阳	—
公元 370 年	前秦灭前燕	—	世家大族在北方统治地位的确立
公元 373 年	谢氏专权	—	—
公元 379 年	—	释道安回到长安	—
公元 383 年	淝水之战。北方再次陷入分裂	—	—
公元 384 年	后秦、后燕建国	慧远主持“东林寺”	—
公元 401 年	—	鸠摩罗什抵达长安	—

续表

时间	政治 / 经济 / 军事	思想 / 文化	附注
公元 402 年	桓玄发起第二次排佛运动		—
公元 408 年	刘裕北伐	—	—
公元 420 年	刘裕建宋，东晋亡国	—	进入后世族时代

参考文献

一、史籍文献

1.（西汉）司马迁．史记［M］．上海：上海古籍出版社，2011.
2.（东汉）班固．汉书［M］．浙江：浙江古籍出版社，2000.
3.（南宋）范晔．后汉书［M］．北京：中华书局，2014.
4.（东汉）刘珍．东观汉记［M］．北京：中华书局，2016.
5.（南宋）王益之．西汉年纪［M］．北京：中华书局，2018.
6.（东汉）荀悦．汉纪［M］．北京：中华书局，2006.
7.（晋）陈寿．三国志［M］．北京：中华书局，2015.
8.（唐）房玄龄．晋书［M］．北京：中华书局，2015.
9.（梁）沈约．宋书（修订本）［M］．北京：中华书局，2019.
10.（梁）萧子显．南齐书（修订本）［M］．北京：中华书局，2019.
11.（唐）姚思廉．梁书（修订本）［M］．北京：中华书局，2022.
12.（唐）姚思廉．陈书（修订本）［M］．北京：中华书局，2023.
13.（唐）李延寿．南史（修订本）［M］．北京：中华书局，2013.
14.（北朝）魏收．魏书（修订本）［M］．北京：中华书局，2018.
15.（唐）李百药．北齐书［M］．北京：中华书局，1972.
16.（唐）令狐德棻．周书（修订本）［M］．北京：中华书局，2024.
17.（唐）魏徵等．隋书［M］．北京：中华书局，1973.
18.（唐）李延寿．北史［M］．北京：中华书局，2013.
19.（宋）欧阳修等．新唐书［M］．北京：中华书局，1975.
20.（北宋）司马迁．资治通鉴［M］．北京：中华书局，1987.

21.（清）汤球．三十国春秋辑本［M］．北京：天津古籍出版社，2009.
22.（南朝）刘义庆．世说新语笺疏［M］．北京：中华书局，2011.
23.（南朝）慧皎．高僧传［M］．北京：中华书局，2023.
24.（唐）道宣．续高僧传［M］．北京：中华书局，2014.
25.（南朝）僧祐．出三藏记集［M］．北京：中华书局，2023.
26.（南朝）僧祐．弘明记［M］．北京：中华书局，2011.
27.（唐）释道世．法苑珠林［M］．北京：中华书局，2023.

二、史料史论

1.（唐）杜佑．通典［M］．北京：中华书局，2016.
2.（宋）马端临．文献通考注［M］．北京：中华书局，2018.
3.（南宋）王应麟．通鉴地理通释［M］．北京：中华书局，2013.
4.（南宋）王应麟．诗地理考［M］．北京：中华书局，2011.
5.（清）赵翼．廿二史札记［M］．上海：上海古籍出版社，2011.
6.（清）王夫之．读通鉴论［M］．北京：中华书局，2009.
7.（清）孙星衍．汉官六种［M］．北京：中华书局，2012.
8. 陈垣．通鉴胡注表微［M］．北京：商务印书馆，2013.
9. 杨树达．汉书窥管［M］．上海：上海古籍出版社，2013.

三、其他文献

1.（春秋）李耳．老子指归［M］．北京：中华书局，2011.
2.（春秋）李耳．老子指归校笺［M］．上海：上海古籍出版社，2013.
3.（春秋）李耳．帛书老子校注［M］．北京：中华书局，2016.
4.（晋）郭象．庄子注疏［M］．北京：中华书局，2011.
5.（先秦）佚名．管子［M］．贵州：贵州人民出版社，1996.
6.（战国）佚名．皇帝四经［M］．北京：商务印书馆，2016.
7.（战国）佚名．鹖冠子校注［M］．北京：中华书局，2014.
8.（明）方以智．药地炮庄［M］．北京：华夏出版社，2016.

9.（梁）皇侃.论语义疏［M］.北京：中华书局，2013.

10.（清）焦循.孟子正义［M］.北京：中华书局，1998.

11.（清）王先谦.荀子集解［M］.北京：中华书局，1996.

12.（西汉）董仲舒.春秋繁露义证［M］.北京：中华书局，2019.

13.（西汉）桓宽.盐铁论校注［M］.北京：中华书局，2017.

14.（东汉）王充.论衡校释［M］.北京：中华书局，2018.

15.（晋）葛洪.西京杂记校注［M］.北京：中华书局，2023.

16.（晋）葛洪.抱朴子内篇校释［M］.北京：中华书局，2021.

17.（三国）诸葛亮.诸葛亮集［M］.北京：中华书局，2012.

18.（北魏）杨衒之.洛阳伽蓝记校释［M］.北京：中华书局，2020.

图书在版编目（C I P）数据

魏晋之变 ：门阀政治与中古中国社会秩序的重塑 / 李亮著. — 北京 ：现代出版社，2025. 9. — ISBN 978-7-5231-1612-8

Ⅰ. K235.07

中国国家版本馆CIP数据核字第2025TX0100号

魏晋之变：门阀政治与中古中国社会秩序的重塑

WEIJINZHIBIAN: MENFAZHENGZHI YU ZHONGGUZHONGGUO SHEHUIZHIXU DE CHONGSU

著　　者　李　亮

责任编辑　张　瑾
责任印制　贾子珍
出版发行　现代出版社
地　　址　北京市安定门外安华里 504 号
邮政编码　100011
电　　话　(010) 64267325
传　　真　(010) 64245264
网　　址　www.1980xd.com
印　　刷　三河市宏盛印务有限公司
开　　本　710mm × 1000mm　1/16
印　　张　26.75
字　　数　396 千字
版　　次　2025 年 9 月第 1 版　2025 年 9 月第 1 次印刷
书　　号　ISBN 978-7-5231-1612-8
定　　价　88.00 元